新时代马克思主义教育学系列教材

总 主 编　顾明远

执行主编　刘复兴

特殊教育导论

邓　猛　张　玲　王东升/主编

中国人民大学出版社

·北京·

编委会

（按姓氏笔画排序）

内容简介

本教材基于中国式现代化时代背景与特殊教育高质量发展目标要求，系统阐述特殊教育的基本概念、理论范畴与知识体系。教材从广义的特殊教育视角对残疾类型进行整合与划分，就特殊教育的基本概念、发展历史、政策与管理、课程与教学、评估与安置、教师培养与专业发展等多方面内容展开论述，帮助学生掌握特殊教育的理论架构和基础知识，为他们形成特殊教育专业素养奠定基础。

在内容编排上，教材秉持多学科视野，遵循理论与实践相结合的原则，从问题和案例出发组织教材内容和学习材料，以通用学习设计和参与式教学的理念与原则编排教学内容与活动。教材可作为高等师范院校特殊教育专业及其他相关专业本科生、研究生的基本教材，也可作为师范生修习融合教育课程的主要教材，还可为相关研究者、实践者以及关心特殊教育事业的人士提供专业参考。

作者简介

邓猛，华东师范大学融合教育研究院院长，教育学部特聘教授，特殊教育学系教授、博士生导师。曾任北京师范大学教育学部教授、博士生导师，融合教育中心主任；华中师范大学教育学院副院长、特殊教育专业负责人。兼任残疾人事业发展研究会融合教育专业委员会主任、中国残疾人康复协会孤独症康复专业委员会副主任委员、中国教育国际交流协会融合教育分会副理事长、中国优生优育协会特殊教育专业委员会副主任委员、中国统计教育学会特殊教育统计分会副会长、国务院妇儿工委办公室儿童工作智库专家。2010年入选教育部新世纪优秀人才支持计划。发表国际学术论文70余篇，SSCI收录30余篇；发表中文核心期刊论文200余篇；出版专著及教材20余部。

张玲，广西师范大学教育学部特殊教育学系副教授，教育部特殊教育教材研发专家。主要从事民族特殊教育、融合教育等方面的教育教学与科学研究。主持完成国家社科基金青年项目1项、区级项目1项，参与国家级、省部级科研项目多项。在《教育学报》《教育发展研究》《学前教育研究》等学术期刊公开发表多篇学术论文。

王东升，西北师范大学教育科学学院特殊教育系讲师，主要研究领域为融合教育课程与教学、学校融合教育领导力、融合教师教育、特殊教育教师专业发展等。在《中国特殊教育》等刊物发表论文多篇。

总　序

党的十八大以来，中国特色社会主义进入新时代。党的十九大把习近平新时代中国特色社会主义思想确立为全党的指导思想。面对世界百年未有之大变局、第四次工业革命以及数字文明时代到来的挑战，习近平总书记在全国教育大会上明确指出“教育是国之大计、党之大计”，把我国教育的地位和作用提到前所未有的高度，提出了一系列关于教育的重要论述，突出强调了“培养什么人、怎样培养人、为谁培养人”这一教育的根本问题，提出了德智体美劳全面发展与培养堪当民族复兴重任的时代新人的根本要求。党的二十大报告提出中国式现代化理论，强调了建设教育强国的重大战略意义，要求实现教育、科技与人才三位一体的战略布局。2022 年 4 月 25 日，在中国人民大学考察时，习近平总书记提出“建构中国自主的知识体系”。2023 年 5 月 29 日，习近平总书记在中共中央政治局第五次集体学习时发表重要讲话，提出要加快建设教育强国。加快建设教育强国，实现教育的创新驱动发展与高质量发展已经成为新时代我国教育重大变革的新要求。

我国教育学的发展面临新的历史契机。教育学理论建设也要与时俱进，努力建设中国特色、世界水平教育学理论体系。一是要坚持马克思主义指导地位与习近平新时代中国特色社会主义思想。马克思主义是我们的根本指导思想。辩证唯物主义与历史唯物主义哲学为我们从事教育学研究提供了根本的世界观与方法论。坚持马克思主义指导地位与坚持中国特色社会主义教育发展道路，是新时代建设中国特色、世界水平教育学理论体系的基本要求。习近平新时代中国特色社会主义思想是把马克思主义基本原理同中国具体实际相结合、同中华优秀传统文化相结合的最新成果，是当代中国马克思主义、21 世纪马克思主义。习近平总书记关于教育的重要论述，从教育的地位与作用、人的全面发展、教育与生产劳动相结合等方面继承与发展了马克思主义教育理论，从中华优秀传统文化的现代使命与中国式教育现代化等方面创新与发展了马克思主义教育理论。马克思主义与习近平新时代中国特色社会主义思想进教材、进课堂、进头脑，是我国教育学理论体系建设需要认真完成的时代课题。

二是要研究新问题、创造新理论与建设新体系。加快建设教育强国的战略要求提出了教育学需要研究的一系列新的重大理论与实践问题，如习近平总书记关于教育的重要论述的理论体系，中国特色教育学自主知识体系的建构，中国式教育现代化基本问题，作为国之大计、党之大计的教育的地位与作用，教育、科技与人才三位一体的战略布局，拔尖创新人才培养模式，大中小学思政教育一体化建设以及建构良好的教育环境与生态，等等。这些既是新的时代要求又是我国教育学发展的新的契机。教育学工作者要系统研究这些新问题，研究中国问题、本土问题；要切实加强新的社会条件下教育基本理论与基本规律的研究，创新和发展中国特色社会主义教育理论，特别要关注战略教育学的建设问题，努力建构具有世界水平的中国特色教育学自主知识体系。

三是要认真研究与回应数字文明的新趋势与新问题，发展中国特色数字教育学。数字文明时代的到来对于教育学的发展是一个根本性的挑战。未来哪个国家能够站在世界教育数字化转型的前沿，哪个国家能够具备世界水平的教育，哪个国家就会摘得世界教育皇冠上的明珠。在教育的数字化转型这个问题上，无论是理论还是实践，目前我们大致与欧美发达国家处在同一条起跑线上，这也是发展中国特色教育学理论体系的一个契机。我们必须抓住这个机会，大力创新与发展中国特色数字教育学。

四是要继承与发扬中华优秀传统文化，坚持马克思主义与中华优秀传统文化相结合。5 000 多年的中华优秀传统文化蕴含着中华民族丰富的教育智慧。学思结合、知行合一、因材施教等教育思想直到今天仍然闪耀着智慧的光芒。中华优秀传统文化、革命文化、社会主义先进文化以及人类一切优秀的文明成果，对于我们今天强化中国特色社会主义教育道路自信、理论自信、制度自信与文化自信，建设良好的教育环境与生态都具有重要的指导意义。新时代中国特色教育学理论体系的建设必须做好马克思主义与中华优秀传统文化相结合这篇大文章。

五是要实现研究方法论的转型。研究方法论的现代化问题一直是我国教育学研究与学科建设的一个薄弱环节。在建构中国特色教育学自主知识体系的过程中，实现研究方法论的转型十分必要。一方面，要坚持马克思主义哲学方法论与习近平新时代中国特色社会主义思想的方法论。另一方面，要补好世界教育学史中关于解释主义、实证主义、分析主义与行动研究的课；要瞄准哲学方法论与科学方法论变革的世界前沿，处理好文化分析与大数据分析、科学主义与人文主义、政策科学与政策分析、线上教育研究与线下教育研究的关系，积极推动教育学研究领域跨学科与跨文化的发展。

从历史的眼光来看，明末清初以来，西学东渐是世界范围内知识传播的一个基本特点。我国近代教育学的发展也主要是一个西学东渐的过程，早期先是通过学习日本明治维新的经验来学习欧洲赫尔巴特的教育学，20 世纪二三十年代则主要学习美国杜威的教育学理论，新中国成立早期主要是对于苏联凯洛夫教育学的学习，改革开放以后又有一轮学习欧美教育学的热潮。在这个历史进程中，马克思主义教育理论的创新与发展是一个重大的历史事件。特别是 1921 年中国共产党成立以后，马克思主义教育理论得到了长足发展。中国的马克思主义教育学是在马克思主义指导下，在中国共产党的革命、社会与教育实践的基础上，把马克思主义基本原理同中国具体实际相结合、同中华优秀传统文化相结合而形成与发展起来的具有中国特色的教育学理论。毛泽东教育思想、邓小平教育理论与习近平总书记关于教育的重要论述继承、发展与创新了马克思主义教育理论。

马克思主义基本教育原理与中国共产党 100 多年教育理论与实践的发展，为新时代研究与探索中国特色教育学自主知识体系奠定了坚实的基础。新时代我们要以中国式现代化推进中华民族伟大复兴，必须加快建设教育强国，必须努力建设中国特色、世界水平教育学理论体系。在实现中国式现代化的进程中，改变教育学西学东渐的知识传播格局，积极推进马克思主义基本教育原理与习近平总书记关于教育的重要论述进教材、进课堂、进头脑，探索与建构中国特色教育学自主知识体系，成为中国教育学科发展与教育学工作者的历史性任务。

为了推动完成这样一个历史任务，中国人民大学出版社策划了“新时代马克思主义教育学系列教材”。这套教材，一是以习近平新时代中国特色社会主义思想与习近平总书记关于教育的重要论述为基本遵循，以马克思主义科学方法论为编写指导；二是尊重中国教育本土发展与中国共产党百余年来办教育的实际历程，扎根于中国教育理论与实践发展的土壤之中，用中国本土的研究语言来呈现教育学理论的发展；三是充分体现世界范围内教育学科发展的最新研究成果，具有鲜明的时代性、理论性、前瞻性和创新性，是全国首套新时代马克思主义教育学系列教材。本套教材既呈现了马克思主义教育学的基本特色，全面反映了马克思主义关于教育的地位与作用、人的全面发展及教育与生产劳动相结合的理论体系，又深度融合和贯彻了习近平总书记关于教育的重要论述，具体反映了习近平总书记关于教育的重要论述对于马克思主义教育理论的创新与发展的理论成果，努力推动建构新时代中国特色教育学自主知识体系。

前　言

党的二十大关于“特殊教育普惠发展”的重要论述指明了中国式特殊教育现代化的发展方向，丰富了我国特殊教育高质量发展的时代内涵。习近平总书记在中共中央政治局第五次集体学习时强调，加快建设教育强国，为中华民族伟大复兴提供有力支撑，并要求把促进教育公平融入到深化教育领域综合改革的各方面各环节，让每个孩子都能享有公平而有质量的教育。从“支持特殊教育”到“办好特殊教育”，再到强调“特殊教育普惠发展”，党和政府对特殊教育事业重视程度不断提高，特殊教育发展不断提速，确立了新时代奋力推进中国特色特殊教育现代化的战略目标和行动指南。

特殊教育虽然是人类教育活动最晚出现的篇章，却直接反映一个社会的文明程度，甚至直接影响一个国家、民族的威信，是国家软实力的体现。早期的特殊教育直接服务于残疾人群，彰显教育公平权利和生命尊严。迄今为止，人类社会无法避免残疾现象的发生，善待残疾就是善待人类自身。因为人类不可能将生物界“物竞天择，适者生存”的原则应用于自身，这违背了人类作为万物之灵长的理性与人道精神。作为弱者中最为艰难的群体，残疾人能否获得公平与正义，是一个社会是否文明进步的试金石。随着融合教育的蓬勃发展，特殊教育的范围进一步扩展，不仅服务于残障及其他各种原因所致有严重学习困难的“特殊教育需要”学生，还扩展到回应所有学生的“多样化”学习需求，为每个学生接受公平优质的教育奠定基础。因此，特殊教育并非少数学生的事情，它涉及的学生占全体学生的五分之一左右，且这一比例还在不断扩大。残疾儿童固然需要特殊教育支持，但不可忽视的是，越来越多需要特殊教育的并非残疾儿童。每个人都可能终其教育生涯或者是教育过程中的某一个阶段需要特殊教育。特殊教育和我们每个人息息相关，甚至从宏观角度可以说“人人皆有特殊教育需求”。因此，我们要继承发扬中华民族扶弱济困、守望相助的优良传统，积极践行社会主义核心价值观，把平等对待作为最好的关爱，把促进自立作为最好的扶助，消除有形无形的障碍和歧视，营造全社会理解、尊重、关心、帮助残疾人的浓厚氛围和良好环境。

近年来，各种特殊教育教材及著作大量出版，国际国内的学术研讨和交流不断增加，这些都推动着特殊教育的国际交流与本土化发展，特殊教育理论与实践出现了从未有过的百花齐放之势。越来越多的高等师范院校开设特殊教育专业，旨在培养特殊教育人才，以服务于日益增加的社会需求。九层之台，起于垒土。一个好的开始意味着成功的一半。一本好的概论性的教材，能够将学生导引入门，激发学习的兴趣，培养专业情怀，掌握基本的专业知识与技能，形成特定的理论框架，为未来的学习与专业发展奠定坚实的基础。自

20 世纪 90 年代以来，特殊教育概论性教材，多以“概论”“基础”“导论”等为名，且已经出版不少。作者也出版了几本相关的教材。这些教材多以总论分论为总体结构，总论集中介绍残疾及特殊教育基本概念，分论重在介绍各类残疾的行为特征及对应的教育方式。这种安排能够较好地介绍特殊教育最基本的知识，有助于高师院校特殊教育专业学生打好专业基础。

本教材试图从融合教育的理论出发建构特殊教育知识体系，从广义的特殊教育对残疾类型进行整合与划分；关注特殊教育历史、政策、管理、评估、课程、教学、师资等多方面的内容，帮助学生建构整体的特殊教育理论架构与学习基础知识。我们希望确立特殊教育基本概念与逻辑范畴，建立规范的话语体系，明确基本学术立场与核心观点，推进特殊教育学科体系建设。我们希望能够为特殊教育专业的本科生、研究生提供基本的教材，并为相关研究者、实践者，以及关心特殊教育事业的人们提供参考。教材的整体编写试图遵循“通用学习设计”的理念，从问题和案例出发组织教材内容和学习材料，并积极尝试体现参与式教学的理念。但因水平有限，恐画虎类犬，敬请同行不吝赐教。

世界的未来属于年轻人，特殊教育的未来也寄托在青年人身上。感谢张玲、王东升、叶婷、潘兰、孙梦瑶、梁寿雯、许家靓、王欣柔、张瑶、贾睿等年轻的特殊教育学子的贡献。这些学生，分别来自北京师范大学、华东师范大学、广西师范大学等高校，虽远隔千山万水，却都有一颗炽热的心。无论是刚刚入学的，还是临近毕业的；无论是硕士研究生，还是博士研究生，都竭尽所能、合作协同，贡献自己的光和热。感谢这些年轻的学子，感谢他们选择了特殊教育这个并不大众，甚至经常不被人接纳和理解的专业；感谢他们选择我作为他们的导师，让我有机会指导他们，并和他们一起成长。衷心希望他们学有所成，并在未来的学习与工作中一以贯之，践行融合教育的理念，坚守人道主义的精神，高扬理想主义的旗帜，为那些处于弱势地位的儿童点燃生命之光！

全书由邓猛、张玲、王东升完成统稿工作。

当然，本书难免有疏漏之处，请国内同行多多批评指正！

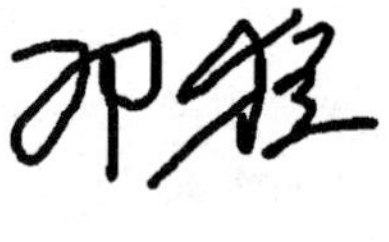

目　录

第一章　特殊教育的基本概念 …… 001

第一节　儿童的差异与共性 …… 001
第二节　特殊儿童与特殊教育 …… 004
第三节　潜能开发与缺陷补偿 …… 009
第四节　特殊儿童的权利与教育公平 …… 015

第二章　特殊教育的产生与发展 …… 020

第一节　西方特殊教育发展历史 …… 020
第二节　中国特殊教育发展历史 …… 026
第三节　当代特殊教育的发展趋势 …… 032

第三章　融合教育的发展 …… 039

第一节　融合教育的历史发展 …… 039
第二节　融合教育的基本理念 …… 049
第三节　融合教育的本土化实践 …… 052

第四章　特殊教育的政策法规 …… 064

第一节　特殊教育政策法规概述 …… 065
第二节　中国特殊教育政策法规 …… 067
第三节　西方国家的特殊教育政策法规 …… 075

第五章　感官障碍儿童的教育 …… 082

第一节　视力残疾儿童概述 …… 082
第二节　视力残疾儿童的教育与支持 …… 088
第三节　听力残疾儿童概述 …… 094
第四节　听力残疾儿童的教育与支持 …… 099
第五节　肢体残疾儿童概述 …… 102
第六节　肢体残疾儿童的教育与支持 …… 108

第六章 智力异常儿童的教育 …… 118
第一节 智力障碍儿童概述 …… 118
第二节 智力障碍儿童的教育 …… 129
第三节 超常儿童概述 …… 134
第四节 超常儿童的教育 …… 140

第七章 沟通与交往障碍儿童的教育 …… 144
第一节 言语语言障碍儿童的教育 …… 144
第二节 情绪与行为障碍儿童的教育 …… 152
第三节 孤独症谱系障碍儿童的教育 …… 161

第八章 其他障碍类型儿童的教育 …… 175
第一节 学习障碍儿童的教育 …… 175
第二节 病弱儿童的教育 …… 188
第三节 多重障碍儿童的教育 …… 192

第九章 特殊儿童的教育评估与安置 …… 198
第一节 特殊儿童的教育评估 …… 198
第二节 特殊儿童的安置模式 …… 212
第三节 特殊儿童的教育转衔 …… 220

第十章 特殊教育的组织与管理 …… 227
第一节 特殊教育体系概述 …… 227
第二节 特殊教育学校的管理与转型 …… 233
第三节 特殊教育的班级 …… 240

第十一章 特殊教育课程与教学 …… 244
第一节 特殊教育课程概述 …… 245
第二节 特殊教育教学概述 …… 252
第三节 融合教育课程与教学 …… 258
第四节 个别化教育计划 …… 267

第十二章 特殊教育教师的教育与培养 …… 271
第一节 特殊教育教师概述 …… 271
第二节 特殊教育教师的专业素养 …… 276
第三节 特殊教育教师的专业发展 …… 283

第一章　特殊教育的基本概念

学习目标：

1. 了解儿童的差异与共性；
2. 理解特殊儿童和特殊教育的内涵；
3. 了解潜能开发与缺陷补偿的理论基础；
4. 了解特殊儿童的权利与教育公平。

第一节　儿童的差异与共性

正如德国哲学家莱布尼茨所说“世上没有两片完全相同的树叶”，每个人都是独一无二的个体，个体间存在差异是一个客观事实。差异与生俱来，表现在智能、态度、个性、学习方式、性别、民族、社会以及经济状况等多方面。差异使得我们每个人作为一个独特存在的生命体，具有了不可重复性和不可取代的唯一性。对于儿童而言，一方面，不同儿童间普遍存在着个体差异，残疾儿童则是个体差异比较显著的群体；另一方面，残疾儿童首先是儿童，具备儿童的共性，遵循儿童的一般发展规律。特殊教育建立在儿童个体差异的基础上，正确理解儿童的差异与共性，有助于我们更好地理解特殊教育。

一、个体差异

研究特殊儿童主要就是研究差异性，了解个体差异的构成是我们正确认识特殊儿童的前提。

（一）个体差异的概念

个体差异是指个体在生理、心理以及社会属性等方面与其他个体相比具有的相对稳定的不同特点。个体差异体现在儿童的身体发展、认知能力与风格、人格特征、行为方式与社会关系等各个方面①。儿童之间不仅存在外显性的差异，而且存在发展需求和发展潜力

① 燕国材．个别差异与因材施教浅谈［J］．上海师范大学学报（哲学社会科学版），1984（1）：123－129．

的差异。在教育教学活动中，每个儿童都有自己的特点和个别化学习需求，差异正是教师进行有效教学的重要资源与依据，因材施教才能充分发掘学生的发展潜力[①]。

古往今来，不少理论探讨了个体差异的产生原因，有的认为这完全由人的遗传因素决定，有的则认为这主要是受成长环境所影响。研究表明，人的遗传因素、天赋素质或生理条件只是构成人的心理个体差异的物质基础，环境并不能完全决定人的心理的个体差异。人的心理个体差异，更多是人们基于各自不同素质，受来自不同的社会物质生活、文化教育环境的影响，以及参与不同社会实践活动，经由这些外界因素共同作用后的结果。概言之，遗传与环境因素以及二者的交互作用是引发个体差异的根本原因，而个体的生活经验以及特定社会文化背景是个体差异的重要根源。

（二）个体差异的类别

个体差异分为不同的种类，主要有个体间差异、群体间差异和个体内差异三种基本类型。

1. 个体间差异

个体间差异是指不同个体之间智力、能力、个性、兴趣等生理、心理特性方面的差异，也就是个体间的不同，如视力、听力的不同，智力、行为方面的差异等[②]。个体间的差异主要表现在三个方面[③]：第一，发展速度的差异，即儿童的各种素质与能力的发展时间顺序是不一样的。以语言能力发展为例，有些孩子说话早，两三岁就能够流畅地表达自己的想法，而有的孩子直到五六岁才能勉强把话说清楚。第二，发展类型的差异。按照多元智能理论的观点，每个个体的智能类型及水平都不同。有些孩子擅长抽象思维，在学习绘画这样需要形象思维的作业上会存在困难。反之，有些孩子的艺术、形象思维发展得非常好，而数学等抽象思维类的功课成绩相对差一点。第三，发展水平的差异。人类个体间的智力水平本就存在着差异，并且多呈现正态分布的趋势[④]。具体而言，有些孩子智力发展水平很高，属于超常儿童；而有些孩子的智力发展水平很低，到了小学阶段还不能认识几个汉字，属于智力障碍儿童。此外，由于人的本质由人的社会属性所决定，所以个体之间的社会特性也存在着差异，具体表现为在经济阶层、族群背景、语言习性、价值倾向、交往方式等方面的不同。

2. 群体间差异

在实际生活中，我们不难发现，在一些具有不同个体差异的人身上会带有某些共同特征，这些个体就形成了一个特殊的群体，群体间差异的概念由此产生，即群体与群体之间存在的相对稳定的不同。如听力残疾人群和视力残疾人群是两个不同的群体，二者间的差异在于不同的感官出现了残疾，但二者又共同属于感觉器官的残疾，具有感官类残疾的共同特征。聋人与健听人都是社会物质文明和精神文明的创造者，是人类多样性的组成部分。但聋人群体因其听力障碍，使用手语进行交流，靠视觉进行认知，形成了一个有别于

---

① 许洁英．个体差异研究及其教学意义［J］．西北师大学报（社会科学版），1999（6）：20－24.

② 刘全礼．特殊教育导论［M］．北京：教育科学出版社，2003：5.

③ 赵石屏．孩子发展存在个别差异［J］．家庭教育（婴幼儿家长），2004（6）：40.

④ 盛永进．特殊教育学基础［M］．北京：教育科学出版社，2011：4.

有声语言世界的社会与聋人文化。个体间差异以及由此派生出来的群体间差异构成了包括特殊教育在内的许多学科的基础。

3. 个体内差异

个体内差异是指在个体内部生理和心理各个要素之间发展的不平衡状态。具体而言，就是个体成长过程中生理和心理诸要素之间发展的不协调与不同步。例如，有些聋人虽然听不见，但却有着良好的音乐感知力。有些孤独症儿童的沟通与交往能力特别差，但是却有着超强的记忆力。这些情况是一种个体内差异的具体表现，属于同一个体在成长过程中生理、心理上的不协调或不平衡。个体间的差异是人的多样化的表现，个体内的差异则体现个体发展的个性化特征。人类发展的多样化和个性化是社会进化的必然结果[①]，也是教育工作中的巨大挑战。承认和尊重生命的独特性、人的多样化和个性化特点，是我们进行特殊教育的前提条件。苏霍姆林斯基指出："最主要的是在每个孩子身上发现他最强的一面，找出他作为人发展根源的'机灵点'，做到使孩子在能够最充分地显示和发展他的天赋素质的事情上，达到他的年龄可能达到的最卓越成绩。"教师在教育过程中注重因材施教，才能更好地促进学生的身心发展。

二、儿童发展的共性

无论是普通儿童还是特殊儿童，他们首先都是儿童，遵循儿童身心发展的共有规律。这是儿童发展最为根本的共性，也是最为重要的儿童发展观。

（一）儿童既有共性又有个性

共性和个性是一切事物固有的本性，每一事物都既有共性又有个性。共性决定事物的基本性质，个性揭示事物之间的差异性，个性体现并丰富着共性。个性和共性构成了事物的两个方面，个性是基于共性之上的个性，共性是个性中的共性。人的个体差异正是建立在人类的共性这一基础之上的。没有共性，人们就不可能互相交往、沟通，人类社会也就失去了存在的基础。特殊儿童虽然在某些方面与普通儿童存在差异，如他们在思维、视觉、听觉、语言、社交或行动上存在的障碍或特殊才能，但是，特殊儿童也并非与普通儿童完全不同，事实上，大多数特殊儿童与普通儿童的共性多于他们的差异。关注二者之间的共性，即他们在特征、需要和学习方式上的相似之处，才能够更好地发展特殊儿童的潜能[②]。

（二）儿童心理发展在不同年龄阶段的共性

心理学相关研究表明，儿童的心理发展在各个不同的年龄阶段会表现出共性。儿童心理年龄特征是在一定社会和教育条件下，在儿童发展的各个不同年龄阶段所形成的一般的、典型的、本质的心理特征。从出生至 3 岁，儿童心理各方面以直觉性为主要特征。幼儿期，儿童心理各方面以具体形象性为主要特征。学龄初期，儿童心理发展的各方面以形

---

① 陈云英．学生的个别差异与特殊教育［J］．特殊儿童与师资研究，1994（1）：3－6．

② 哈拉汉，考夫曼，普伦．特殊教育导论：第 11 版［M］．北京：中国人民大学出版社，2010：5．

象性向抽象性过渡为主要特征。少年期，儿童心理发展的各方面以经验型的抽象逻辑性为主要特征。青年初期，儿童心理发展的各方面以理论型的抽象逻辑性为主要特征。儿童心理年龄特征是从众多具体的、个别的儿童心理发展的事实中概括出来的，代表每个年龄阶段儿童心理发展的一般趋势和典型特点，是儿童发展共性的体现，具有稳定性和可变性。

（三）学校教育中应关注儿童的共性与个性

儿童心理年龄特征是现代学校体系建立的重要基础之一。正是相似年龄的儿童的心理发展存在着共性，才使得以年龄进行分班教学成为可能，以及利用相似的材料与标准进行的教学与评价得以顺利施行。因此，在普通学校开展的集体教学中，学校和老师更关注大多数儿童的水平，如教学进度、教学内容讲解等方面考虑的是那些学习能力处于平均水平的儿童，那些学习成绩差甚至某些能力超常儿童的需要则被忽略。也就是说，在教学中强调的是儿童发展的共性，忽视了儿童发展的个体差异。儿童的个性与能力发展受到压制，尤其是有特殊教育需要的儿童很少能得到个性化的支持，无法适应在普通学校的学习和生活。许多特殊儿童不得不进入专门设立的各类特殊教育学校，接受专门的“特殊”教育，由此形成了普通学校与特殊教育学校的隔离和对立。概言之，传统的普通学校不能充分地或全面地关注到所有儿童的个体差异现象，特别是那些差别较大和特殊类型儿童的个体差异现象。传统的普通学校的标准化办学模式与统一的要求过多关注儿童发展的共性，教学缺乏弹性与包容度，不能满足学生多样化的学习风格、独特的学习需要，以及多方面发展的需求。

第二节　特殊儿童与特殊教育

特殊教育学就是以各类特殊儿童的特殊教育活动、现象为研究对象，探寻其规律，并寻求更有效的教育方法的学科。特殊儿童具体包括哪些？特殊教育的内涵是什么？厘清上述两个核心问题，有助于我们更好地把握特殊教育的定义与本质。

一、特殊儿童的概念

（一）特殊儿童

特殊儿童，也称残疾儿童、障碍儿童、异常儿童或者特殊需要儿童。从教育的视角出发，特殊儿童的特殊性，主要取决于其学习需要的特殊性，而非简单的身心特质异常。针对这一特性，不同学者对特殊儿童进行了界定。美国特殊教育专家柯克（S. A. Kirk）和加拉赫（J. J. Gallagher）对特殊儿童的定义是在以下方面偏离一般或常态的儿童：（1）心智特质；（2）感觉能力；（3）神经动作或生理特质；（4）社会行为；（5）沟通能力；（6）多重障碍①。特殊儿童所出现的偏离需要来自学校的支持，包括对教育设施进行特别的调整或提

---

① KIRK S A，GALLAGHER J J. Educating exceptional children [M]. Stanford：Cengage Learning，2014：2.

供特殊教育服务等，才可能发展其最大潜能。

朴永馨认为可以从两个维度去理解特殊儿童：一是广义的理解，即把正常发展的普通儿童之外的各类儿童包括在内，例如视觉或听觉有不同程度障碍的儿童、肢体障碍儿童、智力发展低常的弱智儿童、言语障碍儿童、学习障碍儿童、情感障碍儿童、多重障碍儿童，以及各种能力超常的儿童、有行为问题的（包括轻微违法犯罪的）儿童等；二是狭义的理解，即专指生理或心理发展上有缺陷的残疾儿童，特指智力、视觉、听觉、肢体、言语、情绪等方面的发展障碍、身体病弱、多种残疾等儿童①。

根据上述定义可知，这些被称为特殊、残疾或有特殊需要的儿童与普通儿童有着显著不同，与多数普通儿童相比，他们可以称为“特殊儿童”。这种特殊性，一方面表现为生理和心理上的缺陷，例如智力残疾、视力残疾和听力残疾等；另一方面还表现为教育中的特别需求，如阅读障碍、书写障碍等。不论这种特殊性在儿童身上具体如何体现，在统计学意义上已经处于一般的常模范围之外，表现出一种“异常”的特性或“非典型”特征②。

（二）特殊教育需要儿童

进入 21 世纪以来，教育公平的理念在世界范围内不断深入，特殊教育的范畴也随之不断扩展，人们逐渐开始采用广义的特殊教育需要儿童的概念。1978 年，英国残障儿童教育调查委员会在《沃诺克报告》中首次提出“特殊教育需要儿童”这一概念，即强调从教育而非医疗的角度去看待儿童在教育过程中出现的各种困难。在传统的残疾概念中，人们主要关注个体的障碍，并根据障碍将特殊儿童划分为不同的类型和等级。特殊教育需要则强调个体的特殊教育需求，把特殊儿童定义为在生理或心理发展的某一个方面或多个方面明显地偏离普通儿童的发展水平，而必须接受特殊教育服务才能充分发展的儿童。特殊教育需要的范畴得以扩展，它既包括传统的严重的、永久性的身心缺陷与残疾，也包括那些轻微的、暂时性的学习困难③。2001 年，英国公布的《特殊教育需要实践准则》进一步规定：如果儿童在学龄阶段具有相较于同龄儿童来说非常显著的学习困难，或者具有阻碍他们像正常儿童一样学习的残疾，那么这类儿童即为特殊教育需要儿童。因此，“特殊教育需要”是一个动态的、发展的概念，意味着每个儿童都可能在某个发展阶段遭遇学习困难而具有某种程度的特殊教育需要。特殊教育需要定义的不断发展对传统残疾的划分与干预模式产生了根本性的影响，并对特殊教育学科的发展具有重要的意义④。

特殊教育需要要求我们调整教学内容、设计独特的教学方法以及采取多样的教学手段。但是，目前我国的特殊教育理论与实践仍然是以“残疾”为基础的，这种定义以及相应的分类使得特殊教育及康复政策的制定与具体实践更为明确，也更具操作性。

根据上述分析，我们可以进行如下总结：特殊儿童是指身心发展的某些特点在正常范围之外，且与普通儿童有较大差异，需要接受经过特殊设计的教育与服务才能满足其独特教育需要的儿童。这种差异主要表现为：（1）生理上有残疾，如视力残疾、听力残疾、肢体残疾等；（2）心理发展低于正常水平或超出正常范围的，例如，智力落后、智力超常或

---

① 朴永馨．特殊教育学［M］．福州：福建教育出版社，1995：7.

② 盛永进．特殊教育学基础［M］．北京：教育科学出版社，2011：4.

③ O’ HANLON C. Special education integration in Europe［M］．London：David Fulton Publishers，1993：39.

④ 赵梅菊．特殊教育需要概念的思考［J］．现代特殊教育，2015（18）：77－79.

有其他特殊能力的儿童；(3) 行为或言语等方面有显著差异的，如情绪障碍方面的表现为有攻击、自伤行为等，言语障碍中的口齿不清等。这些差异使儿童在没有特殊照顾和帮助的情况下，不能在普通班级中按普通儿童的教材与学习速度同步进行学习。

二、特殊儿童的分类

（一）基于残疾的分类方式

残疾的分类是一个动态、发展的领域。历史上，各个国家和地区依据各自不同的残疾观，秉持不同的教育理念，在不同时期对残疾进行了分类。各国对残疾进行分类有其现实与积极的考量，能够促进"对个体差异的区分、尊重和正面回应"。建立残疾分类体系，可以对残疾产生的原因、残疾预防以及残疾干预等进行更为深入的研究，有助于国家通过专门的立法来保障特殊人群的权益，便于政府部门进行行政管理①等。我国现行的残疾分类遵循中华人民共和国国家标准《残疾人残疾分类和分级》（GB/T 26341—2010），自2011年5月1日开始实施后沿用至今。国家标准将残疾分为7类，即视力残疾、听力残疾、言语残疾、肢体残疾、智力残疾、精神残疾和多重残疾。美国的残疾分类具体分为14种，分别是：自闭症、聋-盲、盲、情绪困扰、听觉损伤、智能障碍及发育迟缓、多重障碍、肢体损伤、其他健康损伤、特殊学习障碍、言语和语言损伤、脑外伤、视觉损伤、发展迟缓。从现行的不同残疾分类的表述中，我们不难发现，个体的缺陷特质仍然是主要的划分依据。这些残疾分类在一定程度上能够帮助我们区分儿童的特殊教育需求，但也存在着不少争议：其一，这种分类方式关注个体缺陷，无形间使特殊人群被贴上了"无能"和"另类"的标签。其二，这种分类方式以缺陷为依据，过分强调人和人之间的差异，而忽略了发展的共性。其三，这种分类方式聚焦于缺陷的类别与程度，以至于容易让人忽视同一种残疾类别里的差异表现。

（二）对特殊儿童划分方式的转变：从分类到"不分类"

随着第二次世界大战后人本主义思潮的兴起，传统基于残疾的分类方式不断受到人们的抨击，人们开始反思这种分类方式带有的歧视与偏见，无法很好地回应人的多样性、差异性②。

英国最先开始转换残疾的分类的视角，即主张对残疾"不分类"。在教育实践过程中，残疾儿童所表现出的学习困难各不相同，很难用某种残疾类别将其统一。一方面，同一残疾类型的儿童会有不同的学习需要；另一方面，不同残疾类型的儿童又可能有相同的学习需要。这里所指的"不分类"，并不是绝对意义上的不分类，而在于以怎样的标准去划分。最新的残疾研究包含四个重要特质，即个人的功能限制、个人福祉、个别化支持，以及个人能力与适应的互动模式。也就是说，残疾的划分不再局限于单一的医疗或疾病与病理评定，或是简单加入社会环境因素后的二元评量，而是综合考虑来自上述四个特质间的多维

---

① 李芳．残疾分类及其研究范式转变［J］．现代特殊教育，2016（12）：76－78.

② 赵勇帅，孙云峰，邓猛，等．残障的"身份化"意涵与启示：融合教育背景下的全新理解［J］．中国特殊教育，2022（7）：43－51.

互动与影响。这种多维互动模式强调互动关系，以及对儿童的个别化支持，高度重视个人的福祉以及能力的提升①。

为了更好地呼应这种多维互动范式，世界卫生组织（WHO）正在全球范围内推广《国际功能、残疾与健康分类》(ICF)。ICF强调从功能、活动、参与和环境四个元素以及这四个元素之间的动态关系来定义残疾，提供了另外一种“不分类”的模式②。具体而言，它将对身心障碍的评估划分为两个层次：第一层是身体功能与结构的损伤情形，以及因损伤所致的活动限制与社会参与的局限；第二层是环境因素、个人因素与残疾互动的情形。它的贡献在于突破传统分类对于医疗的过度依赖，转而以调整外在环境与人的互动、降低环境的限制，来促进个体能力的展现。此外，美国智力与发展障碍协会（AAIDD）在2010年发布《智力残疾：定义、分类与支持系统》，提出以“个体功能”为概念框架的多维分类系统，也受多维互动范式的影响。

由此可见，“分类”还是“不分类”早已不是争论的重点。近年来国际特殊教育领域不再局限于关注缺陷和不足，也不仅是突出“特殊教育”的需求，而是强调与环境互动基础上的各种能力的增强与补充③。这种新的残疾研究建立在多维、互动与增能基础之上，是对医学与社会学两个不同理论范式的拓展，也是引领未来残疾研究的一个重要方向。值得注意的是，当前的特殊教育理论与实践仍然是以“残疾”为基础的，因为这种定义及相关的分类术语使特殊教育的学科性质更加明确、体系更加完整，使各国特殊教育与康复政策以及福利规划等的制定与实施更加有据可依，使专业人员以及相关的学术交流与实践更加有效。

就特殊教育教学而言，对残疾进行分类有助于更好地应对不同儿童的特殊教育需求。特殊儿童虽然遵循一般儿童身心发展的某些特点，但他们与普通儿童存在着较大的差异，主要表现为：(1) 生理感官上的障碍，如视力残疾、听力残疾、肢体残疾等；(2) 心理发展（主要指智力）低于正常水平或高于正常范围，包括智力落后、智力超常或有特殊能力；(3) 行为或言语等方面的显著差异，如情绪障碍、言语障碍等④。具有上述差异的儿童是特殊教育的主要服务对象，需要学校提供特殊设计的教育与服务才能满足其独特的教育需要。本书以儿童所表现的主要差异为标准，并参考朴永馨等学者对于特殊儿童的界定方法，将特殊儿童划分为如下四大类型：

(1) 感官障碍：按照感觉器官有无损伤划分为视力残疾、听力残疾、肢体残疾等类型的儿童。

(2) 智力异常：主要指心理发展低于正常水平或高于正常范围的，主要包括智力落后、智力超常或有特殊能力的儿童。

(3) 沟通与交往障碍：包括言语语言障碍、情绪与行为障碍、孤独症谱系障碍等在内的与儿童言语以及行为交往有关的儿童。

(4) 其他障碍：包括学习障碍、病弱、多重障碍等类型的儿童。

---

① 李芳．残疾分类及其研究范式转变 [J]．现代特殊教育，2016 (12)：76-78.

② 邱卓英，刘智渊．《国际功能、残疾和健康分类》及其在特殊教育中的应用 [J]．中国特殊教育，2006 (11)：11-13.

③ 赵森，易红郡．从个人到社会：残疾模式的理念更新与范式转换 [J]．残疾人研究，2021 (3)：12-22.

④ 邓猛，颜廷睿．特殊教育原理 [M]．北京：高等教育出版社，2022：4.

三、特殊教育

特殊学生在思维、视觉、听觉、语言、社交或行动上存在障碍或具有特殊才能，使得他们存在与学业相关的问题。特殊教育意味着为满足特殊学生的特殊教育需要而特别设计的教学，需要有特殊的教育材料、教学技术、教学仪器或设施等①。如视力残疾学生可能需要大字课本或盲文书，听力残疾学生可能需要助听器或手语教学，肢体残疾学生可能需要特别的辅具支持，情绪与行为障碍学生可能需要较小的高度结构化的班级，天才学生可能需要更多专业人员的支持。特殊教育的有效运作还需要一些相关的支持与服务，如特定的交通工具、心理评估、物理与医学治疗、心理咨询等。特殊教育最为重要的目标就是发现、激发学生的能力，并补偿其缺陷。特殊教育的覆盖面很广，既包括由普通老师提供的特殊教育，也包括由特殊教育学校以及特殊教育机构提供的服务等。特殊教育的具体安置取决于两个因素：(1) 学生与普通学生相比有什么不同，有何特殊教育需要；(2) 学校和社区有哪些可获取资源。

美国在 1975 年的《残疾人教育法》中，将特殊教育定义为：满足残疾儿童的特殊需要而专门设计的教学②。特殊教育所提供的服务既包括在普通教育或特殊教育课堂上的教学，也包括社区为需要学习生活和工作技能的学生提供的教育，以及在身体训练和职业准备等领域的专门辅助。

朴永馨在《特殊教育辞典》中将特殊教育界定为："特殊教育是教育的一个组成部分。使用一般的或经过特别设计的课程、教材、教法和教学组织形式及教学设备，对有特殊需要的儿童进行的旨在达到一般和特殊培养目标的教育。"③ 这个定义有三层含义：一是教育对象是有特殊需要的儿童；二是培养目标既有一般的目标也有特殊的目标；三是在教学内容、方法或手段上既有一般的形式也有经过特别设计的形式。陈云英认为：儿童在生长发育的过程中，因为生理或心理的因素会产生发育障碍或困难，所以需要一些康复措施或方法来帮助他们克服这些困难，在教育和心理领域所采取的康复措施或方法就称为特殊教育④。这个定义包括了两个方面：一是在对象上指的是由于生理或心理因素障碍而出现问题的儿童；二是采取的措施或方法是为了克服这些儿童的困难。方俊明则认为，特殊教育是根据特殊儿童的身心特点和教育需要，采用一般或特殊的教学方法和手段，最大限度地发挥受教育者的潜能，使他们增长知识、获得技能、培养良好的品德并增强他们适应能力的一种教育⑤。特殊教育是整个社会教育活动的重要组成部分。

概言之，特殊教育的目的和任务在于最大限度地满足社会的需求和特殊儿童的教育需要，充分发展特殊儿童的潜能，促使他们增长知识、获得技能、完善人格，增强社会能力，成长为对社会有用的人才。从这个角度出发，特殊教育可被定义为：

为了满足特殊教育需要儿童的特殊学习需要，使用经过特别设计的一系列具体的方

---

① 哈拉汉，考夫曼，普伦．特殊教育导论：第 11 版 [M]．北京：中国人民大学出版社，2010：5-9.

② 来自美国教育部网站。

③ 朴永馨．特殊教育辞典 [M]．北京：华夏出版社，1996：32.

④ 陈云英．中国特殊教育学基础 [M]．北京：教育科学出版社，2004：2.

⑤ 方俊明．特殊教育学 [M]．北京：人民教育出版社，2005：2.

法、课程、教学组织形式及教学设施等，对有特殊教育需要的儿童采取的有针对性的教育教学措施，旨在使所有特殊教育需要儿童能够受到高质量的教育，实现平等接受教育的权利。

由此可知，特殊教育是以特殊需要儿童为对象而开展的，通过采取一般的或特殊的教育方法或教育形式以满足儿童的特殊需要的活动。普通学校里对特殊学生进行的一般意义上的教育，也应该包括在特殊教育的范畴内。

第三节 潜能开发与缺陷补偿

近年来，潜能开发、缺陷补偿出现在国家出台的一系列与特殊教育相关的文件中，成为我国特殊儿童教育的主要内容和原则。2015 年教育部颁布《特殊教育教师专业标准（试行）》，要求教师要“最大限度地开发潜能、补偿缺陷，促进学生全面发展，为学生更好地适应社会和融入社会奠定基础”，并将“潜能开发与缺陷补偿相结合，提高学生的综合素质”。2017 年国务院发布《国家教育事业发展“十三五”规划》，指出要促进教育与康复相结合，注重残疾学生潜能开发和缺陷补偿。2020 年教育部颁布的《关于加强残疾儿童少年义务教育阶段随班就读工作的指导意见》指出，我国特殊儿童的随班就读工作“既要重视残疾学生学习必要的文化知识，更要关注开发潜能、补偿缺陷，特别是要加强公共安全教育、生活适应教育、劳动技能教育、心理健康教育和体育艺术教育，帮助其提高自主生活质量和劳动能力，培养正确的生活、劳动观念和基本职业素养，为适应社会生活及就业创业奠定基础”。2022 年，教育部印发《特殊教育办学质量评价指南》，在优化教学方式方面，其附件评价指标指出，教师要“针对特殊学生的特点制定个别化教育教学方案，在精准分析学情的基础上因材施教，注重全面发展、潜能开发、缺陷补偿，提升课堂教学的针对性和有效性”。

从上述文件可以看出，全面发展、潜能开发、缺陷补偿是我国特殊儿童教育的重要内容。那么，什么是潜能开发和缺陷补偿？我们应该如何理解二者的关系，从而将二者有机结合，以促进特殊儿童的全面发展？通过本节的学习，特殊教育专业者应对缺陷补偿、潜能开发以及二者关系有深入理解。

一、潜能开发

（一）潜能

人具有巨大的潜能。在《人类潜在能力探索》（1964 年）一书中，美国的玛格丽特·米德认为人身上存在着巨大的、尚待开发的潜能，她认为一个正常健康的人只开发了自身所有能力的 6%。另一位美国学者奥托在《人的潜能》一书中指出，每个人只发挥了十分之一的潜能，或者更少。美国著名的哲学家、心理学家威廉·詹姆斯也曾指出，“世界上最有作为、最杰出的人物也只开发了自身潜能的 10%左右，与应当取得的成就相比较，我们不过是半醒着的”。无论是 6%还是 10%，我们都可以认识到，人类的潜能如同海上的冰山，浮现在水面上的已知能力仅仅是一小部分，而绝大部分能力隐藏在水下，是显露部分的数倍。每个人都具有巨大的潜能尚未开发，正如人本心理学家马斯洛所认为的，在现实社会中真正能够实现自己的潜能、达到自我实现的人很少。

“潜能”一词最早出现在古希腊哲学家亚里士多德所著的《形而上学》中。亚里士多德的“潜能”概念具有“动变之源”“可能”“能力”三种含义，是与“实现”相对立的概念。根据亚里士多德的认识，我们可以将人的潜能理解为一种没有表现出来的能力。但人的潜能会随着人的成长逐渐显示和变化，成为现实或者消失。将潜能变成现实的过程，可理解为潜能开发或潜能发展。现代意义上的“潜能”主要指潜在的“能力”，即事物具有的潜在的机能、技能、智能等。一般认为，人的潜能具有还未发展、尚待发展、必然要发展的内在可能性。人的身体和心理的各种功能在尚未发展成外显性的能力之前，都可以称为潜能。

潜能的提出具有重要的意义，意味着每个人都具有发展的可能性，这一认识也赋予人获得教育的可能性。儿童作为尚未发展的人，是拥有极大发展潜能的个体。正如蒙台梭利所言，新生幼儿的机体极其脆弱，又缺乏所有的一般心理能力，以至于人们几乎视其为零，但是他们具有巨大的潜在的能力使其在不到6年的时间里拥有的能力已经超过了所有其他的物种。儿童的潜能是与生俱来的，是人类在长期进化的过程中所沉淀在儿童身上的能力，但是这种能力只有在适宜的教育与环境的现实条件下才能发挥出来。换句话说，人的潜能很少自动地表现出来，人的潜能的充分实现，必须通过教育、学习才能实现。

（二）潜能开发及其理论基础

潜能开发即潜能的开发、发展或解放。对于人的潜能的开发，必然会提高人类认识世界和改造世界的能力，从而促进生产力的发展和社会的进步。因此，潜能开发教育理念的提出对教育和人类社会具有重要的意义。特殊儿童教育中的潜能观，与人本主义哲学有紧密联系，尤其受人本主义心理学、积极心理学发展的深刻影响。同时，多元智能理论也为特殊儿童的潜能开发奠定了理论基础。

1. 人本主义心理学与积极心理学

20世纪60年代，人本主义心理学登上心理学历史舞台。人本主义反对传统心理学对人的曲解，主张心理学回归到“真实的人”身上，心理学应该“研究人类本真的存在”，反对行为主义和精神分析将心理学的关注点聚焦到动物、机器类比以及人的缺陷和障碍上。人本主义心理学家将人类本性归纳为以下几个方面：（1）人类本性当中固有着乐观、善良等积极方面。（2）人是自我实现的，有发展自我潜能的内在动力。人是自我决定的，能对自己的生活进行选择并对自己的选择负责的人，而不是被动的被决定的人。（3）人是整体的，是不能还原为各个部分的有机体。（4）每一个个体都是具体而独特的存在。（5）人是情景与社会性的存在，需要将人置于特定的环境背景下才能理解人的心理与行为①。可见，人有着不同于动物的本质特征，有着自己独特的价值与尊严，也有着自我发展、自我成长的巨大潜能和自我管理、自我实现的内在动力。

20世纪末，在人本主义心理学基础上，心理学家提出积极心理学的概念。这一理论反对传统心理学将心理学研究局限在对人类心理问题、心理疾病诊断与治疗上，主张心理

---

① 孟娟．对立与融和：人本主义心理治疗与科学模式心理治疗比较研究［J］．吉首大学学报（社会科学版），2007（4）：158－162．

学要以人固有的、潜在的、具有建设性的力量以及美德和善端为出发点，提倡用一种积极的心态对人的心理现象做出新的解读。积极心理学是为了激发人自身内在的积极力量和优秀品质来帮助人们最大限度地挖掘自己的潜力，实现丰满的人生。换句话说，积极心理学家眼中的人既不是行为主义心理学当中的“动物”，也不是精神分析心理学当中的“患者”和认知心理学当中的“机器”，而是存在缺陷的“天使”。

人本主义心理学和积极心理学的发展，为特殊儿童教育的潜能开发理论奠定了理论基础。特殊儿童教育不再只关注缺陷和障碍，而是开始充分强调特殊儿童作为人的主体性，关注儿童的自身的价值与能力以及积极的一面，充分发挥学生所有潜能。每一个儿童，无论其残疾程度有多严重，都有发展的潜能、学习的能力，以及获得成功的权利。从这个意义上说，特殊教育的要义不再局限于残障、缺陷本身，而是跳出残障、缺陷的桎梏，挖掘每个学生身上的优势和潜能，有目的、有针对性地开展教育教学，使每个特殊需要学生的优势潜能得到最大化、最优化的发展。

2. 多元智力理论

多元智力理论为特殊需要学生的潜能开发提供了坚实的理论基础。1983 年，美国哈佛大学心理学家霍华德·加德纳（Howard Gardner）出版了《智力的结构》一书，提出多元智力理论。这一理论颠覆了传统智力理论和智力测验的单因素论，引发了心理学、教育学以及其他领域的重大变革。加德纳认为智力是多元的，它在结构上不是单一的一种智力，而是包含八大智力：语言智力、逻辑数理智力、音乐智力、空间智力、身体动觉智力、自我认识智力、人际交往智力、自然观察智力[①]（见图 1－1）。这组智力中的各项智力以相对独立的形式存在。任何个体都在一定程度上拥有这八种智力，但在每项智力上存在水平上的差异。即使个体在某项智力上有很高的水平，但在其他智力方面并不一定有同样的水平。也就是说，个体所拥有的多种智力在组合方式和表现程度上截然不同，有些表现为强势，有些表现为弱势。而这些差异，也使得人人存在差异，正如世界上没有两片相同的树叶一样，每个人都具有独特性。

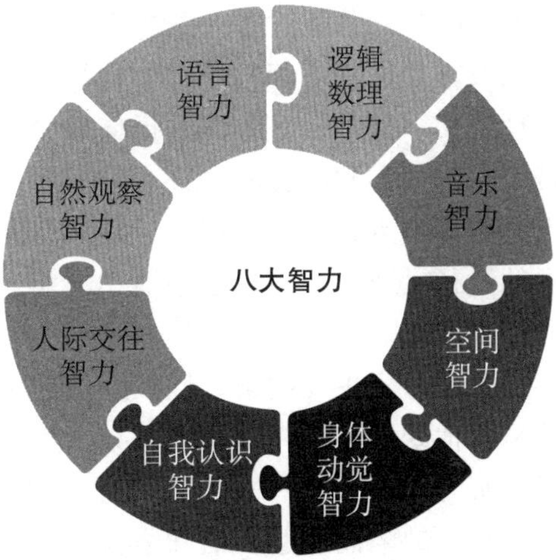

图 1－1 多元智力的结构

① GARDNER，HOWARD. Frames of mind：the theory of multiple intelligences［M］. 2nd ed. New York：Basic Books，1993.

多元智力理论对特殊需要学生的潜能开发有着诸多有益的启示。首先，应树立“人人有优势”的学生观。在多元智力视野中，没有“残疾”与“健全”、“愚笨”与“聪明”的区分。每个人都是独特的生命，生命的独特性表明每个人都具有优势潜能。其次，应尊重个体差异，发现特殊需要学生潜在的智力强项。人与人之间的差异是客观存在的，个体差异反映了人的教育需要的差异性。差异不是人与人之间高低贵贱的分野，而是人的不同的个性发展需要的表现，为教育提供了丰富的形式资源。潜能本身具有潜隐性，潜能的实现必须通过教育，而教育的起点是对学生现有能力的全面了解，只有对学生的学习差异及智力倾向进行认真细致的评估，我们才能明确学生发展的潜能，然后通过提供教育，促进学生的全面发展。最后，要针对学生的差异，对特殊需要学生提供个别化教育。学生的个体差异是客观存在的，如果忽略这些差异而采用一刀切的教育教学，就忽视了学生的多元智力的差异，从而使学生得不到全面发展。

潜能开发对特殊儿童而言同样是极为重要的，针对特殊儿童教育，首先，我们应有潜能观。我们应对残疾学生的潜能发展保持充分的信心，相信“人皆有潜能”，相信残疾学生同样具有优势和潜能。每个特殊教育教师应认识到潜能开发对特殊儿童发展的重要意义，这是必须具备的教育信念。其次，我们应有正确的潜能观。潜能并不特指“高能”，或者某些特殊才能或超常能力，更不是“特异功能”，而更多的是社会、学校、老师、家长等忽视或重视不够的潜在能力。人的潜能存在大小、强弱等程度上的差异，例如一个重度智力落后的儿童可能存在着生活自理方面的潜能，如果教师能进行有针对性的训练与教育，使他将来能够照顾自己的日常起居，我们就能说这个学生生活自理的潜能得到了发挥。这一潜能的开发对于正常儿童来说似乎很简单，但对于智力落后儿童而言，有着非常巨大的意义。

二、缺陷补偿

（一）缺陷

缺陷（impairment）是指心理上、生理上或人体结构上，某种组织或功能的任何异常或丧失。缺陷与人类生理结构及其功能等方面的病理学特征相联系，表现为个体在感觉器官（如视觉、听觉）或者心理发展（智力）等方面的损伤或异常。毫无疑问，特殊儿童的缺陷会给他们的身心发展带来一系列不利的影响。朴永馨教授认为，每个有生理缺陷的儿童在其发展过程中都会表现出很多特点，这些特点错综复杂、互相影响。残疾儿童的缺陷不同，他们的认识活动发展的途径、速度、各种心理活动的相互关系等也各有特点，使儿童总的发展受到不同阻碍。

残疾儿童的身心缺陷有主次之分，主要的第一性缺陷引起了第二性的其他缺陷，甚至还会引起第三性的（次生的）其他缺陷。第一性缺陷是指由生理疾病直接造成的缺陷。例如因先天或后天疾病而造成的听力缺陷为第一性缺陷。第一性缺陷可以派生出第二性、第三性甚至更多的缺陷，例如由听力缺陷而引起言语和语言的问题是第二性缺陷，而言语和语言问题又可能会影响儿童思维能力的发展，即导致第三性缺陷。残疾儿童心理发展过程中的问题与第一性缺陷有关系，但并不是发展中的主要问题都由第一性缺陷直接造成，第一性缺陷和派生的其他缺陷是相互联系、相互作用的，而对儿童发展影响最大的也往往并不是第一性缺陷。

缺陷的主次之分意味着因残疾带来的缺陷不能只从一种角度孤立地去理解，应从联系的、发展的、多维度的角度去理解残疾带来的缺陷。例如，我们应认识到视力残疾对盲人带来的并不只是感官上的缺陷，还可能包括因感官缺陷而造成的思维方式、行为方式等方方面面的缺陷。盖瑞（Garry）和艾思卡尔莉（Ascarelli）对 75 名 5～15 岁全盲儿童开展研究，发现 50%以上的盲童时间混乱，理解和应用空间概念十分困难，以至于定向能力差、缺乏操作技能、对环境不感兴趣，多数盲童认为通过触觉、听觉、动觉等能感知到的即为存在，其他的则不存在[①]。此外，对残疾儿童的缺陷也要一分为二地看。我们既要看到残疾给儿童的心理活动和教育带来的困难与不利的一面，也要看到残疾给儿童心理发展带来的新的动力和积极的影响，这样才可以扬长避短。例如，盲人的视觉缺陷激发了其听觉的代偿机制，使得盲人辨音能力强，一些盲人也因此具有出色的音乐才能。

（二）缺陷补偿

补偿的基本意思就是弥补缺陷，抵消损失。朴永馨教授认为补偿应被理解为：在机体失去某种器官或某种机能受到损害时的一种适应，是一种与正常发展过程不全相同的有特殊性的发展过程。在这个发展过程中被损害的技能可以被不同程度地恢复、弥补、改善或替代[②]。

进化论的“用进废退”理论为缺陷补偿论奠定了基础。法国博物学家拉马克提出的“用进废退”和“获得性遗传”思想对遗传学、进化论等学科产生了深远的影响。拉马克认为环境变化是物种变化的原因，生物为了适应环境的变化，有些器官会因经常使用而变得发达，有的器官则因不用而退化[③]。人类同样如此，当个体的一部分器官或组织受到破坏或者生理机能有一定障碍时，为了自身的生存，个体会动用其他健全器官或组织的功能，从而使某些健全器官或组织经常被使用，健全器官或组织的功能日益增强，最终会逐渐替代、弥补被损害的部分，产生新的机能和联系。另外，人类通过医学手段、科技发明，为被损害的机能创造更加适宜其发展的条件，或者利用新的科学技术、工具手段，使其更快地适应生活和劳动，从而可将其缺陷发展带来的不利影响降到最低程度[④]。

不同学科对缺陷补偿的认识不同。生理学上，缺陷补偿主要是指有机体的代偿功能，是当机体出现代谢、功能性障碍或组织结构受损时，机体通过相应器官、组织的代谢改变、功能加强或结构形态变化来补偿的过程。心理学上的缺陷补偿是一种心理适应机制，它是在生理缺陷补偿基础上发展的心理补偿，即个体因身心缺陷在适应环境的过程中总有一些偏差，为求得到补偿而产生的积极心理适应机制。例如，对于听觉障碍对聋人视觉功能的影响，视觉功能补偿理论认为，为弥补听觉信息的缺失，个体视觉功能将发生补偿性改变，表现出视觉功能的增强[⑤]；同时，听障儿童运用手语进行交流，出现了“以手代耳”

---

① GARRY R J，ASCARELLI A. Teaching topographical orientation and spatial orientation to congenitally blind children [J]. The journal of education，1960，143 (2)：1-48.

② 朴永馨 . 三因素补偿 [J]. 特殊教育研究，1992 (1)：3-6.

③ 李栋 . 拉马克进化论探究 [J]. 重庆科技学院学报（社会科学版），2009 (12)：36-37.

④ 肖非，刘全礼，钱志亮 . 本土化的特殊教育研究：朴永馨教授学术思想探微 [J]. 国家教育行政学院学报，2007 (5)：3-10.

⑤ 秦钊 . 聋人视觉功能补偿现象对其阅读加工的影响 [D]. 天津：天津师范大学，2022.

的现象。盲人的视觉障碍促使其听觉的代偿机制被激发。由于视觉受损，听觉就担负起更多的感知任务，强化了听觉注意，出现了“以耳代目”的现象。在充分运用听觉注意感知事物的过程中，正是由于视觉的缺损，相对减少了来自视觉注意的干扰，不会引起消极的注意分配，这样，听觉的代偿功能就自然得到了强化。医学上的缺陷补偿，主要是指进行医疗康复的过程，即主要利用医学的手段和措施对因缺陷而造成的功能受损现象进行治疗、保护、补偿等一系列活动的总称，更具体地说，是为了康复的目的，而进行有关功能障碍的预防、诊断、评估、治疗训练和处理的活动。社会学的缺陷补偿是指基于人权和社会公平的社会补偿，即通过政策、制度上的优惠，对社会上包括残疾人在内的弱势群体进行资金、技术、实物上的补偿，防止他们被社会边缘化的活动过程。其理论支点是承认残疾人的权利和价值，其政策取向是社会公平与正义①。

特殊教育中的缺陷补偿是指在教育教学活动中，根据障碍学生的身心特点，综合地利用一切有利的因素，通过各种途径替代、改善、促进或恢复因障碍造成的功能性损伤，进而促进学生充分发展的活动过程。特殊教育中的缺陷补偿综合地运用了生理学、心理学、医学、社会学理论中的补偿原理。生理代偿是生理基础，心理补偿是重要内容，医疗补偿是重要手段，而社会补偿则体现在重要政策支持上。我们不能把缺陷补偿矮化为医学补偿，片面强调医学康复的作用，而要全面地理解特殊教育活动中缺陷补偿的含义。

（三）缺陷补偿的机制

从特殊需要学生的发展来说，缺陷补偿的实现依赖于相关各因素的功能及其相互作用过程和方式，以此构成了教育活动中缺陷补偿系统的运行机制。朴永馨提出三因素补偿理论，将这种机制形象地描述为补偿的三维空间模式（见图 1－2），分别从生物、社会、心理（或意识）这三个方面分析其作用的过程②。

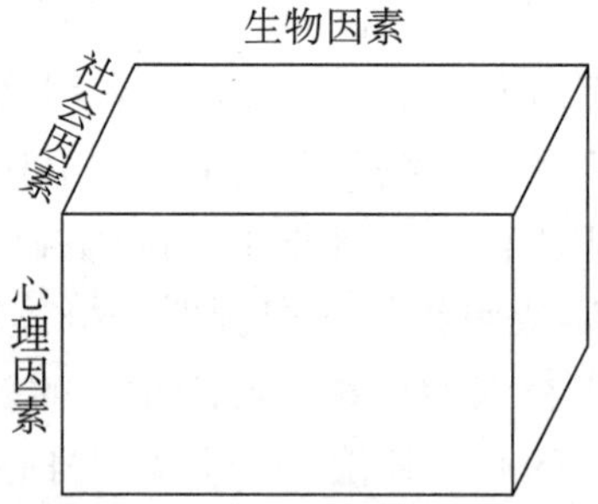

图 1－2　补偿的三维空间模式图

根据事物发展变化的辩证关系，我们可以把缺陷补偿的实现分为内在和外在两个方面的因素来分析。生物因素是指先天的基础和为后天生理和心理发展奠定的基础。生物学的规律例如物种进化、用进废退、适者生存等在人的发展和繁衍过程中起着重要的作用。生物因素在人的缺陷补偿过程中提供了物质基础，为补偿过程提供了可能性。社会因素是指补偿过程可能进行的外界条件，主要包括社会经济发展水平、科学技术水平、生活和教育

---

① 盛永进．特殊教育学基础［M］．北京：教育科学出版社，2011：4.

② 朴永馨．三因素补偿［J］．特殊教育研究，1992（1）：3－6.

的物质条件、有关的法律和政策规定以及整个社会和大众对于残疾人的认识和态度等。心理因素是缺陷补偿的内部条件，主要指残疾人自身对待残疾的认识和态度。缺陷补偿过程中需要残疾人自身的能动性，需要残疾人积极主动地参与，才能发挥良好的效果。倘若残疾人自身消极悲观、逃避现实，那么即使有再好的社会条件和潜在的生物学发展可能性都不可能顺利地进行缺陷补偿。缺陷补偿是以上三个因素相互作用、相互协调的过程，并不是单方面起作用的过程。

三、缺陷补偿与潜能开发的关系

在特殊教育领域，缺陷补偿和潜能开发谁更优先，是一直富有争议的话题。二者的争议也反映出了特殊教育的范式之争，在不同的范式下，对缺陷补偿与潜能开发的主次则有不同的认识。“医学-心理学”模式的特殊教育关注残疾的病理学根源、心理与行为特征，以及注重缺陷补偿的方法。随着融合教育的发展，重视缺陷补偿的“医学-心理学”特殊教育模式开始向重视儿童权利平等与教育公平的“社会-教育”模式转变。在这种范式下，特殊儿童教育从隔离走向融合，从缺陷补偿走向潜能开发，从“残疾”走向“特殊教育需要”。受人本主义思想的影响，学校教育强调要以儿童为中心，满足儿童独特的学习需要，使儿童的潜能得到发展，相对于缺陷补偿而言，潜能开发则更为重要。

每一个人都有潜能，每一个儿童，无论其残疾程度有多严重，都有发展的潜能、学习的能力，以及获得成功的权利。我们应该确保每个儿童平等接受高质量教育的权利，而非通过各种方式不断剥夺儿童公平教育的机会。特殊儿童由于自身生理或心理的残疾状态，呈现在人前的往往是比较显著的缺陷与困难，这是显而易见的。但人们忽视了，特殊儿童同样具有闪光点，他们同样有着发展的潜能与天赋，同样有获得成功的权利与潜能，他们需要的是我们的理解与支持。因此在特殊教育的过程中，需要针对特殊儿童不同的身心特点，尽量发挥缺陷补偿和潜能开发的综合作用，弥补特殊儿童缺陷以及发挥特殊儿童内在的潜能，增加特殊儿童适应学校生活和社会生活的能力。

教育的本质属性是促进人的全面发展，我们应该认识到缺陷补偿和潜能开发的根本目的都是促进特殊儿童的全面发展，因此，教师首先要将特殊儿童放在第一位，将全面发展作为首要的教育观。当前，我国教育正在迈向教育现代化的道路上，“以学生为中心”的现代教育观是我国特殊教育发展的应有价值观，在教育教学实践中应当坚持“育人为本”的基本属性，遵循“潜能开发优先、缺陷补偿其次”的教学观，并强调特殊教育多学科交叉的特性，各个学科优势兼收并蓄，通过多元范式，提升教育教学的质量。

第四节　特殊儿童的权利与教育公平

一、特殊儿童的权利

1959 年 11 月 20 日，联合国大会通过了《儿童权利宣言》，明确了各国儿童应当享有的各项基本权利。该宣言包括十项准则，规定了儿童应该享有健康成长和发展、受教育等权利。但是宣言并不具有法律约束力，未能起到预期的作用，因此，许多国家呼吁制定全面规定儿童权利、具有广泛适用意义并具有监督机制的专门法律文书。在此背景下，联合国大会着手起草了《儿童权利公约》，并于 1990 年 9 月 2 日开始正式生效，成为有史以来得到最广泛接受的国际人权条约。

《儿童权利公约》将儿童定义为“18 岁以下的任何人，除非对其适用之法律规定成年年龄低于 18 岁”，并认为每一位儿童既是一个独立的个人，又是家庭和社会的一分子，儿童享有一个人的全部权利。《儿童权利公约》确立了保护儿童权利的四项基本原则：不歧视，儿童利益最大化，确保儿童的生命权、生存权和发展权的完整以及尊重儿童的意见。《儿童权利公约》共有 54 项条款，规定了世界各地所有儿童应该享有数十种权利，如姓名权、国籍权、受教育权、健康权、表达权等。其中，最基本的权利包括生存权、受保护权、发展权以及参与权。特殊儿童作为儿童中的一分子，也有权利享受公约赋予儿童的权利，包括最基本的四项权利。

（一）生存权

生存权是最基本的人权。在早期甚至到中世纪以前的人类社会，对于残疾儿童的遗弃、杀戮是常见的，特殊儿童的生存权无法得到保障。没有生存，一切权利将无从谈起。《儿童权利公约》中强调每个儿童都有其固有的生命权和健康权。“生存权是指未成年人享有其固有的生命权、健康权和获得基本生活保障的权利。具体包括未成年人享有生命权，医疗保健权，国籍权，姓名权，获得足够食物、拥有一定住所以及获得其他生活保障的权利。”[①] 随着人类文明程度的提高和法治理念的宣传贯彻，人们已不再像过去那样忽视儿童的生命权，但是我们并不能乐观地认为现实中所有儿童都享有了生存权。在一些贫困地区，封建思想仍残留在人们的观念中，弃婴、溺婴仍在悄悄地发生，尤其是针对一些残疾儿童和女婴[②]。

（二）受保护权

《儿童权利公约》中强调的受保护权是指不受危害自身发展影响的、被保护的权利，包括保护儿童免受歧视、剥削、酷刑、虐待或疏忽照料，以及对失去家庭的儿童和难民儿童的基本保证。《未成年人保护法》中指出受保护权是指未成年人有在安全的生存环境中过快乐而有尊严的生活的权利，并规定受保护权包括：免受歧视，免受一切人身和精神剥削和伤害，对处于危急状态下儿童的保护等内容。残疾儿童属于社会弱势群体。一方面，他们自身存在着身心方面的残疾，很多权利比如生存权、健康权、受教育权等都是自身无法实现的；另一方面，他们自我保护意识和自我保护能力都较差，容易受到各种侵害。例如，一些残疾儿童在普通学校随班就读时，常遭受来自教师或普通儿童的孤立和歧视，许多残疾儿童又回流到特殊学校就读[③]；还有些残疾儿童由于受到歧视、不能适应应试教育

---

① 关颖．尊重儿童权利，保护儿童权利［J］．家长，2009（5）：8.

② 孟戡．中国儿童的生存权保障探析［J］．江西教育，2009（1－2）：9.

③ 刘茜，余菊芬．特殊学生随班就读回流现象的研究综述［J］．科教导刊，2023（3）：149－152.

的竞争等多种原因而辍学[①]。

（三）发展权

《儿童权利公约》中强调儿童有充分发展其全部体能和智能的权利，规定儿童有权利接受正规和非正规的教育，以及儿童有权享有促进其身体、心理、精神、道德和社会发展的条件。我国《未成年人保护法》规定发展权包括受教育权、信息权、娱乐优先权、思想和信仰自由、个性发展权等。在《发展权宣言》中，发展权包括对所有儿童的机会平等和分配的正义。儿童发展权与儿童的其他权利一样，也应该得到保障。所有儿童都有权得到最高标准的健康、教育以及发展潜能的生存环境，以满足他们身心和社会发展、休息和娱乐的需要，社会公私机构必须以多样的、适当的方式帮助儿童实现发展权。实现特殊儿童发展权就是要让特殊儿童能够平等地享受教育教学资源、平等地获取信息资源，以及平等地享有休闲娱乐活动等。只有特殊儿童获得了进步，取得了发展，社会才会更加和谐。

（四）参与权

参与权是儿童的四大基本权利之一，是指儿童有参与家庭、文化和社会生活的权利，有权对影响他们的一切事项发表自己的意见。参与权既是儿童的基本权利，也是他们的特殊需要，当儿童能够得到促进其尊严感和价值感的方式对待时，他们对人权和基本自由的尊重也就得到了加强[②]。但是现实生活中，儿童的参与权特别是特殊儿童的参与权往往遭到人们的忽视。贺颖清在调查中国儿童参与权状况过程中发现，中国儿童参与状况存在以下不容乐观的情况：参与机会贫乏和参与机会不均等、儿童参与能力普遍较低、社会对儿童权利的重视程度不够等[③]。参与的基础是平等，即确保残疾人参与社会各方面的机会均等。根据残疾人机会均等标准规则，“残疾人享有同等的权利，他们也负有同等的义务。既然获得同等权利，那么社会也应对他们提出较高的期望。作为同等机会进程的一部分，应该创造条件，便于残疾人承担其作为社会成员的充分责任”。

二、教育公平

受教育权是人的基本权利之一，是每个人得到充分自由的发展、平等参与社会生活、实践公民义务与权利的基本前提与内容。追求教育公平是人类古老的理念。“有教无类”“教学相长”“因材施教”“长善救失”等主张体现了古代朴素的教育民主、教育平等、师生平等思想[④]。

教育公平是衡量一个国家文明程度的基本指标，是当今世界各国学校教育追求的目标。教育公平从教育实践道义论的视角来说是一个美好的教育理想，从教育实践目的论的角度来说是一个最基本的现实合法性要求。20 世纪 40 年代的《世界人权宣言》规定，“不论什么阶层，不论经济条件，也不论父母的居住地，一切儿童都有受教育的权

---

① 邓猛．融合教育与随班就读：理想与现实之间［M］．武汉：华中师范大学出版社，2009：88.
② 邓猛，颜廷睿．特殊教育原理［M］．北京：高等教育出版社，2022：126.
③ 贺颖清．中国儿童休闲和娱乐的权利及其法律保障［J］．中国妇运，2007（6）：22－26.
④ 刘伟，王金荣．中国传统教育公平思想的现代价值拓展［J］．教育探索，2005，2：47－49.

利”。在20世纪60年代以来世界性的教育改革浪潮中，教育平等成为“全世界所有国家和所有与教育问题有关的人最关心的问题”，教育公平已成为世界各国教育政策的基本出发点。1989年联合国重新颁布《儿童权利宣言》，第2条规定儿童不受歧视的权利至关重要。从逻辑上讲，这项权利意味着：所有儿童都有权接受教育，而不因其残疾、种族、宗教、语言、性别、能力等而受到歧视。1990年，联合国在泰国宗迪恩召开的世界全民教育大会上发起了全民教育运动，会议通过了《世界全民教育宣言》，目的在于给予所有儿童、青年和成人受教育的权利。在1994年萨拉曼卡世界特殊教育大会上，所有与会国或地区代表一致同意，推行全民教育的最有效途径就是实行融合教育，即：有特殊教育需要者必须有机会进入普通学校……实施此种融合性方针的普通学校，是反对歧视、创造欢迎残疾人的社区、建立融合性社会和实现人人受教育的最有效途径。2015年，联合国教科文组织发布了《仁川宣言》和《教育2030行动框架》，提出了“确保全纳、公平、优质教育，让全民终身享有学习机会”的教育新愿景，将融合教育作为2030年全球教育发展的总体目标。

教育公平也是我国教育长期以来追求的目标。党的十七大报告指出，教育是民族振兴的基石，教育公平是社会公平的重要基础。教育涉及千家万户，惠及子孙后代，是一项崇高的公益性事业。进入新时代，我国社会主要矛盾已经转化为人民日益增长的美好生活需要和不平衡不充分的发展之间的矛盾，人民群众对公平享有更高质量教育的诉求更加强烈。习近平总书记指出，“教育公平是社会公平的重要基础，要不断促进教育发展成果更多更公平惠及全体人民，以教育公平促进社会公平正义。”党的十九大提出，“让每个孩子都能享有公平而有质量的教育”。从“效率优先”到实现“教育公平”，教育公平观逐渐成为我国教育的基本价值观念。教育公平也是我国教育现代化的重要内容。《中国教育现代化2035》，提出“面向人人”“因材施教”“融合发展”等基本理念，将办好特殊教育，推进适龄残疾儿童少年教育全覆盖，全面推进融合教育作为实现教育现代化的重要内容。

教育公平通常指每个社会成员都享有同等的教育权利与教育机会，以及享有同等的教育资源、教育质量和就业机会，同时在制度保障上向社会弱势群体给予一定的倾斜。教育公平包括平等与公正，平等是指在教育权利方面享受同等的待遇，公正是指如何合法地保障并促进所有公民教育权利的实现。在语义的层面上，公平与公正是近义词。前者与“平等”“均等”紧密相连，后者更近“正义”之义。区别公平与均等的含义是很重要的。均等重视数量、程度、品质上的一致，但均等的分配并不一定是公平的；同样，公平也不一定是均等的。在当代公平观念的研究中，美国哲学家罗尔斯（John Rawls）提出了著名的三条原则：平等自由的原则、机会的公正平等原则、差别原则。其要义是平等地分配各种基本权利和义务，同时允许那种能给最少受惠者带来补偿利益的不平等分配①。罗尔斯的公平观念实际上需要以不平等为前提，即对处境不利者和有利者使用并不同等的尺度②。这意味对于特殊人群的利益补偿并不违反公平原则，而恰是实现公平的重要原则。

---

① RAWLS J. A theory of justice [M]. Boston：Harvard University Press，1971：162－163.

② 翁文燕．教育公平的多元分析 [J]. 教育发展研究，2001，3：62－64.

教育公平包括机会公平、过程公平和结果公平。从本质上看，教育机会的公平属于起点公平，是受教育权和入学机会的公平。过程公平主要是指学习条件的公平优质，是共同教育资源配置上的公平。结果公平强调教育质量的公平，保障每个儿童都能享有成功的权利。每个人都能够享受社会主义的发展成果，每个儿童都应该享受优质公平的教育。因此，我国残疾儿童教育不能囿于"有学上"的教育权利层面，而应追求残疾儿童的教育机会、过程与结果的公平。

特殊教育是实现教育公平的重要内容，是我国迈向现代化、实现现代化必不可少的内容。发展特殊儿童教育，有利于我国社会主义和谐社会的构建，有利于社会主义精神文明的进步，对特殊儿童及其家庭都具有十分重要的意义。特殊教育并不是可有可无或只是对特殊儿童及其家庭的施舍，而是衡量一个国家与社会的政治、教育、文化、经济、科技以及福利等水平的重要标志之一，是特殊儿童法定的公平权利，是国家及其文明程度的窗口，对于社会的发展和进步具有重要的意义。

本章思考题

1. 如何理解特殊儿童？
2. 为什么要将"潜能开发"置于更优先的位置？
3. 如何理解特殊教育的"三因素补偿理论"？
4. 特殊儿童的社会权利有哪些？

第二章　特殊教育的产生与发展

学习目标：

1. 了解西方特殊教育的产生与发展历程；
2. 了解中国特殊教育的产生与发展历程；
3. 掌握当代特殊教育发展的趋势与特点。

特殊教育的产生和发展是一个漫长、渐进的过程。伴随着社会生产力的不断发展，社会对残疾人的观念逐步改变。从人们对待残疾人的态度出发，西方特殊教育可被划分为四个主要发展阶段，即初期的歧视或摒弃，基督教布道时期的救济与教养，18 世纪到 19 世纪的隔离式教养，以及 20 世纪后开启的融合改革运动①。中国自古以来就有尊养残疾人的优秀传统。传统文化中的“大同社会”的理想、“仁者爱人”的伦理观以及“强不执弱、富不辱贫”的道德观等，表明中国古代对残疾人持同情的态度，仅仅停留在“养”的层次，尚未出现系统的特殊教育。直到近代，尤其是新中国成立以后，我国特殊教育才有了长足的发展。可见，特殊教育的产生、发展是人类社会文明进步的重要标志之一，是人类社会告别愚昧、战胜落后，并不断迈向公平的生动体现。

第一节　西方特殊教育发展历史

一、西方特殊教育的萌生阶段

残疾人伴随着人的产生而产生。广义的特殊教育的源头在原始社会，是一种非形式化的特殊教育。原始社会的生产水平低、文化不发达，其孕育、生产及养育条件较为恶劣，不可避免地存在身心异常者。教育因人的存在而产生，原始社会中那些尚未达到被抛弃程度的残疾儿童，可以在民族公社接受公养公育，在日常的生产、生活中接受相关的知识与技能教育。

随着人类从原始社会进入文明社会，生产力进一步发展，家庭及国家产生，文字发明、文化发展，以及学校产生，残疾儿童的教育出现了部分的家庭教育、学校教育形式。但是，早期西方的绝大多数残疾人生活在黑暗与痛苦之中。欧洲的先民对待残疾儿童的态

① 柯克，加拉赫．特殊儿童心理与教育［M］．天津：天津教育出版社，1989：3－4.

度异常严酷，残疾儿童不仅没有受教育权，甚至连最基本的生存权也得不到保障。以古希腊、古罗马为代表，古代西方普遍存在杀婴、弃婴的习俗。奴隶主从强国保种的角度出发，需要将奴隶主贵族子弟训练成体格强壮的武士以镇压奴隶的反抗。因此，儿童自一出生就需要经过严格挑选，只有体质被认定为合乎强壮标准的才能存活；而那些身体虚弱、有残疾的儿童，就会被抛弃到山谷，任其死去[①]。由于当时的人们不能从科学、生理上解释人体残疾的原因，便从人类之外寻找原因而错误地将视力残疾、听力残疾、智力残疾、肢体残疾等儿童视为"恶魔缠身"或"上帝对人类的警告和惩罚"的结果[②]。柏拉图在其对话中，常用盲人、聋人来做消极的比喻，并主张优生优育，抛弃残疾婴孩。亚里士多德提出感觉理论，把"感觉缺失与推理无能"作为聋人的特征，认为"他们是不可教育的"，对残疾人尤其是聋人教育产生了极为消极的影响，并延续长达千年之久[③]。

在中世纪宗教势力强大的封建社会时期，残疾儿童被禁止参加社会生活。尽管残疾儿童有了一定的生存权，但他们的社会地位极其低下，也没有专门为其提供教育的机构。欧洲的个别国家的教堂和修道院虽然开办了盲人收容所、孤儿院等机构，但主要是慈善性质，救济对象也仅限于肢体残疾儿童。在此阶段，尽管也出现了一些关于特殊教育的零星探索，如培养盲人做乐师、聋人做打字员等，但这些探索仅仅是对残疾人进行某一技能的培养，不能算作真正意义上的特殊教育。当时对残疾人所开展的治疗，如塞尔萨斯对精神错乱者使用强烈腹泻效果的黑藜芦，在耳聋者的耳朵里注入刺激性的洋葱汁等，更多的是伴有宗教和迷信色彩的医学处理，科学的医学治疗尚未出现。

二、西方特殊教育的产生

（一）西方特殊教育产生的基础

自 14 世纪以来，文艺复兴运动带来欧洲社会各个领域的深刻变革，其所倡导的人文主义精神猛烈冲击着中世纪扼杀人性的封建主义，资本主义由此萌芽。文艺复兴提出了一系列新的政治思想观点，如"人皆平等""人皆有用""自由、平等、博爱""应该给所有儿童以良好的教育"等，极大地推动了自然科学特别是医学的发展，使得人们能够正确地解释与理解儿童出现缺陷的原因，并科学地认识缺陷与儿童发展之间的关系。残疾人的生存状况得到改善，残疾人及其教育的社会背景发生了巨大转变。由此，不少哲学家从哲学的高度论证了教育残疾儿童的可能性，一些教育学家也开始认识到对他们进行专门教育的必要性[④]。例如卢梭在《论人类不平等的起源和基础》中阐述了他对"生理的不平等"的客观认识，进而批判了造成残疾人处境不利的社会制度。狄德罗（Diderot）写下了著名的《盲人书简》，他通过对盲人的观察与研究，论述了残疾人的感觉器官是如何帮助他们认识外部世界的。法国医生皮内尔（Pinel）则明确指出白痴、精神病、智力落后之间的不同，对智力障碍做了基本分类。文艺复兴运动所带来的科学进步与博爱、平等的思想，成为特

① 腾大春．外国教育通史：第 1 卷［M］．济南：山东教育出版社，1989：148.
② 朴永馨．特殊教育学［M］．福州：福建教育出版社，1995：31.
③ 朱宗顺．特殊教育史［M］．北京：北京大学出版社，2011：10.
④ 同②32.

殊教育产生的思想基础；资本主义经济制度的逐步建立以及由之引起的哲学、教育、文化与科学技术等多方面变革，促使社会转变了对残疾人的认识。这些要素共同锻造了一个人文、理性与科学的社会环境，为特殊教育的产生奠定了社会基础。

人类对残疾人展开系统的教育始于启蒙时代的欧洲。在“天赋人权”“社会契约”等思想的影响下，欧洲基于人道主义开启了最早的特殊教育实践。1578 年，西班牙本尼狄克修道院的修道士庞塞（Ponce）用自己设计的聋教育方法，为西班牙贵族家庭聋儿进行教育，成为世界上第一个成功的特殊教育者。他的贡献在于肯定了残疾人具有学习更多知识的能力，人类在 1578 年有了真正意义上的特殊教育①。随后，越来越多的人踏足特殊教育领域，开始直接或间接思考残疾人及其教育问题，为特殊教育提供不同的思想与实践支持。法国的孔狄亚克（Condillac）认为所有知识都来源于感觉。英国的瓦利斯（Valis）、约翰·布韦（John Bouvet），德国的阿曼，以及西班牙的巴龙（Baron）、范西蒙（Van Simon）等哲学家和语言学家对盲人和聋人教育开展了研究，努力寻求对他们开展教学的方法，尤其是语言学习的方法②，并由此引发了对于聋人教学体系中的“手口之争”，即究竟该采用手语教学法还是口语教学法。但当时这些做法尚处于试验阶段，并没有专门设立针对聋人或其他类型残疾人的教育机构，残疾人教育仍旧是零散的个人行为。早期的特殊教育学校大多是私立的和寄宿的，创办者也多为医生和神职人员。尽管学校在教学组织形式、教学方法、课程设置及学校管理等方面都还不完善，但是特殊教育的正式登场的准备工作已就绪。

知识卡片

“手口之争”

聋人教育一直在手语教学与口语教学的争论与调和中发展。17 世纪，英国的约翰·瓦利斯和威廉姆·霍尔德就进行了辩论，前者主张口语教学，后者倡导手语教学。18 世纪，“手口之争”的矛盾进一步升级，法国的列斯贝主张口语教学，而德国的海尼克提倡手语教学。

发展至 19 世纪下半叶，口语教学逐渐成为聋人教育的主流，主要在于人们认为手语学习限制了孩子的社交范围和他们的角色定位，而使用口语才能帮助他们更好地融入主流社会。1880 年在意大利米兰召开的国际聋人教育会议（史称“米兰会议”）上，口语教学在聋人教育中得以合法化，口语教学的位置也被提升到手语教学之上。米兰会议开启了口语教学在全世界范围的推广与应用，成为聋人教育发展史的重要转折点。

米兰会议后，口语教学成为聋人教育的主流，尤其是在美国和欧洲部分地区，手语教学甚至一度被禁止。直到 20 世纪 60 年代，人们逐渐意识到长达 200 年的口语教学的效果其实并不尽如人意，才开始提倡将听觉、手语和口语综合起来使用，并由此产生了听觉-口语法等。

---

① 朱宗顺．特殊教育史［M］．北京：北京大学出版社，2011：21.

② 张福娟．特殊教育史［M］．上海：华东师范大学出版社，2000：8－9.

（二）西方系统学校教育的形成

进入 18 世纪后，特殊教育走向系统的学校教育形式，现代意义上的特殊教育由此开启。最早的系统特殊教育实践以聋教育为代表，法国成为 18 世纪世界聋人教育的中心。1760 年，莱佩在巴黎蒙马特尔建立巴黎国立聋童学校，采用手语教学的方法。它被视作全球范围内第一所正式的特殊学校，特殊教育步入学校化的轨道，系统的特殊教育由此开始。同时期，英国人托马斯·布雷伍德（Thomas Braidwood）在爱丁堡创立了英国第一所聋人学校，开启了正规聋人教育的大门。1784 年，霍维（Hauy）在巴黎建立第一所盲人学校，采用凸字触摸盲文教学法教学，后来这种凸字教学法经由教师布莱尔（Braille）改造成为点字触摸文字，极大地推动了盲教育的发展[①]。1778 年，海尼克（Heinicke）在德国建立第一所聋童学校，他提倡的聋人口语教学法对欧洲产生了重要影响。1799 年，医生伊塔德（Itard）受洛克、卢梭等思想的影响，对狼孩维克多（Victor）进行了长达 5 年的训练，开创了人类有目的、有计划教育和训练智力落后儿童的先河，成为“特殊教育之父”。随后，法国医生塞甘（Seguin）于 1837 年创办了世界上最早的智力落后儿童学校，成为智力障碍儿童教育的奠基者之一。由此可知，社会对残疾人接受教育权利的认识是不断发展的，聋人首先获得受教育的权利，其次是盲人，然后是严重的发育迟滞和智力障碍者，并逐步扩展到肢体残疾、情绪行为问题等其他类型残疾儿童的教育上。

与此相应，特殊教育的传播范围也越来越广泛，逐步从欧洲扩展至美国等世界多地。美国聋人教育的先驱加劳德特（Gallaudet）于 1815 年开启了欧洲之旅，学习了教育聋哑人的相关知识。豪（Howe）先后前往巴黎、爱丁堡、柏林参观学习，了解了欧洲特殊教育机构的运作模式，以及特殊教育所需的设备和教学方法等，并从巴黎与爱丁堡带回两名教师协助他在美国办学。此外，比奈（Binet）关于智力概念的描述及智力测量的探索、蒙台梭利（Montessori）对智力落后儿童开展的教学实践，以及电话及助听器的发明者贝尔（Bell）的聋教育实践等对特殊教育发展产生了深远影响。

三、西方特殊教育的发展

（一）西方隔离式特殊教育体系的形成与发展

从 19 世纪早期到 20 世纪 20 年代，大量的隔离式特殊教育学校或养护机构在美国建立。特殊教育发展的中心也随之从欧洲转移到了美洲，以美国为主要代表[②]。1817 年，加劳德特在哈特福德（Hartford）建立了康涅狄格聋哑人教育收容所，这是美国第一所为聋哑人提供教育的学校。随后，纽约聋哑学校、宾夕法尼亚聋哑学校相继建立，这三所聋哑学校所产生的联动作用引发了政府对聋哑人教育的关注。1822 年，美国第一所州立聋哑人教育机构——肯塔基聋哑指导中心的成立，标志着政府正式介入特殊教育。1870 年，倡导口语教学的克那克聋哑人士教育与训练收容所成立，进一步推动了美国口语教学的发

① 方俊明．特殊教育学［M］．北京：人民教育出版社，2005：25.

② 邓猛．融合教育与随班就读：理想与现实之间［M］．武汉：华中师范大学出版社，2009：5.

展。发展到1880年，美国共有聋人教育机构55所。1832年，豪建立了美国第一所盲人教育机构——帕金斯与马萨诸塞盲人养育院。到1890年，全美共有37所盲人教育机构。1848年，豪在帕金斯盲人院里开设了一个智力落后儿童实验学校，开了美国智力落后教育的先河[①]。到1890年，美国有14个州拥有智力落后教育学校或机构。1864年，国会同意在哥伦比亚盲聋哑学院内设立有学位授予权的大学部，美国第一所高等特殊教育机构得以确立。发展至19世纪末，以美国为主要代表，视觉障碍、听觉障碍和智力障碍的学校均已建立，特殊教育学校的教育内容体系也确立起来，这标志着系统的特殊教育体系在全球范围内得以初步建立。

当时人们普遍认为特殊学生无法适应普通学校的学习，因此这些早期开办的特殊教育机构与普通教育相互隔离，具有如下特点：（1）环境封闭，远离人群；（2）教育者多为医护人员，带有养护和训练性质；（3）教育对象多为残疾程度较重的盲、聋以及智力落后学生；（4）多以生物-医学训练为主，缺乏恰当的教育手段与方法[②]。

第二次世界大战以来，全球政治、经济、文化等领域发生着巨大变革，特殊教育也在改革浪潮中蓬勃发展。各国都注重以立法来推动特殊教育发展，特殊教育政策法规被作为衡量一个国家特殊教育发展水平、残疾人生活质量的重要指标。世界各国的特殊教育的规模扩大、体系逐步完善、法律法规不断建立健全，法治化背景下的现代特殊教育体系得到普遍确立。早在1817年，丹麦就为感官有残疾的儿童的义务教育立法。英国则于1893年立法规定教育部承担残疾儿童的义务教育与所需的经费，1944年教育法对特殊儿童教育起到了重要的指导作用。1852年，美国马萨诸塞州颁布了强制入学法令，开始了美国义务教育通过立法的程序强制普及化的历程。发展至20世纪初，为盲、聋儿童提供免费的义务教育已成为一种共识。1909年，美国第一部盲、聋儿童强制入学法得以颁布施行。到1930年，美国有16个州颁布了与特殊教育相关的法律[③]。

进入20世纪，特殊教育随着义务教育推进而转变，从以慈善-医疗模式为基础的传统特殊教育机构逐步走向公立的特殊学校（班）体系。随着相关法律的颁布，义务教育观念逐渐深入人心，越来越多的有特殊教育需要的儿童进入公立学校就读。随着特殊儿童就读数量的急剧增加，隔离式特殊教育机构或学校难以满足其需求，西方特殊教育的安置形式不得不做出调整：一是将公立的全日制特殊学校和特殊班作为教育残疾儿童的主要场所，二是将多数的寄宿制特殊教育养护机构转变为公立的特殊教育日校（也称走读学校），三是建立更多新的特殊教育公立走读学校。发展到1910年，在普通学校设立隔离式特殊班已成为一种训练、教育特殊儿童的有效模式。因为那些有残疾的或者学习能力低下的儿童在普通班学习，很大程度上会加大老师教学的负担。19世纪末20世纪初，以智力测验为代表的标准化测验被引入特殊教育领域，智力测验被广泛运用于判定学生是否正常。满足标准的学生被视为正常，达不到标准的学生则会被贴上弱智的标签，而那些调皮捣蛋、不听话以及学业不良的学生则被安排进入特殊班。由此，特殊班成为当时的一种优选安置形式，它既可以突破完全的隔离状态，又可以避免影响正常儿童的学习或者降低学校的整体

---

① WINZER M A. The history of special education: from isolation to integration [M]. Washington, D. C.: Gallaudet University Press, 1993: 109.

② 邓猛，孙颖，李芳．融合教育理论指南 [M]. 北京：北京大学出版社，2017：36-38.

③ 同①108.

标准。

从19世纪一直到20世纪中叶，隔离式特殊教育机构以及公立的特殊教育走读学校在西方尤其是在美国一直呈增长态势。从20世纪10年代至30年代，特殊班在美国发展很快。在进步主义教育改革的影响下，特殊班进行了课程分层（curriculum differentiation）的尝试，即为不同类型的残疾儿童设计个性化的课程以适应他们的需要。同时，特殊教育的师资培训开始备受重视。特殊教育师资培训也走上了系统化、专业化的道路，特殊教育教师的资格制度以及大学培训课程都得以形成。

发展至20世纪五六十年代，特殊班成为大多数西方残疾儿童的教育安置形式。传统寄宿制的特殊教育机构和特殊教育公立走读学校则主要负责盲、聋以及肢体残疾儿童的教育，因为社会主流观念仍然认为这三类儿童因为功能限制无法在普通学校学习。与传统的、寄宿制特殊教育机构或学校相比，特殊班成为真正意义上的教育模式，教学效果也有所改善。隔离式特殊教育学校或机构以及公立的特殊教育走读学校与特殊班，在美国以及欧洲一直呈增长态势。值得注意的是，特殊班仍然属于隔离式特殊教育体系，虽然形式改变了，但其隔离的本质不变。

（二）西方融合教育思想的发展

自20世纪70年代以来，随着教育民主化的蓬勃发展，世界特殊教育发生了巨大变化。人们对特殊教育有了全新的认识，特殊教育发展从隔离走向全纳。1975年，美国颁布的《所有残疾儿童教育法》（PL94-142公法），确定了特殊教育的两个基本原则：一是“免费、适当的、公立的教育”；二是最少受限制环境的原则，对西方乃至世界的残疾人教育影响深远。1978年出台的《沃诺克报告》的主体随后被英国议会所接受，并成为1981年与1993年教育法的基础，这两部法律详细规定了地方教育当局确保残疾儿童在普通教室接受适当的教育的义务与办法①。在此背景下，西方特殊教育领域的理论与实践发生了深刻的变化。欧洲现代特殊教育安置形式从特殊教育学校、特教班转向一体化，直至全纳模式②。早在20世纪60年代末，北欧的挪威、丹麦等国家就提出对待特殊儿童的“正常化”（normalization）原则，主张不论残疾儿童的类别和程度如何，尽可能保障他们有正常的教育和生活环境。欧美等发达国家普遍提倡将残疾儿童与普通儿童安置在一起的教育形式——“回归主流”（mainstreaming）教育。

知识卡片

正常化原则

1959年，丹麦议会颁布了《智力落后法案》，也被称为“正常化法案”。该法案确立了丹麦残疾人政策与行动的基本准则，包括：（1）正常化，（2）一体化，（3）发展。1961年，丹麦的一个学校心理工作者在普通学校开始了一体化教育的实验，创

---

① O’HANLON C. Special education integration in Europe [M]. London: David Fulton Publishers, 1993: 39.

② 邓猛，孙颖，李芳. 融合教育理论指南 [M]. 北京：北京大学出版社，2017：5-6.

立了特殊班，接受从隔离学校、机构转来的特殊儿童，并在普通班里接受盲、重听和语言障碍的儿童。这一做法得到大批学者的认同，并迅速传播至欧洲和美洲，尤其在美国特殊教育界得到广泛宣传。

正常化原则的基本理念是：残疾人在教育、居住、就业、社会生活、娱乐等方面都应该和正常人一样；主张对集中隔离的教养方式进行改革，将残疾人安置到正常的社会环境中学习和生活。正常化原则是残疾人教育观的一次巨大转折，直接引发了美国的“去机构化运动”，并衍生了“最少受限制原则”“回归主流”等新的特殊教育理念。

英国在1978年公布的《沃诺克报告》主张用“特殊教育需要”（SEN）取代传统的分类，扩大了特殊教育的范围，强化特殊儿童一步步向普通教室转换、过渡的程序，有力地促进了特殊教育朝一体化发展，成为世界教育史上的重要里程碑。但是一体化的实施仍然属于“特殊教育”与“普通教育”的双轨教育体系，这使得在普通班级的特殊学生产生被隔离和无归属的感觉。因此，1994年的世界特殊教育大会发表了《萨拉曼卡宣言》，明确提出了全纳教育思想，倡导任何儿童都有权利进入普通教育系统接受与正常儿童一样的教育，全纳教育思想迅速发展为当代教育的最新思潮。

与此相应，特殊教育的对象不断扩展。特殊教育的研究领域、教育对象不再局限在盲、聋、智力落后、肢体残疾等几类儿童身上，而是逐步扩大到更多其他类型的特殊儿童身上。同时，特殊教育开始向两头延伸，从学前教育、初等教育、中等教育到高等教育、继续教育以及职业教育，体系日益完善，特殊教育师资培训的体系也相应建立起来，特殊儿童的义务教育已经开始实现。

第二节　中国特殊教育发展历史

中国素有尊养残疾人的优秀传统。早在2 000多年以前，《礼记·礼运》就提出“矜寡孤独废疾者，皆有所养”，古代的先贤们倡导公众应该关心残疾人①。中国传统文化中蕴含着深厚的思想资源，“大同社会”的理想、“仁者爱人”的伦理观、“强不执弱、富不辱贫”的道德观等，构成中国古代善待残疾人的重要内容体系，为特殊教育的发展奠定了重要基础。

一、古代中国特殊教育的萌芽

（一）中国古代的残疾人状况

原始社会生活条件艰苦、自然环境恶劣，残疾人的存在是必然的。据记载，舜的父亲

① YANG H L, WANG H B. Special education in China [J]. The journal of special education, 1994 (1): 93 - 105.

为盲人，而盲人之子成为圣人，侧面反映了原始社会中残疾人所处的环境相对友好。我国古代文献中，对各类残疾人均有比较明确的分类与记载[①]，主要分为七类：第一，视力残疾，多用“瞽”“矇”“瞍”“瞑”“眇”等表示。第二，听力残疾，用“聋”“聩”等指称。第三，语言和言语类残疾，多用“喑”“哑”等表示。第四，肢体残疾，又分为上肢与下肢残疾，如“孑”“孓”“瘸”“跛”。第五，躯干残疾，称为“驼”“偻”“佝偻”“侏儒”“偏死”等。第六，智力残疾，一般称为“痴”“呆”“愚”等。第七，精神类残疾，称为“颠”“疯”“疾狂”等。由此可见，我国古代从医学和教育两方面对残疾人进行了论述，对特殊教育的认识具有朴素唯物论思想，尽管分类不尽科学，但却为残疾人的生存状态改观以及特殊教育后续发展奠定了基础，具有积极的意义。

（二）中国古代的残疾人政策

我国古代有着开明的残疾人政策。历代统治者出于治国安邦的需要，将残疾人纳入整体的管制中，并设有专门官员负责对残疾人进行鉴别并做相应的徭役、赋税的减免。此外，还设置了相应的医疗机构用来救治病患[②]。早在春秋时期我国就出现了养疾和量才使用残疾人的政策。秦汉时期，灾荒不断，残疾人处境艰难，向包括残疾人在内的灾民赈米、赐谷成为统治者一项定制的宽疾、养疾政策。隋唐时期，储粮救荒的仓廪制度得到发展，我国古代的社会救济制度有了新的发展，例如常平仓、义仓、悲田养病坊等。宋代创建福田院、居养院，主要收养残疾人、鳏寡孤独、乞丐等。元、明、清时期，救济制度进一步发展，元朝有济众院、养济院、惠民局，明朝有养济院、惠民局，清朝则有养济院、普济堂等[③]。可见，从先秦开始，我国古代残疾人生存环境相对宽松，历朝统治者均注意制定对残疾人的宽养措施，并创建了各种救济残疾人的惠民机构。

（三）中国古代的特殊教育状况

中国的特殊教育有着悠久的历史和文化渊源。奴隶社会的中国特殊教育是相当发达的，特别是周代，最具有代表性[④]。早在周代我国就出现了公有性质的残疾人教育，由周天子针对盲人所设立的“瞽宗”，可能是世界上最早的特殊教育机构。这些盲人负责在大活动时进行演奏，“有瞽有瞽，在周之庭”（《诗经・有瞽》）；平时则进行学习和训练，有大师教六诗（赋比兴，风雅颂），小师则教乐器演奏技术。发展至先秦时期，各类残疾人均受到一定教育，通过接受教育可以自食其力，并出现了对各类残疾人因材施教的思想。《礼记・礼运》就有“人不独亲其亲，不独子其子，使老有所终，幼有所长，矜寡孤独废疾者，皆有所养”的叙述[⑤]，到孔子的“生而知之者，上也；学而知之者，次也；困而学之，又其次也；困而不学，民斯为下矣”，据此提出“有教无类”“因材施教”的思想；《中庸》中的“勤能补拙”以及大同思想所蕴含的浓厚的人道主义精神，均有助于残疾人状态的改变以及特殊教育思想的萌生。长期以儒家文化为主体的中华民族，形成了一种以孔子所提

---

① 张福娟，马红英，杜晓新．特殊教育史［M］．上海：华东师范大学出版社，2000：197－199．

② 陆德阳．中国残疾人史［M］．上海：学林出版社，1996：52．

③ 周秋光．中国慈善简史［M］．北京：人民出版社，2006：93．

④ 刘宇晟．中国古代特殊教育的发展［J］．中国特殊教育，2000（2）：60－62．

⑤ 刘全礼．特殊教育导论［M］．北京：教育科学出版社，2003：82．

倡的以“积善成德、仁者爱人”为核心的道德伦理观。中国古代的仁爱、大同、慈悲、善恶等思想，是中国古代社会善待、宽养残疾人的重要原因，为后续特殊教育的产生与发展奠定了良好的思想基础。

儒家典籍中对于残疾的解释虽然有一定的科学性，但是并不完整，且没有被社会大众广泛接受。对残疾迷信与宿命论的解释在古代社会一直很流行，有的人认为残疾人具有某些神奇的能力，能够预测吉凶；有的人认为残疾是前世造孽、鬼神惩罚、应得的报应。这两种信念经常掺杂在一起，使得中国古代对残疾人持同情的态度，但仅停留在“养”的层次，没有出现系统的残疾人教育。自秦汉到清末，残疾人教育一直处于停滞不前的萌生状态，甚至“和先秦相比反而逊色、萎缩了”①。究其原因，一是社会的变化，礼乐地位下降，对盲人乐师的需求减少；二是随着秦汉时期的文字普及，残疾人教育缺乏适当的材料和方法，无法对他们开展教育；三是科举制度加剧了社会对残疾人的歧视，进一步削弱了残疾人教育的社会基础。在上述政治、文化等因素作用下，我国从秦到宋时期再也没有出现过官办的残疾人教育机构。中国古代对待残疾人的态度主要是养而不教，部分残疾人可以在家接受教育，但也只是普通教育的翻版；其中，也不乏残疾人教育成功的案例，但只是个例。这些实践并不能称作真正意义上的特殊教育。总体而言，虽然中国儒家思想极其重视教育，提倡“建国君民，教学为先”“有教无类”等思想②，但针对残疾人的、系统的学校教育在几千年的漫长封建社会里一直没有诞生。

二、近代中国特殊教育的起步

漫长的封建社会，残疾人教育发展异常缓慢甚至停滞。直至 1874 年，苏格兰教会人士穆·威廉在北京建立“瞽叟通文馆”（今天的北京市盲人学校），这是中国第一所近代特殊教育机构，标志着中国残疾儿童学校教育的创立。该校根据布莱尔盲文改进成为“康熙盲字”，打开了中国盲人认识世界的大门③。1887 年，美国传教士梅尔斯夫妇在山东登州（今蓬莱）建立了“启喑学馆”（今烟台市聋哑中心学校），这是中国第一所聋哑学校。他们对聋哑进行了科学的解释，并用实践证明说话、阅读、唇读对聋童是可行的。20 世纪初，中国人开始尝试开办自己的特殊教育学校，探索特殊教育的自主办学道路。1916 年，实业家张謇创办了南通盲哑学校，并亲任校长。在南通盲哑学校成立之际，张謇阐述创办盲哑学校的宗旨，即企望“教育家之能以人事补天憾”“以心思手足之有用，弥补目与口之无用”，旨在通过教育使盲哑儿童具有相当的文化知识，并得以独立生存于社会④。陈鹤琴在 1935 年所撰写的《对于儿童年实施后的宏愿》中提出：“愿全国盲哑及其他残废儿童，都能享受到特殊教育，尽量地发展他天赋的才能，成为社会上有用的分子，同时使他们本身能够享受到人类应有的幸福。”⑤ 这标志着早期的特殊教育先行者们开启了对特殊儿童的研究与教育实践，教育民主化在中国不断推进。中国现代意义的特殊教育学校正是在

---

① 陆德阳．中国残疾人史［M］．上海：学林出版社，1996：332.
② 王炳照，郭齐家，刘德华．简明中国教育史［M］．北京：北京师范大学出版社，1990：23 - 26.
③ 郭卫东．中国近代特殊教育史研究［M］．北京：高等教育出版社，2012：58.
④ 辛菱霞，郝振君．中国特殊教育发展史及其启示［J］．现代特殊教育，2017（22）：18 - 23.
⑤ 北京市教育科学研究所．陈鹤琴全集：第 4 卷［M］．南京：江苏教育出版社，1991：436.

这一特定的文化氛围、低水平的经济条件和动荡的社会环境中艰难发展的。

中华民国时期特殊教育初步发展的一大标志，是特殊教育政策法规的逐步确立，从而为特殊教育事业发展提供了法律保障。中国近代制度化的特殊教育源于西方，1922 年的《学校系统改革案》（俗称“壬戌学制”）的“附则”中提出“应注意特殊教育”[①]，这说明我国教育法令已关注到特殊教育的重要性。同时，特殊教育学制逐步确立，“壬戌学制”明确规定“盲哑学校”可以仿照小学的办学法，即可由县、城镇、乡举办，负责经费，也可以由私人举办并负责经费。1927 年，国民党政府在南京创办了南京盲童学校，揭开了中国政府开办特殊教育学校的新纪元。1935 年 7 月，北京市立聋哑学校正式建立。此后，中国公立特殊教育学校不断增加，虽然数量极为有限，但仍使得中国特殊教育事业有了一定改观。到 1949 年，全国有盲聋学校 42 所，在校生仅 2 380 人，且绝大多数学校由宗教与慈善机构主办[②]。这一阶段的特殊教育学校有两个突出特点：一是多为私立学校，公立学校很少，全国 42 所学校中，公办的只有 8 所；二是当时的特殊教育学校的教育极为有限，仅开设盲、聋两类儿童的教育。

与此同时，特殊教育师资的本土化培养成为当时发展特殊教育的共识。中国人在自己创办的特殊教育学校中开展特殊教育师资的培养及培训任务，致力于通过办学来建构特殊教育体系。盲人刘先骥于 1916 年在湖南创办的导盲学校，是我国早期创办的特殊学校之一，1921 年又增设了师范部，培养特殊教育师资。

三、中国现代特殊教育体系的形成与发展

（一）特殊教育体系的基本形成与发展

新中国成立后，政府以立法行为来确立和加强特殊教育。周恩来总理于 1951 年签署了《关于改革学制的决定》，指出“各级人民政府应设立聋哑、盲目等特种学校，对生理上有缺陷的儿童、青年和成人，施以教育”[③]。1953 年，教育部设立盲聋哑教育处，将特殊教育事业纳入国民教育体系。这标志着特殊教育成为新中国国民教育体系的一个重要组成部分，特殊教育的发展由此进入了新阶段。发展到 1955 年，我国特殊教育学校数量从 1948 年的 42 所增加到 1960 年的 479 所，在校学生也从 2 350 人增加至 2.67 万人[④]。

改革开放为我国特殊教育发展注入了生机，特殊教育事业迎来发展的重要时期。伴随着综合国力的提升与教育改革的推进，特殊教育受到社会关注与政府重视，规模不断扩大，发展不断提速。中国共产党注重残疾人相关政策法规的建设，稳步推进特殊教育法制化。首先，通过宪法和法律确立了国家保障残疾儿童或少年受教育权的宗旨与依据。1982 年《宪法》、1986 年《义务教育法》、1990 年《残疾人保障法》、1994 年《残疾人教育条例》、1995 年《教育法》、1996 年《职业教育法》、1998 年《高等教育法》，均对特殊儿童的受教育权进行了明确规定，要求各级教育部门把残疾少年儿童教育同当地实施义务教育

---

① 朱有瓛．中国近代学制史料：第 3 卷：下［M］．上海：华东师范大学出版社，1992：807．
② 张福娟，马红英，杜晓新．特殊教育史［M］．上海：华东师范大学出版社，2000：212．
③ 何东昌．中华人民共和国重要教育文献：1949—1975［M］．海口：海南出版社，1998：107．
④ 辛菱霞，郝振君．中国特殊教育发展史及其启示［J］．现代特殊教育，2017（22）：18－23．

工作统一规划、统一领导、统一部署、统一检查，将残疾少年儿童教育发展规划执行情况作为检查、验收普及初等教育的内容之一，这极大地促进了残疾儿童义务教育的发展。到1999年，我国有盲校28所、聋校871所、盲聋合校163所、智力残疾儿童学校473所，共1 535所特殊教育学校，加上1万多个普通学校附设特殊教育班和一些随班就读的学生，接受特殊教育的在校生为358 327人，加上大量未进入统计的各类随班就读学生，可以估算出盲、聋、弱智儿童少年义务教育入学率分别达到80%左右[①]。

进入21世纪以来，党和国家十分关心和支持特殊教育的发展，加紧出台相关政策文件，进一步规范与完善特殊教育发展机制[②]，如2008年《关于促进残疾人事业发展的意见》、2009年《关于进一步加快特殊教育事业发展意见的通知》、2010年《国家中长期教育改革和发展规划纲要（2010—2020年）》等，这些文件均论及特殊教育，并提出支持特殊教育的具体发展策略。1988年3月，中国残疾人联合会正式成立，同年出台残疾人事业纲领性文献《中国残疾人事业五年工作纲要（1988—1992年）》，残疾人事业从此有了专门的机制保障。此后历次工作纲要均有对特殊教育工作的明确部署。2001年到2011年的10年间，我国特殊教育学校数量与学生数量不断增长，共有特殊教育学校1 767所，10年增加了236所，学生数量从11.02万增长到17.35万[③]。特殊教育学校财政性教育经费投入不断增长，由2001年的13.25亿元增长到2010年的65.44亿元，净增52.19亿元。此外，教育部统一部署，加强特殊教育师资队伍建设，鼓励开设特殊教育高等教师教育。1986年北京师范大学开设特殊教育专业，随后华东师范大学、西南师范大学等高校陆续开办，为特殊教育发展提供了重要的师资保障。从总体上看，特殊教育教师队伍不断壮大，2011年，特殊教育学校的教职工人数已经突破了5万。

（二）特殊教育发展新格局确立与发展

伴随着融合教育在世界范围内的大力推进，我国于20世纪80年代开启了本土化的融合教育实践探索，随班就读的安置形式得到大力推广与发展。我国特殊教育起步晚，特殊教育学校数量相对有限，单一的特殊教育学校安置形式无法满足残疾学生的入学需求，随班就读由此成为我国普及残疾少年儿童义务教育的主要策略。尤其是在经济落后、人口居住分散、交通不便的农村地区，随班就读成为推进特殊教育、提高残疾儿童少年入学率以及促进残疾青少年社会融合的主要途径[④]。我国初步形成了“以大量的特教班和随班就读为主体、以一定数量的特殊教育学校为骨干”的特殊教育发展新格局，而这一新的发展形式很快就在随后几乎所有的特殊教育相关法律、法规中都得到确认与强化。

1988年，第一次全国特殊教育工作会议提出了适合中国具体情况的发展特殊教育的路径，即：逐步形成以一定数量的特殊学校为骨干，以大量设置在普通学校的特殊教育班和吸收能够跟班学习的残疾儿童随班就读为主体的残疾儿童少年教育的格局，这在我国特

---

① 赵小红．近25年中国残疾儿童教育安置形式变迁：兼论随班就读政策的发展［J］．中国特殊教育，2013，153（3）：23-29.

② 于素红，陈路桦．我国义务教育阶段特殊教育政策演进评析［J］．中国特殊教育，2020（6）：3-9.

③ 彭霞光．中国特殊教育发展现状研究［J］．中国特殊教育，2013（11）：3-7.

④ 邓猛．特殊教育管理者眼中的全纳教育：中国随班就读政策的执行研究［J］．中国特殊教育，2004（4）：41.

殊教育发展史上具有里程碑意义。1994 年，《关于开展残疾儿童少年随班就读工作的试行办法》颁布，标志着随班就读成为我国特殊教育发展的基本举措。随后，两期特殊教育提升计划、《关于加强残疾儿童少年义务教育阶段随班就读工作的指导意见》等文件相继出台，进一步强化了这一基本模式。这意味着我国基本建构出“以特殊教育学校为骨干，以普通学校特殊班、随班就读为主体，以远程教育、送教上门为补充”的、具有中国特色的残疾儿童少年教育安置形式。截至 2018 年，我国义务教育阶段残疾儿童普通学校随班就读与附设特教班就读学生占总人数的 49.18%①。

(三)我国特殊教育事业的快速发展

自 21 世纪以来，我国加快推进特殊教育的探索与实践，特殊教育事业蓬勃发展。2007 年党的十七大提出“关心特殊教育”，加大对特殊教育的支持和投入。仅 2008 年启动的特殊教育学校建设规划项目，中央和地方政府在四年内就累计投入 54 亿多元，在中西部地区新建、改扩建 1 182 所特殊教育学校。2012 年党的十八大报告明确提出“支持特殊教育”，开启了特殊教育事业发展的历史新起点。党的十八大以来，习近平总书记对残疾人群体格外关心、格外关注，提出“残疾人是人类大家庭的平等成员”“残疾人完全有志向、有能力为人类社会作出重大贡献”等重要论述。教育部等七部门分别于 2014 年和 2017 年发布两期特殊教育提升计划，围绕完善特殊教育体系、增强特殊教育保障能力等方面进行总体部署。2015 年颁布的《特殊教育教师专业标准（试行）》，为特殊教育教师培养、准入、培训及考核等提供了重要依据。2016 年，随着盲、聋、培智三类学校义务教育课程标准的出台，各层级教育部门与基层学校的学科教学实践与研究有章可循。2017 年，党的十九大提出“办好特殊教育”，对特殊教育高质量发展、内涵式发展提出了新的战略要求与目标。在“办好特殊教育”思想的指导下，我国特殊教育事业快速发展，特殊教育支持体系逐步建立，政府、学校、家庭和社会支持参与特殊教育的意识和力度不断增强。中国共产党在脱贫攻坚中帮助 600 多万农村残疾人摆脱贫困，累计招收 70 多万特殊儿童进入学校就读。截至 2020 年，全国共建有特殊教育学校 2 244 所，在校生 88.08 万人。其中，随班就读在校生 43.58 万人②。

四、新时代构建高质量特殊教育体系的目标重点

“十四五”时期是开启我国全面建设社会主义现代化国家新征程的重要历史时期。《中华人民共和国国民经济和社会发展第十四个五年规划和 2035 年远景目标纲要》明确提出“建设高质量教育体系”的目标要求。2021 年，国务院办公厅转发教育部、民政部等部门《“十四五”特殊教育发展提升行动计划》（简称《行动计划》），强调在 2025 年初步建立高质量特殊教育体系，其中提到的“适宜融合”目标，意味着高质量特殊教育与融合教育成为新时代我国特殊教育发展的主旋律。

---

① 2018 年全国教育事业发展统计公报［EB/OL］. http：//www.moe.gov.cn/jyb_sjzl/sjzl_fztjgb/201907/t20190724_392041.html.

② 2020 年各级各类学校共 53.7 万所 高等教育毛入学率 54.4%［EB/OL］. https：//www.chinanews.com.cn/gn/2021/03-01/9421541.shtml.

《行动计划》中提出朝向"适宜融合"的高质量融合教育目标，对支持保障体系的规定也更为详尽，要求"完善特殊教育保障机制""提升支撑能力"。《行动计划》不仅对特殊教育的办学条件、经费投入、师资培养等方面进行了更为详细、系统的规定，更着重对"融合"的含义进行了本土化的阐释与创新，致力于构建具有中国特色的支持保障机制①。第一，加强普通教育和特殊教育融合。这意味着我国融合教育发展的"以随班就读为主体、特殊教育学校为骨干"的"普特融合"基本原则得以确立。特殊教育学校与随班就读共同构成我国融合教育的实践路径，形成一体两翼的"双主体"特征②。第二，推动职业教育和特殊教育融合。这说明我国特殊教育发展逐步走向终身教育与终身保障，注重为残疾人提供涵盖生命全程的教育服务和保障，为其社会参与及融合夯实基础，提升其生活质量与生命尊严。第三，促进医疗康复、信息技术与特殊教育融合。这体现出我国融合教育发展的多元化范式特征。我国现有特殊教育体系中的康复训练中心、特殊学校（班）、融合教育等各种服务模式并存，医教结合、康教结合等带有明显医学-生物学模式的试验在多个省市得以推广③。特殊教育模式呈多元化的特点，其发展趋势则整体朝向融合。

第三节 当代特殊教育的发展趋势

当前，以信息技术为核心的新技术迅猛发展，人类社会正向信息化的方向发展。各种社会思潮、文化碰撞加剧，思想交流空前活跃，发展、和平、多元和合作成为不可回避的话题。世界各国均在着力不断解决、完善特殊教育问题，"融合"是基本原则与旨趣，"全纳"是基本趋势与要求，"个别化"教育是基本手段与支持④。世界各国注重立法，将特殊教育作为一项保护性公共事务与基本权利，并且通过加大财政投入、提高师资队伍专业水平、发展就业衔接体系等方式促进全纳特殊教育的有效实施。此外，不少国家还从国家人才战略的角度来考虑超常儿童的教育，统筹与设计天才教育体系。特殊教育深受时代发展与社会变迁的影响，显现出如下发展趋势：

一、特殊教育在经历了医学-心理学模式后，正迈向社会学取向

特殊教育的发展离不开其特定的社会政治、经济与文化基础，并随着社会对"正常""残疾""平等"等观念的演变而呈现出不同的实践样态。文艺复兴以来的特殊教育主要从医学、生理学角度关注残疾人的缺陷，包括聋、盲和智力落后人群。早期的特殊教育从业者多为医生，主要采用医学手段，尝试从残疾人的病理和生理因素去提升残疾人的生理机能，可视为"生理学取向的特殊教育"。此外，早期的特殊教育属于慈善人道型教育，是

---

① 张玲，邓猛．新时代我国融合教育发展的本土模式与实践特色：基于《"十四五"特殊教育发展提升行动计划》的解读［J］．残疾人研究，2022（1）：40－47.

② 邓猛，赵泓．新时期我国融合教育现状和发展趋势［J］．残疾人研究，2019（1）：12－18.

③ 方俊明．医教结合支持保障体系的建构与完善［J］．现代特殊教育，2017（5）：31－33.

④ 易凌云．国际特殊教育发展趋势：融合与个别化［J］．湖南师范大学教育科学学报，2018（6）：83－90.

有钱人或正常人对残疾人的一种施舍和福利。建立的机构多以养育院、收容所、福利院命名，具有较强的慈善意味。随着心理学的发展，特殊教育的医学-心理学模式出现。心理学的众多理论，如精神分析、认知发展等理论，以及各种心理测量技术被广泛用于特殊人群的鉴定与评估，进而提出相应的教育与改进措施。总体而言，医学-心理学模式是个体化模式，强调从个体的生理或心理“缺陷”来解释残疾，教育对象也被定位为“病人”①。

知识卡片

医学-心理学模式

残疾的医学-心理学模式的基本假定是：残疾由个体生理、心理缺陷所致，应对残疾人进行医学的诊断、训练与缺陷补偿；强调在可控制的条件下对残疾个体或群体研究对象进行客观的、以实验室为基础的实验与观察，以期揭示残疾与其背后的病理学依据之间的因果关系，并找出具有广泛推广意义的诊断结果与干预方法。相对于以往对残疾迷信、愚昧所导致的对残疾人的歧视、遗弃甚至杀戮，实证主义社会理论指导下残疾的医学-心理学模式是一种质的飞跃，它将人们对残疾的认识带上了科学和理性发展之路。

随着社会的进步和民主化进程的加快，特殊教育在当代社会已经不是正常人对残疾人的一种施舍和福利，而是人的一种平等的基本权利。这种权益观的重要理论基础是人本主义思潮，它提倡的人人平等、人人皆有平等接受教育的权利等是通过各种法律与政策（如世界各国的特殊教育立法）加以保障和实现的。因此，当代特殊教育可以认为是一种以法制保障公民平等受教育权的权益型教育。人们认为，应从宏观的社会组织与社会结构层面来解释残疾，形成了特殊教育的社会模式。这一模式认为，人的生理与心理上的缺陷会导致个体以正常方式完成特定任务的能力受到一定的“限制”，但因信息、交流和教育的欠缺而导致残疾人无法与其他人在平等的基础上参与社会生活才是残疾人所面临的真正“障碍”。残疾人所面对的困境实质是因为被判定为“非正常”而被隔离、被社会排斥与被边缘化——那些看起来是保护性的措施与政策事实上造成的是隔离与排斥，隐藏在同情与宽容背后的是人们对那些不能很好地适应现存社会秩序者的嫌弃。制度化的隔离导致了特殊人群社会生活的边缘化。从过去的医学-心理学模式向关注整体性的组织文化和人与环境相互作用的社会模式转变，从偏重缺陷补偿向缺陷补偿与潜能开发相统一转变，特殊教育理念经历了从“缺陷”“残疾”的教育概念到“特殊需要”教育概念、再到“参与障碍和学习障碍”概念的不断变迁②，“融合”成为社会学取向下特殊教育的基本原则与旨趣。

因此，社会学取向的特殊教育实际上是社会解决总体性问题的一次非常重要的改革，是一项人类社会生态的系统重构，而全纳教育作为致力于平等参与社会生活的最重要的尝试，是其基本实践形态。

---

① 刘慧丽．特殊教育相关概念的演变与范畴［J］．现代特殊教育，2015（18）：79－80．

② 赵梅菊．特殊教育需要概念的思考［J］．现代特殊教育，2015（18）：77－79．

知识卡片

社会模式

在社会建构主义视角下，残疾不是身体损伤的产物，而是特定社会与经济结构的产物，其关键取决于社会的建构。“残疾”是一个演变中的概念，是残疾人和阻碍他们在与其他人平等的基础上充分和切实地参与社会的各种态度和环境障碍相互作用所产生的结果。正是社会与经济结构使有机体损伤的人变得残疾，将他们排除于主流社会活动的完全参与之外。残疾人因此成为一个受压迫的社会群体。

社会模式基于建构主义范式，从激进的人本主义理念出发，强调“异质的平等”，希望通过社会政治、经济等的社会变革来减少不公平现象；主张特殊儿童从特殊学校（班）逐渐回归主流学校与社会。美国自20世纪60年代以来兴起的“民权运动”所倡导的残疾人回归主流学校的这一主张正是社会模式的体现。20世纪80年代以后，随着教育公平的理念蓬勃发展，社会模式倡导注重改革社会的结构，并积极推进学校的变革来实现这一理想。特殊教育从重视学生的缺陷转向重视学校的能力，旨在通过学校人与物等资源的优化组合，改进学校管理，提高学校教育教学质量，最终建立融合性学校与融合性社会。

二、特殊儿童的教育安置形式多样化，融合是基本趋势与要求

从隔离走向融合，是世界发展全球化、一体化和多元化的必然要求，契合人类社会“大同”发展和多元化发展的内涵。从隔离走向融合，是特殊教育发展的内在规律和必然趋势。世界各国在不同时期对特殊儿童采取不同的安置形式，呈现出多样化特征。早期，专门的特殊教育学校实施隔离式的特殊教育，如盲校、聋哑学校及养护学校等，残疾学生在这些专门的隔离式教育机构中接受适合其特点的照顾。但他们与健全学生以及社会的交往过少，与普通教育体系处于完全隔离的状态。20世纪六七十年代所兴起的一体化运动与回归主流思想等，主张把残疾学生安置在普通学校中，如特殊教育班和完全融入普通班的特殊教育。这种形式虽然使特殊儿童的教育在场所上进一步融合了，但仍然存在“普通教育”与“特殊教育”相隔离的二元教育体系①。1994年《萨拉曼卡宣言》提出全纳教育思想，标志着走向融合成为21世纪世界教育的基本发展趋势。《萨拉曼卡宣言》对融合教育理论展开了系统阐述，并提出了实施融合教育的五个原则：

（1）每个儿童都有受教育的基本权利，必须获得可以达到的并保持可接受的学习水平之机会；

（2）每个儿童都有其独特的特性、兴趣、能力和学习需要；

（3）教育制度的设计和教育计划的实施应该考虑到这些特性和需要的广泛差异；

---

① 邓猛，颜廷睿．融合教育理论反思与本土化探索［M］．北京：北京大学出版社，2012：51－64．

（4）有特殊教育需要的儿童必须有机会进入普通学校，而这些学校应以一种能满足其特殊教育需要的儿童中心教育学思想接纳他们；

（5）以全纳为导向的普通学校是反对歧视态度、创造欢迎残疾人的社区、建立全纳社会，以及实现全民教育的最有效的途径；此外，普通学校应向绝大多数儿童提供一种有效的教育，提高整个教育系统的效率，并最终提高其成本效益。

融合教育思想源于西方多元、机会均等的社会基础与自由主义的哲学思想传统，其核心就是要让特殊儿童尽可能与没有残疾的正常儿童一起生活、学习，促使特殊儿童接触正常儿童与主流社会的限制降低到最低程度。融合意味着完全接纳，它基于满足所有学生多样化需要的信念，在普通学校适合儿童年龄特征的教育环境里教育所有的儿童；所有学生，无论种族、语言能力、经济状况、性别、年龄、学习能力、学习方式、族群、文化背景、宗教、家庭背景以及性倾向有何不同，都应该在主流的教育体系中接受教育[①]。

融合教育所倡导的平等、接纳与包容精神已经得到人们的广泛认同，融合教育作为一项行动议程也已纳入许多国家推行特殊教育发展的政策框架。融合教育已成为美国特殊教育发展的主流[②]。根据美国教育部 2016 年的数据统计，有 94.7%的残疾学生在普通学校接受教育，其中 62.6%的残疾学生在普通教室中度过了超过八成的时间[③]。从 20 世纪 70 年代末开始，英国开展了所谓的“一体化”教育，即打破隔离式的特殊教育状况，使特殊学校的学生进入主流学校学习，实施“一体化”的教育。随后，英国积极响应全纳教育思想，通过各种途径全面开展融合教育，特殊学校学生的数量占比已从 1978 年的 2%下降到 1996 年的 1.15%[④]。在意大利，约 99%的残疾学生都在普通学校里接受教育，几乎接近完全融合。此外，在加拿大、西班牙、南非、印度等国家，融合教育是各个国家用于提高教育系统工作效率的核心改革方向。可见，融合教育已成为当今世界各国特殊教育发展的基本方向与目标。

三、完善需求服务支持体系，促进每一个学生的“个别化”发展

全纳教育目标的具体实现，离不开完善的特殊教育需求服务支持体系。学校必须建立相应的支持体系才能研判特殊儿童的教育需求，从而实施针对性指导以真正地提升学生能力。这一支持体系主要包括：（1）对学生进行初步评估，界定哪些为学习障碍者；（2）特殊教育需求（SEN）评估；（3）根据评估信息，为每一个有特殊教育需求的学生制订个别化教育计划（IEP）；（4）如果 IEP 无法促进学生的发展，或者有些问题难以得到有效解决，学校就会求助校外专业机构和专业人士。如英国教育部于 1994 年颁发了《特殊教育需求鉴定与评估实践章程》，规定了 SEN 评估的程序与准则。2002 年的《特殊教育需求评估准则》（SEN Code of Practice）强调 SEN 评估的五大原则，并规定每所主流学校必须有

---

① 邓猛．从隔离到全纳：对美国特殊教育发展模式变革的思考［J］．教育研究与实验，1999（4）：41－45.

② 颜廷睿，邓猛．西方全纳教育的效果研究及其思考［J］．中国特殊教育，2013（3）：3－7.

③ U. S. Department of Education. 38th annual report to congress on the implementation of the individuals with disabilities education act［R］. Washington，D. C.，2016：47.

④ 黄志成，王伟．英国全纳教育研究的现状［J］．外国教育研究，2002（3）：13－16.

一位专门的特殊教育需求协调员，负责对本校的特殊儿童进行评估以及实施学生教育和服务工作。随后，英国教育部于2011年和2012年相继发布了《支持与期待：针对特殊教育需求与残疾儿童的咨询提案》和《支持与期待：特殊教育需求与残疾儿童的新方法——进展与下一步计划》，提出了具体的特殊教育需求支持体系。目前，英国特殊教育服务体系涵盖依次递进的三个层次：学校行动计划（SA）、学校行动加强计划（SA＋）和特殊教育需求声明，分层次对学生的特殊教育需要展开对应的支持。

与英国相似，芬兰学生进入义务教育阶段后，学校会依照他们学习困难的程度提供三个层次的额外教育服务：矫正指导、部分时间特殊教育和全日制特殊教育。矫正指导是针对那些在学习上暂时落后的学生，对他们进行短期的额外教育支持。经过矫正指导后仍存在学习困难的学生，即被认定为有特殊教育需要。学校会向他们提供两种服务：部分时间特殊教育和全日制特殊教育。部分时间特殊教育针对学习困难较少的学生。全日制特殊教育针对的是有严重学习障碍，包括残疾、发展迟缓、情绪障碍等的学生。芬兰还设有为严重残疾的学生提供服务的特殊教育学校，保障学生部分时间或全部时间在特殊学校中学习。

近年来随着融合教育理念深入人心，世界各国都在努力构建完善、系统的特殊教育需求服务支持体系，越来越多的主流学校开始接纳有特殊需要的学生。从美国教育部统计数据来看，从1989年到2016年，6～21岁残疾儿童、青少年在普通教育环境中的安置比例均超过了93.99%，绝大多数残疾学生已经进入普通学校学习①。2018年，英国有特殊教育需要声明或加入“教育、健康和关怀计划”的人数为253 680人，其中就读于主流学校的比例为47.2%，就读于特殊学校的比例为45.6%②。融合教育的理论不仅关注残疾学生学校的融合，更关注特殊学生如何有效地走向社区，参与社会生活。因此，融合教育通过一系列的“个别化过渡计划”帮助残疾学生走向社会生活，有尊严地参与和享受物质与精神生活，从而提高其生活质量。

四、朝向全民终身教育，构建更加完善的特殊教育体系

第一，终身教育制度是当前知识经济、信息社会、学习型社会的必然要求。终身教育理论也必然体现在特殊教育领域。融合教育的目标正是终身教育的目标。国际特殊教育发展的趋势之一就是加快“两头延伸”的制度建构，即：

（1）重视残疾儿童的早期干预和早期教育，加快学前融合教育的发展。

（2）重视职业教育，重视高中后教育的发展。加快残疾人职前教育、职后教育一体化体系的建设，主要是大力发展残疾人成人教育、职后培训和劳动就业，解决制度体系中各类教育的沟通与衔接等。

（3）重视与家庭教育、社区工作的整合和支持服务体系的建设。

（4）加快高等特殊教育的发展。

---

① U. S. Department of Education. Office of special education programs, Individuals with Disabilities Education Act (IDEA) database [EB/OL]. https://nces.ed.gov/fastfacts/display.asp?id=64.

② DFE. Special educational needs in England: January 2018 [DB/OL]. https://www.gov.uk/government/statistics/special-educational-needs-in-england-january-2018. 2019-12-29.

第二，各国在特殊教育经费投入的保障体系方面日益完善，各级政府是经费投入主体，一般通过年度预算和专项拨款等途径进行投入。特殊教育经费总量在逐年不断增加的同时，还呈现经费单列、专款专用的趋势。美国特殊教育基金中心报告显示，美国州政府提供45%经费，地方机构提供46%，而余下的9%由联邦政府IDEA基金提供①。美国特殊教育经费的资助主体正从对特殊教育学校、特殊教育机构等的资助转向增加对残疾儿童少年及其利益相关者的资助。2007年至2017年，英国特殊教育预算从21.79亿英镑上升至31.26亿英镑，增加了9.47亿英镑；特殊教育占教育预算的比例从2.85%上升到5.10%；特殊教育生均经费从25 050.37英镑上升到28 455.94英镑，增加了3 405.57英镑，为普通教育生均经费的5倍左右②。

第三，为保障特殊教育质量，各国都在制定和完善特殊教育教师标准，基于专业标准来培养、聘任、考核、培训特殊教育教师，强化入职指导，提高教师专业化水平。以美国为例，2015年为3～21岁残疾儿童、青少年提供服务的专职人员获完全资格认证的比例高达96.6%，为6～21岁残疾儿童、青少年提供服务的辅助人员获完全资格认证的比例高达94.0%③。同时，各国政府也在积极建立从需求评估到教育计划，再到就业支持体系的特殊教育及其支撑体系，出台相关法律条例和政策文件，发展特殊学生支持性就业，实现特殊教育就业转衔，保障残疾人士平等参与社会生活等。

五、信息技术被广泛应用，特殊教育手段和方法正在发生根本性变革

伴随着科技的进步与发展，现代科学技术在相当程度上解决了特殊教育中的许多难题。各国都研发和大量使用辅助技术，利用现代信息与网络技术，建设无障碍学习环境与资源，落实个别化特殊教育，为特殊需要者广泛参与社会生活与学习创造条件，满足特殊需要人群的特殊需求。

第一，建立在信息技术基础上的科技进步，促进了作为障碍补偿和机能训练的康复、教育技术、设备的应用，为残疾人的教育和学习提供了更好的条件。科学技术和科技辅具在特殊教育中的大量应用为改革特殊教育方式，促进残疾学生机能的康复、缺陷补偿和潜能开发提供了条件。

第二，计算机及信息技术在教育中的应用正在带来特殊教育理念、教学模式、安置方式、学习方式的革命性变革，促进了特殊教育课程与教学模式的改革。信息技术成为撬动课程与教学改革的有力杠杆，极大提升了特殊教育质量和效益，促使特殊教育实现从量到质的内涵式发展。在特殊教育课程改革上，强调以人为本、以素质教育为取向推进课程改革，已成为当代特殊教育课程改革的基本价值诉求。在特殊教育教学改革上，应根据素质教育的要求和合适的教育理念，推进个别化教育、合作教学等教学改革。

---

① National Center for Education Statistics. State funding systems [DB/OL]. https://www2.ed.gov/programs/osepidea/618-data/state-level-data-files/index.html#bcc.

② Department for education. Statistics: special educational needs (SEN) [DB/OL]. https://www.gov.uk/government/collections/statistics-special-educational-needs-sen.

③ U.S. Department of Education. 40th Annual Report to Congress on the Implementation of the Individuals with Disabilities Education Act, 2018 [R]. Washington, D.C., 2018: 76.

第三，脑科学、生命科学、基因研究的最新进展，从神经系统、生化和基因等方面为人类更深刻认识障碍的机理、机制及教育问题提供了新的视角和方法。

本章思考题

1. 西方特殊教育发展脉络有着怎样的变化？
2. 新中国成立以来中国特殊教育取得了哪些主要进展？
3. 当代特殊教育的主要趋势有哪些？

第三章　融合教育的发展

学习目标：

1. 了解融合教育的历史背景、兴起与发展；
2. 了解融合教育的基本理念；
3. 了解融合教育在中国的本土化实践的发展历程。

15 岁的李某是一名自闭症儿童，妈妈郝某想让他在普通学校就读，与正常孩子一起成长，但普通学校大都不肯接收他。2012 年 5 月，深圳宝安区宝城小学答应接收李某“试读两个月”，这令郝某十分感激。但没想到刚过完暑假，宝城小学就要求李某退学。该校校长告诉记者：“迫于家长和班主任的压力，学校实在没办法再接收这个孩子了。”班主任出示了班上 19 位家长的联名信，表示李某的行为无法自律，难以遵守课堂纪律，已影响到其他孩子正常学习。郝某告诉记者：“班主任上学期跟我反映过，有一次课前准备的时候，李某说了一些同学们听不懂的话，引得小朋友们哄堂大笑，李某也跟着笑，这样就影响课堂纪律了吗?”

“随班就读”无门，郝某只好带着李某回到之前就读的深圳元平特殊教育学校。郝某告诉记者：“孩子在元平待了四年，康复训练对他来说是有帮助的，但学业的进步非常缓慢，周末他从学校回来我还要找老师给他补课，经济上的压力很大。况且孩子可以适应普通学校随班就读。”从武汉梨园特殊教育学校、武汉一冶五小、宝安天骄小学、深圳元平特殊学校到如今的宝城小学，李某艰难的求学路从老家武汉一路走到了深圳。而在深圳天骄小学和宝城小学上学的日子，郝某觉得儿子的进步飞快，所以她还是希望儿子能在正常环境中成长①。

上述案例只是冰山一角，特殊儿童被普通学校拒之门外，其实是一种普遍现象。融合教育反映了人们对平等自由的向往，但为何融合教育开展得如此困难？本章将从融合教育的历史发展入手，谈谈融合教育发展的“前世今生”，以及我国对国际融合教育思想的本土化回应与反思。

第一节　融合教育的历史发展

“隔离”与“融合”是特殊教育不断探讨的话题。20 世纪 80 年代，融合教育在后现代

① 深圳一名自闭症儿童被 19 名家长联名“赶出”学校［EB/OL］. https：//www.163.com/news/article/8CG0O01B00014JB5. html.

主义思潮与西方民权运动的推动下应运而生。在融合教育理念的影响下，世界各国积极开展了融合教育改革，特殊教育的发展也逐渐从“隔离”走向“融合”。

一、融合教育概述

（一）融合教育的含义

融合教育（inclusive education）是20世纪90年代初期国际特殊教育领域出现的一种思想和做法，是面向全体儿童，以实现教育公平为目标的一种教育模式。融合教育强调“零拒绝”原则，主张消除传统隔离的特殊教育形式，使特殊儿童进入普通学校与普通儿童共同学习，促进全体儿童的共同发展。有的研究者将“inclusive education”译为“全纳教育”。因此，在学术界存在着是译为“融合教育”还是译为“全纳教育”的争论。部分研究者从汉字的内涵分析，认为“融合教育”的“融”与“合”带有融入和包容的含义，是主动地将残疾儿童融入社会的过程，而“全纳教育”的“纳”则带有把残疾儿童被动地接纳到社会中的含义。本章认为“融合”与“全纳”概念相同，统一使用“融合教育”一词。

知识卡片

零拒绝

“零拒绝”出自20世纪70年代中期美国颁布的《所有残疾儿童教育法》（也被称为PL94－142公法），它是20世纪50年代民权运动背景下多种族、异质性在公民权利、宪法制度博弈中的产物，它强调了社会的平等参与和共同建构。在教育领域，它强调受教育权是天赋人权，接受主流教育是社会平等参与的体现，它要求普通学校应向社区所有儿童提供免费的、适当的公立教育，保证任何一名特殊儿童不被排除在普通教育之外。

普通学校实施融合教育是创造欢迎残疾人的社区、建立融合型社会和实现人人受教育的最有效途径。融合教育要满足全体儿童多样化的需求，创造具有接纳感、归属感和社区感的环境，在邻近学校内的班级里为残疾儿童提供平等和高质量的教育机会。但这并不意味着忽略普通儿童的教育需求，融合教育强调面向全体儿童。在实施融合教育的过程中，不仅要满足残疾儿童的教育需求，还应该同时满足同一环境中普通儿童的教育需求，强调全体儿童的共同参与和学习，为全体儿童提供高质量的教育服务，促进全体儿童的发展。

（二）融合教育的特征

融合教育具备三个特征：第一，特殊儿童的教育安置形式走向融合，普通学校应接受邻近的全体有特殊教育需要儿童，无论他们有何种残疾，也无论他们的残疾程度如何，都应该为他们提供教育服务。第二，要保证进入普通学校的有特殊教育需要儿童的教育质量，通过调整课程与教学方法实施个别化教育，满足他们多样化的教育需求，保证每个儿童都能够参与到课堂活动中，而不是在课堂之外被边缘化。第三，对有特殊需要儿童的支持走向专业，要求普通学校教师与其他工作人员为有特殊需要儿童提供专业支持。

二、融合教育的历史与发展

（一）美国民权运动的推进

美国黑人与其他族裔移民自美国开国以来，长期受到白人的歧视，黑人与其他族裔移民完全被隔离在白人社会之外。第二次世界大战结束以后，欧美国家经济复苏，人们逐渐开始追求民主、平等和自由。平等的理想与不平等的现实使得社会矛盾和冲突不断。20世纪50年代以来，美国黑人反对种族隔离与歧视，为争取民主权利发起了民权运动（civil rights movement），提出了“分开就是不平等”的口号，要求不同种族也能平等地参与社会生活。残疾人作为长期被忽视的群体，也受到了民权运动的影响，积极地加入争取民主和平等的队伍中。

在民权运动的背景下，出现了一系列与人权有关的诉讼案，对特殊教育的立法和实践产生了深远影响。1954年，美国联邦最高法院对堪萨斯州的布朗诉托皮卡市教育委员会一案进行了审判，明确指出：现行的不同种族“分开但平等”（separate but equal）的教育做法是不平等的①。将不同种族在教育环境中实施隔离，违背了个体平等追求教育的权利，不仅带有种族歧视色彩，还剥夺了儿童学习不同文化的权利。布朗诉托皮卡市教育委员会一案的审判，不仅为美国黑人争取到平等受教育的权利，也为残疾人争取平等受教育权带来了希望②。

自此，美国的特殊儿童家长意识到特殊儿童也应拥有平等受教育的权利，也意识到通过家长联盟争取权利的重要性。1933年，美国一所学校开除了5名智力障碍儿童，他们的母亲通过成立智障儿童委员会来维权，该委员会是美国最早的特殊儿童维权组织③。到20世纪50年代，特殊儿童的家长联盟组织逐渐从地方性组织演变为全国性团体。他们采取到法院进行司法诉讼，以及向国会议员进行游说等形式，为特殊儿童争取平等的教育权，推动了美国特殊教育法律体系的完善。

民权运动推动了1964年《民权法案》的颁布，为美籍黑人以及其他族裔移民的平等公民权提供了保护。该法案规定，要跟进教育机会不平等的现象，加快地方教育机构消除隔离教育制度的进度。该法案为美国特殊儿童受教育权提供了法律支持，增加了社会对特殊儿童受教育机会的关注。

（二）“正常化”思想与“去机构化运动”的影响

20世纪五六十年代，北欧国家出现“正常化”思想，主张将残疾儿童从隔离的环境中解放，将他们安置在主流的社区与学校环境中。“正常化”思想最早可追溯到丹麦的米

① 邓猛．融合教育理论指南［M］．北京：北京大学出版社，2017：52．
② 戴士权．美国特殊儿童教育平等权立法保障研究［D］．长春：东北师范大学，2018．
③ 肖非．美国特殊教育立法的发展：历史的视角［J］．中国特殊教育，2004（3）：93－96．

克尔森（Mikkelsen）于1950年提出的正常化（normalization）原则。他指出："智力落后者的生存环境应与普通公民保持一致，尽可能使用正常化的方式对待他们。"到20世纪60年代，瑞典的尼尔耶（Nirje）在原有的基础上整合建立了正常化教育原则的思想体系，并将这种"正常化"的思想介绍到美国。"正常化"思想强调残疾人的个别性和公民权，认为残疾人应该与普通人一样受到同等对待，拥有一个良好的教育和生活环境，并享有自由的权利和公平的机会[①]，包括：（1）有正常的每日作息；（2）正常的每周作息；（3）正常的每年作息；（4）有正常的生命周期发展；（5）享有正常的经济条件；（6）享受正常的环境条件；（7）获得正常的个人尊重；（8）拥有正常的人际关系[②]。

"正常化"思想推动了传统隔离封闭的特殊教育环境的变革，主张给予残疾儿童正常的生存环境和教育方式，使其能够不受歧视地参与学习并适应正常的社会生活。这一思想的传播直接对以美国为代表的欧美发达国家关于融合教育思想的变革产生了重要影响，并直接导致了美国"去机构化运动"的出现。大部分残疾人从大型的、较为封闭的残疾人医疗养护、康复或教育机构里转向以社区为基础的、较小的、比较独立的生活环境。在该运动的影响下，美国社会中大部分残疾人逐渐从机构回归到社区。据统计，1955年，美国有56万人被收容在精神病院，10年后人数降至47.5万，20年后只有19.3万人[③]。

美国民权运动、"正常化"思想与"去机构化运动"对融合教育思想的形成起着奠基作用。美国民权运动觉醒了人们关于残疾人平等受教育权的意识，增加了社会对残疾人受教育权的关注。而"正常化"思想与"去机构化运动"通过关注残疾人的生存状况和社会环境，深刻影响了人们关于环境的隔离与融入对残疾人生存发展的认识，为融合教育运动的兴起与发展奠定了思想基础。

知识卡片

去机构化运动

"去机构化"是20世纪50年代受"正常化"思想影响而形成的一个专业术语，它是以正常化教育原则为指引，通过去除传统封闭且隔离的机构，将残疾人转向以社区为基础的开放和融合的生活环境。在20世纪70年代以前，残疾儿童基本上是被安置在隔离式的教育机构中。这些教育机构办学条件恶劣，许多残疾儿童受到非人的安置和对待。他们就像牢笼里的囚鸟，身心被高墙铁笼牢牢地束缚。因此，众多学者以"人人皆平等，享有同样权利"为核心思想发起了"去机构化运动"。概言之，"去机构化运动"反对将残疾人安置在封闭、隔离的机构中，认为机构化不利于残疾人享有民主、平等的权利，不利于残疾人享有正常化的生活。"去机构化运动"在广义上包含三个主要目标：一是减少进入机构的人数；二是增加进入非机构环境的人数；三是改善机构化环境机构的数量。

---

① HALLAHAN D P，KAUFFMAN H M. Exceptional children：introduction to special education [M]. Boston：Allyn &Bacon.，1994.

② 雷江华．融合教育导论：第2版［M]．北京：北京大学出版社，2017：45.

③ 李拉．国际融合教育的发展脉络及阶段特征［J]．现代特殊教育，2021（7）：25-29.

（三）回归主流运动

在“正常化”思想的影响下，人们对残疾人的生存环境和教育环境产生不满，认为隔离式的特殊教育不利于残疾人的生存与发展。20 世纪 60 年代，邓恩（Dunn）对隔离式特殊教育学校中轻度智力落后学生的教育效果产生了质疑。他认为必须对隔离式特殊教育实施变革，将特殊教育与普通教育融合起来。因此，在 20 世纪六七十年代开启了一场以美国为代表的特殊教育回归主流运动，以英国为代表的欧洲国家，将其称为特殊教育与普通教育“一体化”。一般认为，美国发布《所有残疾儿童教育法》标志着回归主流运动的开始[①]。回归主流运动主要包括两个内容，分别如下：

1. 瀑布式特殊教育服务体系

1962 年，雷诺兹（Reynolds）针对隔离式教育环境提出了特殊儿童安置服务的等级连续谱[②]。1970 年，德诺（Deno）在雷诺兹的特殊儿童安置服务的等级连续谱的基础上进一步发展，提出了针对不同残疾程度特殊儿童的“瀑布式特殊教育服务体系”（见图 3-1）。这一体系按照最少受限制的原则，根据儿童的不同残疾程度与教育需要，将其分别安置到各级各类的学校或机构中。该体系共有六个层次，从最少受限制的环境到最多受限制的环境分布，整个结构如同瀑布，上下贯通，因此被称为“瀑布式特殊教育服务体系”。

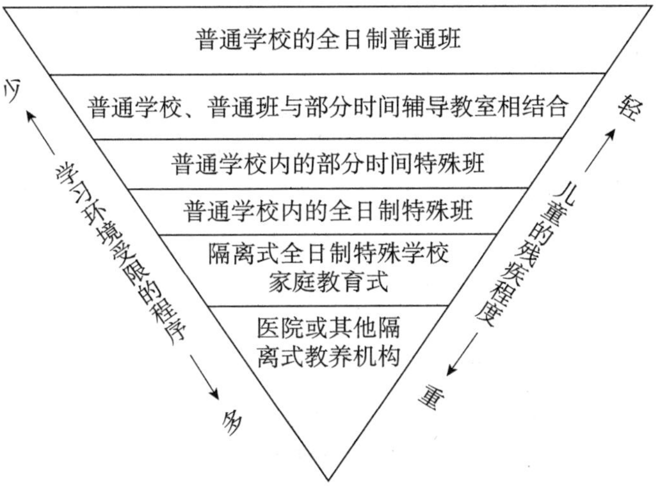

图 3-1　瀑布式特殊教育服务体系

资料来源：张福娟．特殊教育史［M］．上海：华东师范大学出版社，2000：298.

1973 年，邓恩修改了德诺的安置体系，但一般认为这一体系包括以下安置形式：

（1）普通班：这是学习环境受限制的程度最小的一种安置形式。特殊儿童能直接进入普通学校的普通班级中接受全日制教育，与普通儿童共同学习与生活。这种安置形式适合残疾程度较轻的儿童，他们能很好地融入普通学校的课堂教学与日常活动中。

（2）资源教室：资源教室是专门设立在普通学校的一种特殊教育辅导室，配备专门的

---

① 佟月华．美国全纳教育的发展进程［J］．济南大学学报（社会科学版），2002（1）：77-79.

② REYNOLDS M. A framework for considering some issues in special education［J］. Exceptional children，1962（28）：367-370.

辅助设备、训练器材、教学工具和教材等。特殊儿童大部分时间在班级中学习，但也会到资源教室接受服务。资源教室通常由资源教师负责，包括资源教室的管理和特殊儿童的教育支持等工作。

（3）巡回教师辅导制：设立巡回教师指导制度，由一名特殊教育教师负责辖区内安置在普通学校中的特殊儿童的教育服务，为普通学校以及特殊儿童提供定期或不定期的专业指导。

（4）特殊班：在普通学校设立特殊班以安置特殊儿童，有两种形式：1）全日制的特殊班，特殊儿童全天或大部分时间都在特殊班学习与生活，由特殊教育教师负责教学；2）特殊儿童一部分时间在特殊班接受教育服务，另一部分时间则在普通班与普通儿童一起上课或活动。

（5）特殊教育学校、家庭或医院等教养机构：以寄宿制为主的隔离式特殊教育形式，招收的对象主要为残疾程度较为严重的特殊儿童。除提供专业的特殊教育服务外，还提供医疗、矫正、心理咨询等康复服务。

这一体系体现了回归主流思想，希望特殊儿童尽可能地从塔的底端向顶端移动、从隔离的环境向主流环境回归，使特殊教育与普通教育实现融合①。但不是所有特殊儿童都适合安置在普通班级中，回归主流需要一定的条件支持。特殊儿童回归主流，需要满足七项标准：（1）学生应具有学习同级部分课业的能力。（2）学生应具有不靠太多的帮助（特殊教材、设备或普通班教师）而学习课业的能力。（3）学生应具有在普通班中安静学习而无须教师太多注意的能力。（4）学生应具有适应普通班常规的能力。（5）学生应具有在普通班中与人互动，并模仿楷模行为的能力。（6）普通班的各项设备应该适合特殊学生的需要。（7）课表应具弹性以适合特殊学生的需要，并能随其进步相应调整②。

2. 美国《所有残疾儿童教育法》

20 世纪 70 年代中期，美国颁布了《所有残疾儿童教育法》，以法律的形式总结了美国回归主流运动的成果，提出了“零拒绝”、无歧视性评估、个别化教育、最少受限制环境、合法的程序和家长的参与六项基本原则③。

（1）“零拒绝”：这一原则强调了普通学校应向社区所有儿童提供免费的、适当的公立教育，保证任何一名特殊儿童不被排除在普通教育之外。

（2）无歧视性评估：要求学校对疑似的特殊儿童实施公正的评估以确定其属于哪类特殊儿童及障碍程度如何。在实施评估时必须考虑儿童的文化和语言背景，在教育鉴定和安置上不应有任何偏见。

（3）个别化教育：该原则要求在无歧视性评估的基础上，依据评估结果为每个特殊儿童制订个别化教育计划。计划的制订者包括教育者、心理学家、家长、康复治疗师、社会工作者等。这份计划要对儿童现有的能力水平进行描述，并确定与描述长、短期教育目标和计划实施的时间范围等。

---

① 邓猛．从隔离到全纳：对美国特殊教育发展模式变革的思考［J］．教育研究与实验，1999（4）：41－44.

② 吴武典．从特殊儿童的教育安置谈特殊教育的发展：台湾的经验与省思［J］．中国特殊教育，1997（3）：15－21.

③ 于松梅，侯冬梅．美国《障碍者教育法》的演进及其特殊教育理念［J］．辽宁师范大学学报（社会科学版），2008（4）：78－80.

（4）最少受限制环境：该原则强调特殊儿童的教育环境应该与普通儿童尽量保持一致，要为特殊儿童创造最少受限制的环境，保证特殊儿童与普通儿童能共同学习、共同参与活动。

（5）合法的程序：该原则确保对儿童的鉴定、安置、教育、评估都要遵循合法的程序进行，确保了特殊儿童家长反对学校不公决定的权利，并保证特殊儿童家长可以通过法庭起诉维护儿童平等受教育权。

（6）家长的参与：该原则保障家长有权参与儿童的评估与个别化教育计划的制订，保障家长对特殊儿童的教育表现的知晓权。

知识卡片

“最少受限制”原则

“最少受限制”原则受到人权运动的影响，在回归主流运动的背景下应运而生，最早出现在 1970 年德诺提出的“瀑布式特殊教育服务体系”中。1975 年，《所有残疾儿童教育法》正式将这一原则以法律的形式确定下来。“最少受限制”原则是指教育机构在确定残疾儿童的教育安置形式时，应依据他们的生理、心理条件，将其安置在与一般环境或同伴接触最多的教育环境中，即与外界隔离程度相对较低的教育环境之中。“最少受限制”原则的初衷是最大限度地将残疾人与普通人安置在同一环境中接受常规的教育，减少社会对残疾人的排斥和歧视，提高残疾人的社会地位。此后，美国在《残疾人教育法》中对该原则进行了详细的补充，对公立的教育机构提出了建议：（1）为达到“适度”范围内的最大值，公立机构、私立机构和其他看护机构内的残疾学生须和非残疾学生一同接受教育；（2）只有当常规课堂无法满足残疾学生的特殊需求时，才可将该学生脱离常规课堂，送往特殊课堂进行独立教育。

《所有残疾儿童教育法》是美国回归主流运动的重要标志，该法案的六项基本原则体现了“回归主流”的精神。回归主流运动就是要最大限度地将特殊儿童安置在普通班级中接受教育，与普通儿童共同学习和生活①。综上可知，回归主流运动的主要特点有三个，分别是：

第一，让特殊教育的“支流”回归到普通教育的“主流”中。这是回归主流运动的核心特点，意味着特殊教育与普通教育实现融合的前提是要最大限度地将特殊儿童安置在普通教育的环境中，保证任何一个特殊儿童不被排除在普通教育之外。它打破了隔离式特殊教育与社会的藩篱，维护了特殊儿童追求民主、平等与自由的权利，开创了特殊教育向融合教育变革的新局面。

第二，推行“瀑布式特殊教育服务体系”。该体系是回归主流运动的重要成果，是实现回归主流的实践模式。它透露出回归主流的特点是动态的、渐进的和有层次的。普通学校要尽可能地接收特殊儿童，鼓励他们进入普通学校就读。但如果儿童的障碍程度较严

① 雷江华．融合教育导论：第 2 版［M］．北京：北京大学出版社，2017：46.

重，可以将其安置于特殊教育学校或养护机构中。这一体系的等级制度满足了不同障碍程度儿童的不同需要，但这种等级制度也是比较森严的，儿童在哪个层级接受教育是要经过严格的评估的，且不能轻易越级。

第三，制订与实施个别化教育计划保证特殊教育质量的回归。《所有残疾儿童教育法》首次以法案的形式明确了个别化教育计划的制订与实施。它要求在无歧视性评估的基础上，由教育者和家长等为每个特殊儿童制订个别化教育计划，并要依据儿童的变化进行定期评估和修改，同时要求设置多样的特殊教育形式，以保证特殊儿童能接受到个别化的和有质量的教育。

三、融合教育的兴起与发展

（一）融合教育兴起前的教育改革

1. 对回归主流的批判

虽然回归主流运动要求特殊教育“支流”回归到普通教育“主流”中，但融合教育并非回归主流的自然延伸，而是在批判和反思回归主流的实践失败的基础上建立起来的。回归主流在实践过程中并没有达到预期的效果①，特殊儿童回归到普通学校就读，但在班级中处于被忽略的边缘地位。此时的回归主流只完成了物理层面上的回归，让特殊儿童的身体进入普通班级中，但没有实现真正的心理回归，特殊儿童仍没有完全被普通教育接纳。1967—1984年，美国约有半数的残疾人从特殊教育机构中回归到社区中后不见踪影，进入普通班级的特殊儿童也由于没有得到有效的支持，在社会适应上也产生了诸多问题②。1986年，美国教育部前行政官员威尔（Will）女士总结了回归主流运动下的教育服务体系存在的弊端：（1）不科学的鉴定方式使儿童障碍类别的划分不明确，导致安置效率低下。（2）特殊教育与普通教育仍是双轨发展，两者不能协调地为特殊儿童提供合适的服务。（3）“瀑布式特殊教育服务体系”等级制度森严，无法变通，导致特殊儿童容易被歧视。（4）家校对儿童的教育安置未能达成一致意见，易造成冲突③。

2. 普通教育发起运动的提出

在批判回归主流运动的基础上，学者们就特殊教育与普通教育的关系、特殊儿童应该实施何种教育安置形式、普通教育应该给予何种支持等问题进行辩论，拉开了普通教育发起运动（the regular education initiative，REI）的序幕。学者们在威尔观点的基础上汇总了REI的核心问题，即教育学生的方式、特殊教育的结构和组织形式、特殊教育与普通教育的关系以及普通教育教学计划的改革等④。REI认为普通学校应主动接纳特殊儿童进入普通班级就读，并根据特殊儿童的具体情况和教育需要做出环境与课程方面的调整，为特

---

① BAKER J M，ZIGMOND N. The meaning and practice of inclusion for students with learning disabilities：themes and implications from the five cases [J]. The journal of special education，1995，29 (2)：163-180.

② 杨柳. 从隔离到全纳：美国残疾人教育研究 [D]. 重庆：西南师范大学，2009：32-33.

③ WILL M C. Education children with learning problems：a shared responsibility [J]. Exceptional parent，1986 (5)：411-415.

④ 佟月华. 美国全纳教育的发展进程 [J]. 济南大学学报（社会科学版），2002 (1)：77-79.

殊儿童创造适合他们就读的教育环境。REI 试图让特殊教育融入普通教育，但仍存在一定的局限性，比如仍没有改变普通教育与特殊教育的二元体制。在实践过程中也发现普通学校教师缺乏特殊教育专业知识与理念和相关培训，教师之间缺乏沟通交流与协作①。虽然 REI 没有直接实现融合教育，但它对融合教育思想的形成有着重要影响。

3. 全民教育运动兴起

1990 年，联合国教科文组织等国际组织在泰国宗迪恩召开了世界全民教育大会，会议通过了《世界全民教育宣言》和《实施全民教育的行动纲领》，提出“需要再次重申基础教育的重要性。而且要拓展视野，在目前最好的基础上改善资源、体制结构、课程等传统的教育方法”，以保证“对所有的儿童、青年和成年人进行普及教育，并提供均等的机会”②。全民教育面向所有人，无论残疾人还是普通人，都有平等受教育的权利。社会必须普及基础教育和促进教育公平，维护人道主义价值观和基本人权。可见，全民教育旨在打破特殊教育与普通教育之间的障碍，为残疾人能完整、真正地被社会接纳而努力。这一运动为全球融合教育理念的兴起与发展奠定了基础。

（二）融合教育的开端与发展进程

1. 融合教育的开端

1994 年，联合国教科文组织在西班牙萨拉曼卡市召开世界特殊教育大会，会议颁布了《萨拉曼卡宣言》和《特殊需要教育行动纲领》，明确提出了“融合教育”的思想。宣言声明：

（1）每一个儿童都有受教育的基本权利，必须给予他们可以实现和保持可接受学习水平的机会。

（2）每一个儿童都有独特的特性、兴趣、能力和学习的需要。

（3）教育体系的设计和教育计划的执行应考虑儿童特性和需要的广泛差异性。

（4）有特殊教育需要的儿童必须有机会进入普通学校，这些学校应将他们接纳在以儿童为中心并适合其需要的教育活动中。

（5）以融合为导向的普通学校应该是反歧视态度、创造宽松氛围的社区、构建融合社会和实现全民教育的最有效途径。此外，融合教育能为大多数儿童提供有效教育，提高教育系统的效率，从而提高教育效益③。

从《萨拉曼卡宣言》中可知，融合教育蕴含人权、平等和民主的观念。首先，融合教育的核心理念为“教育即人权”，每个人都有受教育的权利，这与文化背景、经济条件、残障与否无关。融合教育提倡普通学校要为有特殊教育需要的儿童提供学习机会，容纳所有的儿童，保障基本人权。其次，融合教育理念强调了平等。普通学校要平等地对待儿童，要满足他们的教育需要。但这并不意味着追求一种绝对平等，而是强调要关注每一个儿童的发展，不要只关注一部分而歧视或排斥另一部分。最后，融合教育提倡的“积极参

---

① HARKIN S B. Mainstreaming, the regular education initiative, and inclusion as lived experience, 1974 - 2004: a practitioner's view [J]. ie: inquiry in education, 2012 (1).

② 陈云英，杨希洁．全纳教育共享手册［M］．北京：华夏出版社，2004：9.

③ 昝飞．萨拉曼卡宣言特殊需要教育的原则、方针和实践［J］．上海教育科研，1994（11）：47-48.

与”反映了民主观。它与国际社会提出的“学会生存”不同，它是主动地以个体作为社会的主人的身份参与自己的事情，强调学生的参与体验感①。

2. 融合教育发展的进程

进入 21 世纪后，国际就融合教育的理论和实践问题进行了交流。2000 年 7 月 24—28 日在英国曼彻斯特大学召开了第五届国际特殊教育大会。这次大会总结了 20 世纪 90 年代全民教育运动以来融合教育的发展情况，呼吁全球各国进行融合教育改革，提高有特殊需要群体的社会地位，为有特殊需要儿童的平等受教育权而努力。会议包含五个主题：融合教育的政策、融合教育的不同观点、特殊教育功能的转变、融合教育的实践和融合教育的质量与效益②。第六届国际特殊教育大会于英国格拉斯哥城召开，大会的主题为“融合教育：包容多元”。从这两届会议来看，融合教育不再是物理环境层面的隔离与回归主流的讨论，而是心理环境的接纳与融入，这为融合教育的发展指明了方向。

联合国对融合教育的发展同样起到了重要的促进作用。2002 年，联合国组织 40 多名专家，将 30 多个国家的融合教育实践经验汇总整理成册，形成《融合教育共享手册》，为世界各国实施融合教育改革提供借鉴经验③。2005 年，又发布了《融合教育指南：确保全民教育的通路》，进一步明确融合教育的理论和实践操作。2008 年，联合国教科文组织在瑞士召开了第 48 届国际教育大会，以“融合教育：未来之路”为主题，探讨未来融合教育的实践路径。2009 年 10 月，世界融合教育大会在西班牙萨拉曼卡市召开，会议回顾了 15 年来各国融合教育的实践成果并展望了未来融合教育的发展④。

国际上开始关注融合教育的研究。1995 年，国际智力障碍者联盟更名为国际融合教育联盟⑤。欧美发达国家开展了融合教育的理论研究、政策制定和实践。英国是开展融合教育实践与研究较早、较快也较好的国家。1978 年，英国就公布了《沃诺克报告》，首次明确提出“特殊教育需要”的概念，以此取代传统的分类，扩大了特殊教育的范围。1994 年后，英国曼彻斯特大学建立了“融合教育研究中心”，英国与澳大利亚、美国等联合创办了第一本融合教育杂志——《国际融合教育杂志》。西班牙、荷兰、澳大利亚等专门开设了“学习辅导教师”的学士学位课程，以支持融合教育的发展。美国作为融合教育发展的后起之秀，在 REI 后也进行了一系列的改革。1997 年，修订的《残疾人教育法修正案》再一次强调了融合教育的重要性。美国的普通教育也为融合教育的发展做出了变革。美国国会将《初等和中等教育法》修订，并将其更名为《不让一个儿童落后法案》，充分考虑了学生的差异性，为有特殊教育需要儿童提供了更多个别化教育的机会，从而提高了融合教育的质量⑥。

特殊教育的发展经历了从“隔离”到“正常化”，再到“回归主流”的过程，融合教育理念的形成经历漫长岁月的沉淀，一代又一代学者为之努力。融合教育背后所揭示的是教育公平和人人平等的哲学思想。教育应该属于所有人，不应该被种族、文化背景和残障

---

① 黄志成．全纳教育展望：对全纳教育发展近 10 年的若干思考［J］．全球教育展望，2003（5）：29－33.

② 黄志成．从第五届国际特殊教育大会看全纳教育的发展［J］．现代特殊教育，2001（3）：45－47.

③ 刘春玲，江琴娣．特殊教育概论［M］．上海：华东师范大学出版社，2008：27.

④ 黄志成，张会敏．试论全纳教育与人权［J］．湖南师范大学教育科学学报，2010（2）：51－54.

⑤ 方俊明．融合教育与教师教育［J］．华东师范大学学报（教育科学版），2006（3）：37－42.

⑥ 彭霞光．美国全纳教育的发展［J］．中国民族教育，2010（10）：40－42.

等因素所限制。每个人都应该积极主动地参与到满足自己需要的教育活动中。融合教育理念的发展不仅对特殊教育、普通教育的理论体系产生了重大影响，还对未来社会的发展提出了挑战。

第二节　融合教育的基本理念

融合教育理念来源于后现代主义哲学，以平等、自由和多样化的价值观念为基础，提倡“零拒绝”。融合教育包含着一种接纳、归属的价值取向，认为特殊儿童有权在普通教室与同龄儿童共同参与班级活动。普通学校应接纳、包容就读在普通学校的特殊儿童，为他们创造一个无歧视、无偏见的环境。同时，学校还应该依据特殊儿童的特殊教育需要调整物理环境和课程设置，给予他们专业支持，从而提高教育效益。综上所述，融合教育的基本理念如下：

一、特殊儿童应与普通儿童一起在普通教室接受教育

融合教育追求异质平等的教育观，认为每个人不应该因为差异而产生不平等。1994年，世界特殊教育大会重申了《世界人权宣言》中提出的每个人都有受教育权的主张，并正式明确提出了融合教育。会议通过《萨拉曼卡宣言》和《特殊需要教育行动纲领》，提出“有特殊教育需要的儿童必须有机会进入普通学校”，融合学校“应接纳所有的儿童，而不考虑其身体、智力、社会、情感、语言及其他状况”。这些儿童“包括残疾儿童和天才儿童，流浪儿童与童工，边远地区及游牧民族的儿童，少数民族儿童及其他处境不利的儿童”。会议还号召所有政府“以法律或政策保证融合教育原则的执行，将所有儿童招收进普通学校，除非不得已的原因才作别种选择”。由此可知，融合教育的理念强调教育机会是均等的，特殊儿童应与普通儿童一起在普通教室接受教育。

融合教育与回归主流的不同在于，融合教育的出发点是面向每一个儿童，每一个儿童都享有平等受教育的权利，每一个儿童都应该属于主流教育体系，等级森严的教育安置制度应该被破除。通常做法是，让特殊儿童就近进入居住地附近的学校的普通班级就读，与同龄儿童共同学习与生活。学校要为特殊儿童提供专业的支持和服务，不能以任何理由拒绝、忽略或歧视特殊儿童，通过环境、课程的调整，为所有儿童创造一个平等、自由和多样化的教育环境，通过恰当的教学方法，让不同质的儿童在一起学习并获得成功体验。同时，学校也不能因此而忽略普通儿童的学习发展。融合教育的理念能为绝大多数的儿童提供有效的教育，从而提高教育的整体质量。但也有学者指出融合教育不切实际、过于理想化[①]，认为融合教育就像一个乌托邦式的概念，实践操作缺乏保障[②]，有的特殊儿童不适合完全融合在普通班级中。

不管如何，融合教育作为国际特殊教育发展的趋势，它倡导教育公平的理念是毋庸置疑的，它在最大程度上为使所有特殊儿童在普通教室接受教育而努力，推动支流教育回归

①② 邓猛，肖非．全纳教育的哲学基础：批判与反思［J］．教育研究与实验，2008（5）：18－22.

于主流教育体系中。我们应该以理性的态度思考融合教育理念的发展，基于国情开展本土化实践。

二、特殊儿童应与普通儿童一样在普通班级中获得充分发展

许多特殊教育学校和机构被取消，越来越多的特殊儿童回归到普通班级就读，他们获得了入学机会，能与普通儿童在同一环境中共同学习与生活。但是，仍有许多儿童受到伤害和排斥。这些儿童不仅仅指没能获得平等机会进入普通班级就读的残疾儿童，还包括已入学，但由于各种原因没得到适当发展的儿童。虽然特殊儿童获得了入学机会，但这种均等的入学机会却掩盖了入学后教育过程的不平等①。他们获得了入学机会，但被剥夺了自由、充分发展的机会。融合教育不仅强调特殊儿童进入普通班级，与普通儿童一起学习生活，它更强调每个儿童都能在普通班级中得到充分发展，获得成就。融合教育应认识和照顾到学生之间的不同需要，划分不同的学习类型和学习速度，通过适宜的课程、组织安排、教学策略、资源利用以及社区合作，确保面向全体学生的教育质量。换句话说，将特殊儿童安置到普通教室是实施融合教育的第一步，通过调整环境、课程、教学方法确保儿童的教育质量则是融合教育的第二步。若只是简单地将特殊儿童放置于普通教室，然后忽略他们，不为他们提供合适的教育，也就失去了融合教育的价值。

如何让特殊儿童与普通儿童一样在普通班级中获得充分发展？首先，要为儿童提供优质的教育。这并不是单方面地追求学业成绩，而是强调每一个儿童都能参与到集体活动中，消除由于环境限制导致的各种形式的学习障碍。其次，要为儿童提供多样化的教育，最核心的是要考虑儿童之间的差异性。融合教育秉持异质平等的原则，要求为每一个儿童提供个别化教育，在设计教学活动时应重视每个儿童的特点和需要。最后，要为儿童提供个性化的教育，培养儿童的个性化特征，关注儿童的学习兴趣、动机和心理发展，提高儿童对未来生活的信心和应对能力，使他们能在社会中找到适合自己的位置并充分发展个性。根据英国教育与技能部的文件，这种个性化的教育至少包括四个核心维度：

（1）儿童和青少年通过多种学习机会和教学模式参与学习；

（2）在个别化的指导下进行正确的学习选择；

（3）家长参与创建支持性的家庭学习环境；

（4）维持对所有孩子的高期望，不论他们的背景或需求如何②。

融合教育不强迫儿童去适应课程、教材或教学方法，而是通过评估了解儿童的能力水平现状，以此制订属于他个人的个别化教育计划（individualized education program，IEP)，再依据 IEP 的教学目标实施教学。融合教育强烈反对程序化、模式化的培养，主张以学习者为中心，依据每一个儿童的特点和需求，提供适合他们不同特点和需求的优质教育，使其获得个性充分发展。

融合教育的尊重差异强调通过潜能开发，帮助教育对象获得最大利益的适切性平等，

---

① 黄志成．教育公平：全纳教育的基本理念探析［J］．比较教育研究，2010（9）：53－57．

② 邓猛．融合教育理论指南［M］．北京：北京大学出版社，2017：15．

这是一种高期望值的教育①。在传统的医学–心理学模式下，人们认为残疾人的缺陷多为儿童本身的问题，是由个体的生理、心理缺陷所致。而融合教育是受社会模式影响，认为残疾人的缺陷是由环境的障碍导致的，是社会、政治、文化等因素的结果。因此，融合教育的观点认为残疾人之所以不能很好地融入社会，是受环境的限制性的影响。综上，融合教育的本质是教育公平，表现在受教育权、教育过程和教育结果三个方面。换句话说，对于特殊儿童而言，仅接受普通教育并非融合教育，只有获得了适合他们发展的教育机会才是融合教育的理念体现②。融合教育是在儿童获得受教育权的基础上，加强儿童参与，减少排斥和隔离，合理分配教育资源的过程，它面向全体儿童，为他们提供合适的教育，并强调通过尊重差异和潜能开发，使每一个儿童都获得充分发展。

三、融合教育需要多方参与、合作与支持

融合教育以普通教育为核心推动教育体制改革。因此，融合教育的发展不仅是特殊教育领域的任务，也是全体社会共同发展的重要目标，每一个人都应该积极参与到融合教育活动中。融合教育要求的积极参与，不是对残疾人的同情与施舍，而是基于对人权的承认和尊重，要承认个体之间的差异并尊重与接纳差异。融合教育反映的是一种民主观，从关注学生的个体问题转移到教育中的社会民主问题，其目的是让所有人都能体验平等、民主的教育活动，并使所有人都能为融合教育的推进而努力。每个人都能从融合教育中受益。对于残疾人来说，他们拥有了主动获得平等、民主和自由的机会，能积极参与到社会的发展中，这与过去残疾人为了生存而被迫改变自己去适应社会不同。对于普通儿童来说，他们能从与特殊儿童的相处中认识、理解与尊重个体之间的差异性，在集体合作活动中学会关爱、接纳和包容，最重要的是能提升儿童的责任意识。

融合教育倡导协同育人的机制，通过整合一切可用的教育资源为全体儿童提供专业支持。社会全体人员的支持是融合教育变革的决定因素。换句话说，融合教育强调社会各方参与、合作，主张教师、学生、社区之间建立一个合作关系，构建融合教育支持保障体系，推动融合教育变革。

首先是教师与教师之间的合作与支持。对于普通教师来说，他们大部分都缺乏特殊教育相关专业知识和技能。因此，在实践过程中要加强教师与教师之间的合作与支持。当面对有特殊教育需要儿童时，班主任、学科教师、心理教师、家长、康复治疗师等之间要加强合作，评估儿童的能力水平和需要，并为儿童制订与实施个别化教育计划。其次是学生与学生之间的合作。有特殊教育需要的儿童进入普通班级中后，要训练儿童学会与他人合作，增强其社会适应性，以确保教育效果。除此之外，融合教育还能发展普通儿童的社会认知，培养他们的社会责任意识和增强他们对特殊儿童的接纳与包容能力。再次是家庭、学校与社会之间的合作与支持。融合教育发展是一个系统工程，需要多方主体的共同参与。其中，家庭、学校与社会是融合教育支持保障体系中的重要一环。有效地推进融合教育不仅是政府和学校系统的任务，还需要家庭、社区以及社会大众的支持。最后是地区之

① 马益珍. 论义务教育阶段学生受教育过程的公平问题［D］. 上海：上海师范大学，2005.

② 朱楠，王雁. 全纳教育视角下特殊儿童的教育公平［J］. 中国特殊教育，2011（5）：24－29.

间与国家之间的合作。融合教育是国际化的教育理念，它是世界范围内的所有人的教育。从 1994 年开始，世界各国都在积极开展融合教育实践运动。受各国的政治文化和经济条件差异的影响，各国之间特殊需要教育的情形有很大的差异，开展融合教育的实践效果也不同。在考虑各地区、各国家差异的基础上，政府组织、非政府组织、地区组织、跨地区组织之间应联合起来，开展交流、互助、合作，共同推动融合教育的发展。

四、融合教育以实现社会融合为最终目标

融合教育理念的形成推动了残疾观从医学-心理学模式向社会-教育模式转变，形成了特殊教育回归、融入社会的思潮。在过去，人们对残疾的认识是基于个体本身的身体缺陷，残疾人的社会地位低下，他们被歧视、被忽略，主要是被安置在封闭式的医疗机构或养护机构中。而社会模式下的残疾观认为残疾问题是人权问题，任何歧视都是侵犯残疾人基本人权的表现。同时认为，不健康的社会态度与政策造成了对残疾人的排斥与隔离。

融合教育的最终目标是建立社会融合。但融合教育本身不是行为的结果，而是一段动态的过程，是达成社会融合的手段。社会融合是理想的、美好的，它具有以下三方面特征：第一，它具有多元共存、追求平等的特征。社会融合倡导社会平等，所有社会成员享有平等的权利；倡导求同存异，追求共性但也尊重差异，以多元化的方式去接纳和包容差异，并将其转化为社会发展资源。第二，它具有多元参与、合作的特征。参与与合作是融合教育的基本原则。每个人都互相包容、互相接纳差异，并且能在社会发展中依据个人的特点、专业和优势基础互帮互助，共同实现优质高效发展。第三，它具有使社会成员充分发展的特征。融合教育的接纳与包容重视社会的每一个人都能根据自身的多样性特点和需求获得教育，从而使个体得到充分发展以实现对差异的接纳与尊重。

如何通过融合教育来实现创建社会融合的理想？首先，要转变社会观念，建立人人平等、人人参与的社会，形成接纳、包容和关怀的社会氛围。其次，通过国际宣言、国家政策、国家法律法规等形式为社会融合的建立提供政策保障。最后，融合学校是融合教育实践的主阵地，也是实现社会融合的最有效的途径。因此，社会融合的建立应该以学校教育为改革的主阵地，积极开展融合教育实践活动，推动融合学校的建立。

融合教育不仅是教育领域的改革运动，还是以推进社会结构变革为目标的一个过程。融合教育的研究视角范围广阔，不再局限于特殊教育狭小的范围，它跳出了特殊教育的藩篱，将视野延伸至普通教育甚至整个社会中。融合教育站在社会发展的高度，希望创建一个全新的人文环境，以确保在这个环境中的每个人享有平等的权利，每个人能够被平等地对待和积极参与到社会中。融合教育将社会公平与多元作为核心价值，尊重差异，促进社会各阶层的合作与参与，建立起了一种平等的、开放的、多元化的大视野和大教育观，为融合教育理论与实践多元化的发展带来了更广阔的空间。

第三节 融合教育的本土化实践

自 1994 年世界特殊教育大会后，受融合教育思想的影响，世界范围内掀起了融合教

育实践改革的浪潮。我国在开展本土化融合教育的实践过程中逐渐形成了特殊儿童在普通班级随班就读的教育安置形式。本节将简要阐述融合教育在我国的发展概况。

一、我国融合教育发展的历史

（一）随班就读早期实践

特殊教育专家朴永馨先生指出，我国早在20世纪50年代左右就有零散、自发的残疾人在普通教室中学习的情况出现。1986年9月，《关于实施〈中华人民共和国义务教育法〉若干问题的意见》提出，办学形式要灵活多样，除设特殊教育学校外，还可在普通小学或初中附设特殊教学班。此时随班就读的思想渐显。1987年，国家教育委员会颁布的《关于印发〈全日制弱智学校（班）教学计划（征求意见稿）〉的通知》明确指出，大多数轻度弱智儿童已经进入当地小学随班就读，这是我国第一次在政策文件中明确提出“随班就读”概念。同年，我国开始在全国的15个县、市开展了随班就读实验，探索具有中国特色的特殊儿童回归主流之路。例如：“金钥匙”工程在华东、华北和东北部分农村地区开展了让视障儿童在本村就近进入小学随班就读的试点工作；海伦县也有了聋童、多重残疾儿童在村小就读的实践[①]。随后，1988年和1989年分别颁布的《中国残疾人事业五年工作纲要（1988年—1992年）》和《关于发展特殊教育的若干意见》都提出普通班级要接收肢残、轻度弱智、弱视和重听等残疾儿童随班就读。1994年，国家教育委员会颁布的《关于开展残疾儿童少年随班就读工作的试行办法》提出，残疾儿童少年随班就读有利于残疾儿童少年就近入学，有利于提高残疾儿童少年的入学率，并对随班就读工作的对象、教学、管理等方面进行基本规范。

此后，随班就读以一种正式的身份进入我国教育体系，以追求残疾儿童少年入学的数量作为发展的首要目标，开启了我国融合教育本土化实践的序幕。但从西方融合教育的发展历史看，残疾儿童少年的入学率提升只实现了形式上的融合教育，融合教育的实质与内涵并没有实现，残疾人总体教育质量较低的问题仍没有解决，残疾儿童少年的教育仍是义务教育阶段最薄弱的环节。

（二）本土化融合教育的推进

进入21世纪以后，随班就读逐渐将发展目标转到追求质量上，特殊教育政策向提升质量及构建有效支持保障体系转变。2001年，国务院颁布的《关于“十五”期间进一步推进特殊教育改革和发展的意见》提出大力普及残疾儿童少年义务教育，进一步完善特殊教育体系，深化教学改革，提高特殊教育质量。2003年，教育部颁布的《全国随班就读工作经验交流会议纪要》首次提出应结合我国特殊教育自身情况并参照国际上其他国家融合教育的做法进行融合教育本土化研究。这是我国首次将融合教育与随班就读联系起来并论证了两者之间的关系。此后，从党的十七大提出“关心特殊教育”、党的十八大提出“支持特殊教育”、到党的十九大提出“办好特殊教育”，再到党的二十大提出“特殊教育

---

① 肖非．中国的随班就读：历史・现状・展望［J］．中国特殊教育，2005（3）：3-7.

普惠发展”，国家政策逐渐向发展特殊教育质量倾斜。2010 年《国家中长期教育改革和发展规划纲要（2010—2020 年）》提出要关心和支持特殊教育，完善特殊教育体系，健全特殊教育保障机制，推动了我国特殊教育质量提升改革运动的进程。

在此背景下，《特殊教育提升计划（2014—2016 年）》应运而生，提出了“全面推进全纳教育，使每一个残疾孩子都能接受合适的教育”的目标。这是我国首次从政策角度为随班就读赋予融合教育的含义，建立了财政为主、社会支持、全面覆盖、通畅便利的特殊教育服务保障机制，基本形成政府主导、部门协同、各方参与的特殊教育工作格局，初步体现本土化融合教育特色。2017 年修订的《残疾人教育条例》对特殊儿童接受义务教育进行了详细描述，规定适龄残疾儿童少年能够适应普通学校学习生活、接受普通教育的，依照《中华人民共和国义务教育法》的规定就近到普通学校入学接受义务教育，在法规层面首次明确了融合教育的概念与原则，从理念和制度上凸显了普通学校在融合教育中的重要作用①。《第二期特殊教育提升计划（2017—2020 年）》进一步提出优先采用普通学校随班就读的方式，就近安排适龄残疾儿童少年接受义务教育，进一步加强普特结合，完善以普通学校随班就读为主体、以特殊教育学校为骨干、以送教上门和远程教育为补充的特殊教育发展格局，推动融合教育的特色发展。2020 年，教育部出台《关于加强残疾儿童少年义务教育阶段随班就读工作的指导意见》，文件提出要更加重视关爱残疾学生，坚持科学评估、应随尽随，坚持尊重差异、因材施教，坚持普特融合、提升质量，实现特殊教育公平而有质量的发展，促进残疾儿童少年更好融入社会生活。该文件的出台，是对我国前期开展融合教育实践经验的总结与发展，是从随班就读“数量”向融合教育“质量”迈进的重要保障。同时，该文件也说明了我国融合教育的核心是“随班就读”，这也是我国融合教育对国际融合教育的本土化回应②。

在习近平新时代中国特色社会主义思想的指引下，2021 年 12 月 31 日国务院办公厅转发教育部、民政部等部门《“十四五”特殊教育发展提升行动计划》（简称《行动计划》），要求各地政府加快推进特殊教育高质量发展。《行动计划》进一步落实党的十九大“办好特殊教育”的目标，遵循习近平总书记在全国教育大会提出的中国的教育必须按中国的特点和中国的实际办的重要指示。《行动计划》的颁布对我国融合教育的内涵式发展意义重大，它立足于我国特殊教育发展的整体布局，明确指出我国融合教育发展的“适宜融合”③。

融合教育带有后现代主义哲学中“绝对”、“批判”、“非理性”和“倡导自由”的色彩。因此，融合教育是一个动态化和不断发展的过程，不同国家基于不同的文化、社会背景对融合教育的认识和实践都各有不同。我们要明确的是，中国的融合教育是在自身政治、经济发展的基础上对国际融合教育的本土化回应，其核心是随班就读。新时代背景下，我们理应“扎根”于中国新时代特色，对融合教育的理论生成与实践进行本土化的探

---

① 唐淑芬．关心 支持 办好特殊教育：回顾在党的领导下我国特殊教育事业的发展［J］．中国特殊教育，2021（8）：3-6.

② 邓猛，朱志勇．随班就读与融合教育：中西方特殊教育模式的比较［J］．华中师范大学学报（人文社会科学版），2007（4）：125-129.

③ 张玲，邓猛．新时代我国融合教育发展的本土模式与实践特色：基于《“十四五”特殊教育发展提升行动计划》的解读［J］．残疾人研究，2022（1）：40-47.

索，讲好中国融合教育故事，把握中国融合教育话语体系，探索本土化融合教育模式有效且高质的实践方式。

二、我国融合教育发展的布局

1988 年 11 月，首次全国特殊教育会议提出“逐步形成一定数量的特殊学校为骨干，以大量设置在普通学校的特殊教育班和吸收能够跟班学习的残疾儿童随班就读为主体的残疾儿童少年教育的格局”。进入 21 世纪后，我国特殊教育的发展目标不再局限于数量规模，而是提升质量，随班就读向高质量的本土化融合教育发展。《第二期特殊教育提升计划（2017—2020 年）》指出，我国特殊教育安置体系主要是以普通学校随班就读为主体、以特殊教育学校为骨干、以送教上门和远程教育为补充，全面推进融合教育。该提升计划与 20 世纪 80 年代形成的安置格局对比呈现出两个特点。第一，教育安置的主体由特教班和随班就读两种形式转变为只有随班就读一种形式，并且在政策文本的表述中随班就读为主体的位置提前，说明随班就读是我国融合教育的本土化回应。第二，初步形成了以特教学校为支撑、多元融合发展的特殊教育安置服务体系①。这与西方融合教育的发展截然不同。西方在发展融合教育的过程中经历“去机构化运动”和“正常化教育”，许多特殊教育机构或者学校逐渐消失。而我国的融合教育发展则是形成了具有中国特色的融合教育与特殊教育学校二元并存的安置形式。我国并没有直接“一刀切”地将特殊教育学校取缔，而是将特殊教育学校发展为推动融合教育进程的专业支撑力量，鼓励特殊教育学校改革，积极转型拓展功能，以点带面在实施随班就读的过程中发挥资源中心和指导中心的作用，推动我国随班就读的发展。

从教育层次看，随班就读不仅在义务教育阶段开展，还在非义务教育阶段（包括幼儿园、普通高中、中职学校和高等学校）实施。针对学前教育阶段，普通幼儿园应接收特殊儿童入园，实施学前融合教育。针对中等教育阶段，普通初、高中应对特殊儿童实施合适的义务教育，为特殊儿童升学及就业打下坚实的基础。对于高等教育学校来说，应该招收符合条件的残疾人入学。将随班就读政策由义务教育阶段向两端发展。

三、我国融合教育面临的挑战

（一）融合教育质量有待提升

近几年我国残疾儿童入学率明显提升，但残疾儿童在普通班级就读时因为缺乏关注、资源和支持等，出现教育质量低下的问题。受对残疾人“歧视”与“偏见”的影响，普通学校拒绝残疾儿童、健全学生家长联名抵制残疾儿童入学等事件时有发生。就算特殊儿童能进入普通班级，也是处于“边缘化”的状态，逐渐从“随班就读”演变为“随班就坐”，他们只是坐在班级里，但班级的一切与他们无关，更别说是融入班级了。即使有的普通学校能做到接纳特殊儿童，但维系特殊儿童生存的动力主要来源于老师的爱心、同学的帮助和家长

① 邓猛，赵泓．新时期我国融合教育现状和发展趋势［J］．残疾人研究，2019（1）：12－18.

的人情关系[①]。普通学校没有为特殊儿童调整课程设置和物理环境。特殊儿童在普通班级中没有获得适合其发展的教育机会。因此，我国融合教育发展面临提升质量的巨大挑战。

（二）融合教育地区发展不平衡

我国残疾儿童义务教育的地区发展不均衡，城乡及东中西部发展水平差异显著，目前适龄未入学的残疾儿童少年80%以上分布在中西部农村地区[②]。北京、上海、广州是我国经济较发达的地区，也是特殊教育发展的先行示范城市。这几年，这几所城市都在积极开展融合教育，出台了许多有关融合教育、随班就读的政策文件。例如，北京市在2013年就连续出台《关于进一步加强随班就读工作的意见》《北京市中小学融合教育行动计划》《北京市特殊教育办学条件标准》3个文件，将随班就读向融合教育方向大力推进[③]。但在我国西部一些经济落后地区，近几年才开始关注融合教育、随班就读。如2022年新出台的《广西"十四五"特殊教育发展提升行动计划实施方案》指出，到2025年广西的适龄残疾儿童义务教育入学率达97%以上。从时间进程和随班就读发展的目标两方面看，我国东西部地区、经济发达和经济落后地区的融合教育发展存在不平衡的问题。

（三）融合教育支持体系亟待完善

融合教育支持体系的不完善是我国融合教育发展面临的最大挑战。目前我国关于融合教育的法规政策虽进展明显，但从属于特殊教育范畴，多出现在特殊教育相关的政策文件中，独立性和完整性不明显；而且关于融合教育的政策文件的权威性不强，在我国《教育法》《义务教育法》等立法中均未提到融合教育，关于融合课程、教育教学、支持体系建设等的具体政策仍较缺乏[④]。在教师培养方面，普通学校的资源教师和随班就读教师的资质认证不明确，职责不分，给开展融合教育带来很多困难。普通学校教师本身的工作压力、对于特殊教育专业知识的陌生以及相关培训缺乏实操性，学校内部与教师间的协作的支持不足，融合教育教师和特殊儿童的困难没有得到很好的解决，也导致普通学校教师无法依据儿童的特殊教育需要为其提供合适的个别化教育，影响融合教育的质量。

四、我国融合教育发展的趋势

（一）融合教育法律法规进一步深化

我国特殊教育的法规政策关于融合教育的规定逐渐细致。第一次出现融合教育是在2003年教育部印发的《全国随班就读工作经验交流会议纪要》。此后我国各级各类部门颁发的特殊教育文件开始关注融合教育的发展目标。不过，在现有的政策文件中，融合教育基本上从属于特殊教育范畴，多以一句话或几句话的形式出现在特殊教育政策文件中，融合教育政策文件的完整性和独立性不足，加上我国尚没有专门的特殊教育法或融合教育

---

① 景时．中国式融合教育：随班就读的文化阐释与批判［D］．武汉：华中师范大学，2013.

② 蒲晓磊．办好特殊教育需要特教特办［N］．法制日报，2016-11-22（12）.

③ 徐建姝．聚焦供给侧结构改革，深入推进融合教育发展［J］．现代特殊教育，2016（17）：11-13.

④ 庞文．改革开放以来我国融合教育的演进脉络、经验反思与未来展望［J］．残疾人研究，2020（4）：51-60.

法，在《教育法》《义务教育法》中的条目也未详细提到融合教育，存在权威性和强制性不够、条款不够具体和操作性不强的情况。因此，在今后的特殊教育法律法规中，应更加强调融合教育的核心理念与价值，从立法层面深化融合教育法律法规，并使内容更加具体和具有可操作性。

（二）逐步实现融合教育的“零拒绝”和“全覆盖”

我国在发展融合教育的过程中要逐步形成融合教育“零拒绝、全覆盖”的目标。因此，我国应以法律条文明确规定所有的普通学校不得拒绝接受残疾儿童进入学校就读，实现“零拒绝”的目标。同时，应该将融合教育向两头延伸，实现教育均衡化发展，形成学前融合到高等教育融合一贯制的完整教育体系。同时“全覆盖”要求融合教育的教育对象应覆盖所有类型的儿童，除传统的视力障碍、听力障碍、智力障碍三类特殊儿童外，还应该包括孤独症谱系障碍、语言障碍和学习障碍等儿童。但这需要普通学校进一步进行精英教育改革，在学校文化氛围、物理环境、组织结构和课程教学方面进行调整，丰富融合教育安置形式，提升融合教育质量[①]。另外，“全覆盖”不仅涵盖特殊儿童，还包括普通儿童。融合教育的教育对象是面向全体儿童、实现共赢的过程。因此，我国本土化融合教育在未来发展的过程中也应强调这一点，必须使就读于融合学校的所有儿童都能得到足够的教育资源支持。

知识卡片

零拒绝、全覆盖

“零拒绝、全覆盖”出自我国教育部办公厅联合中国残联办公厅于2017年发布的《关于做好残疾儿童少年义务教育招生入学工作的通知》。自此，“零拒绝、全覆盖”成为我国残疾儿童义务教育的基本要求，也是落实本土化融合教育的要旨。该文件要求各地要按照“零拒绝、全覆盖”的要求，以区县为单位，根据残疾儿童的实际制订教育安置方案，逐一做好适龄残疾儿童少年的入学安置工作。优先安排残疾儿童少年就近或者到指定的具备条件的普通学校接受义务教育，对于学习和生活上需要特别支持的残疾学生，要提供专业支持。对于不能接受普通教育的残疾儿童少年，安置到特殊教育学校入学，没有特教学校的区县由地市教育行政部门统筹。对于需专人护理、不能到校就读的残疾儿童少年，通过提供送教上门或远程教育等方式实施义务教育，并纳入学籍管理。必要时，委托区县残疾人教育专家委员会，对残疾儿童少年适应学校学习生活和教育的能力进行评估，提出入学安置建议。

（三）改革特殊教育学校实现功能转型

2017年修订的《残疾人教育条例》重新调整了特殊教育学校的地位与作用，支持特殊教育学校拓展功能，成为区域的特殊教育资源中心，为区域内特殊教育提供指导和支持

① 牛爽爽，侯雨佳．融合导向的普通学校变革及其路径分析［J］．现代特殊教育，2016（8）：8－12.

服务[①]。换句话说，特殊教育学校可以充当融合教育的资源中心、指导中心、师资培训中心、教育康复中心，具备教学与资源提供双重职能，进一步突出了特殊教育学校的专业性，提高了其在教育体系中的地位。融合教育在本土化的过程中形成具有中国特色的融合教育与特殊教育学校二元并存的安置形式，充分发挥特殊教育学校的作用。特殊教育学校并非只为特殊儿童服务，而是向外拓展功能成为社会层面的特殊教育中心，为普通学校、特殊儿童家庭和其他社会机构提供专业的特殊教育支持。

（四）完善我国融合教育支持保障体系

未来融合教育必定是朝质量提升的方向发展。要解决我国融合教育的质量问题，一方面要通过调整顶层设计的法规政策文件实现，另一方面则要通过构建我国融合教育支持保障体系实现，形成“政府统筹、教育行政部门主导、多机构参与合作”的外部支持系统，有效引导各机构与组织参与到融合教育支持体系中来[②]。首先，主管教育的行政部门应从上到下推动与协助特殊儿童进入普通班级，并给予充足的经费支持。其次，普通学校应支持发展融合教育，接纳特殊儿童进入普通班级就读，调整课程安排，并为其提供合适的个别化教育服务，以及创建具有友爱与归属感的班级文化氛围。最后，普通学校教师应积极参与特殊教育相关培训，与资源教师、特殊教育教师积极沟通交流，协同合作。

（五）健全融合教育教师培养体系

进入 21 世纪以来，我国特殊教育师资培训的力度不断加大，但仍存在较多问题，比如：师范生在入职前、入职后人才培养衔接的脱节，融合教育教师资格认定困难，普通学校教师在职前教育阶段并未系统地学习过特殊教育或融合教育知识，在考核中小学教师资格证中很少包含特殊教育成分，等等。今后我国融合教育发展应不断健全融合教育教师培养体系，培养融合教育的普及型人才和专业化人才。先从法律层面明确提出培养普通教师融合教育素养的要求，然后将融合教育课程纳入教师教育课程标准中，加大从业要求中融合教育素养的力度。在职前教育阶段，高等院校应调整人才培养方案，对接工作岗位要求，合理设置课程，重视实践课程。师范专业中应开设特殊教育、融合教育相关课程并设定为必修课程。在职后教育阶段，应多开展融合教育师资培训，培训内容应结合职业特点，多为普通学校教师提供可操作性强的实践经验培训，并且通过培训将普通学校教师与特殊教育教师联系起来，加强协同与合作。

（六）构建本土化融合教育的理论体系

融合教育是对回归主流的反思和超越，它解构了传统，但没有建构起稳定的思想体系，它强调平等，使用“每个”“必须”“所有”等充满理想主义的语言表达对平等的追求。因此，西方许多国家纷纷取消特殊教育学校、机构，将特殊儿童安置在普通班级中。然而，实践证明现实远比美好的理想残酷——把特殊儿童简单地安置在普通班级就读，导

---

① 王家勤．《残疾人教育条例》的修订：理念创新与制度完善［J］．人权，2018（2）：36－43.

② 李拉．我国随班就读政策演进 30 年：历程、困境与对策［J］．中国特殊教育，2015（10）：16－20.

致学生的学习效果不佳，出现教育质量低下的问题。随之西方开始了融合教育的反思。西方国家是基于实证主义理论范式，通过精密的观察、测量和试验等，来证实或证伪他们关于融合教育的预想或假设。研究融合教育理论的学者李拉认为，我国在政策快速推进的背景下，融合教育理论表露出面对融合教育实践指导的无力感①。加上融合教育的核心理念更多来自西方发达国家，且不断处于实践反思与更新发展中，与我国本土化融合教育实践虽有对接，但存在国情与文化理念差异的冲击。因此，鉴于西方融合教育的发展历程，我国在发展本土化融合教育的过程中结合国情和文化理念，构建本土化融合教育的理论体系具有非常重要的意义，能更有针对性地应对融合教育的实践需求与研究发展。

五、我国港澳台地区融合教育的发展

（一）香港融合教育的发展

香港的融合教育可追溯至 20 世纪 70 年代。当时在国际融合教育潮流的推动下，香港极力推崇发展融合教育，鼓励特殊儿童在普通学校接受教育，政府为特殊教育需要儿童提供各种支援服务，包括建立特别班、提供巡回辅导服务等。香港颁布政策，规定“协助有特殊教育需要的儿童融入主流学校，好让他们能够与同龄儿童一起接受适当的教育”②。1987 年，香港聋童进入普通中小学就读的达 700 多人③。1990 年发表的《教育统筹委员会第四号报告书》，将超常儿童也纳入融合教育范围，拓宽了融合教育接收的对象④。1995 年，香港发表《康复政策及服务白皮书》，致力于让“所有儿童都应有机会充分发展潜能，长大后成为社会上积极而负责任的一员”。1996 年，香港颁布了《残疾歧视条例》，要求所有学校都应该招收残疾学生，并为其提供合适的支持，从此香港推行“全校参与”模式的融合教育。此后一年，香港推行了一项为期两年的“融合教育先导计划”，进一步将特殊儿童从隔离的教育场所转移至融合的教育环境中。该计划响应“全校参与”模式，有 7 所小学及 2 所中学参加，录取了 49 名有特殊教育需要的学生⑤。先导计划于 1999 年结束，随后继续推行“融合教育计划”，参与的学校增至 116 所。

进入 21 世纪后，2001 年，香港平等机会委员会制定了《反歧视条例教育实务守则》，要求普通学校应制定合适的招生程序，可招收学习障碍、智力障碍、自闭症、专注力不足/过度活跃症、肢体伤残、视障、听障及言语障碍等有特殊教育需要的学生，以及要求设计无障碍环境，调整课程设置、教学方法、评估与康复训练，以确保有特殊教育需要儿童的个别化教育需求得以满足。从 2003 年开始，香港教育统筹局在小学试行一项新的资助模式，按照每间学校有特殊教育需要的学生数目和个别学生问题的严重程度，为学校提供学习支持津贴，这使那些录取了少数有特殊教育需要的学生而未能在“融合教育计划”下获

---

① 李拉．融合教育学的建构：融合教育理论研究专题（五）[J]．现代特殊教育，2021（23）：8－12.

② 连明刚．融合教育：理论与实践 [J]．香港特殊教育论坛，2004（1）：63.

③ 袁希树．香港的基础教育 [J]．湖北教育，1998（Z1）：32－33.

④ 余玉珍，尹弘飚．香港融合教育政策下的教师专业发展 [J]．华南师范大学学报（社会科学版），2014（6）：44－49.

⑤ 栾昕畅．从“平等”的概念分析香港融合教育发展中的利与弊 [J]．中国特殊教育，2010（3）：18－22.

得拨款的学校也可获得资助，同时学校被要求采用“全校参与”模式照顾学生的个别差异。截至2021年，香港普通学校（小学和中学）主要招收智障、自闭症、专注力不足/过度活跃症、精神病、特殊学习困难、肢体残疾、视障、听障及言语障碍九大障碍类型的儿童。香港教育局统计资料显示，2016年普通学校招收特殊教育需要儿童42 890人（小学：21 860人，中学：21 030人），2021年招收人数提升至58 890（小学：29 310人，中学：29 580人），增长率为37.3%，由此可知目前香港普通中小学招收特殊儿童的情况已非常普遍[①]。

知识卡片

“全校参与”模式

“全校参与”模式是香港发展融合教育实践的模式，秉持“及早识别”“及早支援”“全校参与”“家校合作”“跨界别协作”等五个基本原则，在文化、政策、措施三方面互相配合下支持普通学校推进融合教育。其中，五个基本原则的基本内涵如下：

（1）及早识别、及早支援：是照顾有特殊需要儿童的基本策略。教育局已设立机制及相关措施，包括建立三层支援模式和提供转衔资源支持，以便学校及早知悉有特殊教育需要学生的情况，从而为他们提供适切的支援。

（2）全校参与：从全校共识、分层支援、课程调适、教学调适、朋辈支援、教师协作、课堂管理、评估调适八个方面推进融合教育发展。

（3）家校合作：搭建家长与学校之间的桥梁，了解彼此在推行融合教育上的角色及责任，并积极加强沟通和合作，让家长知道学生的特殊教育需要、参与制订支援计划、检视学习进展及支援成效，并做出相应的配合。同时，香港教育局编制《全校参与模式融合教育——家长篇》，协助所有家长。

（4）跨界别协作：教育局一直与高等院校、非政府机构及其他政府部门紧密合作，除了共同研发多样化的教学和辅导资源外，也合作推行各项专业培训和试验计划，以及合办不同的推广活动，以持续优化“及早识别”和“及早支援”的机制，促进“全校参与”，强化“家校合作”，以照顾有特殊教育需要的学生。

香港融合教育的发展特色是推行基于儿童个别差异和特殊教育需要的“全校参与”模式。该模式认为即使是同一类特殊教育需要，儿童的支援需要和程度也会不同。普通学校应采用三层支援模式（见图3-2），并根据儿童的不同需要为他们提供合适的支援。第一层次是针对障碍程度最轻的儿童，通过“及早识别”和“优化课堂教学”来满足其学习和适应需要；第二层次针对中等障碍程度的儿童，教师基于普通班级教学为其提供额外的学习支援，例如小组合作、课后辅导和抽离式辅导等；第三层次主要为障碍程度较为严重的儿童制订个别化教育计划，提供个别化教育服务[②]。普通学校成立支援组，负责计划、执

---

① 参见香港特别行政区政府教育局网站发布的融合教育统计资料。

② 黄汝倩．港澳台地区融合教育发展及课程政策比较［J］．现代特殊教育，2021（19）：76-79.

行为有特殊教育需要的儿童安排支援服务，根据儿童的评估资料和家长意见决定其所在的层次，并调整课程、教学和评价方式。三层支援模式是流动的，层次会根据学生的发展情况及时进行调整[①]。

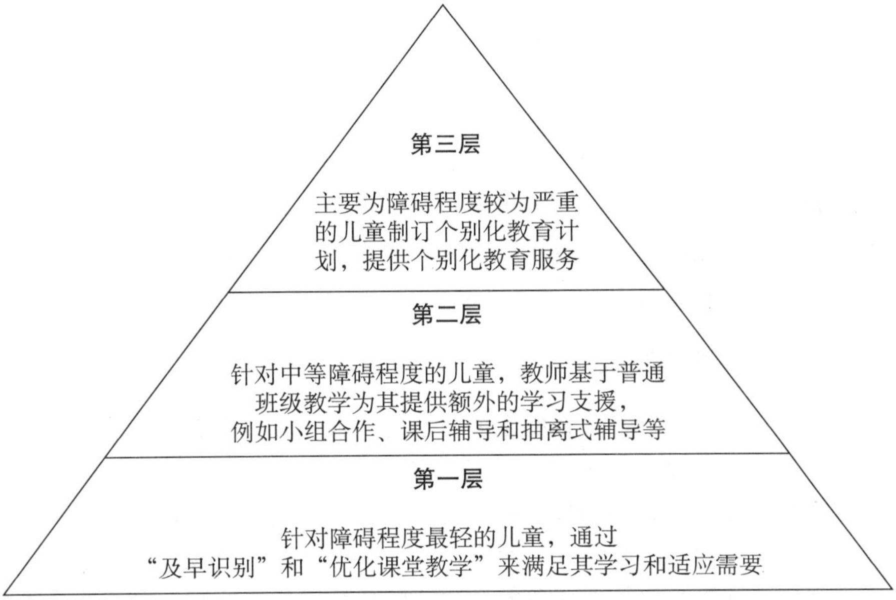

图 3-2　香港“全校参与”三层支援模式

（二）澳门融合教育的发展

1991 年，澳门开始在各公立学校实施融合教育，将“特殊教育”纳入澳门教育体系，明确规定，特殊教育通过适合该类人士的特殊能力的教学方法或通过特殊教育机构或设在正规学校内的特别计划而展开，从而在可能的范围内，促使有特殊需要的学生能在教育及工作上融入社会[②]。从 1991 年起，澳门政府每年都会给予经费支持发展融合教育。2002—2003 年，教育暨青年局提供 800 多万元的特殊教育津贴协助有特殊需要的学生融入普通学校[③]。澳门教育发展与其他地区不同的是，基础教育在发展过程中逐渐形成了以私立学校为主、公立学校为辅的格局。因此，澳门政府认为融合教育的实践场所不能局限在公立学校，应延伸至私立学校。在此背景下澳门教育暨青年局通过“融合教育资助计划”以经费资助的方式鼓励私立学校参与融合教育，每位融合学生除可获得免费的教育津贴外，还可获得两倍的额外资助。除了经费资助外，澳门教育暨青年局还为私立学校提供专业技术支持，会定期派人员到校与教师共同商讨融合生的个别化教育需要并制定相应的辅助措施，会提供教学策略、辅导策略及环境改造等相关建议；此外，也邀请家长共同参与个别教育计划制订会议，听取彼此的意见，促进家庭与学校间的伙伴关系；还通过与高等院校合作以校本培训的形式，开办融合教育课程并定期组织参访融合教育实践情况。自“融合教育

---

① 全校参与模式融合教育运作指南［EB/OL］. https：//www. edb. gov. hk/sc/index. html.

② 雷江华. 融合教育导论：第 2 版［M］. 北京：北京大学出版社，2017：62.

③ 汪斯斯，雷江华. 澳门的融合教育及启示［J］. 现代特殊教育，2009（5）：40-41.

资助计划”实施以来，参与的私立学校不断增加，2014—2015 年参与融合教育的私立学校达到 29 所，受资助的融合生也增至 806 人①。截至 2021 年，澳门共有 77 所学校，其中公立学校 10 所，私立学校 67 所。10 所普通学校都提供融合教育；私立学校中有 3 所特殊教育学校，剩余的 64 所私立普通学校中有 34 所提供融合教育②。2022—2023 年《融合教育资助计划》显示，经费用作资源教师以及为融合生提供辅助服务的教学人员及其他专业人员或辅助人员之薪酬、津贴或费用。

由上述可知，澳门融合教育在发展过程中呈现以下特点：(1) 非常重视融合教育的经费和技术支援，每年都会通过“融合教育资助计划”鼓励各阶段教育机构开展融合教育。(2) 基于澳门基础教育的格局，以公立学校作为发展融合教育的开端，后期鼓励私立学校加入融合教育队伍，以期望融合教育辐射更多的儿童。(3) 重视并通过立法推进融合教育的发展。(4) 重视家长和教师培训。

（三）台湾融合教育的发展

我国台湾地区非常重视融合教育的发展。台湾的融合教育安置形式包括普通学校自足式特殊教育班、分散式资源班、巡回辅导班、在普通班接受特殊教育服务等多种类型。目前，台湾已建成从学前教育到高等教育的融合教育体系。其中，学前融合教育的教育安置场所包括医院、家庭、幼儿园和特殊教育学校等，义务教育阶段和高中阶段的教育安置场所为普通中小学与特殊教育学校，高等教育阶段的教育安置场所则全部在普通高校进行③。台湾通过建立起融合教育运行保障机制确保融合教育的实施，主要包括建立完备的特教制度体系、专业的特教师资队伍、多元化的教育安置形式、无障碍的物理及人文环境、普教与特教相互接轨的课程。台湾的融合教育以出台融合教育的相关规定为助力，以创建相互接纳、欣赏、尊重和平等的社会为基础，坚持教育机会、教育过程及教育结果的公平，注重为特殊儿童提供适当的教育④。

本章内容主要就融合教育的历史发展、基本理念和本土化实践等方面进行介绍与分析。融合教育的发展主要源于美国人权运动的推动，经历了从特殊教育的“正常化”到“回归主流”的思想转变，再到“融合教育”的理念提升。我国随班就读作为融合教育的一种本土化回应，经历以“数量”为目标的随班就读早期实践再到以“质量”为目标的提升阶段，初步形成以随班就读为主体、特殊教育学校为骨干的格局。我国融合教育将朝着以下趋势发展：融合教育法律法规进一步深化、逐步实现融合教育的“零拒绝”和“全覆盖”、特殊教育学校改革实现功能转型、完善我国融合教育支持保障体系、健全融合教育教师培养体系、构建本土化融合教育的理论体系。我国港澳台地区的融合教育受到西方融合教育思潮的影响，表现出了结合各自地域特色的不同发展路径。

---

① 政府希望更多学校参与融合教育［EB/OL］. https：//www.gov.mo/zh-hans/news/117529/.

② 非高等教育统计［EB/OL］. https：//portal.dsedj.gov.mo/webdsejspace/internet/Inter_main_page.jsp?id=8525.

③ 郭又方，林坤灿，曾米岚．台湾融合教育的实施与展望［J］. 东华特教，2016（12）：1-9.

④ 陈红．我国台湾地区融合教育的发展与启示［J］. 现代特殊教育，2018（16）：32-37.

本章思考题

1. 融合教育的基本理念有哪些？
2. “瀑布式特殊教育服务体系”包含哪些教育安置形式？
3. 我国融合教育发展经过哪些阶段？
4. 我国融合教育发展面临的挑战有哪些？
5. 我国融合教育发展的趋势有哪些？

第四章 特殊教育的政策法规

学习目标：

1. 了解特殊教育政策法规的概念及表现形式；
2. 掌握我国特殊教育政策法规的发展历程；
3. 了解西方特殊教育政策法规的概况。

2016 年，《人民日报》发表《四问特殊教育："如何呵护折翼的天使"》的报道，文中描述了如下场景：3 月 28 日，四川成都一小学门前，43 名家长联名"上书"校长"请学校劝退 5 年级 2 班的学生强强"。原来，强强患有轻度智力障碍和混合型多动症，经常影响其他同学学习。报道指出特殊孩子在普通学校上好学，并不容易。此外，现实中还存在着很多残疾孩子根本没机会进入学校的情况。残疾人事业的发展反映着人类社会的进步，特殊教育的政策法规既是特殊教育理论实践关照方向的指引，也是特殊儿童权利的保障，是促进特殊教育事业发展的有效手段。

从国际方面看，1994 年，联合国教科文组织通过了《萨拉曼卡宣言》《特殊需要教育行动纲领》两份文件，声明"每个儿童都有受教育的基本权利，必须获得可达到的并保持可接受的学习水平之机会"，"有特殊教育需要的儿童必须有机会进入普通学校，而这些学校应以一种能满足其特殊需要的儿童中心教育学思想接纳他们"。2006 年，联合国大会通过《残疾人权利公约》，规定缔约国应当确保在各级教育实行融合教育制度和终身学习。特殊教育政策是国家管理特殊教育事业的重要依据，也是特殊教育工作的出发点和落脚点，服务于国家某一特定历史阶段的工作任务和发展需要，成为各国特殊教育决策的重要组成部分，也是衡量一个国家特殊教育发展的重要尺度。各国特殊教育的政策与法规有赖于关心儿童教育事业人员的思想及实践的推动，其制定及执行与社会、经济、政治、文化观念等紧密关联，它在时代变革的思潮中应运而生，又在现实的控诉及裁决中逐渐建构。世界各国的特殊教育发展进程各不相同，但从其发展的历史看，特殊教育政策法规是特殊教育发展的强大助推剂。本章主要对特殊教育政策法规的概念及表现形式、我国及西方特殊教育政策法规进行介绍。

第一节 特殊教育政策法规概述

一、特殊教育政策法规的概念

政策是在某一特定时期，国家机关、政党或其他政治团体为了实现或服务于政治、经济、文化目标而采取的政治行为或规定的行为准则。它是一系列谋略、法令、措施、办法、条例等的总称[①]。政策是在特定历史背景下形成的，为实现或服务于特定历史时期的路线和任务目标而制定的，具有特定性和时效性。教育政策是国家为实现一定历史时期的教育发展目标和任务而制定的关于教育的行动准则。特殊教育政策则是一个国家为实现一定历史阶段的特殊教育任务而制定的关于特殊教育事业的行动准则，是一定历史阶段特殊教育理论的体现。它由国家制定，是一定历史阶段的产物，决定着国家在某一历史阶段特殊教育方面的工作方向和措施。不同国家在不同历史时期有不同的特殊教育政策[②]。

特殊教育立法是指特定的国家机关在其法定的权限范围内，依照法定的程序，制定、修改和废止有关教育的规范性法律文件的活动[③]。从全球特殊教育发展的趋势与人权发展的角度看，通过立法实施特殊教育已成为特殊教育的一个重要组成部分，并成为衡量一个国家残疾人是否享受平等人权的基本尺度。多数国家都通过国家最高立法机关制定具有强制性的特殊教育专门法律，少数没有专门法的国家则在相关的教育或反歧视法律中对特殊教育进行专门的、详细的规定[④]。

法规即国家制定或认可，并以由国家以强制力保证其实施的行为规则，是国家、政党、各级政治权力机关和社会政治团体制定的规范性文件的总称。在我国，主要包括国务院、地方人大及其常务委员会、民族自治机关等制定的规范性文件，也包括各级政府及其职能部门制定的各种规章。教育法规，即关于教育方面的法律、法令、条例、规章等规范性文件的总称，是对人们的教育行为具有法律约束力的行为规则的总和[⑤]。

二、特殊教育政策法规的表现形式

政策通常以决议、决定、纲要、通知、意见等形式出现，其表述形式多种多样。与特殊教育相关的决议、决定、纲要、通知、意见等构成特殊教育政策的总和。依据性质和制定者的不同，法规的层级与类型大致可划分为宪法、法律、行政法规、地方性法规、自治法规、行政规章、国际条约等。

西方各国立法机关通过立法程序颁布了各类残疾人相关法律，如美国国会 1975 年颁布的《所有残疾儿童教育法》、英国议会 1981 年颁布的《1981 年教育改革法》等。此外，

---

① 陈振明．政策科学：公共政策分析导论：第 2 版［M］．北京：中国人民大学出版社，2015：44－45.

② 蒋云尔．教育管理学［M］．南京：南京师范大学出版社，2007：136.

③ 吴志宏．教育政策与教育法规［M］．上海：华东师范大学出版社，2003：183－184.

④ 邓猛，周洪宇．关于制定《特殊教育法》的倡议［J］．中国特殊教育，2007（7）：3－6.

⑤ 李晓燕．教育法学［M］．北京：高等教育出版社，2006：29.

各级行政机关也制定并颁布了各项制度与规章，如美国教育部 2005 年公布的《新特殊教育实施指南》、英国教育与技能部 2001 年颁布的《特殊教育需要实施准则》等。

我国教育法规纵向体系可分为从高到低的五个层级（见表 4 - 1）。

表 4 - 1　中国教育法规的层级

层级	形式		制定机关
	宪法中关于教育的条款		全国人民代表大会
第一层次	教育基本法律		全国人民代表大会
第二层次	教育单行法律		全国人民代表大会或常务委员会
第三层次	教育行政法规		国务院或其他办公厅
第四层次	地方性教育法规		省、自治区、直辖市人大或其常委会
第五层次	教育规章	国家部委教育规章	教育部及其他国家部委
		地方政府教育规章	省、直辖市、自治区人民政府及其职能部门

依据调整对象的不同，教育法规横向体系可划分为教育基本法、基础教育法、职业教育法、高等教育法、教师法、经费投入法等。

我国特殊教育现有的法规体系已具备基本的层级，具体如下：

（一）宪法中关于特殊教育的条款

《中华人民共和国宪法》是教育法规的最高层次，是国家的根本大法，其中有关教育的条款是我国教育立法的根本依据。《中华人民共和国宪法》第 45 条规定，国家和社会帮助安排盲、聋、哑和其他有残疾的公民的劳动、生活和教育。

（二）教育基本法律中关于特殊教育的条款

教育基本法是调整教育内部、外部相互关系的基本法律准则，对整个教育全局起宏观调控作用。《中华人民共和国教育法》第 39 条规定：国家、社会、学校及其他教育机构应当根据残疾人身心特性和需要实施教育，并为其提供帮助和便利。

（三）教育单行法律中关于特殊教育的条款

教育单行法律，也称教育部门法，是规定教育领域某一方面具体问题的规范性文件。如《中华人民共和国义务教育法》《中华人民共和国教师法》《中华人民共和国职业教育法》《中华人民共和国高等教育法》等。《中华人民共和国义务教育法》第 19 条规定，县级以上地方人民政府根据需要设置相应的实施特殊教育的学校（班），对视力残疾、听力语言残疾和智力残疾的适龄儿童、少年实施义务教育。特殊教育学校（班）应当具备适应残疾儿童、少年学习、康复、生活特点的场所和设施。普通学校应当接收具有接受普通教育能力的残疾适龄儿童、少年随班就读，并为其学习、康复提供帮助。

（四）教育行政法规

教育行政法规一般是关于教育行政管理的规范性文件，名称通常为条例、规定、办法、实施细则。如国务院发布的《残疾人教育条例》。

（五）地方性教育法规和教育规章

地方性教育法规在本行政区域内有效，其效力低于宪法、教育基本法律、教育单行法律和教育行政法规。名称通常为条例、办法、规定、规则、实施细则等。例如，北京市人民政府于 2013 年颁布《北京市中小学融合教育行动计划》，旨在加快北京特殊教育事业发展，推进北京基本公共教育服务均等化，促进和谐社会首善之区建设。又如，2017 年湖南省人大通过了《湖南省实施〈中华人民共和国残疾人保障法〉办法》，至此 31 个省（自治区、直辖市）出台了《残疾人保障法》配套法规①。

教育规章又称教育行政规章，包括部门教育规章和地方性教育规章，是由中央和地方有关国家行政机关依照法定权限和程序制定颁布的有关教育的规范性文件。如 1998 年教育部发布的《特殊教育学校暂行规程》，2010 年教育部发布的《义务教育阶段盲校教学与医疗康复仪器设备配备标准》《义务教育阶段聋校教学与医疗康复仪器设备配备标准》《义务教育阶段培智学校教学与医疗康复仪器设备配备标准》三个教育行业标准的通知等。

第二节　中国特殊教育政策法规

我国特殊教育始于向西方国家的学习，并逐步走向本土化。从新中国成立前、新中国成立至改革开放前、改革开放以来三个时期梳理我国特殊教育政策法规，可以发现我国特殊教育政策法规的建构过程是残疾儿童需求逐渐被关注、特殊教育地位逐渐被重视的过程。在特殊教育政策法规的发展过程中，特殊教育实现从依附到独立、从零散到成体系，特殊教育范围逐渐扩大，特殊教育的形式逐渐明确，特殊教育的内容及规定逐渐细化，特殊教育的保障逐渐完善。

一、新中国成立前的特殊教育政策法规

新中国成立前，我国特殊教育学校以私人创办居多，特殊教育基本是慈善、救济属性的，发展相当缓慢。从 1874 年英国传教士穆·威廉在北京开办的我国第一所特殊教育学校“瞽叟通文馆”，到 1912 年中华民国临时政府成立，我国的特殊教育主要是教会办学。1912—1949 年，受时局的影响，特殊教育整体发展缓慢，但不可否认的是这一时期对特殊教育的改革和发展做出了初步规划，对特殊教育体系展开了探索和尝试。

1851—1864 年，中国近代史上发生了震惊中外的太平天国运动。洪仁玕获封“干王”，总理朝政，在其施政纲领《资政新篇》中提出“兴跛盲聋哑院，有财者自携资斧，无财者善人乐助，请长教以鼓乐书数杂技，不致为废人也”，对特殊教育的对象、主体、内容做了提议。虽然太平天国运动失败了，兴办特殊教育的主张未能实现，但这是中国政

---

① 赵小红．地方残疾儿童学前教育立法的问题与对策：基于部分省份学前教育条例的分析［J］．中国特殊教育，2018（7）：26－30．

治家首次把兴办特殊教育纳入施政纲领，是近代国人思考特殊教育的肇始之作。

民国时期的宪法规定“国民享有平等的受教育的权利，全体国民接受教育的机会一律平等，所有学龄儿童要一律接受基本教育”。这一规定为特殊儿童接受教育提供了法律依据①。中华民国临时政府于1912年颁布了《小学校令》，对特殊学校的办学主体、学校设置、儿童入学等做了规定，其中第九条规定“盲哑学校由城镇乡设立，经费负担依法律之规定，由学务委员会管理，凡私立盲哑学校之设置需经行政长官许可，其废止及变更亦同”②。这是我国最早对建立特殊教育学校的条件做出的法律性规定，也是我国参与特殊教育管理的开端，特殊教育第一次出现在近代法令中。1916年公布的《国民学校令施行细则》提出，盲哑学校校长、教员的任用、俸额、惩戒等事项均要依国民学校的教员的规定，将特殊学校的组织和管理纳入国民学校体系。同年，对《国民学校令》进行修正，提出“学龄儿童如以疯癫、白痴或残废不能就学者，区董事报经县知事认可后得免除其父母或监护人之义务”。在学制管理上，1922年公布的《学校系统改革令》规定“注重天才教育，得变通年期及教程，使优异之智能尽量发展；对于精神上或身体上缺陷者应施以相当之特种教育”，扩大了特殊教育对象的范围，对特殊教育的目的做了明确表述，特殊教育地位在学制中得到确立。南京国民政府成立后颁布了指导特殊儿童有计划接受义务教育的相关法令文件，如1935年颁布的《实施义务教育暂行办法大纲》《实施义务教育暂行办法大纲施行细则》、1937年的《学龄儿童强迫入学暂行办法》，对义务教育的年限、实施、入学等做了规划和要求。

新中国成立前，由于各种原因，中国的特殊教育发展相当缓慢，这一时期也没有出现专门的特殊教育法规。特殊教育被纳入国民学校体系，关注点主要集中在盲哑学校的设置以及义务教育阶段特殊儿童的入学。

二、新中国成立至改革开放前的特殊教育政策法规

新中国成立后，特殊教育的规范性文件相继颁布，内容涉及特殊教育的对象、目标、学制、管理等。其中，教育部针对盲童和聋哑特殊教育颁布过许多决定、通知及指示，内容涉及学校管理、教学工作等方面，这些文件的制定和颁发，保证了特殊教育学校教学工作的健康发展，使新中国的特殊教育逐渐走上科学化、规范化的道路。

1951年10月，中央人民政府颁发《关于改革学制的决定》，规定各级人民政府应设立聋哑、盲目等特殊学校，对生理上有缺陷的儿童、青年和成人，施以教育，明确将特殊教育纳入我国国民教育体系。从决定的颁布到“文化大革命”结束，我国特殊教育的对象主要是聋哑和盲童。

1956年11月，教育部颁布《关于盲童学校、聋哑学校经费问题的通知》。对特殊学校经费的开支标准做出了规定。1957年4月发布《办好盲童学校、聋哑学校的几点指示》，提出了盲校、聋校的工作任务和主要工作，规定我国盲童学校、聋哑学校的基本任务是培养盲童和聋哑儿童具有一定的文化科学知识，掌握一定的职业劳动技能，并具有共产主义

---

① 殷竣晓．民国时期特殊教育政策的历史演进研究［D］．长春：东北师范大学，2019：28.

② 朴永馨．特殊教育学［M］．福州：福建教育出版社，1995：40－41.

的道德和品质，使他们成为积极的自觉的社会主义建设者和保卫者。这一阐述是党的教育方针在特殊教育领域贯彻执行的具体体现，明确了特殊教育的性质。

1955—1957 年，教育部先后发布了三个教学计划：1955 年 9 月发布《1955 年小学教学计划在盲童学校中如何变通执行的指示》、1956 年 6 月发布《关于聋哑学校使用手势教学的班级的学制和教学计划问题的指示》、1957 年 4 月发布《关于聋哑学校口语教学计划（草案）的通知》。此外，1955 年 9 月，教育部通过上海市教育局转告上海盲童学校试行《盲童学校教学计划（草案）》。1960 年和 1961 年，还拟定过盲童学校和聋哑学校教学计划的修订初稿，但未正式颁行。

就特殊教育整体而言，虽然这一时期的特殊教育体系不够完善，但特殊教育越来越受到重视，成为新中国教育体系的组成部分，特殊教育的办学及教学受到关注，特殊教育的地位及教育属性得到确立，这些对特殊教育的发展起到了积极的推动作用。

三、改革开放以来的特殊教育政策法规

1978 年以来，我国特殊教育经历了复苏、规范、发展、完善四个阶段。特殊教育步入了依法治教的轨道，在法规建设完善的历程中，逐渐形成了独立的、完善的特殊教育法规体系。

（一）特殊教育政策法规的复苏阶段（1978—1988 年）

1978 年党的十一届三中全会以后，我国关于特殊教育的政策法规频频出台。1978—1988 年，我国颁布了有关特殊教育义务教育的重要法律法规，特殊教育正式纳入国家根本大法，立法内容涉及残疾儿童少年义务教育的各个方面，残疾儿童少年受教育的权利得到法律的保障。

1982 年 12 月，全国人大通过的《中华人民共和国宪法》规定，国家和社会帮助安排盲、聋、哑和其他有残疾的公民的劳动、生活和教育。尽管《宪法》对由哪些具体的组织或机构来承担特殊教育的义务没有进行明确的规定，但将特殊教育纳入国家根本大法是空前的，体现了我国对于残疾人社会生活与教育的重视，是特殊教育得到政府支持与保障的强有力证明。

1985 年 5 月，中共中央通过了《关于教育体制改革的决定》，规定“在实行九年义务教育的同时，还要努力发展幼儿教育，发展盲、聋、哑、残人和弱智儿童的特殊教育”。《决定》是对《宪法》的进一步落实和补充，开启了我国特殊教育体制改革的篇章。

1986 年 4 月，全国人大通过了《中华人民共和国义务教育法》，其中第四条规定：“国家、社会、学校和家庭依法保障适龄儿童、少年接受义务教育的权利。”第五条规定：“凡年满六周岁的儿童，不分性别、民族、种族，应当入学接受规定年限的义务教育。”第九条规定：“地方各级人民政府对盲、聋哑和弱智儿童、少年举办特殊教育学校（班）。”《义务教育法》明确了人民政府举办特殊教育的责任、特殊教育的对象以及特殊教育的形式。

1987 年 12 月，《关于印发〈全日制弱智学校（班）教学计划（征求意见稿）〉的通知》提到，在普及初等教育的过程中，大多数轻度弱智儿童已经进入当地普通小学随班就读，这种形式有利于弱智儿童与正常儿童交往，是那些尚未建立弱智学校（班）的地区特别是

农村地区解决轻度弱智儿童入学问题的可行办法。这是首次在国家文件中出现“随班就读”一词①。1988年由国家计划委员会等多个部门颁布的《中国残疾人事业五年工作纲要(1988年—1992年)》提出，普通学校和幼儿园应附设特教班及普通班，让残疾儿童（肢残、轻度弱智、弱视和重听）能够随班就读②，促进了随班就读的展开。

特殊教育纳入《宪法》和《义务教育法》，为我国特殊教育法治化奠定了扎实的基础，《义务教育法》的规定结束了残疾儿童少年教育长期以来“无人管”的状态，以盲、聋哑、弱智儿童为主的残疾儿童少年接受义务教育的权利从此得到了法律的明确保障③。随班就读的提出，为其以正式身份进入特殊教育实践埋下了伏笔。

（二）特殊教育政策法规的规范阶段（1989—2000年）

1988年，我国启动了残疾人教育事业发展五年规划。11月，全国首次特殊教育工作会议在北京召开，这是中华人民共和国成立后首次专门研究和部署残疾人教育发展问题的全国性会议。会议交流了各地开展特殊教育的经验，提出了适合中国具体情况的一定时期内发展特殊教育的基本方针，即逐步形成一定数量的特殊学校为骨干，以大量设置在普通学校的特殊教育班和吸收能够跟班学习的残疾儿童随班就读为主体的残疾儿童少年教育的格局。1989—2000年是我国特殊教育政策法规的规范时期，这一时期我国特殊教育事业的发展取得了显著成就，教育教学改革进一步深化，初步探索出一条具有中国特色的特殊教育发展途径，形成了特殊教育体系的基本框架，为今后的改革和发展奠定了基础。

1989年5月，国务院转发《关于发展特殊教育的若干意见》，指出我国特殊教育，特别是残疾少年儿童教育成为普及初等教育最薄弱的环节，要加快特殊教育的发展步伐，进一步提高包括残疾人在内的全民素质。内容涉及特殊教育的方针与政策、目标与任务、领导与管理，明确提出“把残疾少年儿童教育切实纳入普及义务教育的工作轨道。各级教育部门要把残疾少年儿童教育同当地实施义务教育工作统一规划，统一领导，统一部署，统一检查。要将残疾少年儿童教育发展规划执行情况作为检查、验收普及初等教育的内容之一”。这是对我国特殊教育做出的专门独立规定，确立了普及与提高相结合，以普及为重点的特殊教育发展原则，提出了在普通学校附设特教班和残疾儿童在普通班级随班就读的新形式。将特殊教育纳入教育发展规划，入学率从此成为特殊教育的首要目标，随班就读从此成为特殊教育的主要途径，对我国特殊教育事业产生了巨大的影响。

1990年12月，全国人大通过《中华人民共和国残疾人保障法》，目的是维护残疾人的合法权益，发展残疾人事业，保障残疾人平等充分参与社会生活、共享社会物质文化成果。提出了残疾人的界定和类型，明确“各级人民政府应当将残疾人事业纳入国民经济和社会发展计划”。《残疾人保障法》共九章，内容涉及残疾人的康复、教育、劳动就业、文化生活、福利、环境、法律责任，提出了国家、社会、学校、家庭等方面保障残疾人受教育权利的责任和要求。该法是我国在社会法领域通过的第一部残疾人专门法律，在我国残疾人事业发展史上具有划时代的意义。

---

① 李拉．我国随班就读政策演进30年：历程、困境与对策［J］．中国特殊教育，2015（10）：16－20．

② 中国20世纪通鉴编辑委员会．中国20世纪通鉴：1981—2000年［M］．北京：线装书局，2002：565．

③ 邓猛，颜廷睿．特殊教育原理［M］．北京：高等教育出版社，2022：125．

1994 年 7 月，国家教委颁布《关于开展残疾儿童少年随班就读工作的试行办法》，总结了我国随班就读近十年的经验与教训，对随班就读工作的对象、入学、教学、师资培训、家长工作、教育管理等方面进行了规定，并明确指出，“开展残疾儿童少年随班就读工作，是发展和普及我国残疾儿童少年义务教育的一个主要办学形式，是建立适合我国国情的残疾儿童少年义务教育新格局的需要。实践证明，这是对残疾儿童少年进行义务教育的行之有效的途径”。

1994 年 8 月，国务院发布《残疾人教育条例》，提出幼儿教育机构、各级各类学校及其他教育机构应当依照国家有关法律、法规的规定，实施残疾人教育，对学前教育、义务教育、职业教育、普通高级中等以上教育及成人教育的实施做了明确的规定，包含对从事残疾人教育教师的培养、培训、地位待遇、资格、要求等内容，确立了资格证书制度。这是我国第一部有关残疾人教育的专项行政法规，它的出台改变了以往特殊教育法律法规嵌套于普通教育法的局面①。

除此之外，教育部还颁布和实施了一系列有关特殊教育学校教学、管理、教学仪器、学校建设、师资培训等多方面的专题性规章，例如：《全日制盲校课程计划（试行）》《全日制聋校课程计划（试行）》《全日制弱智学校（班）课程计划（试行）》《中度智力残疾学生教育训练纲要（试行）》《特殊教育学校暂行规程》《全日制盲校教学仪器配备目录（试行草案）》《全日制聋校教学仪器配备目录（试行草案）》《全日制弱智学校教学仪器配备目录（试行草案）》《特殊教育学校建设标准（试行）》《特殊教育学校建设标准（试行）条文说明》《中等特殊教育师范学校计划（试行）》《高等师范院校特殊教育专业教学计划（草案）》②，为规范特殊教育学校的管理提供了依据。

这一时期的特殊教育政策法规主要围绕保障、落实残疾儿童少年接受义务教育这一中心问题进行了专门规定，对推进特殊教育的普及和提升发挥了重要作用。第一次全国特殊教育工作会议将残疾儿童随班就读正式规定为发展特殊教育的一项政策，此后，随班就读以正式身份进入特殊教育实践的轨道③。残疾人事业纳入国民经济和社会发展计划的明确，为规范特殊教育支持体系奠定了基础。

（三）特殊教育政策法规的发展阶段（2001—2011 年）

进入 21 世纪，残疾人事业得到充分关注和政策支持，残疾教育事业发展进入新的历史阶段。2001—2011 年是我国特殊教育政策法规的发展时期，特殊教育体系进一步完善，特殊教育纳入国家教育整体规划，具有中国特色的特殊教育政策法规体系初步形成，残疾人社会生活与教育各个方面都有法可依、有章可循。

2001 年 3 月，全国人大通过《中华人民共和国国民经济和社会发展第十个五年计划纲要》提出加快教育发展、提高全民素质。4 月，国务院颁发《中国残疾人事业“十五”计划纲要（2001 年—2005 年）》，明确了“十五”期间我国残疾人事业发展的主要目标和任务，并提出了相应措施。5 月，国务院发布《关于基础教育改革与发展的决定》，提出大

---

① 庞文，于婷婷．我国特殊教育法律体系的现状与发展［J］．教育发展研究，2012（4）：80－84．

② 邓猛，颜廷睿．特殊教育原理［M］．北京：高等教育出版社，2022：126．

③ 李拉．我国随班就读政策演进 30 年：历程、困境与对策［J］．中国特殊教育，2015（10）：16－20．

力推进基础教育的改革和健康发展。11 月，国家多个部门相继出台了《关于“十五”期间进一步推进特殊教育改革和发展的意见》，提出大力普及残疾儿童少年义务教育，进一步完善特殊教育体系，努力满足残疾人的教育需要；深化教学改革，全面推进素质教育，提高特殊教育的质量；进一步加强特殊教育师资队伍建设，不断提高教师素质；切实加强领导，采取有力措施，推动特殊教育事业的发展。特殊教育政策法规建设稳步推进。

2003 年 2 月，教育部基础教育司、中国残疾人联合会教育就业部门发出《关于印发〈全国随班就读工作经验交流会议纪要〉的通知》，指出残疾儿童少年在普通学校随班就读是今后发展残疾儿童少年义务教育的主要形式和特殊教育的重点工作，首次指出随班就读是我国基础教育工作者特别是特殊教育工作者参照国际上其他国家融合教育的做法，并结合我国特殊教育实际情况所进行的一种教育创新。随班就读的本土性、原创性首次在文件中得以明确①。

2006 年，《少数民族教育和特殊教育中央补助专项资金管理办法》颁布，中央专门设立专项资金以补充中西部地区特殊儿童教育经费。这是促进中西部地区特殊教育发展、协调特殊教育区域平衡发展的举措。

2007 年 2 月，教育部印发《盲校义务教育课程设置实验方案》、《聋校义务教育课程设置实验方案》和《培智学校义务教育课程设置实验方案》，提出各盲、聋、培智学校应根据新课程设置实验方案，改进教育教学工作，为规范特殊教育学校义务教育阶段的课程设置及教育教学提供了依据。

2008 年 3 月，《中共中央国务院关于促进残疾人事业发展的意见》要求完善促进残疾人事业发展的法律法规和政策措施，健全残疾人社会保障制度，加强残疾人服务体系建设，营造残疾人平等参与的社会环境，缩小残疾人生活状况与社会平均水平的差距，实现残疾人事业与经济社会协调发展，努力使残疾人同全国人民一道向着更高水平的小康社会迈进。此外，要求“逐步解决重度肢体残疾、重度智力残疾、失明、失聪、脑瘫、孤独症等残疾儿童少年的教育问题”，更多类型残疾儿童的义务教育得到重视②。

2009 年 4 月，国务院新闻办公室发布《国家人权行动计划（2009—2010 年）》，指出要“大力发展残疾人事业，加强残疾人社会保障和服务体系建设，保障残疾人的合法权益”。这不仅是我国第一次制定的以人权为主题的国家规划，还特别提出了要保障残疾人的权利。该计划的颁布，进一步体现了我国在发展残疾人事业上所给予的充分关注与政策上的倾斜。

2009 年 5 月，国务院颁布《关于进一步加快特殊教育事业发展的意见》，就全面提高残疾儿童少年义务教育普及水平，不断完善残疾人教育体系；完善特殊教育经费保障机制，提高特殊教育保障水平；加强特殊教育的针对性，提高残疾学生的综合素质；加强特殊教育师资队伍建设，提高教师专业化水平；强化政府职能，全社会共同推进特殊教育事业发展等方面进行了规定。该文件在我国建设和谐社会新形势下对保障残疾人公平享受教育权益进行了重大部署，首次提出免费义务教育，重视残疾学生普惠性，强化了政府在特

① 张玲，邓猛．新时代我国融合教育发展的本土模式与实践特色：基于《“十四五”特殊教育发展提升行动计划》的解读［J］．残疾人研究，2022（1）：40－47.

② 于素红，陈路桦．我国义务教育阶段特殊教育政策演进评析［J］．中国特殊教育，2020（6）：3－9.

殊教育发展中的责任，对我国特殊教育事业发展提出了指导性建议。

2010年7月，国务院印发《国家中长期教育改革和发展规划纲要（2010—2020年）》，就“全社会关心和支持特殊教育”“完善特殊教育体系”“健全特殊教育保障机制”进行了详细的规定。这是在国家发展纲要里首次对“特殊教育”进行专章论述，把特殊教育作为八大教育发展任务之一，对特殊教育纳入国家教育整体规划、实施融合教育具有重要意义。

2011年5月，国务院颁发《中国残疾人事业“十二五”发展纲要》，提出教育的主要任务是完善残疾人教育体系，健全保障机制，提高残疾人受教育水平；适龄残疾儿童少年普遍接受义务教育，提高残疾儿童少年义务教育质量；发展残疾儿童学前康复教育；大力发展残疾人职业教育，加快发展残疾人高中阶段教育和高等教育。

党的十七大首次将特殊教育写进党的代表大会报告，提出“关心特殊教育”，将特殊教育作为改善民生、促进社会和谐发展的重要内容。残疾人事业进入新的历史阶段，残疾人的社会保障和服务体系建设进一步推进。特殊教育成为备受国家和社会关注的事业，关注的话题囊括残疾儿童少年义务教育的普及、学校办学、师资队伍建设、经费保障等多方面，同时更多类型的残疾儿童少年义务教育得到重视，非义务教育学段的特殊教育也受到关注，特殊教育的本土化实践不断深入。

（四）特殊教育政策法规的完善阶段（2012年至今）

2012年党的十八大报告明确提出“支持特殊教育”的目标，为特殊教育的发展注入新的活力。2017年，党的十九大报告进一步强调“办好特殊教育”，努力让每个孩子都能享有公平而有质量的教育。其作为特殊儿童教育新的政策纲领，是国家政策转型的重要体现[①]。2012年至今，一系列与特殊教育发展相关的发展规划或政策文件相继出台，特殊教育政策法规进入以内涵提升为核心的完善时期，更加关注特殊教育的质量。

2014年1月，国务院颁布《特殊教育提升计划（2014—2016年）》首次在国家政策文件中使用“全纳教育”一词，明确提出发展全纳教育的总目标，并对特殊教育质量的提升做出了明确的规定，为特殊教育的改革做出了划时代的决策[②]。

2016年3月发布的《中华人民共和国国民经济和社会发展第十三个五年规划纲要》明确提出要提升残疾人群特殊教育普及水平、条件保障和教育质量。李克强总理在政府工作报告中指出，发展更高质量更加公平的教育，办好特殊教育。

2016年11月，教育部发布实施《盲校义务教育课程标准（2016年版）》《聋校义务教育课程标准（2016年版）》《培智学校义务教育课程标准（2016年版）》。三类特殊教育学校义务教育课程标准是对我国多年来特殊教育发展和教育教学改革经验的集中总结，是第一次专门为残疾学生制定的学习标准，是“十三五”以及此后一个时期特殊教育教学改革的顶层设计，对于进一步提升特殊教育质量、办好特殊教育、促进教育公平具有特殊重要意义。

---

① 樊丽娜，柳海民．中国特殊儿童教育政策变迁与支持路径：基于历史制度主义视角［J］．社会科学战线，2020（5）：279．

② 丁勇．让每一个残疾孩子都能接受合适的教育：关于区域贯彻落实《特殊教育提升计划（2014—2016年）》的思考［J］．现代特殊教育，2015（1）：1-5．

2017 年 2 月，国务院公布修订的《残疾人教育条例》，调整了残疾人教育事业发展目标和理念，指出“积极推进融合教育，根据残疾人的残疾类别和接受能力，采取普通教育方式或者特殊教育方式，优先采取普通教育方式”，完善了残疾人入学安排，强化了对教育教学的规范，加强了教师队伍建设方面的内容，强调了对残疾人教育的保障和支持。修订的《残疾人教育条例》突出了融合教育理念，确立了推进融合教育、优先采取普通教育方式的特殊教育发展原则，是对保障残疾人受教育的制度的补充和完善，对残疾人教育发展具有重要的作用。同月，国务院颁布《残疾预防和残疾人康复条例》对残疾人康复服务做了规定，如国家建立残疾儿童康复救助制度，逐步实现 0～6 岁视力、听力、言语、肢体、智力等残疾儿童和孤独症儿童免费得到手术、辅助器具配置和康复训练等服务。

2017 年 7 月，教育部等七部门印发《第二期特殊教育提升计划（2017—2020 年）》的通知，提出特殊教育围绕完善特殊教育体系、增强特殊教育保障能力、提高特殊教育质量三大重点任务发展。这是落实“办好特殊教育”的具体举措，也是我国特殊教育从外延发展走向内涵发展的具体表现[①]。通知明确提出“全面推进融合教育。普通学校和特殊教育学校责任共担、资源共享、相互支撑”，这也是融合教育第一次成为政策目标。

2020 年 6 月，教育部发布《关于加强残疾儿童少年义务教育阶段随班就读工作的指导意见》，就加强残疾儿童少年义务教育阶段随班就读工作提出了指导意见，要求更加重视关爱残疾学生，坚持科学评估、应随尽随，坚持尊重差异、因材施教，坚持普特融合、提升质量，实现特殊教育公平而有质量的发展，促进残疾儿童少年更好地融入社会生活。该文件本质上是一份充分体现融合教育精神的文件，是包含中国话语和实践路径、体现本土融合教育特色的行动纲领。它的出台意味着我国本土融合教育模式的正式确定，融合教育成为我国特殊教育乃至整个教育发展的明确目标和具体任务。“随班就读”体现出本土特色的融合教育理论及实践范式，“应随尽随”体现出残疾儿童平等受教育权实现过程中由轻度到重度、由少数到多数残疾类型的渐进融合的逻辑[②]。

2021 年 12 月，国务院发布《“十四五”特殊教育发展提升行动计划》，针对特殊教育发展不平衡不充分等问题，提出遵循特殊教育规律，以适宜融合为目标，按照拓展学段服务、推进融合教育、提升支撑能力的基本思路，加快健全特殊教育体系，不断完善特殊教育保障机制，全面提高特殊教育质量，促进残疾儿童青少年自尊、自信、自强、自立，实现最大限度的发展，切实增强残疾儿童青少年家庭福祉，努力使残疾儿童青少年成长为国家有用之才的要求。该文件明确了我国融合教育“适宜融合”的本土内涵，旨在构建完整的特殊教育体系，走向应随尽随的融合教育长效机制，构建系统的专业支持体系，彰显新时代背景下我国融合教育朝向高质量发展的应然选择与美好追求。

2022 年 11 月，教育部印发《特殊教育办学质量评估指南》，提出加快建立以适宜融合为目标的特殊教育办学质量评价体系，强化评价结果运用，引领深化特殊教育教学改革，全面提升特殊教育办学质量，促进特殊儿童全面健康适宜发展。评价内容主要包括政府履行职责、课程教学实施、教师队伍建设、学校组织管理、学生适宜发展等 5 个方面，共 18

---

① 张燕，赵斌，张欣．从外延到内涵：我国特殊教育发展的策略调整：基于《特殊教育提升计划（2017—2020 年）》的视角 [J]．现代特殊教育，2018（6）：7－12.

② 郭志云，邓猛．融合教育模式的中国话语及实践路径：基于教育部随班就读《指导意见》的分析与反思 [J]．中国特殊教育，2021（12）：3－9.

项关键指标和 49 个考查要点。

这一时期，我国特殊教育政策法规得到进一步完善，逐步形成了具有中国特色的特殊教育政策与法规体系；对公平、质量的追求成为特殊教育发展的主旋律，特殊教育走向内涵式发展；融合教育成为我国特殊教育发展的方向。在追求特殊教育高质量发展的道路上，中国特色的理论及实践得到发展。

第三节　西方国家的特殊教育政策法规

特殊教育政策法规保障特殊儿童受教育的权利，为特殊教育服务提供了政策依据。从全球范围看，特殊教育政策法规的制定是西方国家特殊教育发展的重要推动力。

西方一些发达国家，均通过国家最高立法机关制定具有强制性的特殊专门法，少数没有专门法的国家则在相关的教育或反歧视法律中对特殊教育进行专门的、详细的规定。所有这些法律都列入了包括残疾人在内的人人都有平等接受教育的权利的条文，更重要的是都对特殊教育的教育安置形式、残疾的鉴定方法与程序、教学内容与方法、课程调整、教学评估、财政与资源等进行了详细的规定①。

一、美国特殊教育政策法规

在特殊教育正常化思潮的影响下，回归主流运动极大地推动了美国特殊教育的发展，残疾儿童的教育经历了从隔离到回归主流，再到走向融合的过程。美国特殊教育的政策法规反映出追求民主、反对歧视、争取人权的历程。

（一）20 世纪 70 年代前的特殊教育政策法规

1868 年，美国《宪法第十四修正案》规定：“任何一州，都不得制定或实施限制合众国公民的特权或豁免权的法律；不经正当法律程序，不得剥夺任何人的生命、自由或财产；在州管辖范围内，也不得拒绝给予任何人以平等法律保护。”宪法条款虽然没有直接指向特殊教育，却构成了包括残疾人在内的公民受到保护的法律基础。

美国宪法第十修正案规定有关教育的问题由州管辖，至 1918 年美国所有的州都通过了由州制定的义务教育法。但现实中，各州实行情况不一，存在特殊儿童遭到公立学校拒绝的情况。地方法院支持校方，认为特殊儿童无法从公立教育中受益或者可能扰乱其他学生，学校有权拒绝其入学。

第二次世界大战后，美国掀起反对种族歧视和隔离的民权运动，对平等权利的追求涉及政治、社会、教育各方面。1954 年，布朗诉托皮卡教育委员会案依据美国宪法第十四修正案中对平等权利的界定胜诉，挑战了将学生安置在特殊的、隔离性的学校中的做法，认为这是对少数族群享有教育权的根本性破坏。布朗案的判决不仅对少数民族的社会权利

---

① 邓猛，颜廷睿．特殊教育原理［M］．北京：高等教育出版社，2022：130．

有很大影响，并且影响到教育法及其进程的许多方面①。

1958年，美国通过了《拓展智力落后儿童教育的教学》，国会为有关智力落后儿童教育的教师培训提供资金。1965年《中小学教育法》颁布，规定联邦政府拨给各州和地方教育机关基本补助金，用以帮助贫困和处境不利的5～17岁儿童，包括残疾儿童。1967年通过的《及早和阶段性的普查、诊断和治疗法案》规定对低收入家庭的婴幼儿进行规律性的普查，预防和治疗可能导致残疾的疾病。1968年通过的《残疾儿童早期教育协助法案》，致力于通过投入联邦资金，依托跨学科的研究团体提高针对特殊婴幼儿及其家庭的服务质量。

美国历来就有利用诉讼、立法以及儿童权利的相关倡议行动来保障残疾儿童的各种权利的传统，联邦政府对教育的介入被视为克服歧视与贫穷、实现人权目标的基本手段②。民权运动和残疾儿童家长的努力对美国特殊教育立法起到了推动作用，此外，通过提供经费支持保障特殊儿童服务是美国特殊教育的重要措施。

（二）20世纪70—90年代的特殊教育政策法规

1973年，美国国会通过了《职业康复法案》，这是美国历史上第一部为残疾人提供广泛人权保护的联邦民权法案，并被编纂在《美国法典》第29章第794条。《职业康复法案》第504条规定："所有美国的法定残疾人，都有资格参加所有接受联邦财政资助的计划或活动，以及行政机构或美国邮电业实施的计划或活动，不得仅因为其残疾，被排除在外，以致不能从这些计划或活动中获得利益，或在这些计划与活动中遭受歧视。"③

《职业康复法案》禁止在接受联邦财政援助的项目和活动中歧视残疾人，改变了在此之前美国的残疾人相关法律都是"允许"（permissive）性质的条文，约束力不强的情况。从《职业康复法案》开始，残疾人法律真正具备"强制"（mandatory）性④。随后更多与残疾人相关的联邦法律得以通过，对美国残疾人的生活和教育以及全球特殊教育的发展均产生了重要的影响。

1975年，美国国会通过了一部极具里程碑意义的教育法律：《所有残疾儿童教育法》。该法案规定必须向3岁到21岁残疾儿童提供恰当的、免费的教育及有关的特殊服务，学校必须按照法律条例实施特殊教育才能得到联邦政府的相关教育拨款。其要点是保证所有残疾儿童及其家长享有受教育权、免费受教育权、受最恰当的教育的权利、在最少受限制的环境中受教育的权利、家长充分参与的权利、残疾儿童隐私受保护的权利、在评估过程中不受歧视的权利。此法案以法律的形式总结了20世纪50年代以来"去机构化运动"和回归主流运动的成果，成为残障人士的"权利清单"，被誉为"残疾儿童及家庭的人权法案"。

《残疾人教育法》的实施，确定了最少受限制环境的原则和"瀑布式特殊教育服务体

---

① 肖非．美国特殊教育立法的发展：历史的视角［J］．中国特殊教育，2004（3）：93-96.

② SAGE D D，BURRELLO L C. Leadership in educational reform：an administrator's guide to changes in special education［M］．Paul H：Brookes Publishing Co.，1994：132.

③ 郑俭．美国残疾人相关法规对辅助技术的要求［J］．中国康复理论与实践，2013（11）：1082-1086.

④ MEYEN E L，SKRTIC T M. Exceptional children and youth［M］．Denver：Love Publishing Company，1988：23.

系”，大量学生得到了适当的特殊教育，而且所提供的特殊教育服务也得到了相应提高[①]。《残疾人教育法》随后被多次修订。

1986 年，《残疾人教育法修正案》将服务对象向下延伸至 0 岁，明确要求各州为 0～5 岁的残疾儿童建立完善的早期干预和学前特殊教育服务；提供经费鼓励各州对 0～3 岁幼儿实施早期干预；为幼儿家庭拟定“个别家庭服务计划”，以降低障碍和环境对其成长造成的伤害。

1990 年，《障碍者教育促进法案》改变了残疾的称谓，用“有障碍的个人”（individuials with disability）替换了“残疾儿童”（handicapped children），这是中立、非歧视、以人为本价值的体现；增加了自闭症和脑创伤两个类别，同时承诺为注意力障碍儿童提供服务；增加了对残疾个体的转衔服务安排，规定学校最晚在学生 16 岁前为其拟定个别化转衔计划，以取代个别化教育计划；将相关服务延伸至社会工作服务和康复咨询服务，将教学安排服务拓展到工作场所和训练中心等。

1997 年的《障碍者教育促进法案》将为每一位残疾学生提供高质量的教育视为重要目标，强调个别化教育计划的书面文件将更具实用性和强调教育成效，增加父母的意见在个别化教育计划中的分量，尽量减少教师不必要的书面工作，强调实际的教学过程，强调将残疾学生安置在完全融合的教学情境中[②]。

20 世纪 70—90 年代，美国残疾人的权利得到有力的保障。美国特殊教育政策法规凸显了对残疾儿童权利的重视和强调，提出了残疾儿童的具体安置方案，在特殊教育的开展过程中，注重给残疾儿童提供恰当的教育及相应的服务支持。

（三）21 世纪的特殊教育政策法规

1.《不让一个孩子掉队法案》

2002 年，在乔治·W. 布什总统政府领导下，《不让一个孩子掉队法案》（No Child Left Behind Act，NCLB）提出“三至八年级的所有学生都要进行阅读和数学的年度测验”，“每个学校和各类别的儿童都必须达到其所在的州确定的通过率，并且这一通过率将逐渐提高”。这是为提高包括残疾学生在内的所有学生学业成绩所进行的尝试，希望所有残疾学生都能接受标准化学业成就测验并达到和非残疾学生相同的水平。

2. IDEA 重新授权

2004 年 IDEA 被修改后重新授权，成为《障碍者教育促进法案》（2004 年），2006 年修改后重新授权为《障碍者教育促进法案》（2006 年），而法律的基本要求并没有改变。IDEA 确保了所有残疾儿童和青少年有权利享受免费的合适的公立教育。IDEA 主要规定各州必须拟定计划确保[③]：

- 鉴定。多方面努力来筛查和鉴定出所有残疾儿童和青少年。
- 免费合适的公立教育。每个残疾学生都应该接受合适的公立教育，而不花家长或监护人一分钱。

---

① 盛永进．特殊教育学基础［M］．北京：教育科学出版社，2011：50.

② 肖非．美国特殊教育立法的发展：历史的视角［J］．中国特殊教育，2004（3）：94.

③ 哈拉汉，考夫曼，普伦．特殊教育导论［M］．北京：中国人民大学出版社，2010：24－25.

● 正当程序。学生和家长在学生被评估、被贴标签以及被安置之前有知情同意权，如果他们不同意学校的决定，他们有权利通过平等的正当程序进行申诉。

● 家长/监护人代理协商。必须与学生的家长或监护人协商有关学生的评估和安置以及教育计划；如果不知道家长或监护人是谁，或者找不到他们，就必须为学生安排一个代理家长代表学生。

● 最少受限制环境。学生在与其教育需要相一致的最少受限制环境中接受教育，在可能的情况下，尽量和没有残疾的学生一起学习。

● 个别化教育计划。为每个残疾学生提供一份书面的个别教育计划，包括其功能水平、长期目标、学生不能参加普通教育课堂和课程的程度、提供的服务、服务实施和评估的计划、需要的转衔服务（从学校到工作或者继续教育的转衔）。

● 非歧视性评估。通过不受其语言、文化特征或残疾影响的方式评估学生可能有残疾的方面。评估必须由多学科小组实施，避免以单一的评估程序作为安置或计划的唯一标准。

● 保密性。虽然学生的家长或监护人会知道结果，但评估和安置的结果是要保密的。

● 工作人员发展、在职培训。通过教师及其他专业人员的培训，包括对普通教师的在职培训，来满足残疾学生的需要。

3.《每一个学生成功法案》

2015 年美国颁布了《每一个学生成功法案》（Every Student Succeeds Act，ESSA），为有特殊需要的学生提供了多样且具体的支持方案，以期帮助有特殊教育需要的学生在享受教育公平的基础上追求更高质量的教育①。该法案强调保障残疾学生平等的升学权和就业权；强调各州制定教育评价体系和残疾学生教育问责制，对残疾学生辍学率高、学业水平差距较大的学校进行问责，要求各州和各地方机构设立教育联络员以保障残疾学生的教育权益；提出政府以拨款或合同的形式为各州和地方教育机构缩小残疾学生与普通学生学业差距提供支持，获得资助的各州必须每年上报普通学校为残疾学生开展的活动及成效，同时，要求特许学校向所有学生（包括残疾学生）开放。

这一阶段，包括有特殊需要学生在内的所有儿童的教育水平受到关注，注重残疾儿童在享受教育公平的基础上追求高质量的教育。与此同时，残疾儿童和青少年的鉴定有了明确的规范和要求。

二、英国特殊教育政策法规

英国是较早以教育法案形式提出残疾儿童在普通学校就读的国家，其鲜明的特点是制定和遵循一系列政策②。随着一体化运动的推进，英国残疾儿童主要在隔离式特殊教育中接受教育逐渐成为过去式，特殊教育和普通教育交织在一起。独立设置的特殊教育学校逐渐消失殆尽，取而代之的是转型后的全纳教育资源中心或辅助中心。

---

① 邓猛，颜廷睿. 特殊教育原理［M］. 北京：高等教育出版社，2022：132.

② 郑伟，张茂聪. 英国融合教育的政策特点及其成效研究［J］. 外国教育研究，2020（5）：27.

（一）20 世纪 70 年代前的特殊教育政策法规

19 世纪末 20 世纪初，英国颁布了一系列与义务教育有关的特殊教育法规。1893 年颁布《盲人和聋哑人义务教育法》，规定 5～16 岁的盲童和 7～16 岁的聋哑儿童必须接受教育；1904 年颁布《智力残疾儿童义务教育法案》；1908 年颁布《肢体残疾儿童义务教育法案》。

1944 年颁布的《巴特勒教育法》旨在建立一个全国范围的免费义务教育系统，让每位儿童得到平等的发展机会①。该法案将特殊教育纳入义务教育的范围，规定地方教育当局承担特殊教育职责，必须对法定的 13 种残疾类型儿童根据他们的“年龄、能力和智商”提供特殊教育服务，初步规定了特殊儿童家长的权利和义务。虽然该法案规定以病理学为基础对特殊儿童进行鉴定和分类，同时规定对于不符合普通学校入学标准的儿童可以被排除在普通学校以外，但该法案开了英国义务教育的先河，为英国建构福利社会奠下了基石，是英国现代教育的开端。

（二）20 世纪 70—90 年代的特殊教育政策法规

1976 年，英国颁布《1976 年教育法》（Education Act of 1976），提出残疾学生可以在普通学校接受教育。这是英国教育立法中第一次明确给予残疾儿童进入普通学校受教育的权利以立法保障②，掀开了英国改革隔离式教育安置的历史篇章，具有里程碑意义。

1978 年，负责调查特殊教育发展问题的沃诺克委员会基于大量实地调查，发布《关于残疾儿童及青少年的教育报告》，即影响深远的《沃诺克报告》，包括特殊教育的范围、鉴定和评估制度、普通学校中的特殊教育、特殊学校中的特殊教育、5 岁以下儿童的特殊教育和转衔制度等内容。其重要的贡献主要体现在三方面：一是提出“特殊教育需要”既包括轻微、暂时性的学习困难，也包括严重的、永久性的残疾，每个儿童都有可能在发展的某个阶段遭遇学习困难因而具有特殊教育需要③。该报告完全从教育的视角审视儿童的需要，取代了传统的以病理学为基础的“残疾儿童”分类方法。

二是支持“一体化教育”，以实现“融合”。通过一体化教育的三种形式实现让特殊儿童在将来的生活中能以独立的个体身份出现：第一种形式是指提供特殊教育的场所即场所“一体化”。场所“一体化”是指在普通学校里设立特殊班级或特殊单位，还指一所特殊学校和一所普通学校共用一个校舍。第二种是指它的社会方面，即参加特殊班级和单位的儿童和其他儿童一起用餐、游戏和交往，可能还和其他儿童一起参加有组织的课外活动。第三种指功能“一体化”，这种“一体化”形式最充分，只有有特殊需要儿童与他们的同伴由场所联合和社会联合发展成联合参加教育活动时才能实现④。

三是提出鉴定和评估的程序。强调基于教育需要的鉴定和评估，父母、健康督导和健康巡视员、幼儿看护机构的人员，以及其他与儿童有互动的群体多方参与，早期发现、早期干预。

---

① 吴式颖．外国教育史教程［M］．北京：人民教育出版社，1999：541．

② 黄志成．全纳教育：关注所有学生的学习和参与［M］．上海：上海教育出版社，2004：10．

③ 邓猛，肖非．特殊教育学科体系探析［J］．中国特殊教育，2009（6）：25-30．

④ 瞿葆奎．英国教育改革［M］．北京：人民教育出版社，1993：427-428．

英国《1981 年教育法》(Education Act of 1981)，引入了对特殊教育需要的评估与鉴定及相关服务措施，将“特殊教育需要”界定为：如果一个孩子因为学习困难而需要特殊教育服务，那么这个孩子就是有特殊教育需要。该法案提出“特殊教育需要诊断报告”制度，要求提供细致严谨的评估以鉴定儿童的需要，并向程度较重的儿童提供确认书。具有诊断报告的儿童拥有享受报告中所建议的特殊教育服务的权利。此外，还强调家长的参与，承认家长参与特殊教育的权利，规定家长参与的程序和内容等。同时规定地方当局要确保特殊儿童尽可能在普通学校接受教育，并提出唯有在非特殊学校无法满足其教育需求、其他同学因此无法获得有效的教育、资源无法有效运用三种情形下才能考虑隔离安置，为“一体化教育”的推进提供了法律保障。

英国《1988 年教育改革法》(Education Reform Act of 1988) 通过考试将市场竞争机制引入教育体系中，统一国家课程，削弱地方对教育的管理权，提出原则上 5～16 岁的学生都要接受国家课程；针对特殊教育对象做了专门规定，提出了可作为特例的情况。《1993 年教育法》(Education Act of 1993) 明确规定地方教育当局必须在主流教育的环境中对特殊教育需要儿童提供与非特殊教育需要儿童一起的教育机会。并在《1981 年教育改革法》的基础上对多方参与增加了相关规定，包括向地方当局和学校提供实施原则，限制完成评估和确认书的时间；设置特殊教育需要法庭，允许不满意确认书内容的家长提出申诉，增加家长选择学校的权利等。

1994 年的《特殊教育需要鉴定与评估实施细则》旨在提高特殊教育的质量，保证特殊教育资源的公平分配。其核心内容就是关于鉴定和评估程序的规定，将鉴定和评估的阶段依学生需求的复杂程度分成五个阶段：(1) 普通班教师界定学生特殊教育需求并且在与校内特教协调员咨询后采取行动；(2) 特教协调员负责管理学生的特殊教育需求，与班级老师合作；(3) 由校外专家来支援普通班教师和特教协调员；(4) 由地方教育当局考量进行法定评估的必要性，如果需要的话则进行跨学科的专业评估；(5) 由地方教育当局考量“书面说明”的必要性。特殊教育需要儿童在通过法律确定的鉴定与评估程序后，专家小组会对儿童的特殊教育需要与相关的安置、服务、资源等进行详细的、具有法律效应的规定，形成所谓的特殊教育“书面说明”，保证特殊教育需要儿童获得个别化的、适合其需要的教育与服务。此外，还规定了地方教育当局、学校和“特殊教育协调员”等相关人员的职责，并且提供了相关人员的合作模式。实施细则几乎改变了所有学校在特殊教育中的处理方法，学校开始采取系统的方法来应对特殊教育的需要。实施细则将“特殊教育协调员”引入特殊教育实践中，并界定了其职责①。

1997 年的《特殊教育绿皮书》(Green Paper Excellence for All Children) 重申政府的政策是提高包括有特殊教育需要学生在内的所有学生的教育标准，提出了卓越的政策、家长合作、实践支持、增进融合、服务计划、技能发展、共同合作、情绪与行为障碍的实践原则八大主题的主要目标②。

英国的特殊教育政策法规明确支持一体化教育，重视对特殊教育需要儿童的鉴定，规定了明确的鉴定程序和内容，强调地方当局、学校及家长等多方合作、参与，共同保障特

---

① 邓猛，颜廷睿．特殊教育原理 [M]．北京：高等教育出版社，2022：135 - 136.

② 刘春玲，江琴娣．特殊教育概论：第 2 版 [M]．上海：华东师范大学出版社，2016：60.

殊教育需要儿童与其他儿童一起接受教育的机会，并关注提供高质量的服务。

（三）21 世纪的特殊教育政策法规

2001 年《特殊教育需要和残疾人法》（Special Educational Needs and Disability Act）关注到教育中对残疾的歧视，明确提出残疾儿童应受到与健康儿童同样的关爱，否则将触犯法律；介绍了特殊教育需要的内容；对学校的资金花费、教师及员工、授课方式等提出了相应的要求，是英国 21 世纪特殊教育的导航。

2002 年，英国教育与技能部颁布了《特殊教育需要实施细则》（Special Education Needs Codes of Practice），并被参议院认可得以实施。其目标是"让特殊儿童的潜能得到最大的发挥，最大限度地融入学校生活中，成功地实现向成人的过渡"。实践细则的变化主要体现在更有力地支持融合教育，增加了地方教育当局对特殊儿童家长必须履行的责任，包括提供咨询和信息、提供解决争端的途径；特殊学校和相关学前教育机构对学生提供特殊教育时必须履行告知家长的义务等方面。增加了学生参与、家长参与和与其他机构合作三章内容。同时，将早期教育作为一章单独列出来，并且将早期教育作为融合教育的一部分。规定所有接受政府资金的学前教育机构，包括各种看护机构必须遵守该手册，实施由政府资助的学前教育项目的机构可以和学校进行合作，让这些机构觉得自己也是整个融合教育的一部分。

《2004 年特殊教育需要者教育法》（Education For Persons with Special Education Need Act of 2004）强调有特殊需要者享有与其他人相同的教育权，同时要求成立国家特殊教育委员会，规定了该委员会的功能，并对融合教育、学校、校长、其他相关人员的职责以及对特殊教育需要儿童的评估即教育计划等做了规定。

2015 年，英国颁布了《特殊教育需求和残障者实施规程：0～25 岁》（Special Educational Needs and Disability Code of Practice：0 to 25 Years），要求教育、卫生和社会福利部门共同合作，为特殊教育需要儿童提供高质量的相关服务。

英国的特殊教育政策法规得到进一步完善，各相关部门的联系和合作更加紧密，责任落实更加具体细致，将非义务阶段特殊教育需要者纳入融合教育，强调从学校教育融合走向更广阔的社会融合。

以美国和英国为代表的西方国家都重视通过立法的形式保障残疾儿童受教育的权利，促进特殊教育的发展。为残疾人提供高质量的服务，使其接受教育、参与学校、融入社会是两国共同的追求。在特殊教育政策法规的内容上均强调特殊需要儿童的安置、鉴定方法、教学实施等内容，并重视多方合作共同促进特殊教育服务的开展。

本章思考题

1. 特殊教育政策和法规的表现形式有哪些？
2. 我国特殊教育政策和法规的发展有什么特点？
3. 英国和美国的特殊教育政策法规能带给我们什么启发？

第五章　感官障碍儿童的教育

学习目标：

1. 掌握感官障碍儿童的概念及分类；
2. 掌握感官障碍儿童的身心发展特征；
3. 熟悉感官障碍儿童的课程与教学相关知识；
4. 熟悉感官障碍儿童必要的辅助器具；
5. 了解感官障碍儿童的融合教育支持。

人类是如何认识和探索这个世界的呢？我们为什么能够看到五颜六色的世界？为什么能够听到万物的声音？为什么能够品尝酸甜苦辣？这些都与我们的感觉器官包括眼睛、耳朵、鼻子等息息相关。各器官正常工作为我们的生活提供了无数便利，那么如果一个或多个感觉器官罢工了会怎样？这种情况可能是感觉器官出现了障碍。

感官障碍包括视力残疾、听力残疾、肢体残疾等类型，这是根据感觉器官是否有损伤而划分的。感觉的损伤不仅影响感觉器官的信息输入和收集，而且会对个体的心理、生活、工作等方方面面都造成影响，这是感官障碍者的个人问题，也是建设融合社会必须面对的问题。本章将会详细介绍视力残疾、听力残疾、肢体残疾的概念及教育。

第一节　视力残疾儿童概述

【案例】

小颜，4 岁 6 个月，是一个先天性白内障、斜视、视力 0.3 的弱视儿童，100 天的时候做了一期白内障超声乳化手术，2 岁 4 个月的时候做了二期晶体植入手术。手术治疗结束后，小颜在康复机构上了认知、社交以及感觉统合课程，各方面能力有了一定提升。3 岁 6 个月来到重庆爱宝贝国际早教中心（蔡家校区）上托班，同时通过知觉-动作康复训练改善及增强各方面的能力。由于小颜喜欢旋转物品，特别喜欢按开关、计算器等按钮，并且完成一件事情后喜欢夸自己，重复性语言多，他曾被诊断为疑似自闭症。进行知觉-动作评估之后，发现他只是因为视力问题造成各方面发展落后，尤其是在社会交往方面。随着康复课程训练的跟进，小颜的语言能力明显增强，与人交流时句子变长了，而且重复性的语言也变少了很多。另外，小颜的记忆力、仿说能力很强，比如：有时候会背古诗给老师听；向他介绍某一位老师之后，能够很快记住，下次再问他也能回答上来；某段时间还经常喜欢仿说老师说过的某一句话。经过半年的知觉-动作康复训练，小颜的能力有一定的提高，但是在集体环境中的规则秩序感还是有明显的不足，所以读了一学期托班之后，进入普通幼儿园读了一周就被劝退了，后面去了一所融合幼儿园就读，父母不得不因此承担高昂的学费。"我希望以后社会能够善待这样的孩子！"——这是小颜妈妈的心声。

现实中还有众多儿童和小颜一样，因为视力受限在求学路上遇到了诸多困难。他们有什么特征？我们可以提供什么支持或教育呢？

资料来源：本案例由重庆爱宝贝国际早教中心（蔡家校区）易先知老师提供。

一、视力残疾的定义及分类

（一）视力残疾的定义

视力残疾又称视力障碍、视觉缺损、视力损失等。根据 2006 年第二次全国残疾人抽样调查结果，我国将视力残疾定义为：由于各种原因导致双眼视力低下并且不能矫正或视野缩小，以致影响日常生活和社会参与①。

知识卡片

视力残疾者看到的世界是什么样子的？

很多人认为视力残疾者生活在一片黑暗当中，这种说法并不准确。现实生活中全盲的儿童并不多，大多数视力残疾儿童都有残余视力，所以大多数视力残疾者能够感受到光线、颜色和身边物体的移动等。

（二）视力残疾的分类

根据不同标准，可以将视力残疾分成不同类别。根据发病的时间，出生时已经发生的大多数为先天性视力残疾或遗传性视力残疾，出生后才发生的多为后天获得性眼病。根据治疗的可能性和效果，视力残疾可以分为可逆性和不可逆性。根据视力损失程度不同，视力残疾还可以分成盲和低视力两类。根据视力和视野的状态，可以将视力残疾分为四级

① 张静楷．视力残疾标准解读［J］．中国残疾人，2006（7）：32.

(见表 5－1)①。

表 5－1 第二次全国残疾人抽样调查视力残疾分级标准

类别	级别	最佳矫正视力
盲	一级	无光感～<0.02；或视野半径<5°
	二级	≥0.02～<0.05；或视野半径<10°
低视力	一级	≥0.05～<0.1
	二级	≥0.1～<0.3

盲是视力残疾中程度较重的一类，狭义指视力丧失到全无光感，广义指双眼失去辨别周围环境的能力。我国把双眼中优眼的最佳矫正视力小于 0.05 或视野半径小于 10°者列为盲，并分为一级盲和二级盲。低视力是视力残疾中级别较轻的一类。我国以优眼最佳矫正视力等于或大于 0.05，小于 0.3 为标准，并分成一级低视力和二级低视力②。需要注意的是：盲或低视力都指双眼而言，如果双眼视力不同，则以视力较好的一眼为准。如果仅有单眼为盲或低视力，而另一眼的视力达到或优于 0.3，则不属于视力残疾范畴。最佳矫正视力是指以合适镜片矫正所能达到的最好视力或针孔视力。以注视点为中心，视野半径小于 10°者，不论其视力如何均属于盲。

二、视力残疾的成因

先天原因和后天原因都有可能导致视力残疾。先天原因包括家族遗传、近亲婚配、先天性发育不全、其他未知因素等，后天原因则非常多，比如眼疾、全身性疾病、心因性疾病、眼外伤等都可能导致视力残疾的发生。2006 年的第二次全国残疾人抽样调查结果显示，视力残疾的人数占总人数的 0.94%，其中低视力人数占总人数的 0.63%，盲占 0.31%。此次抽样调查的结果显示白内障是引起视力残疾的第一位因素，其次是视网膜和葡萄膜疾病、角膜病、屈光不正及青光眼等（见表 5－2)③。

表 5－2 第二次全国残疾人抽样调查致视力残疾原因分析

排序	病因	组成比（%）
1	白内障	46.93
2	视网膜和葡萄膜疾病	12.65
3	角膜病	8.55
4	屈光不正	6.39
5	青光眼	5.64

① 颜华，赵家良，管怀进，等．第二次全国残疾人抽样调查视力残疾标准制定的研究［J］．中华眼科杂志，2007（11）：1055－1056.

② 参见中国残疾人实用评定标准（www.gov.cn）。

③ 中国残疾人辅助器具中心．视力障碍辅助技术［M］．北京：华夏出版社，2018：1－2.

（一）先天原因

1. 家族遗传

家族遗传主要是指父亲、母亲或者父母双方基因中存在隐性或者显性的致盲因素，比如先天性青光眼、白内障、白化病等眼病可能会遗传给后代。

2. 近亲婚配

直系的血亲或者三代以内旁系的血亲结婚都属于近亲婚配。人体内的基因来自父母双方，近亲结婚双方的共同基因较多，可能导致某些遗传病的基因延续。研究表明，因近亲婚配而生产的婴儿先天性残疾概率为41.6%。

3. 先天性发育不全

先天性发育不全主要是胎儿在母亲体内因营养不良、过敏、外伤等原因，导致发育不完善不充分，进而造成眼睛发育不良或其他眼疾[①]。

4. 其他未知因素

还有很多先天性视力残疾是由某些疾病导致的，在先天性影响因素中占有很大比例，但是目前这些因素无从得知。

（二）后天原因

1. 视觉器官的疾病

视觉器官是动物和人通过光的作用来感知外界事物的感受器官。视觉器官的疾病也可能导致视力残疾，比如屈光不正、角膜炎、沙眼等疾病。

2. 全身性疾病

全身性疾病主要包括传染性疾病和一般性疾病两类。眼睛作为人体的感受器官之一，会有很多全身性的疾病通过眼部表现出来，可能造成视力损伤的疾病分为传染性疾病和一般性疾病，传染性疾病主要有脑炎、肺炎等，一般性疾病主要包括糖尿病、高血压等。

3. 心理因素

现代医学将我们人类的病分为身体上的和心理上的疾病两大类，除身体上的原因外，心理方面的原因也值得我们关注，如部分人可能受到情绪困扰、强烈精神刺激等造成暂时性或永久性的视力残疾。

4. 眼外伤

眼外伤主要分为严重的眼外伤以及因眼轻伤恶化导致继发性感染而造成的视力损害两类，比如因炸、烫、辐射等各种物理或化学原因使眼球受到伤害导致视力减退或失明。

三、视力残疾儿童的特点

视力残疾儿童的生长发育和普通儿童遵循着同样的发展规律，但相较于普通儿童也有

① 沈剑辉．盲人定向行走训练指导师培训教材［M］．北京：华夏出版社，2008：9.

一些不同的身心特点。

（一）视力残疾儿童的生理特点

视力残疾儿童一般会表现出“盲态”（或称“盲相”），因为先天或者后天的视力缺陷，行走时对外界的感受性不足，肌肉部位发力不正确，身体不协调，最后导致行走时的“盲态”，即磕磕绊绊、面部表情不自然、挤眼等。不过后期经过康复训练的视力残疾儿童可不带“盲相”或少带“盲相”。另外，部分视力残疾儿童的身高、体重等身体的发育状况可能低于普通学生①。

（二）视力残疾儿童的心理特点

1. 视力残疾儿童的认知过程特点

（1）视力残疾儿童的感知觉特点。

社会大众对盲人存在这样的普遍认识：盲人的听觉和触觉比普通人更好，因为他们无法通过视觉观察认知事物，所以听觉和触觉成了主要的信息来源，并出现“以耳代目”“以手代目”的现象。关于视力残疾儿童的视觉损失是否影响其他感觉功能，一共有三种不同的观点：感觉补偿说、阻碍或损伤说、视觉损伤并不促进其他机能的发展。感觉补偿说认为视力这一通道缺损后，其他感觉功能会自动增强。阻碍或损伤说认为某一感觉功能缺损后会妨碍其他感觉功能完好发展。第三种观点则认为视觉损伤不直接影响其他感觉功能的发展，所谓盲人耳朵特别灵是训练的结果②。

视力残疾儿童的知觉特征主要表现为知觉选择困难、知觉欠缺整体性等，形成正确的空间知觉也会有一定困难，比如：在形状知觉方面，先天盲童主要依靠触觉和想象来完成，可能会有一点偏差；在深度知觉方面，先天盲童只能感受到近处用手触摸的物体，不能感受到远处的风景；部分视力残疾儿童的平衡觉会因为视力障碍而受限③。但是视力残疾儿童的时间知觉一般较好，虽然时间作为一个比较抽象的概念，他们无法将其与具体的物体联系起来，从而对时间进行感性体验，但是生活中的经验以及活动的规律可以帮助他们认识这一概念。

（2）视力残疾儿童的注意力特点。

视力残疾儿童在注意力的广度、注意力的转移、注意力的分配上会比普通儿童有限一些。但是相较于普通儿童，视力残疾儿童注意力在这三个方面也存在优势：第一，有着较强的有意注意力，因为普通儿童在接收外界信息时会有视觉输入的刺激，注意力容易被分散，而视力残疾儿童主要运用听觉、触觉等其他感觉来进行学习，所以会更加集中注意力，在没有视觉刺激的情况下尽可能利用其他感觉保持有意注意力。第二，有着较强的听觉注意力。经过长期训练后，视力残疾儿童会表现出超强的听觉注意力，比如在工作、生活或学习过程中，视力残疾儿童会保持高度的听觉注意力来获取周围环境中的信息。第

① 戴旭芳．特殊儿童学校卫生学［M]．重庆：重庆大学出版社，2014：50.

② 陈云英．中国特殊教育学基础［M]．北京：教育科学出版社，2004：245.

③ 钟嘉敏，黄兆欣，李龙雪，等．视觉因素对青年平衡功能的影响［J]．中国组织工程研究，2023（8）：1245-1249.

三，有着较强的注意力稳定性。这是相对而言的，视力残疾儿童某些方面的注意力稳定性比同龄的普通儿童会好一些，但是他们自身的注意力稳定性不一定非常好①。

（3）视力残疾儿童的记忆力特点。

视力残疾儿童的视觉表象难以形成，表现出以机械记忆为主的特点，并且形象记忆比普通儿童差一些。相较于普通儿童，视力残疾儿童有着较强的听觉记忆，机械识记能力比正常儿童要强。也有研究者探讨了盲童与低视力儿童的记忆力特点，结果显示盲童的意识性提取优于低视力儿童，同时盲童的内隐记忆比低视力儿童要好②。

（4）视力残疾儿童的思维特点。

视力残疾儿童无论在形象思维能力还是抽象思维能力上都存在一定困难，因为缺乏一定的视觉表象，并且听觉和触觉等其他感觉能够提供的信息比较有限，这也进一步制约了概念的形成，进而影响了以形象思维为基础的抽象思维的发展。

（5）视力残疾儿童的想象力特点。

想象对视力残疾儿童获取外界知识、维持心理健康起着积极作用。他们在上课时可以通过教师的语言提示想象再造，以此方式间接获得丰富的知识。但是视力残疾儿童的想象主要还是来自听觉表象和触觉表象，会受到缺乏视觉表现的限制，其想象会带有强烈的个人愿望和情感，也可能会比较夸张或者模糊③。

知识卡片

盲人会做什么样的梦？

俗话说“日有所思，夜有所梦”。梦是人们在睡眠状态下大脑活动的表现，人在醒来后会觉得梦境历历在目，非常真实，那么缺乏视觉经验的盲人做的梦是什么样呢？他们的梦境与普通儿童相比也有一定的特殊性，比如先天性盲人可能梦到食物的香味、水哗啦啦流动的声音、风吹过脸颊等，后天性盲人可能梦到一些自己创造的视觉环境。因此梦不仅可以是白天所见的视觉形象，也有可能是听觉、触觉、味觉等感受。

（6）视力残疾儿童的语言特点。

视力残疾儿童的语言水平与普通儿童无太大差别，都遵循着儿童语言发展的规律。有的盲童口语表现较好，但由于缺乏视觉表象，表达的内容可能与实物不相符，因与具体事务脱节而出现空洞化的倾向，比如云可以在天上走，因为他们认为云也有脚。有的视力残疾儿童在学习说话的时候无法看到别人的面部表情和口形，模仿发音时可能会伴随着其他的手势、动作与表情，甚至可能出现发音不准确的表现。

2. 视力残疾儿童的情绪情感与意志特点

视力残疾儿童虽然在智力上与普通儿童无太大差异，但是会因为自身部分能力的限制

---

① 王永，鲍永清．特殊儿童心理学［M］．长春：东北师范大学出版社，2014：32.

② 贺荟中，方俊明．视障儿童的认知特点与教育对策［J］．中国特殊教育，2003（2）：43－46.

③ 同①36.

而受到他人的不友好对待，所以在情绪上可能会表现出焦虑和紧张，有时情绪存在不稳定性。有的视力残疾儿童的意志表现为独立性不强、自制力较差等[①]，这可能与视力残疾儿童在面对外界时会受到很多压力、与外界接触比较少、不容易分辨事情的真伪、容易受到外界环境的影响等原因有关。

3. 视力残疾儿童的人格和社会适应特点

人格是个体外部表现出的行为的内部倾向。我们的人格并不是天生的，而是在后天与周围环境相互作用的过程中逐步发展起来的，是气质、性格、兴趣等方面的总和，所以不同视力残疾儿童的人格特点也不太相同，因其在视力方面的缺陷，必然也会与普通群体有不同之处，不过目前研究者还没有得出一致的结论。

视力残疾儿童在社会适应方面也会遇到挑战，比如因其视力上的缺损而无法得知说话者的姿势和神态[②]，造成人际沟通和交往上的困难，进而可能影响其在社会交往中的自信心。但视力残疾儿童的社会适应问题都是暂时的，能够随着年龄的增长或者经验的增加而逐渐减少。

第二节 视力残疾儿童的教育与支持

视力残疾儿童的身心发展规律和普通儿童基本一致，他们也是我国社会主义的建设者和接班人，教师及各相关专业人员应因材施教，针对其视力方面的缺陷，选择合适的教育安置措施，制订个别化教育计划，提供适当的技术支持和服务，为其融入现代化社会做必要准备。

一、视力残疾儿童的课程设置与教学策略

（一）视力残疾儿童的课程设置

1. 视力残疾儿童课程设置的原则

视力残疾儿童的课程设置需要满足学生视觉缺陷的需要、矫正盲态的需要、日常生活技能的需要、社会适应的需要和认知发展的需要，并根据其身心特性做出一定调整，遵循“最优化”原则，因为视力残疾儿童的身心发展与普通学生有相似之处，所以普通学校设置的课程同样适合视力残疾儿童，但是需要对教材的部分内容做特殊处理，有些不适合他们的科目应该取消或者替代，还应该根据他们的特点增加相应课程，如盲文课和定向行走课等。

2. 盲校中的具体课程设置

教育部2016年颁布的《盲校义务教育课程标准》明确了义务教育阶段学生的课程包括18门：品德与生活、品德与社会、思想品德、历史、地理、生物学、物理、化学、语

① 邓猛．视觉障碍儿童的发展与教育［M］．北京：北京大学出版社，2011：91－92.

② 焦青，刘艳红，谌静．视力残疾学生对他人愿望、情绪以及错误信念的理解［J］．中国心理卫生杂志，2005（10）：9－12.

文、数学、英语、体育与健康、信息技术、美工、音乐、综合康复、定向行走、社会适应，并且对课程目标、课程内容、实施建议三个部分做出了详细规定。除了国家规定的盲校统一课程外，还应该根据视力残疾儿童的需要，重视以下内容：定向行走能力的训练、日常生活技能、休闲与娱乐、性别教育与性教育、社会交往技能、感知觉训练[①]。

（二）视力残疾儿童的教学策略

1. 教材调整

普通学生上课时只需要带教科书和教辅资料，但是视力残疾儿童需要在此基础上进行调整。对于盲童来说，老师还可以提供盲文教材和有声读物，并且使用实物、标本和模型等教具；对于低视力儿童来说，老师还可以提供大字课本和有声读物，并使用助视设备。

2. 学习环境的布置

教学场地布置应当尽可能遵循无障碍原则，充分考虑视力残疾儿童的需要，比如保持走廊和教室过道的通畅，如果有新增物体应该及时告诉学生，以免走路时碰撞受伤，学习环境中的地板设计也应该为直线，方便有残余视力的学生行走。

3. 终身服务的提供

为视力残疾儿童提供终身服务是必然的，学龄前期需要针对视力方面的缺陷进行早期干预，尽早适应生活；学龄期需要关注学业上和生活中的各项需求及挑战；成年期和老年期则更多需要关注工作和生活环境中的困难，为其提供合适的服务。

知识卡片

视力障碍者的无障碍设计

视力残疾者出行过程中会用盲杖和导盲犬探知方位，除此之外，应营造一个针对视力障碍者的安全顺畅的环境：建筑物出入口处的标示与警示，在视觉信息基础上添加盲文和音响；带有磁性和声控的盲道，能够与盲杖相配合，指引使用者到达目的地；在墙面、地面、栏杆和扶手等可触及的地方增加触觉信息，如盲文、凸起图案和低视力可见的符号牌；室内环境设计要在保证视力残疾者安全的前提下尽可能地为他们提供便利……

二、视力残疾儿童融合教育支持

（一）视力残疾儿童融合困境

1. 教学条件不足

视力残疾儿童参与融合需要有力的环境支持，比如学校的道路铺设应满足视力残疾儿

---

① 陈云英．中国特殊教育学基础［M］．北京：教育科学出版社，2004：262－267.

童的定向行走需要、座位需要根据视力残疾儿童的特点来调整、根据儿童视觉受损程度选用合适的辅助器具等。但实际校园的硬件措施还不能满足视力残疾学生的需要，导致他们在生活、学习过程中遇到诸多不便。

2. 教师能力匮乏

视力残疾儿童进入普通学校就学对教师来说也有一定挑战，一些教师在之前没有遇到过特殊学生，对视力残疾儿童的身心特点可能把握不准确，不能真正满足他们的需求。比如，教师有时在授课过程中会播放 PPT、视频等，这种方式很难满足视力残疾儿童特别是盲童的需求，如何将盲文、助视器等辅助器具与课堂教学结合起来成了教师融合教育教学的挑战。教师并非主观上忽略了一些细节，而是缺乏与视力残疾儿童融合教育相关的专业训练，导致教师在授课过程中不知道如何满足视力残疾儿童的需求①。

（二）视力残疾儿童辅助器具支持

当视觉系统在周围环境中的活动参与能力下降时，可以补偿或代偿这种受损能力的装置或设备叫作视力障碍辅助器具②。在现代科技发展的推动下，针对视力障碍者的器具越来越多，主要包括视觉性辅具和非视觉性辅具。视觉性辅具是通过视觉途径来帮助视力缺陷者提高视觉能力的设备，又分为光学、电子、非光学助视器三类。非视觉性辅具是通过视觉以外的功能如听觉、触觉等功能来弥补视觉功能缺陷而提高生存质量的辅助器具。视力障碍辅助器具的分类具体可见图 5－1。因为每个视力残疾者的需求不同，选用辅具的时候应该充分考虑他们的需求，主要从他们的障碍程度、心理差异、生活环境等方面考虑。

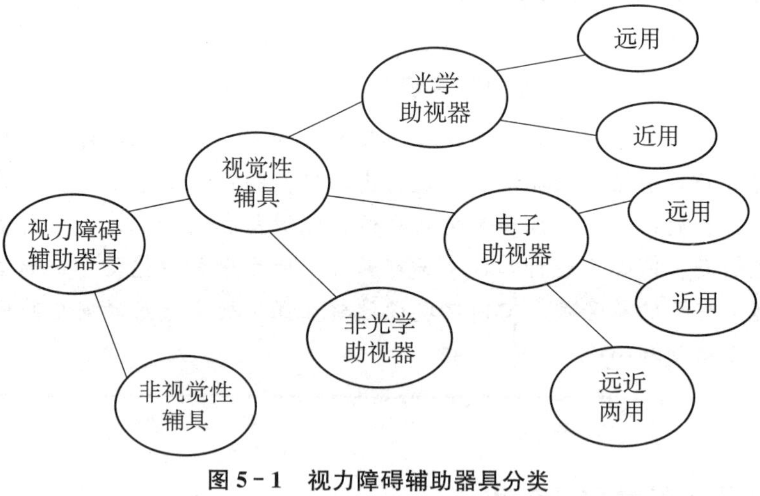

图 5－1　视力障碍辅助器具分类

1. 视觉性辅具

（1）光学助视器。

1）近用光学助视器。

近用光学助视器的原理主要是将物体的成像放大，包括眼镜式助视器（球镜和三棱镜

---

① 杨烨，常晓茗，任一帆．视障大学生的融合教育发展浅观察［J］．文教资料，2019（8）：133－134.

② 中国残疾人辅助器具中心．视力障碍辅助技术［M］．北京：华夏出版社，2018：65.

等）和放大镜（手持式、胸挂式和镇纸式等）（见图 5－2），二者各有优缺点。眼镜式助视器的优点是能够自由使用双手，满足长时间的阅读需要；缺点是不能满足部分度数较高的视力残疾者。放大镜的优点是性价比高，携带方便，适合短时间阅读；缺点是不适合手颤的阅读者使用，并且阅读的速度慢。

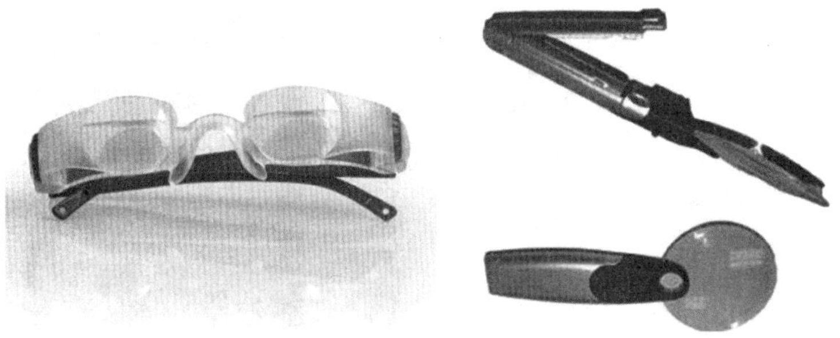

图 5－2　眼镜式助视器（左）和手持式放大镜（右）

2）远用光学助视器。

远用光学助视器包括中远距离眼镜式助视器和望远镜（单筒望远镜、双筒望远镜等）（见图 5－3）。中远距离眼镜式助视器比较适合居家看电视的距离（3m 左右），但是因为瞳孔距离固定，头部较大的视力残疾者使用的时候可能出现重影现象。望远镜则可以看到眼前 30cm 至无限远的距离，不过单筒望远镜不方便走路时使用且只能单眼使用，而双筒望远镜比较重不方便携带。

图 5－3　中远距离眼镜式助视器（左）和双筒望远镜（右）

（2）电子助视器。

电子助视器包括手持式和台式两种，手持式电子助视器方便携带，接受度高，适合不同低视力者，台式电子助视器比手持式功能更多，如放大的倍数高、视野更大、可以改变对比度和亮度，但是不方便携带（见图 5－4）。

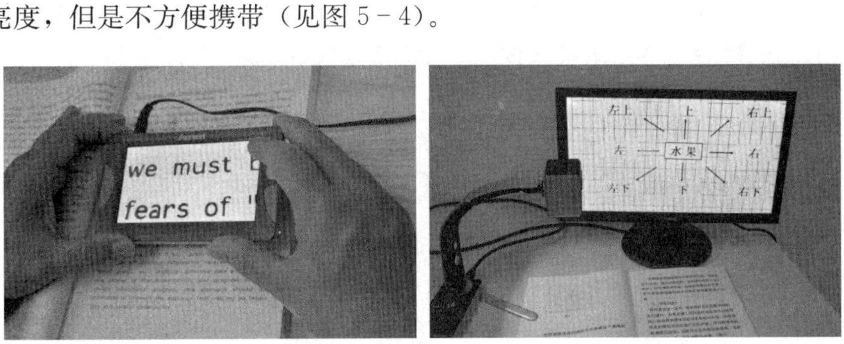

图 5－4　手持式电子助视器（左）和台式电子助视器（右）

（3）非光学助视器。

非光学助视器包括不同的种类，都是为视力残疾者方便阅读而生产的，包括放大尺寸的物体如打字印刷体和大扑克牌、专门的阅读卡片如裂口器、阻挡有害光线的滤光镜、改善明暗度和对比度的照明类辅助器具、增加对比度的特殊设计等（见图 5－5）。

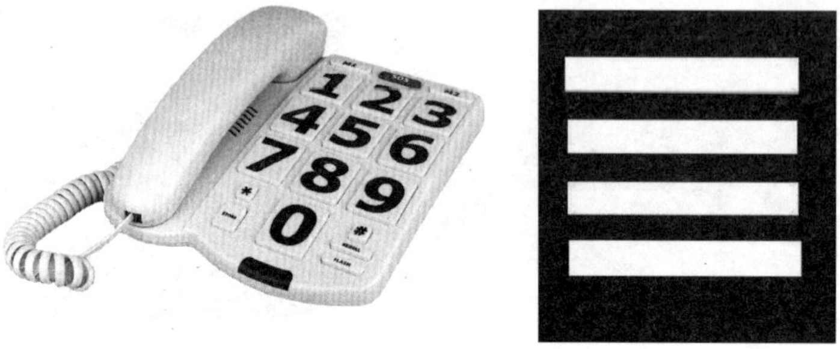

图 5－5　大字电话（左）和裂口器（右）

2. 非视觉性辅具

非视觉性辅具包括听觉补偿辅具和触觉补偿辅具，能够提供与视力缺损相关的辅助。听觉补偿辅具是以语音的形式输出信息，有读屏软件、听书机和语音寻物器等（见图 5－6），触觉补偿辅具有盲杖和盲文，这些非视觉性辅具为视力残疾者出行、工作和学习提供了极大便利。

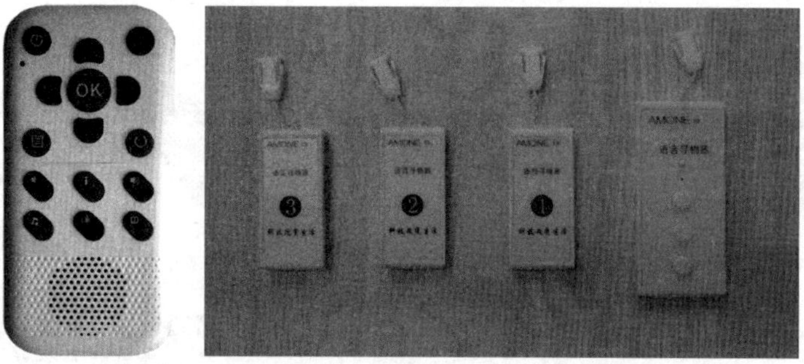

图 5－6　听书机（左）和语音寻物器（右）

3. 信息技术发展催生的辅助器具

科学技术的发展也为视力残疾者带来了便利，一些新的小发明提高了视力残疾者的生活质量，如水位报警器、手指滚动阅读器、可以通过触摸分辨时间的盲人手表、导引式手杖、移动式机器人等（见图 5－7）①。

尽管有这么多辅助器具可以为视力残疾者提供便利，但是辅助器具的使用应满足适配原则，不同的视力残疾者应该有适合自己的不同的辅助器具，并且应该视情况更换新的辅助器具。

---

① 董辰辰，王浩源，冉清华．导盲辅具的研究与发展趋势［J］．电声技术，2019（7）：74－76.

图 5-7 水位报警器（左）和盲人专用手表（右）

（三）视力残疾儿童融合教育的支持系统和内容

视力残疾儿童的融合教育支持系统包括微观系统、中观系统、外系统、宏观系统。微观系统是与视力残疾儿童紧密相关的人员系统，比如负责该儿童的教师、儿童的同伴以及家长等。中观系统是与视力残疾儿童相关的关系，如残疾儿童与教师的关系、与同伴的关系、与家长的关系等。外系统是与视力残疾儿童相关联的系统，如学习组织结构、学校的文化和政策等。宏观系统包括社会、政治、历史、全球等因素。参与这个支持系统的人员包括学校成员、家庭成员和其他外部机构专业人员①，对应的则是学校支持、家庭支持和其他支持。

1. 学校支持

在教学过程中，普通儿童与视力残疾儿童主要使用一体化教案，但是教师需要根据视力残疾儿童的需求做调整，制订个别化教育计划，同时在班级中为其选择一个同伴，以协作学习的方式促进双方的共同进步。还可以为视力残疾儿童创造特殊的学习条件，如特殊的照明工具、特殊的课本等。在座位编排方面，教师可以根据视力残疾儿童的身高、视力缺损程度、教室光线等确定适合他的位置。学校还可以专门开设针对视力残疾儿童特点的训练课，比如在特定时间开展定向行走能力训练以及生活自理训练等。

2. 家庭支持

家长参与已经成为新世纪特殊教育发展的重要趋势，视力残疾儿童在家中接受必要教育也可以促进其身心发展，家长可以在接受专业培训后再对视力残疾儿童进行训练，包括个人卫生、饮食与营养、形象与行走训练等内容。每一个视力残疾儿童在失明或者视力受损后，都会经历精神创伤期、震惊和否认期、悲伤及退缩期、屈服和沮丧期、重新肯定期、适应期六个阶段，部分儿童可能经历第七阶段的恢复期。家长除了要协助教师或者医生对孩子进行教学或康复训练，还要陪伴视力残疾儿童成长，在这个过程中，应随时关注孩子的动态变化，及时采取有效措施。

---

① 童琳，黄志军．国外近二十年视力障碍学生融合教育研究综述［J］．中国特殊教育，2020（12）：34－40．

3. 其他支持

（1）政策支持。

目前立法中对视力残疾儿童的教学制度、评估及救济制度都没有明确的规定，未来在法律法规的制定和实施过程中，应当明确各级政府的职责，促进视力残疾儿童相关的法规体系专业化、标准化、系统化。

（2）社区支持。

社区可以组建各类残疾儿童的家长交流会，分享视力残疾儿童的教育与康复经验，促进接纳和尊重差异的社区环境，为视力残疾儿童参与社区活动提供机会。

第三节　听力残疾儿童概述

【案例】

小杨，男，12 岁，目前就读于特殊教育学校聋教三年级，佩戴助听器并残存部分听力，平时使用手语兼口语交流，喜欢玩游戏和打羽毛球。在数学课上，小杨会对视频或者图片表现出极大的兴趣，并和同学们激情交流，交流时常常难以控制音量，会不由自主地发出尖叫声。在遇到文字题时会开小差，注意力较涣散，难以集中到文字教学中。在记忆力方面，小杨形象记忆较强，可以记住某个具体的、有趣的东西，并在下次遇到时描述出来。但是对于抽象的、需要有意识去记忆的内容表现较差，如作为一名 12 岁的三年级学生，依旧没办法把乘法口诀背诵完整。在思维方面，小杨具有较强的不可逆性。对加法和乘法的掌握较好，但在理解 A 比 B 多、A 比 B 大的文字题目时，常常使用 B—A 去列出算式；或者在对减法竖式进行验算时，常常使用被减数加差进行验算，无法理解退位减等内容。在情绪方面，小杨自尊心比较强，在输掉羽毛球比赛时，会崩溃大哭。在参加集体项目输掉比赛时，会认为是队友拖累了自己。平时被老师批评时，更加倾向外部归因：老师针对我或者老师不喜欢我。

如果你是小杨的班主任，会怎样带领他更好地参与学校生活和学习呢？

资料来源：本案例由广西壮族自治区贵港市特殊教育学校陆诗莹老师提供。

一、听力残疾的定义及分级

听力残疾又称听觉障碍、听力障碍等，是指人由于各种原因导致双耳不同程度的永久性听力障碍，听不到或听不清周围环境声及言语声，以致影响日常生活和社会参与。1987 年第一次全国残疾人抽样调查显示，我国听力残疾的患病率为 1.679%，并且全国听力语言残疾总人数为 1 770 万。2006 年第二次全国残疾人抽样调查显示，我国听力残疾的患病率为 1.52%，全国听力残疾总人数为 2 004 万，其中 6～14 岁学龄听力残疾儿童共 11 万人，且85.05%的听力残疾儿童在普通学校或特殊教育学校接受教育①。

从听力学角度进行划分，听力残疾可分为聋和重听两类。聋人的听力损失程度严重，而重听者的听力损失较聋人轻，全聋是指两耳的听力损失在90dBHL以上或完全失去音感，重听是还存在残余听力。根据不同的分类标准，听力残疾还可以分为不同的种类：按照听力受损的部位不同可以分为传导性听力损伤、感音神经性听力损伤和混合性听力损伤；按照是否遗传可分为遗传性听力损伤和非遗传性听力损伤；按照听力残疾的性质可分为器质性听力损伤和功能性听力损伤；按照听力残疾发生的时间可分为先天性听力损伤和后天性听力损伤；按照听力受损的程度，可分为听力残疾一级、二级、三级和四级（见表5-3）②。需要注意的是：

听力残疾一级：听觉系统结构和功能极重度损伤，较好耳平均听力损失为91dBHL及以上，在无助听设备帮助下，不能依靠听觉进行言语交流，在理解和交流等活动上极度受限，在参与社会生活方面存在极严重障碍（几乎听不到任何声音）。

听力残疾二级：听觉系统结构和功能重度损伤，较好耳平均听力损失在81～90dBHL之间，在无助听设备帮助下，在理解和交流等活动上重度受限，在参与社会生活方面存在严重障碍（只能对很大的声音有感觉，如鞭炮爆出的声音）。

听力残疾三级：听觉系统结构和功能中重度损伤，较好耳平均听力损失在61～80dBHL之间，在无助听设备帮助下，在理解和交流等活动上中度受限，在参与社会生活方面存在中度障碍（只能听到较大的言语声，但可懂度很差）。

听力残疾四级：听觉系统结构和功能中度损伤，较好耳平均听力损失在41～60dBHL之间，在无助听设备帮助下，在理解和交流等活动上轻度受限，在参与社会生活方面存在轻度障碍（能听到言语声，有一定的言语能力，但辨音不清）。

表5-3 第二次全国残疾人抽样调查听力残疾评定标准

类别	级别	听力损失（dBHL）
听力残疾	一级	≥91
	二级	81～90
	三级	61～80
	四级	41～60

二、听力残疾的成因

引起听力残疾的原因很多，从各个角度分析都有合理性，如耳聋病学分析了遗传和环境因素，甚至包括感染和各类病变等。本书将从教育视角切入，关注学语前听力残疾和学语后听力残疾的成因。学语前听力残疾是指儿童0～4岁前发生的听力残疾，也就是在儿童学会说话之前就出现的听力残疾。学语后听力残疾主要是指儿童在4岁后发生的听力残

① 参见中国政府网（www.gov.cn）残疾人事业统计调查监测。

② 孙喜斌，李兴启，张华．中国第二次残疾人抽样调查听力残疾标准介绍［J］．听力学及言语疾病杂志，2006（6）：447-448.

疾，即在自然学会说话之后的听力残疾[①]。

（一）学语前听力残疾的成因

1. 遗传

50％的感音性听觉损伤由遗传因素所致，遗传性听力残疾主要因为亲代的遗传基因或染色体变异。遗传病变可能发生在外耳、中耳和内耳，发生在外耳和中耳可能导致传导性听力损伤，发生在内耳可能引起感音神经性损伤，如果外耳、中耳和内耳都发生病变则可能引起混合性听力损伤[②]。

2. 围产期状况

围产期是妊娠28周到出生后1周。语前听力残疾可能与孕妇分娩时难产、早产、产伤、溶血性黄疸等各种原因有关，还有一些有脑出血经历或出生时缺氧的婴儿也可能会发生学语前听力残疾[③]。

3. 母亲麻疹

对于孕妇特别是怀孕前三个月的孕妇，麻疹病毒会侵袭正在发育的胎儿，威胁胎儿的听力、视力、心脏等，可能成为引起听力残疾的因素。

（二）学语后听力残疾的成因

1. 中耳炎

中耳炎是由中耳发炎引起的，常见的中耳炎有化脓性中耳炎、分泌性中耳炎、粘连性中耳炎与鼓室硬化症，一般的中耳炎可能会导致传导性听力损失，严重的化脓性中耳炎可能导致感觉神经性听力损失。

2. 脑膜炎

脑膜炎是细菌或者病毒对中枢神经系统的感染，脑膜炎引起的耳聋往往是全聋，并且这种感染可能扩展到其他器官，身体其他方面可能也会出现障碍。

3. 其他原因

其他原因包括药物、高烧、外伤、有毒化学物质等，比如长期与铅、磷、汞等物质的接触者可能引起慢性中毒，导致神经炎，进而发生耳聋。但是依旧有60％的学语后听力残疾儿童致残原因不明。

三、听力残疾儿童的特点

（一）听力残疾儿童的生理特点

听力残疾儿童在身体素质上与普通儿童无明显差异，一部分听力残疾儿童的耳部构造

---

① 蓝天．学前特殊儿童教育［M］．哈尔滨：黑龙江大学出版社，2020：44.

② 贺荟中．听觉障碍儿童的发展与教育［M］．北京：北京大学出版社，2011：14－15.

③ 方俊明．特殊教育学［M］．北京：人民教育出版社，2005：161.

异常，如先天性外耳道受损，也有部分听力残疾儿童佩戴助听器或人工耳蜗，但是不近距离观察比较难发现。

（二）听力残疾儿童的心理特点

1. 听力残疾儿童的认知过程特点

（1）听力残疾儿童的感知觉特点。

由于缺乏外部声音的刺激，听力残疾儿童在工作生活和学习中也会充分利用自己的其他感觉，其中视觉是其获得信息的主要途径。经过训练后的听力残疾儿童相较于普通儿童的视觉敏锐度、视觉加工能力、视觉搜索能力和视觉记忆能力、视觉表现能力更好。另外，听力残疾儿童的听觉缺损对其触觉、振动觉和言语动觉会有一定影响，比如在发音训练时，听力残疾儿童需要感受声带振动情况、观察嘴唇动作以及面部肌肉活动、模仿发音等，需要利用多感官合作进行学习。

听力残疾儿童的知觉也有其独特的地方，感觉是知觉的基础，听力残疾儿童的听觉部分损伤，导致了知觉信息加工不完整，难以形成完整的知觉。另外听力残疾儿童的知觉选择性和准确性不强，因为输入视觉刺激时，他们可能会关注到一些比较细节的地方，整体概念难以形成，进而影响了思维的层次性和逻辑性。

（2）听力残疾儿童的注意力特点。

听力残疾儿童的无意注意会更多，并且有意注意发展比较缓慢，随着年龄的增长，听力残疾儿童的有意注意能力也在逐步增强。在有意注意基础之上发展的有意后注意，则是在兴趣驱动和意志力努力下进一步发展的。另外，听力残疾儿童接受的外界刺激主要来自视觉，所以在注意分配、注意转移和注意范围的相关任务中表现出困难，比如不能一边看一边听，也不能一边看老师的展示，一边看手语翻译。另外，听力残疾儿童较多使用视觉进行学习，并且学习的困难比较大，所以注意的稳定性较差，很难保持注意力的持久性①。

（3）听力残疾儿童的记忆力特点。

这里主要指听力残疾儿童的视觉记忆。在瞬时记忆方面，听力残疾儿童对直观形象事物的记忆优于对文字材料的记忆，并且视觉输入信息的记忆优于触觉和动觉输入的记忆，但是在记忆汉字的过程中存在语音混淆现象。在短时记忆方面，听力残疾儿童的言语记忆广度比较狭窄，但是视觉记忆的广度优于普通儿童，视觉信息编码时，聋人可能会形成与独特的手语有关的视觉性编码，形成特有的“以手代耳”的代偿现象，通过手语进行交流，形成一种特殊的记忆方法——手语记忆。听力残疾儿童识记语言材料时，一般都是边看边读边打手语，将视觉活动和动觉活动同时利用起来。在长时记忆方面，听力残疾儿童与普通儿童在记忆的总量上是没有太大差异的，只是在记忆时的编码方式上有所不同。

（4）听力残疾儿童的思维特点。

听力残疾儿童的思维主要以手语为基础，主要是直观形象的思维能力，但是难以表达

---

① 方俊明．特殊教育学［M］．北京：人民教育出版社，2005：166－176.

抽象的事物或者概念，这种具体形象性的思维贯穿于听力残疾儿童发展的每个阶段，不仅表现在学龄期，还表现在高年级学生身上。另外，听力残疾儿童的抽象思维虽然发展缓慢并且发展的水平较低，但是他们的抽象逻辑思维能够随着语言的发展和经验的积累逐步提高，甚至能够达到普通的发展水平①。

（5）听力残疾儿童的语言特点。

听力是语言学习的基础。听力损失直接导致听力残疾儿童口语发展困难或者完全没有口语。由于缺少口语基础，学习书面语言就非常困难，因此不论是口头语言还是书面语言，他们的发展都相对滞后。听力残疾儿童可以学习口语，但经常将手语作为表达信息的交流工具。在语义发展方面，听力残疾儿童与普通儿童的语义发展水平是一致的，但是早期缺乏干预和训练的儿童会在语言理解上存在障碍。

知识卡片

十聋九哑？

“十聋九哑”反映了聋和哑之间的关系，即聋因导致哑果。这种观念并不准确。聋人不会说话的根本原因是听不见，但是他们的发音器官和舌头并没有问题，所以如果聋人发音器官良好是可以经过后天训练习得语言的，如观察口形、口部肌肉训练等，并且随着现代医疗技术的发展，听力问题也能够及早发现并及时进行干预，聋人学会语言也就比较常见了。

2. 听力残疾儿童的情绪情感特点

听力残疾儿童的心理健康水平总体来看是良好的，相对于普通学生来说，他们对情绪的理解和识别会有困难，个别儿童可能会因为自身特点而感到自卑，或因外界的看法而感到焦虑，或对一些负面言论敏感，从而产生逃避心理。部分听力残疾儿童面临“哑巴吃黄连，有苦说不出”的困境，不能用语言来直接表达自己的想法，容易导致自己的想法被曲解，进而可能产生与周围人对立的情绪，并诱发一些情感问题，如自制力差、猜忌、攻击性等，这需要各方人员的理解和包容。

3. 听力残疾儿童的个性和社会适应特点

听力残疾儿童在社会交往过程中，更多会选择同样有听力残疾的儿童为同伴，发展同伴关系。在与同伴交往的过程中，听力残疾儿童的个性与人格逐步形成。同时拥有手语和口语双语的听力残疾者逐渐产生了一种独特的、属于听力残疾群体的特殊文化——聋人文化，聋人群体形成了一种共识并会为自己发声：“我们除了听不见，什么都可以做到！”这也是听力残疾儿童发展自我认同的一部分，聋人文化一定程度上也促进了聋人群体的发展。

---

① 贺荟中．听觉障碍儿童的发展与教育［M］．北京：北京大学出版社，2011：56－58.

第四节　听力残疾儿童的教育与支持

一、听力残疾儿童的课程设置与教学策略

（一）听力残疾儿童的课程设置

这里提到的听力残疾儿童的课程主要指聋校课程，聋校课程是为了适应聋生身心发展而设计的各种学科、计划、活动以及教学材料的综合及其进程和安排，聋校的课程设置应根据培养目标、课程观、学生起点水平以及听力残疾儿童的身心特征来制订。

1. 聋校课程设置的原则

聋校课程设置需要遵循三个原则：第一，均衡性与特殊性相结合原则。在完成义务教育课程标准要求的课程外还应该结合听力残疾儿童自身的特殊性来进行教学，注重潜能的开发，增设具有听力残疾儿童特点的课程。第二，综合课程与分科课程相结合原则。小学和初中的课程侧重点不同，小学应侧重于综合课程，初中则需要将综合课程与分科课程相结合。因为各个阶段的能力特点不同，采取的策略也应该有所不同。第三，统一性和选择性相结合原则。课程设置既应该适合所有的学生和地区，但是具体实施时，还应该考虑听力残疾学生的个体差异性和自身的独特需要。

2. 聋校课程的具体设置

教育部颁布的《聋校义务教育课程标准（2016 年版）》，明确了义务教育阶段学生的课程包括以下 14 门：品德与生活、品德与社会、思想品德、历史、地理、生物学、物理、化学、语文、数学、沟通与交往、体育与健康、律动、美术，并且对课程目标、课程内容、实施建议三个部分做出了详细规定。总的来说，聋校的课程可以分为一般性课程和选择性课程，一般性课程可以满足学生的基本需求，而选择性课程着眼于学生的个别化需求，强调学生个人能力的发掘，注重学生潜能的开发，所以各学校在开设一般性课程的前提下，还可以根据聋生的特点开设选择性课程。

（二）听力残疾儿童的教学策略

教学包括“教”与“学”两个方面，教师应该怎么教听力残疾儿童？听力残疾儿童应该如何学？听力残疾儿童自身的特殊性决定了课堂教学不应该与传统的课堂教学一样，教学时应因材施教。比如，教学内容上可以选择直观形象、生动有趣、便于理解的内容；教学方法可以采用情境教学法、游戏教学法等不同的方法，提高听力残疾学生对课堂的关注度；在座位安排上，可以根据学生的残余听力进行座位安排，尽可能离教师的声音近一点；在教师语言上，教师在使用手语教学时应辅以口语，并且面部表情应该丰富一些，便于学生理解。

教师需要根据儿童特点选择有效的教学策略，比如设计有效的教学目标、注重有效的教学过程、开展有效的师生沟通、实施分层分类和个别化教学，包括生活化教学策略、探究性学习策略和合作教学策略。生活化教学策略指加强学生课堂知识学习与课下实践的联系，尽可能在自然情景中教学；探究性学习策略指在教学中培养学生的综合能力和运用知

识解决实际问题的能力，使学生具备发现现实中存在的问题、分析问题背后的各项复杂原因和解决这类问题的能力①；合作教学策略是指教师与教师之间、教师与康复师之间、教师与家长之间的多方面的合作，以此促进听力残疾儿童的个性和能力发展。

二、听力残疾儿童融合教育支持

（一）听力残疾儿童融合教育的语言教学模式

听力残疾儿童在融合教育过程中，最大的难点还是听力受损引起的学习和生活上的困难。如何根据各地的实际情况因地制宜地采取适合听力残疾者的语言教学模式？最常见的有听语教学模式、视语教学模式、手语教学模式、综合语言教学模式②。

听语教学模式是指口语教学，在教学时使用扩音喇叭来刺激聋生的听力，但这种模式不适用未佩戴助听器的听力残疾学生。视语教学模式又称唇读或者看话，是指视力残疾者通过视觉收集的信息来感知言语的技能，这种模式需要加强听力残疾者的视话能力。手语教学模式主要是通过运用听力残疾儿童熟悉的手语来满足他们在融合教育过程中的需要的一种教学模式，但是这种模式对教师的能力要求较高，需要教师具备手语能力。综合语言教学模式是指将听语、视语、手语几种方式适当结合。各种模式都有优点和具体实施上的困难，教师应该根据听力残疾儿童的状况选择适合他们的语言教学模式，提高融合教育的教学质量。

（二）听力残疾儿童融合教育需要的支持

1. 教师提供有效的教学支持

教师在听力残疾儿童参与融合教育过程中的作用举足轻重，具体实施过程中可以注意以下几点：

（1）关注听力残疾儿童的心理特点。

听力残疾儿童由于听力的损失，可能会在学习中遇到问题，如学习吃力、看不懂教师的口形或表情、不能同时关注两个地方，进而可能产生暴躁、自卑的心理，教师可以在课上多观察，课下与家长多沟通，及时关注学生的心理变化。

（2）带领听力残疾儿童逐渐适应融合班级的声学环境。

融合环境比较嘈杂，听力残疾儿童在融合环境中提取有用的声音有一定难度，所以教师应该将听力残疾儿童的位置安排在前面，尽可能靠近教师。

（3）普通教师在编写教案时应考虑听力残疾儿童的特殊需求。

听力残疾儿童可能在学习过程中无法将抽象词汇与生活经验相结合，此时教师需要利用形象具体的方式来进行教学，并关注学生在听课时的理解程度。

（4）关注听力残疾儿童的兴趣和特长。

听力残疾儿童虽然听力受到了损伤，但是他们对自己感兴趣的活动或技能能够集中更

---

① 刘全礼．中国特殊教育发展报告［M］．南京：南京师范大学出版社，2018：271.

② 雷江华，邓猛．听觉障碍儿童融合教育语言教学模式论析［J］．中国特殊教育，2007（2）：13－18.

多注意力，受外界声音的干扰较小，所以教师发现听力残疾儿童在其他方面有特殊天赋时，应给予关注并加以培养。

2. 听力残疾儿童的相关辅助技术

信息化和技术化时代下催生的技术运用，不仅促进了听力残疾儿童的认知、社会交往、沟通等能力的发展，也为社会大众提供了便利。听力残疾者常用的辅助技术包括助听器、人工耳蜗、文本翻译、信号设备等技术。许多学校还运用了现代教育技术来辅助对听力残疾儿童的教学，比如利用多媒体发布课内外相关信息的系统、多感官服务日常生活的系统、移动学习系统等多种智能化系统。有的学校紧跟技术潮流，培养聋生的信息技术能力，为学生的终身学习奠定了技能基础。聋校中的信息技术可以分为三类：一是无障碍课堂技术，如语音识别技术，将教师的语言信息转换为文字的视觉信息，进而提高课堂教学的效率；二是方便教学的技术，如多功能的电子白板和实物投影技术，将上课所需物品直观形象地呈现出来；三是促进听力残疾儿童与普通儿童交流的技术，如面部表情合成系统、手语合成系统、聋人专用手机和 iPad 等，进而减少同伴之间交流的障碍。

（1）助听器和人工耳蜗。

助听器是能够将外界声音进行放大和处理的个体小型扩音器，从功能上可以分成麦克风、放大器、耳机和控制装置四个部分。人工耳蜗又叫电子耳蜗，是一种能够模拟耳蜗功能的声-电换能装置（见图 5－8）。

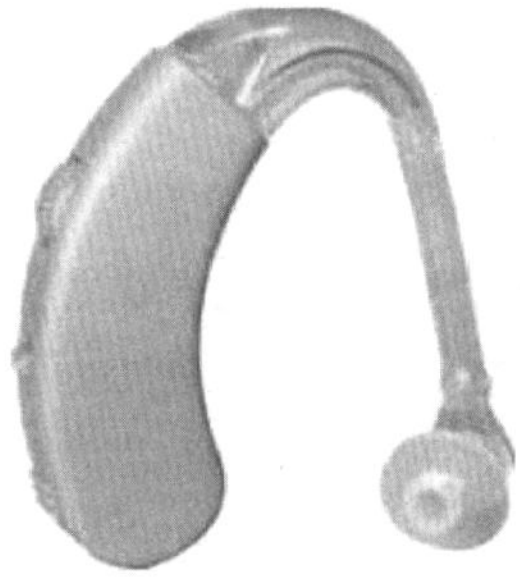

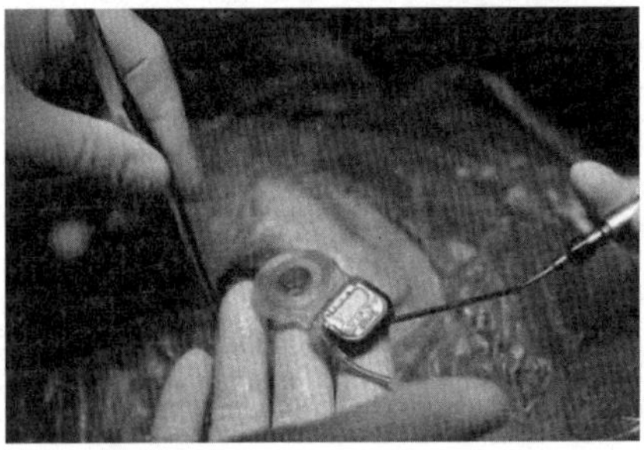

图 5－8　助听器（左）和人工耳蜗（右）

那么助听器和人工耳蜗有何区别呢？助听器是一种用增大声音的方法来补偿听力损失功能的装置，包括两类，一类是可以为集体教学放大音量的大型助听器，另一类是个体助听器，但即使最有效的助听器也不能让重度听力损失儿童听见几步外的声音。人工耳蜗是一种在毛细胞损伤或缺乏从而无法产生音感的情况下进行补偿的电子装置，人工耳蜗分为内外两部分，外部就像助听器一样佩戴，内部是通过手术将电极插入耳蜗中。不同听力损失程度的听力残疾者可以根据自身经济情况、个人生理状况等因素选择使用人工耳蜗还是助听器。

（2）手语翻译指套。

对于重度听力残疾来说，手语是一种最为实用、便捷的沟通方式，但是对于使用口语的健听人士来说，手语需要专门学习才能习得，并且手语翻译的质量不一。在这样的背景下，能够把手语翻译为文字或者语音的手语翻译指套将发挥出巨大作用（见图 5－9）。

（3）听觉代偿辅助技术。

听力残疾者可以选择将声音信号转换成为视觉信号或者触觉信号的代偿性辅助听觉装

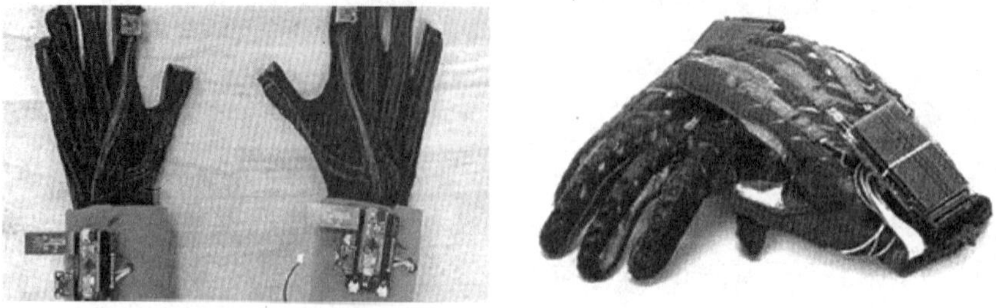

图 5-9 手语翻译指套

置，比如闪光门铃和振动手环。闪光门铃是以闪光的形式提示门外有人在按门铃，振动手环是以触觉的形式达到提醒听力残疾者的目的（见图 5-10）。

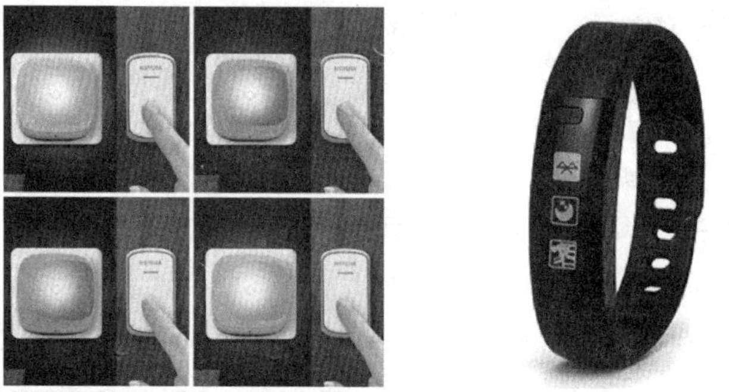

图 5-10 闪光门铃（左）和震动手环（右）

3. 构建听力残疾儿童融合教育支持团队

融合团队的成员应该包括教师、家长、康复机构专业人士、专家等与听力残疾儿童融合的相关人员。教师作为支持的主要力量，应该是团队的核心，其他人员提供一定协助。家长与学校应该对听力残疾儿童的训练目标达成共识，在双方平等、及时、有效沟通的基础上共同就学生学习的相关事宜展开讨论。康复机构专业人士应该将听力残疾儿童的康复方案和听力及口语情况与教师进行对接，提高教师对儿童的了解程度。而专家适时可以为教师自身能力提升提供帮助，带领他们学习相关的专业知识。应多方协作，尽可能最大化地满足听力残疾儿童的需求，对听力残疾儿童从生理和心理上加以关注，促进他们融入普通环境。

第五节 肢体残疾儿童概述

【案例】

小龚，男，12 岁，目前就读于特殊教育学校培智一年级，肢体障碍程度较轻。表现为走路会比较摇晃、动作缓慢，自己坐下或者蹲下后需要老师协助或者扶着物体才能站起来，上下楼梯需要扶着栏杆，写字、画画、挂书包等精细动作存在一定困难。他平时喜欢唱歌和看电视，有一定的识字能力，能够独立说词语和简单句子，吐字比较清晰。

小龚因肢体上的障碍带来了行动上的不便。接下来请你参与一个小游戏：单手穿衣。和小伙伴比一比谁穿衣更快。找一件带有纽扣的长袖衬衫/外套，一只手背在后方，另一只手完成穿衣和扣纽扣，最先扣好全部纽扣的人获胜。这个小游戏旨在通过体验单侧上肢活动受限，来理解现实生活中肢体残疾者不仅穿衣会受到限制，食住行也会受到不同程度的限制。

一、肢体残疾的定义与分级

（一）肢体残疾的定义

2006年的第二次全国残疾人抽样调查将肢体残疾定义为：人体运动系统的结构、功能损伤造成四肢残缺或四肢、躯干麻痹（瘫痪）、畸形等而致人体运动功能不同程度的丧失，以及活动受限或参与的局限。肢体残疾包括：上肢或下肢因伤、病或发育异常所致的缺失、畸形或功能障碍，脊柱因伤、病或发育异常所致的畸形或功能障碍，中枢、周围神经因伤、病或发育异常造成躯干或四肢的功能障碍[①]。

在这个调查标准中，肢体残疾也包含了脑瘫。我们需要明确的是：脑瘫不是病，它也不具有传染性，它是一组持续存在的中枢性运动和姿势发育障碍、活动受限症候群，这种症候群是由于发育中的胎儿或婴幼儿脑部非进行性损伤所致。脑性瘫痪的运动障碍常伴有认知、交流和行为障碍，以及癫痫和继发性肌肉、骨骼问题[②]。脑瘫儿童中约有40%的儿童智力发展正常，其他的则可能带有轻度的智力障碍或其他障碍。

知识卡片

脑　瘫

脑瘫是指由儿童大脑发育成熟前的损伤造成的瘫痪、无力、协调不足或其他运动机能障碍。在大脑发育进程的任何阶段，大脑受到损伤，都有可能引致脑瘫。在妊娠期间，如果母亲感染病毒或其他疾病、受到有害辐射或其他有毒物质、过量饮酒或吸毒等都可能对胎儿的大脑发育造成损害；在生产过程中，如果出现难产、产中出血或感染、中毒等也有可能造成新生儿的脑部损伤。简单来说，所有可能引起脑部缺氧、中毒、脑出血或直接的大脑损伤的因素，都有可能造成脑瘫。脑瘫患者可能会出现移动和言语困难、因肌肉僵直或紧张而动作不准、难以维持身体平衡、肌肉缺力或松软、面部扭曲或者流涎等。

---

① 第二次全国残疾人抽样调查残疾标准［J］．中国残疾人，2006（5）：7－9.

② 王芳菲，唐瑶瑶．脑瘫儿童的音乐治疗［M］．北京：华夏出版社，2016：11.

（二）肢体残疾的分级

肢体残疾一共分为四级，具体标准如下：

1. 肢体残疾一级：不能独立实现日常生活活动

（1）四肢瘫：四肢运动功能重度丧失；（2）截瘫：双下肢运动功能完全丧失；（3）偏瘫：一侧肢体运动功能完全丧失；（4）单全上肢和双小腿缺失；（5）单全下肢和双前臂缺失；（6）双上臂和单大腿（或单小腿）缺失；（7）双全上肢或双全下肢缺失；（8）四肢在不同部位缺失；（9）双上肢功能极重度障碍或三肢功能重度障碍。

2. 肢体残疾二级：基本上不能独立实现日常生活活动

（1）偏瘫或截瘫，残肢保留少许功能（不能独立行走）；（2）双上臂或双前臂缺失；（3）双大腿缺失；（4）单全上肢和单大腿缺失；（5）单全下肢和单上臂缺失；（6）三肢在不同部位缺失（除一级中的情况外）；（7）二肢功能重度障碍或三肢功能中度障碍。

3. 肢体残疾三级：能部分独立实现日常生活活动

（1）双小腿缺失；（2）单前臂及其以上缺失；（3）单大腿及其以上缺失；（4）双手拇指或双手拇指以外其他手指全缺失；（5）二肢在不同部位缺失（除二级中的情况外）；（6）一肢功能重度障碍或二肢功能中度障碍。

4. 肢体残疾四级：基本上能独立实现日常生活活动

（1）单小腿缺失；（2）双下肢不等长，差距在 5 厘米以上（含 5 厘米）；（3）脊柱强（僵）直；（4）脊柱畸形，驼背畸形大于 70 度或侧凸大于 45 度；（5）单手拇指以外其他四指全缺失；（6）单侧拇指全缺失；（7）单足跗跖关节以上缺失；（8）双足趾完全缺失或失去功能；（9）侏儒症（身高不超过 130 厘米的成年人）；（10）一肢功能中度障碍，两肢功能轻度障碍；（11）类似上述的其他肢体功能障碍。

二、肢体残疾的成因

截至 2021 年 12 月 31 日，全国已办理残疾证人数达到 3 804 万。其中已办理残疾证的肢体残疾人口总数达 2 037 万①，占已办理残疾证人总数的 53.55%，是所有残疾类别中占比最大的一类。肢体残疾致残原因的前五位分别是脑血管病（19.75%）、骨关节病（18.92%）、其他外伤（16.35%）、其他原因（7.53%）和脊髓灰质炎（6.92%）。不同年龄肢体残疾人的致残原因有所不同：0～14 岁的儿童肢体残疾首位致残原因是脑性瘫痪，占所有致残原因的 30.80%；65 岁及以上的老年人群肢体残疾首位致残原因是脑血管疾病，占所有致残原因的 30.72%；而其他年龄组人群则以外伤为首位致残原因，占所有致残原因的 16.73%。肢体残疾常见的致残原因可以分为下面五大类②：

---

① 全国持证残疾人人口基础库主要数据. 中国残疾人联合会网站，2022-03-06.

② 徐本名. 肢体残疾评定手册［M］. 北京：华夏出版社，2013：19-21.

（一）先天性原因

先天性原因是指肢体残疾者因先天发育或遗传因素导致残疾，例如，脑性瘫痪、侏儒症等先天性骨关节疾病，还包括遗传性共济失调等神经系统遗传疾病及先天性神经系统发育异常等。

（二）外伤性原因

一些外伤也可能导致肢体残疾，比如严重的骨折或轻伤受感染加重，或者因为脑外伤导致肢体运动功能损伤、产伤致脑性瘫痪或神经损伤等，但是这些外伤导致的肢体残疾可以通过残疾预防避免。

知识卡片

脊髓损伤

脊髓损伤可能出现在人生任何时段，包括先天性脊髓损伤和后天脊髓损伤。最常见的先天性的脊髓损伤是脊柱裂。脊柱裂可能会导致患儿双腿瘫痪、肛门及膀胱括约肌无法正常工作，常常伴随着失禁。后天脊髓损伤多由意外伤害如车祸、高坠、重物击打等造成，一些疾病也可能会导致脊髓损伤，如脊髓瘤压迫脊髓神经而导致的脊髓损伤。脊髓损伤的直接后果就是相应的肢体或躯干瘫痪，这取决于脊髓损伤的部位和损伤严重程度。有的脊髓损伤患者可能只是下肢末端的运动控制受到影响，可以独立行走或借助辅助支具来行走；而严重的脊髓损伤可能导致患者脖子以下身体完全失去知觉，即所谓的高位截瘫。

（三）中毒性原因

中毒性原因是指接触毒性物质后遗留肢体残疾，如农药中毒。

（四）疾病性原因

脑或脊髓疾病、脑血管疾病、周围血管病、运动神经元病等都可能导致肢体残疾。

（五）感染性原因

细菌、病毒、真菌等感染因素也可能导致肢体残疾，如骨髓炎、化脓性关节炎、脑炎等。

知识卡片

脊髓灰质炎

脊髓灰质炎又叫小儿麻痹症，是一种肠道感染疾病。脊髓灰质炎病毒主要攻击10岁以下的儿童，病毒通过口-粪接触实现人与人之间的传播，没洗干净的手、共用的物品、被污染的食物和水等都是其传染途径。脊髓灰质炎病毒侵入的是人类脊髓前角的运动细胞，所造成瘫痪的严重程度则视病毒侵犯的脊髓位置而定，如果是腰椎部分，则导致下肢瘫痪，如果位置偏高，则会影响上肢运动功能。

三、肢体残疾儿童的特点

（一）肢体残疾儿童的生理特点

根据医学的“代偿效应”来看单下肢残疾者和双下肢残疾者，单下肢残疾者的健腿会变得更粗且更有力，双下肢残疾者的日常生活依靠上肢操作轮椅，所以上肢力量会更强一些。肢体残疾儿童由于外伤或病变会导致肢体损伤、截肢，同时会导致运动机能受损，会使身体机能降低，进而影响生活自理能力。运动机能受损后，身体的九大系统也会表现出相应的临床症状，比如大部分坐轮椅者可能因为平时缺乏运动导致心肺功能变差，呼吸困难，还可能患上高血压、高血糖和高血脂，另外，长时间坐轮椅还可能会对生殖系统造成压迫，导致性功能下降。部分小儿麻痹症儿童脊椎可能侧弯，并且坐在轮椅上时臀部两边无法均匀着力，长时间保持相同坐姿可能会加重脊椎侧弯，日积月累还会导致脏器移位[①]。

（二）肢体残疾儿童的心理特点

肢体残疾儿童在感知觉、注意、记忆、思维、语言等认知过程上与普通儿童并没有明显差异。但是因为肢体上的损伤，有的肢体残疾儿童可能会对外界的信息比较敏感，所以在个性特征方面表现出不同的特点，比如遇到挫折时自卑，社交时容易焦虑进而形成孤僻的性格。但是大部分肢体残疾儿童还是积极向上的，面对困难时表现出顽强的意志力[②]。

肢体残疾儿童的心理会受到所处环境的影响，外界的看法会时刻伴随并影响这些学生的情绪及心态。公众的态度对肢体残疾者的自我理解及心理调适、行为举止及社会适应等都有着极大的影响。如果公众害怕、拒绝或者歧视他们，他们就必须用大量的精力来隐藏自己的残疾特征来缓解耻辱感；如果公众怜悯他们或者给他们贴上无用的标签，他们很可能会慢慢形成依赖的性格。对普通学生来说，最大的教育问题是让他们知道残疾是什么以及如何与残疾学生相处。

（三）脑瘫儿童的特点

各种类型脑瘫分布从高至低为：痉挛型 58.85%、混合型 13.17%、不随意运动型 9.79%、肌张力低下型 8.28%、共济失调型 6.25%、强直型 3.39%[③]。运动障碍和姿势异常是脑瘫儿童的核心特征，无论哪一种类型的脑瘫，都具有脑发育快速阶段非进行性损伤或发育障碍的特点，以运动发育落后、姿势及运动模式异常、反射发育异常、肌张力及

① 贾祝军．无障碍设计［M］．北京：化学工业出版社，2015：70－76.
② 郑福明，骆风主．学前儿童家庭教育［M］．北京：教育科学出版社，2017：150－151.
③ 李晓捷．儿童康复［M］．北京：人民卫生出版社，2020：161－179.

肌力改变为主。动作能力方面，部分脑瘫儿童因为脑部损伤导致整体的运动能力较差并表现出姿势异常，具体表现为肌力、肌张力、关节活动度异常，并且耐力、速度、协调性不足[①]。感知觉方面，一部分脑瘫儿童在以下几项中存在一项或多项感知觉异常：视觉（如斜视）或听觉异常，触觉、前庭觉异常敏感或迟钝，本体感觉不足。沟通能力方面，部分脑瘫儿童由于呼吸系统、舌唇和下颌结构或肌肉力量本身存在异常，常常表现出构音障碍、发音不清等特点，严重者完全没有言语能力。个性心理方面，脑瘫儿童随年龄增长逐渐出现肌张力异常、反射异常等多种肌肉运动功能障碍及姿势异常等表现，所以在行动上不能像普通儿童一样跑跳，久而久之可能会产生孤独感。部分脑瘫儿童会对外界的评价异常敏感，容易计较别人怎么对待自己，所以好胜心和自尊心会比较强，同时会因为自己没有达到内心的目标而自责。

1. 痉挛型脑瘫

痉挛型脑瘫可能因为牵张反射亢进、持续性肌紧张而引起运动功能障碍。患者在被动运动时会有阻力，并且肌张力增高会受到警觉状态、情绪、疼痛等影响，因累计的部位不同表现为双瘫、偏瘫、四肢瘫等。典型表现有髋关节屈曲、内收、足内翻或外翻、难有大幅度的运动、平衡反应迟钝，常有关节变形发生[②]。

2. 不随意运动型脑瘫

不随意运动型脑瘫的特点是肌张力不稳定，表现为肢体、躯干甚至全身难以用意志控制的不随意的运动。典型表现为：脸部不随意运动，表情奇特；头颈部控制力量不足，存在构音障碍和发声障碍，有流涎的状况；肌张力在静止时会减轻，在随意运动时会加强，对外界给出的刺激反应敏感，也易受紧张性颈反射和紧张性迷路反射影响，常呈现非对称姿势，平衡反应差；婴儿期多表现为肌张力低下。

3. 肌张力低下型脑瘫

肌张力低下型脑瘫的特点是肌肉张力过低。典型表现为：动作缓慢无力，平衡反应差，有时会因为背部肌肉力量不足导致脊柱侧弯。

4. 共济失调型脑瘫

共济失调型脑瘫的特点是肌张力低下和平衡协调功能障碍。典型表现为：运动时动作不协调，专心做某一动作时手部及头可能会不自主颤抖；平衡功能存在障碍，表现为走路时呈醉汉步态，并且运动速度较慢。

5. 强直型脑瘫

强直型脑瘫的特点是肌张力显著增高。典型表现为：肢体僵硬并且具体的活动减少，被动运动时做屈曲运动和伸展运动均会遇到抵抗力，这种阻力在缓慢运动时最大。

6. 混合型脑瘫

混合型脑瘫的特点是同时具有以上两种类型，痉挛型与不随意运动型同时存在的情况最为多见，可能以一种类型的表现为主，也可能大致相同。

---

① 王和平．特殊儿童的感觉统合训练：第2版［M］．北京：北京大学出版社，2019：240－251.
② 陶艳玲．儿科常见病诊治与康复：下［M］．长春：吉林科学技术出版社，2016：553.

第六节 肢体残疾儿童的教育与支持

因为肢体残疾自身的限制，我们会很容易将对肢体残疾儿童的教育期望降低，但是这对他们来说并不公平，因为他们各方面的能力包括智力水平都与普通学生差不多，所以教师不太需要专门针对他们的情况进行教学，反而应该考虑更多环境中的无障碍设计和辅具支持，鼓励他们最大限度实现自我照顾。

一、肢体残疾儿童的课程教学

（一）肢体残疾儿童的课程教学目标

肢体残疾儿童的课程教学目标围绕以下五个开展：一是增强体力，保持健康；二是扩大活动范围，培养生活自理能力，掌握一定的辅助器具；三是发展社会交往的能力；四是培养听、说、读、写的能力，掌握文化知识；五是根据学生的身体特点选择合适的职业训练。

（二）针对肢体残疾儿童的课程设置

肢体残疾儿童无论安置在哪种环境中，课程设置都应该尽可能考虑以下课程或适当增加某类教育训练。

1. 安全教育课程

肢体残疾儿童因为身体上的限制会使用一些辅助器具如轮椅和拐杖等，所以开设的安全教育课程中不仅应该包括人身安全、用电安全等基本的安全教育课，还应该针对肢体残疾儿童独特的不安全因素教学，比如上下楼梯、雨雪天气出行、过马路等安全教育课，以提高他们的安全意识和自我保护意识，防止意外伤害。

2. 生活课程

生活课程包括穿衣、吃饭、如厕、起居等生活自理的相关课程，旨在通过训练尽可能减少肢体残疾者对他人的依赖，提高其独立生活的能力。这种能力不仅可以在课堂中练习，家长也可以与教师配合，在家庭环境中训练，以达到更好的训练效果。

3. 文化类课程

肢体残疾儿童主要在普通学校学习，所以文化类课程基本与普通学生一致，一些肢体残疾儿童的肌肉力量不足或是握笔困难，则需要配备辅具进行学习。

4. 功能训练课

这类课程比较重视运动功能的训练，尤其是下肢残疾的儿童，长期缺乏锻炼，整个身体机能会较差，需要定期进行运动训练，提高肌肉力量和身体素质。

5. 艺术训练课

虽然部分肢体残疾者的肢体受限，但是这并不影响他们进行艺术训练，可以观察他们的个人特点和兴趣，发展肢体残疾者音乐、绘画等艺术方面的能力。

6. 职业教育课

肢体残疾者也是社会成员之一，也需要工作来满足个人温饱和其他娱乐需求，所以掌握从事某项职业所需的知识和技能十分必要，学校应该在他们进入社会前提供职业训练的课程，让他们未来能够根据自己的能力选择职业，最大程度实现自食其力。

（三）肢体残疾儿童的教学

肢体残疾儿童的教学需要遵循两个原则：一是教育必须使大多数学生受益，在一个大环境中以照顾大部分学生的水平为前提的情况下，关注肢体残疾儿童的需求。二是教育内容应该尽量和普通学生一样，并且为学生的日常生活及更进一步教育做准备，相对于其他残疾类型，肢体残疾儿童参与高等教育的可能性非常大，因为他们只是行动上受到限制，智力、语言等其他各方面发展水平都与普通儿童相差不多。

在对肢体残疾儿童进行教学时可以采取以下三种策略：了解儿童情况、鼓励儿童自我调节、引导儿童学习求助[①]。无论是先天的还是后天的肢体残疾者，在早期教育时都应该帮助其树立自信心，首先是帮助他们悦纳自我，让他们知道自己为什么与其他人不同，自己身体上的缺陷是什么，明白这些缺陷是可以克服的。其次是增强自信，可以利用历史和当代的名人故事，为他们树立榜样，帮助他们成为更好的自己。

（四）脑瘫儿童教育

部分脑瘫儿童的智力水平可能因为脑损伤、运动受限、心理行为异常等因素低于正常水平，所以应该针对他们的情况及早开展合适的教育，通过教育的方式提高其生活基本技巧和学习的能力，并且提高其文化修养和知识水平。教师应该根据脑瘫儿童的障碍程度和儿童的年龄制订对应的个别化教学目标和学习计划，在教学过程中需要额外关注脑瘫儿童的运动障碍和沟通障碍训练，通过动作训练促进中枢神经系统的发育，改善异常的姿势和运动，抑制异常反射。沟通能力训练包括口部肌肉训练、呼吸训练和语言理解能力训练，通过训练提高脑瘫儿童的语言理解和语言表达能力。

二、肢体残疾儿童的无障碍环境建设

无障碍环境是指针对各种有障碍的人进行减少或消除对应障碍的设计，包括物质上的无障碍和信息交流无障碍，无障碍环境建设的理想目标是“无障碍”。无障碍环境建设是残疾人与社会之间的桥梁，它不仅是落实国家对残疾人各项政策法规的物质保障，也是帮助残疾人实现人权并平等友好参与社会的基本条件，在设计时应优化肢体残疾者在移动上和操作上存在障碍的环境，为他们提供最大的方便。

（一）对下肢残疾需坐轮椅者的无障碍设计

第一，入口通道应处于 85～150cm 之间，方便轮椅通行，同时，通道的两侧应该设置

---

① 刘春玲，江琴娣．特殊教育概论［M］．上海：华东师范大学出版社，2008：227－228.

可供肢体残疾者支撑的扶手。第二，地面尽量保持水平，坡度设计也应该尽可能小一点，应不大于1/12。第三，安装垂直升降式的电梯，方便上下楼。第四，储物柜设置位于手可触及的范围内，过高或过低对坐轮椅的肢体残疾者来说都是障碍。第五，课桌应该留有放轮椅的空间，否则接触桌面不方便（见图5-11）。

图5-11　无障碍坡道（左）和可推入轮椅的课桌（右）

（二）针对下肢残疾需拄拐杖者的无障碍设计

第一，地面应平坦，并且做防滑处理，防止意外摔伤。第二，楼梯的台阶高度不超过17.5cm，宽度不能小于24cm。第三，在楼梯、教室门口等地方设置扶手，扶手高度还应该考虑成人和儿童的高度，可根据情况设计双层扶手，以便肢体残疾者借助扶手保持平衡。

（三）针对上肢残疾者的无障碍设计

第一，入口通道设置感应门，或者设置不需要手推开的门如旋转门。第二，门把手应安装带把的明把手，不宜安装暗把手。第三，电梯低处设置按钮，方便按键（见图5-12、5-13）。

图5-12　无障碍楼梯（左）和无障碍扶手（右）

图 5-13　带把的明把手（左）和感应门（右）

三、不同肢体残疾儿童的辅助器具

（一）针对脑瘫的辅助器具

脑瘫者可以根据自身需求选择合适的辅助器具，具体包括五种：一是促进正常运动发育的辅具如滚筒、站立架、助行器等；二是保持姿势的辅具如楔形垫、滚筒等；三是矫形器如足部、膝部、手指畸形矫形器；四是生活自理辅具如进食辅具、穿衣辅具、洗漱辅具和如厕辅具；五是移乘辅具，包括普通轮椅、电动轮椅和拐杖。

1. 促进正常运动发育的辅具

脑瘫儿童日常需要参与各类康复训练，不同训练方法需要的辅助器具有所不同。手支撑训练时会用到滚筒，站立训练时可能使用站立架（见图 5-14），行走训练时可能用到助行器等辅助器具。

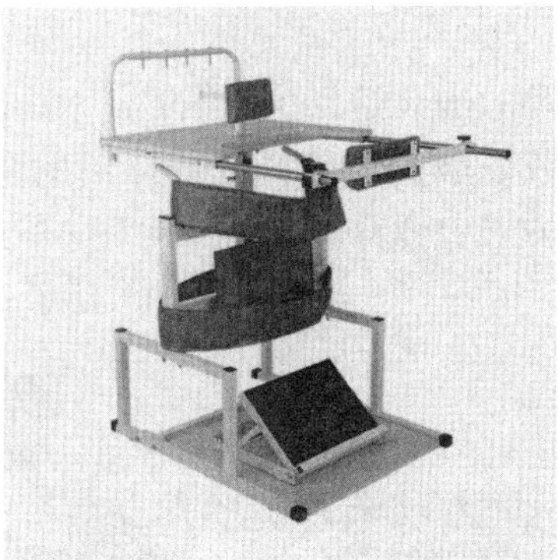

图 5-14　站立架

2. 保持姿势的辅具

脑瘫儿童用于保持姿势的辅具主要包括滚筒和楔形垫（见图 5-15）。脑瘫儿童可以在俯卧位时使用楔形垫，使躯干得到伸展。保持坐姿时可以使用滚筒，儿童坐在滚筒上，达到外展髋关节和伸展膝关节的目的。

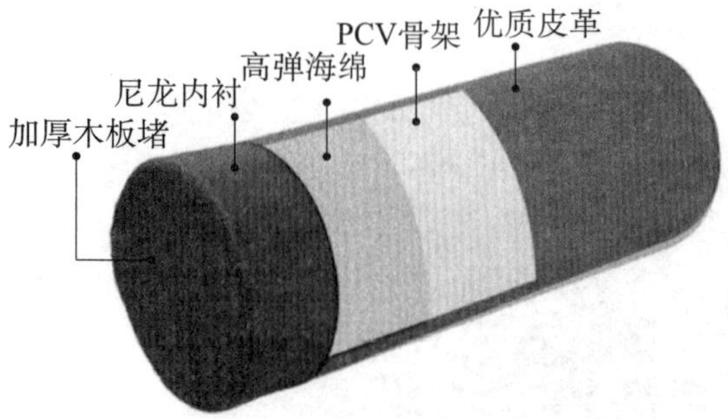

图 5-15　滚筒（左）和楔形垫（右）

3. 矫形器

矫形器是一种用于改变神经肌肉和骨骼系统的功能特性或结构的体外装置。从躯干到四肢都有对应的矫形器，比如足部、膝部、手指畸形矫形器，这些体外装置能够不同程度地为脑瘫儿童的生活提供便利（见图 5-16）。

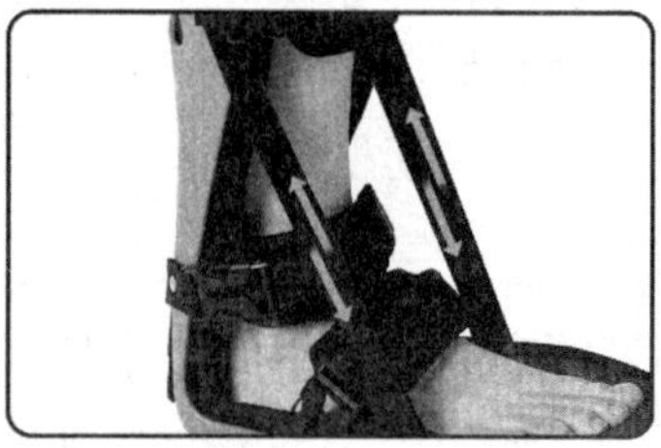

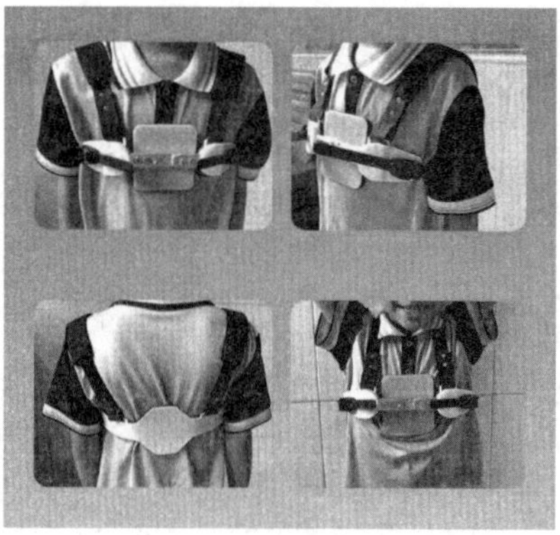

图 5-16　足踝矫形器（左）和躯干矫形器（右）

4. 生活自理辅具

部分脑瘫儿童可以通过一定的辅具达到生活自理，比如手抓握功能较差的脑瘫儿童通过易握勺完成自主喂食，脊柱或下肢关节屈曲受到限制的脑瘫儿童可以使用穿袜辅助器，将袜子套在穿袜器上，再将脚伸入完成穿袜动作（见图 5-17）。

图 5-17　易握勺、叉（左）和穿袜器（右）

5. 移乘辅具

脑瘫儿童出行时可能用到的辅具包括普通轮椅（见图 5－18）、电动轮椅、拐杖和助行架。普通轮椅适用于下肢功能障碍但上肢有驱动能力者，电动轮椅适用于四肢功能严重且无法手动驱动普通轮椅者。

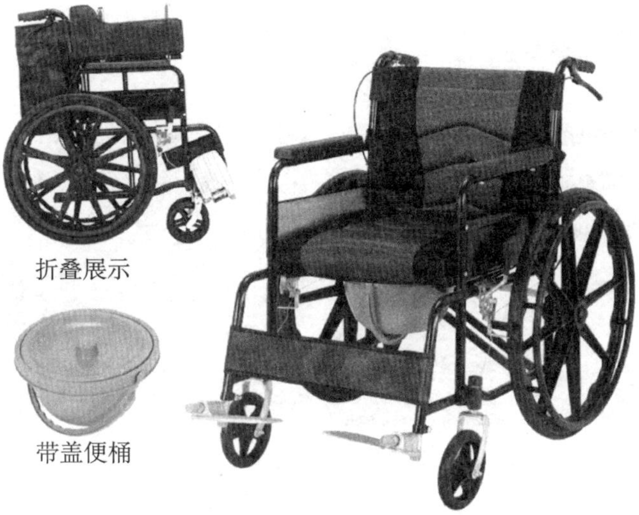

图 5－18　普通轮椅

（二）针对骨关节损伤者的辅助器具

骨关节损伤者早期使用辅具可以促进早日康复，具体包括三种：一是上肢矫形器（包括肩关节、肘关节、腕关节等）、下肢矫形器（包括髋关节、膝关节和踝关节等）、脊柱矫形器（包括脊柱和胸腰部分）；二是与训练相关的辅助器具如上肢训练辅具、下肢训练辅具和综合训练辅具；三是助行器具如手杖、肘杖、助行器等（见图 5－19）。

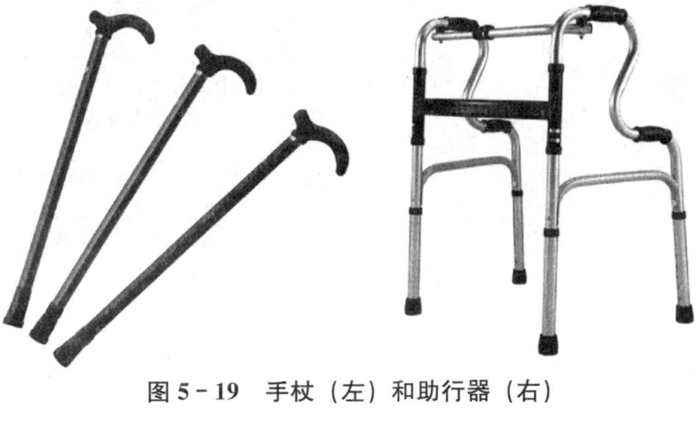

图 5－19　手杖（左）和助行器（右）

（三）针对偏瘫的辅助器具

偏瘫指一侧上、下肢瘫痪并且不能随意运动，一侧面部可能因此出现口眼歪斜的症状，时间长久则可能有患肢枯瘦等表现①。偏瘫的辅助器具可以预防并发症，促进功能恢复，包括六种：一是床边训练阶段的辅具，如充气床垫、电动起立床；二是上肢训练工具，如分指板、螺丝和螺母（见图 5－20）；三是平衡和步行训练辅具，如平行杠、平衡板；四是矫形器；五是生活自理辅具，如防撒碗、开瓶盖器、碟挡；六是移乘辅具如轮椅、手杖。

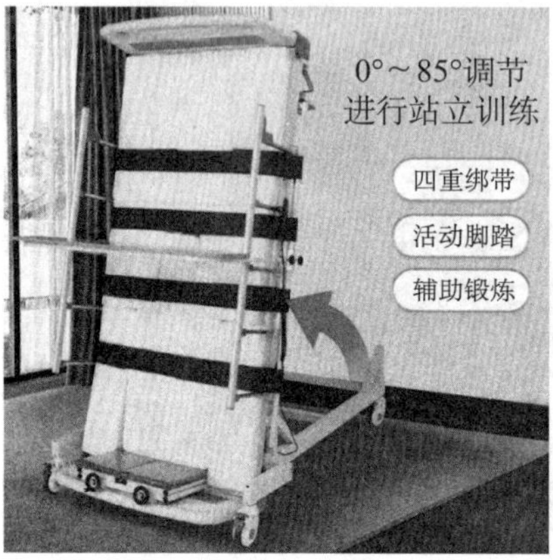

图 5－20　电动起立床（左）和分指板（右）

（四）针对截瘫的辅助器具

截瘫是指下肢及下半身的完全性或部分性瘫痪②。截瘫的辅助器具可以防治关节畸形、固定骨折部位，主要包括四种：一是床边训练阶段的辅具，如充气床垫、电动起立床、导尿管；二是其他训练辅具，如翻身、站立训练辅具；三是矫形器；四是生活自理辅具，如进食辅具、穿衣辅具等（见图 5－21）。

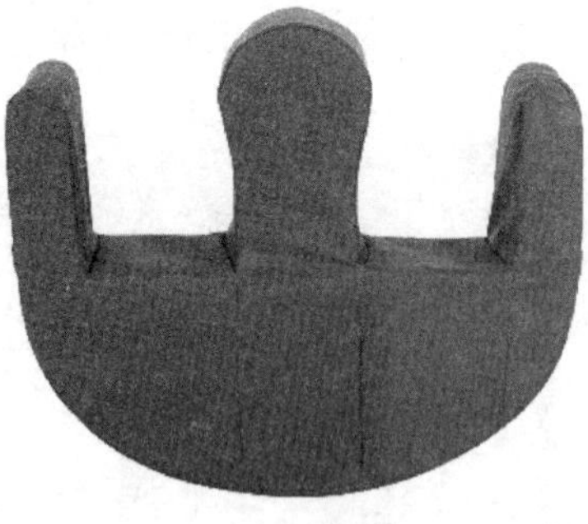
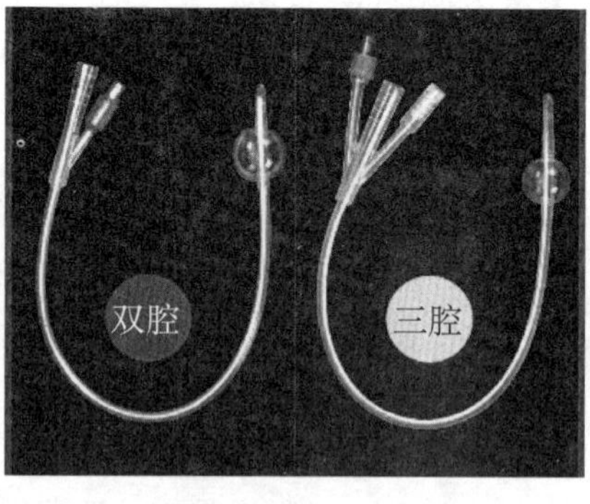

图 5－21　翻身辅具（左）和导尿管（右）

（五）针对截肢的辅助器具

截肢的辅具主要涉及弹力绷带和假肢，假肢包括上肢假肢（前臂、上臂、手指）和

---

① 刘玉臻．临床中医综合诊疗与康复［M］．北京：科学技术文献出版社，2019：103.

② 杨君礼．骨科诊疗图解［M］．郑州：河南科学技术出版社，2019：199.

下肢假肢（髋、大腿、膝、小腿、足），应该根据损伤的不同部位选择不同的假肢（见图 5－22）。

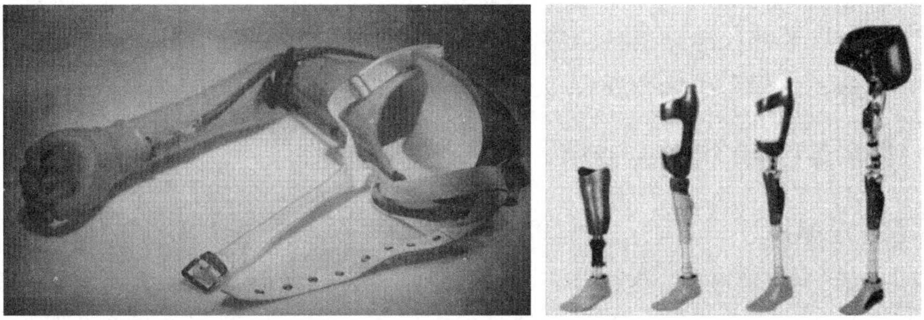

图 5－22 上肢假肢（左）和下肢假肢（右）

四、肢体残疾儿童的融合教育支持

（一）创设无障碍环境

1. 无障碍的物理环境创设

2023 年 6 月，第十四届全国人民代表大会常务委员会通过的《中华人民共和国无障碍环境建设法》提出："教育行政部门和教育机构应当加强教育场所的无障碍环境建设，为有残疾的师生、员工提供无障碍服务。"肢体残疾儿童在融合教育环境中的日常出行、动作技能和身体支撑等方面受到的限制较大，创设无障碍的物理环境能够为肢体障碍儿童提供硬件支持。上文已提到针对轮椅人士、下肢残疾者和上肢残疾者应该设计的无障碍环境，落实在融合教育校园中还应该考虑到教学和生活建筑的无障碍化，应重点考虑使用频率较高的教室、图书馆、学生公寓等建筑。比如尽可能选择一楼作为教学地点、座位尽量安排在靠门的位置方便进出，图书馆的书架设置不超过乘坐轮椅时最长伸手高度，根据肢体残疾者的需求适当调整学生公寓中的床位、洗手台、晾衣架等设施，为肢体残疾者参与融合教育最大程度降低身体功能带来的物理限制，等等。

2. 无障碍的心理环境创设

肢体残疾儿童因身体姿势、功能异常等容易被贴上"累赘""无能"等负面标签，常受到部分教师、普通儿童及其家长的不公正对待。部分公众因不能够理解肢体残疾者的处境，可能会因此产生歧视、排斥和贬低行为①，长此以往，公众污名内化为肢体残疾者的自我污名，肢体残疾者可能因此在学习热情和意愿上受到打击，导致消极逃避或自卑的心理②。因此，肢体残疾者的无障碍心理环境创设需要调动多方资源，通过各方协作来建立不同文化差异下的残障观。第一，教育行政部门对普通学校的师资进行培训，开设残疾人的权利、残疾者的潜能和融合教育支持相关课程，提高融合教育素养。第二，学校组织开

① 关文军，孔祥渊，胡梦娟．残疾污名的研究进展与展望［J］．残疾人研究，2020（1）：41－51.

② 何侃．特殊儿童心理治疗［M］．南京：南京师范大学出版社，2015：108－110.

展肢体残疾体验活动，通过角色扮演，促进学生理解残疾同伴，为学生客观认识和接纳残疾同伴提供契机。第三，教师和心理咨询师积极关注肢体残疾者的个人心理，对于他们的发展潜能给予充分的支持和肯定，提升肢体残疾者的自我认知能力和自信心。第四，家长、残联、志愿者等群体建立学校的周围支持系统，必要时提供协助，为普通学校开展融合教育提供资源，整体形成融合教育接纳氛围。

（二）兼顾课程调整与康复支持

1. 调整常规课程

肢体残疾者的身体功能并不妨碍他们进行常规课程的学习，他们在融合教育教学过程中与普通儿童相比，共性大于个性，教师可以在必要时对常规课程的教学内容、目标和评价方式等作出调整。比如，针对不能灵活参与体育课的肢体残疾者，可根据他们的个人特点来调整体育活动以达到锻炼身体、娱乐和休闲的目的，如通过缩小球场（足球、篮球）范围来减少移动距离、使用放大版的球拍接球（羽毛球、乒乓球）等方式提高活动参与度。针对认知与普通儿童无差异但语言表达需要支持的脑瘫儿童的口语考核，可以改为笔谈或适当放宽要求。针对使用嘴部或脚答题的学生，可以适当延长等待时间，或采用口述的形式答题……此外，肢体残疾学生的社会融合是学校教育无法避开的一个话题，涉及学生从学校到社会的过渡。学校在肢体残疾者的青少年时期就应该为他们的未来就业做准备，根据学生的职业能力评估、职业兴趣和优势等开展专门的培训课程，以促进肢体残疾儿童未来适应独立参与工作和实现自我价值的需要。

2. 提供个别化康复支持

相较于普通儿童，肢体残疾儿童的核心障碍是运动功能障碍，除了常规课程外，肢体残疾者对身体运动功能设施的使用及康复需求较大，需要抽出部分时间到配置有关功能训练器材的资源教室进行学习和训练。因此学校也需要定期对肢体残疾者的运动功能进行评估，在融合教育过程中应根据其运动功能提供康复支持（在康复治疗师的指导下完成）。以脑瘫儿童为例，融合教育过程中可以考虑使用 Bobath 疗法、引导式教育、Vojta 疗法、神经平衡疗法、作业治疗等方法改善其身体机能，进而促进日常生活与学习①。为肢体残疾儿童提供康复支持时需要注意个别化、渐进性和持之以恒的原则，每个儿童都应该有针对其特点的训练计划，训练时需要循序渐进，强度和难度随能力提升而增加，避免过度训练带来的二次伤害，但整个训练过程是长期而艰苦的，需要持之以恒，以获得最佳的康复效果。

肢体残疾儿童的融合教育是一项系统工程，强调以普通教师为主，并在其他各方力量协同配合下展开，不仅需要创设无障碍的物理和心理环境，为他们的融合教育扫清身心障碍，还需要兼顾他们的共性与个性，对课程进行适当调整以及提供个别化康复支持，为每一位肢体残疾者未来融入社会奠定坚实基础。

---

① 郭海英，张晓燕，蒲娟．特殊儿童融合教育概论［M］．长春：吉林大学出版社，2021：223－224．

本章思考题

1. 谈谈三类主要感官障碍的定义与分类或分级？
2. 如何针对各类感官障碍儿童的身心特点进行教育？
3. 为更好地促进感官障碍融合，我们可以提供什么支持？

第六章　智力异常儿童的教育

学习目标：

1. 掌握智力障碍儿童和超常儿童的定义及分类；
2. 掌握智力障碍儿童和超常儿童的基本特征；
3. 了解智力障碍儿童和超常儿童的课程与教学相关知识；
4. 熟悉融合教育背景下智力障碍儿童和超常儿童的相关服务与支持。

智力是指人认识、理解客观事物并运用自己的知识、经验等去解决问题的能力。智力异常是指生理、心理发展低于正常发展水平或高于正常范围的，主要包括智力落后、智力超常（俗称的天才）或有特殊能力的儿童。本章主要对智力障碍儿童和超常儿童的定义、成因、分类以及相应儿童的身心特征、教育支持等进行阐述和介绍。

第一节　智力障碍儿童概述

【案例】

小马，男，16岁，就读于启智学校六年级，平时喜欢打游戏，打乒乓球，和老师谈论这些活动时，表现出很大的兴趣，注意力也非常集中。在语文学习中，小马拼读能力较弱，词语积累匮乏，阅读理解能力也比较弱，无法理解题意；语言表达较差，缺乏逻辑性，例如对于较简单的看图说话，能准确地说出图中的人物、数量，但是难以连成一句完整的话进行表述，只能在老师说完之后进行一些简单的复述。在数学学习中，小马注意力一般能集中，能书写出简单的数字，但是计算能力较差。在沟通方面，小马难以正确理解别人的话语并准确表达自己的想法，偶尔会和同学发生冲突。但是小马课下会有自己的小伙伴，喜欢和自己的小伙伴玩耍、交流。对于老师布置的学业任务，根据任课老师的描述，小马无法独立完成，需要老师的帮助。比如让小马自己在作业本上写“美”这个汉字，他并不会写，但是老师在作业本上的其中一个田字格上写出来后，他就会模仿着进行书写，而且完成得还很不错！

资料来源：本案例由河北省石家庄市裕华区启智学校王文文老师提供。

上述案例是一位刚入职不久的特殊教育教师对班级内一位智力障碍学生情况的简单描述。那么究竟什么是智力障碍？智力障碍儿童具有哪些特征表现？又如何为这些儿童提供教育支持？本节就这些问题进行详细阐述。

一、智力障碍的概念

（一）我国的定义

智力障碍，又称智力残疾（intellectual disability），是对智力存在缺陷患者的一种称谓。1987 年第一次全国残疾人抽样调查的定义为，人的智力显著低于一般人的水平，并表现出适应行为的障碍。包括：在智力发育期间（18 岁之前），由于各种有害因素导致精神发育不全或智力迟缓；或者智力发育成熟后，由于各种有害因素导致的智力损害或智力明显衰退。2006 年第二次全国残疾人抽样调查的定义为，智力显著低于一般人的水平，并伴有适应性行为的障碍。由于神经系统结构、功能发育障碍，个体活动和参与受到限制，需要环境提供全面、广泛、有限和间歇的支持。

（二）美国的定义

美国智力与发展障碍协会多次做出关于智力落后的定义。2002 年的定义是，智力落后是一种以智力功能和适应性行为具有显著性限制为特征的障碍。适应性行为表现为概念的、社会的和应用性的适应性技能。智力落后发生于 18 岁以前①。

此外，美国智力与发展障碍协会于 2021 年发布了智力障碍的第 12 版定义手册《智力障碍：定义、分类与支持系统》，将智力障碍定义为“22 岁之前在认知功能以及适应性行为上存在明显缺陷”。认知功能也可理解为智力，包含多种认知能力，如数学推理能力、运算能力、解决问题的能力等。适应行为是人们在日常生活中习得并表现出来的一系列能力，包含概念技能、社交技能和实用技能三个部分②。

值得注意的是，第 12 版定义出现了一个显著变化，那就是将智力障碍出现的年龄从 18 岁之前修改为 22 岁之前，这对智力障碍的鉴定产生了重要影响。

从特殊教育的角度看，智力障碍主要针对发育期间智力残疾的儿童，其智力和同龄正常儿童有较大差异，处于明显落后的发展水平，并在社会行为的适应方面也出现明显困难和障碍。

二、智力障碍的成因与分类

智力障碍的成因具有高度异质性，既可以从外在环境因素和内在遗传因素考虑，也可以从生命个体的发育顺序出发，将形成智力障碍的原因分为出生前、出生时以及出生后三

---

① American Association on Mental Retardation. Mental retardation：definition，classification and systems of supports [M]. 10th ed. Washington，D. C.：AAMR，2002：3.

② American Association on Intellectual and Development Disability. https：//www. aaidd. org/intellectual-disability/definition.

个方面：

（一）出生前的因素

1. 遗传

（1）染色体异常。

染色体异常可以分为数目异常和结构异常。目前，已发现有60多种染色体畸变的病种，包括常染色体和性染色体的数目改变和结构异常。常染色体畸变中以21-三体综合征最为多见，约占2/3。近年来对染色体拷贝数变异引起的智力障碍成为遗传学的研究热点，研究结果显示，染色体微缺失/微重复综合征是由于染色体微小片段缺失或重复，使正常基因数目发生改变导致的基因组病。常见的临床表现有生长发育迟缓、智力发育迟缓、特殊面容等[①]。

（2）单基因病。

单基因代谢异常也是智力障碍病因的重要组成部分，如氨基酸代谢异常的苯丙酮尿症。这类疾病可通过治疗减轻症状，避免不可逆的事情发生。

（3）多基因遗传病。

多基因遗传病指由多对基因控制的遗传病，其中每对基因对疾病产生的影响非常微小，所以叫微效基因，而微效基因会产生积累效应。多基因遗传病的发病大多受遗传和环境这两个因素的共同影响，因此多基因的遗传缺陷及文化的贫乏共同导致了智力障碍的出现。

2. 母孕期受到不良因素的影响

社会环境中的有害物质、病菌等都可对孕期母体内的胎儿产生影响，导致胎儿发育不全或异常。

（1）胎儿期感染。

当孕妇被环境中的病原体感染后，病菌会直接传到胎儿体内，从而影响胎儿的正常发育，或者病菌会导致母亲发高烧，破坏胎儿的正常血液供应，影响智力发育，严重时会导致智力低下。一般来说，因病毒攻击而导致智力低下的易感期与胎儿的周龄有关。

（2）化学性物质与药物。

铅、汞等化学物质可以通过呼吸道、消化道等被孕妇吸收，进而在胎儿体内聚积。铅具有亲神经毒性，汞极易通过血脑屏障，影响胎儿的神经系统的发育。

孕期尤其是孕早期服用某些药物，可导致胎儿畸形，其中一部分会导致智力障碍。如抗甲状腺药物会引起呆小病，抗代谢类药物会引起脑积水等。此外，孕妇若服用一些激素类、安眠类、抗癌类等药物以及农业用药等，也会影响胎儿智力的正常发育。

（3）营养。

营养不良是导致智力落后的重要原因。在生长发育期出现较长时期的营养不良，特别是蛋白质和维生素的缺乏，会影响胎儿的脑发育，产生智力障碍。若孕妇出现严重的营养

---

① 滕紫藤．染色体拷贝数变异与不明原因智力障碍/全面性发育迟缓患儿病因关系探讨［D］．沈阳：中国医科大学，2018.

不良，会影响胎儿大脑的神经细胞的数量和体积，导致智力发育迟缓。总的来说，单纯由营养不良而导致的智力障碍程度较轻。

（4）物理因素。

研究证明，一定剂量的放射线照射，能引起基因突变或染色体畸变，使胎儿生长发育迟缓，导致智力低下。孕妇如果在怀孕期间接受放射线的照射，会导致体内胎儿死亡或各种发育缺陷，如胎儿发育迟缓、小头畸形、精神发育迟缓等。

（5）吸烟与酗酒。

孕妇吸烟和酗酒对胎儿的生长发育有很大的影响。孕妇过度吸烟会导致早产及低体重儿，酗酒可导致胎儿患酒精中毒综合征，其特征为头小、眼裂、面容丑陋、发育差、智力低下等。

（6）其他。

孕妇内分泌失调、妊娠孕吐严重、情绪波动大等情况，都会给胎儿带来一些伤害。另外，年龄较大的孕妇也会对胎儿的中枢神经系统产生影响，以致胎儿发育不良，引起智力障碍。

（二）出生时（围生期）的因素

围生期指的是从怀孕满 28 周开始到出生后 7 天为止的时期。由于这一阶段涉及的因素有很多，再加上新生儿有较高的脆弱性，容易受不良环境因素的影响而发生脑损伤，导致智力低下及其他障碍的产生。

（1）早产和低体重。

早产指的是胎龄在 37 周以内就出生的孩子。低体重指的是孩子出生时体重不足 2 500 克。由于胎儿在母亲子宫内发育不良，出生后其在呼吸、进食及维持生命的其他功能上都有一定的阻碍，从而增加了发病率。

（2）新生儿窒息。

新生儿窒息是指胎儿结束分娩后，仅有微弱的心跳而没有呼吸，并伴有各种呼吸衰竭的症状。窒息的原因较为复杂，主要和胎儿缺氧有关，但也有少数情况是由于母亲分娩时间过长或者头部受到压迫，导致脑部缺氧。胎儿和新生儿的大脑中枢神经系统对缺氧极其敏感，如果时间过长，会对大脑皮层造成直接损害，导致大脑发育迟缓和智力低下。

（3）产伤。

由于母亲分娩时胎儿位置异常或胎儿过大，使生产的时间过长，造成胎儿头部长时期受到挤压，这时医生会采取一些应急措施，使用产钳、负压吸引等助产，但这样依然会对胎儿的头部造成压迫，影响脑部的正常发育，造成智力障碍。

（三）出生后的因素

绝大多数智力障碍是由出生后的各种因素导致的。婴儿出生后，如患神经系统疾病、高烧、抽搐、脑外伤、中毒、严重营养不良，以及受社会心理因素等影响都可能会导致智力障碍[①]。

---

① 刘春玲，江琴娣．特殊教育概论［M］．上海：华东师范大学出版社，2015：9.

（1）高烧、抽搐。

在出生后的致病因素中，高烧和抽搐应该引起较多的关注。其原因包含肺炎和呼吸道感染。人在幼年时大脑发育尚未成熟，非常脆弱，长时间及反复的高烧和抽搐会引起脑细胞功能紊乱，导致大脑缺氧，造成发育迟缓和智力低下。

（2）神经系统疾病。

在曾经患脑炎或脑膜炎的儿童中，近一半的儿童在短时间内因受到神经系统的影响，会产生后遗症，通常表现在智力和运动方面，而且受伤时儿童的年龄越小，影响和损害的程度就越严重。

（3）脑外伤。

意外事故是发生脑外伤的常见原因，其临床表现为脑震荡、脑挫裂伤、颅内血肿等。脑外伤不仅会直接损伤脑组织，而且往往会因一些并发症以及伤后处理不当而发生对大脑的二次损伤，引发意识丧失、精神迟滞、智力低下等情况。

（4）各种原因引起的脑缺氧。

癫痫是智力障碍患者中最常见的并发症疾病，发生率在20％～30％，患者的智力障碍程度越高，癫痫程度越严重①。

癫痫即俗称的“羊角风”或“羊癫疯”，是一种特异性疾病，是由大脑功能紊乱引起的慢性疾病。癫痫的病因非常复杂，在一定程度上会影响脑部的发育，引起智力低下。

（5）严重营养不良。

这种情况大多发生在贫困地区，由于食物供给不足，尤其是蛋白质和维生素的缺乏，儿童会出现营养不良的现象。在儿童生长发育期间，对营养的需求相对较高，若出现长时间的营养不良，会影响儿童的脑发育，产生智力障碍。

（6）早期环境剥夺。

早期环境剥夺引起的智力障碍与社会心理因素存在关联，根据已有发现，智力障碍的群体当中，由于不良的社会心理因素导致的智力障碍，约有2/3以上是轻度智力障碍。但是，社会心理因素影响的范围十分广泛，且无统一定论。这些因素主要包括不良的教育环境、较差的医疗服务、较低的成就需要等。儿童脑神经系统的发育不仅需要充足的营养物质，还要有丰富的感知方面的刺激。良好的教育环境以及多样化的感觉刺激会使儿童各方面发展良好。因此，在儿童生长发育过程中，社会环境因素也应在考虑范围之内。

（四）智力障碍的分类

不同于之前按障碍程度分类的做法，1992年美国智力与发展障碍协会首次提出了按支持程度分类的做法，使得智力障碍的分类标准发生根本性的变化②，由传统以儿童的IQ分数在序列中所处的位置转变为个体能达到什么样的目标以及通过何种支持辅助儿童更好地达到这一目标③。该定义的提出具有重大意义，由此可以反映出人们对智力障碍的理解

① 孙莹，段丽芬，王惠萍，等．不明原因智力障碍共患癫痫患儿的临床特征及相关致病基因分析［J］．河北医学，2020（12）：2032－2036．

② 冬雪．美国智力障碍定义的演变及其启示［J］．中国特殊教育，2011（5）：34－39．

③ LUCKASSON R，REEVE A. Naming，defining，and classifying in mental retardation［J］. Mental retardation，2001（1）.

发生了变化，意识到支持对于个体功能发挥的重要性。

1. 按照智力水平分类

智力残疾评定手册对智力残疾分级按照0～6岁和7岁以上两个年龄段的发育商、智商和适应行为进行分级。0～6岁儿童发育商小于72分的直接按发育商分级，发育商在72～75分之间的按适应行为分级。7岁及以上按智商、适应行为进行分级；当两者的分值不在同一级时，按适应行为分级。《世界卫生组织残疾评定量表》（WHO-DASII）分值反映的是18岁及以上各级智力残疾的活动与参与情况①。智力残疾分级见表6－1。具体而言，智力残疾的各级症状分别为：

一级智力残疾（极重度），智商（IQ）在20以下，面容呆滞，生活方面终身需要他人的照顾和帮助，运动和感觉能力极差。通过训练，也只能在下肢、手及颌的运动等方面有反应。

二级智力残疾（重度），IQ在20～34之间，适应性行为能力差，生活方面即使经过训练也很难达到自理，依旧需要帮助。运动、语言以及交往能力都不足，经过长期和反复的康复训练，可以具备某些生活自理能力。

三级智力残疾（中度），IQ在35～49之间，适应性行为能力和实用技能不完全具备，如生活能力较好，可以做些简单的家务，初步具有卫生防护和安全意识，能与人进行简单的交往，但阅读、计算和环境的辨别能力很差。

四级智力残疾（轻度），IQ在50～69之间，适应性行为能力低于普通人，有显著的实用技能，如个人自理能力，可以做一些简单的家务劳动与工作，但缺乏创造力，在指导和帮助下可以获得一定的阅读和计算能力，对周围环境有较好的辨别能力，能恰当地与人进行交往，从而能够较好地适应社会生活②。

表6－1　智力残疾分级

级别	分级标准			
	发展商（DQ） 0～6岁	智商（IQ） 7岁以上	适应性行为 （AB）	WHO-DAS II分值 18岁以上
一级	≤25	＜20	极重度	≥116分
二级	26～39	20～34	重度	106～115分
三级	40～54	35～49	中度	96～105分
四级	55～75	50～69	轻度	52～95分

2. 按照支持程度分类

1992年，美国智力与发展障碍协会提出了按个体在环境中所需要的支持程度分类的方法，将智力障碍分为：

（1）间歇式——所需要的支持辅助是零星的、视需要而定的。个体并非经常性的有此需求，多在人生发展过程中的某个阶段需要支持性的辅助（如失业或生病时）。

（2）有限式——所需要的支持辅助是频繁的、短期的。与那些有更大需求的人相比，

---

① 田宝．智力残疾评定手册［M］．北京：华夏出版社，2013：1.

② 银春铭．弱智儿童的心理与教育［M］．北京：华夏出版社，1993：24.

个体需要的辅助人员更少，辅助成本也相对较低（如短期的就业培训或从学校过渡到成人这一衔接阶段所需要的支持辅助）。

（3）广泛式——所需要的支持辅助是持续性的、普遍的。这种辅助至少需要在某种环境中长期提供，并且没有时间上的限制（如长期的支持以及长期的家庭生活辅助）。

（4）全面式——所需要的支持辅助是持久的、需求度高的。这种辅助在多种环境中都需要提供，并且可能终身需要。这种全面式的支持辅助通常需要更多的人力投入，要求也相对较高，具有一定的强制性。

智力障碍领域的研究和实践越来越多地采用生态学视角和支持模式，所以对于智力障碍者进行分类时，需要采用更为多样化的方法。

三、智力障碍的筛查与鉴定

对于智力障碍的筛查与鉴定，国内外学者表达的观点各有可取之处。智力障碍儿童教育教学工作首先要解决的问题是如何将智力障碍儿童从普通儿童中筛查出来。当然，在现实生活中，不少人存在一个错误的观点，认为对于智力障碍儿童的鉴定就是到医院或其他诊断机构进行智力测试，根据测试结果判断儿童的智力是否存在缺陷。实际上，对于智力障碍儿童的鉴定程序要复杂得多。

（一）智力和适应性行为能力的评估

1. 智力测验

智力测验是指使用标准化的智力测验量表，来衡量和判断个体智力水平高低的一种科学检测方法。世界上用于智力测验的量表有斯坦福-比奈智力测验量表、韦克斯勒智力量表、瑞文测验等。

（1）斯坦福-比奈智力测验量表。

该量表是由美国心理学家推孟根据比奈-西蒙量表修订而成。该量表先后多次修订，其中1972年修订的斯坦福-比奈量表改用离差智商来表示智力水平，即一个人在同龄团体中的相对智力。该量表首次使用了智商的概念，能够有效地反映儿童智力发展水平。

（2）韦克斯勒智力测验量表。

韦克斯勒智力测验量表简称韦氏量表，是继比奈-西蒙量表之后，在世界范围内使用较为普遍的测验量表，由美国心理学家韦克斯勒编制，是一系列量表的总称。该量表使用离差智商来评定儿童的智力水平，是一种诊断性量表，在我国的心理测验实践中已被广泛使用。

知识卡片

韦克斯勒智力测验量表

韦克斯勒智力测验量表是由美国著名医学心理学家韦克斯勒编制的。该量表分为三种：韦氏学前儿童智力量表，适用于4岁至6岁半儿童；韦氏学龄儿童智力量表，适用于6岁半至16岁少年儿童；韦氏成人智力量表，适用于16岁以上的成人。整个韦氏智力测验量表是一套比较完整的可用于幼儿到成人的、具有各个年龄代表性的智力测验量表。

（3）瑞文测验。

瑞文测验是一种非文字的智力测验，是由英国心理学家瑞文编制的。瑞文测验包括三套不同水平的测验：瑞文彩色推理测验，由36道题目构成，适用于幼儿和智力水平较低的成年人；瑞文标准推理测验，由36道题目构成，适用于儿童和普通成年人；瑞文高级推理测验，由12道练习题和36道测试题构成，适用于智力水平较高的成年人。

2. 适应性行为能力的评定

（1）适应性行为能力。

一般来说，适应性行为能力指的是为满足个人生活和社会要求，个体所具备的日常活动能力，或者个体满足其自然和社会环境要求的行为能力[①]。

（2）适应行为评定量表。

适应性行为能力可以通过标准化的适应行为量表来评定。早在1953年，道尔就编制了文兰社会成熟量表（VSMS）来考察儿童的适应行为发展水平。全量表共有117个测试项目，包括一般自理能力、饮食、衣着、运动、休闲、沟通、自我定向和社会化等8个方面的内容，总计各项得分除以实际年龄所得的分数称为社会商数（SQ），也称文兰社会商数，最后得到的社会商数可以用来判断社会适应能力的高低。

知识卡片

文兰适应行为量表

1984年，斯帕罗（Sparrow）等人对文兰社会成熟量表进行了一次重大的修订，将新的量表命名为文兰适应行为量表（VABS），可以系统地评估从出生到18岁的个体适应性和社会适应性。该量表由三套分量表构成：第一套为调查表，用于评估一般适应能力；第二套为扩展表，用于更广泛、更具体的适应行为评估；第三套为课堂评定表，用于评估儿童在课堂上的适应行为。每套分量表都包括沟通、日常生活技能、社会化和运动技能四个领域的评估内容。该量表具有很高的信效度，制定了标准化的全国常模和特殊常模，可以进行广泛使用，但在某些领域的内部一致性和稳定性需要进一步提高。

（二）鉴定的过程

（1）转介。通常指学校根据教师、家长或其他专业人员的观察和学生的学业成绩结

---

① 朱莉琪，刘光仪．儿童适应行为研究［J］．中国特殊教育，2005（3）：36－39.

果，将怀疑智力有缺陷的对象送至诊断机构进行专门的诊断和鉴定。也可以以团体的方式对一个班级或年级实施筛查测验，获得班级群体学生智力发展的大致情况。

（2）初审。通常指由学校或专门人员组织实施，主要目的在于确认儿童是否真的有问题，若有，儿童的状况如何，需要进行哪些方面的检查与鉴定。

（3）个别测验与诊断。指对儿童进行全面性、综合性的检查与评估，主要是智力与适应性行为能力测验。根据诊断结果，判断儿童智力落后的程度。

（4）个案协商。个别测验和诊断结束之后，还要尽快召开一个商讨会议，参加人员包括学校领导、教师、家长、医生等，会议内容主要是分析并商讨鉴定的结果，讨论儿童的特殊需要以及如何提供支持满足这些需要，为儿童制订出具体的教育和训练方案。

在整个鉴定的过程中，对鉴定人员有着较高的要求，不仅需具备专业知识，还应有较好的责任意识，要对儿童有足够成熟和全面的了解之后才能得出有关结论，并要求其对结果进行保密。

四、智力障碍儿童的基本特征

智力障碍儿童首先是儿童，其次才是拥有着特殊需求的个体。因此，他们除了遵循正常儿童身心发展的一般性规律之外，在其他方面和正常儿童相比还存在着差异。下面将从生理、心理、情绪与行为、社会适应几个方面进行阐述。

（一）智力障碍儿童的生理特征

智力障碍儿童的生理特征主要表现在形态发育、身体素质发育、身体机能发育三个方面。

（1）形态发育。

在形态发育方面，相较于普通儿童而言，智力障碍儿童的平均身高偏低，平均体重偏高，平均胸围明显大于普通儿童。随着智力障碍程度的增高，有些智力障碍儿童有着明显的相貌特征，如患有唐氏综合征的儿童的相貌特征表现为眼距宽、眼睛小、舌头大且爱伸出口外、手掌特殊等。

（2）身体素质发育。

在身体动作方面，智力障碍儿童在视动控制、肢体的平衡与协调、速度与技巧方面表现较弱。尤其是中重度智力障碍儿童，其动作的协调、精细动作的发展、步态等更容易出现问题。

（3）身体机能发育。

智力障碍儿童的心率、血压和肺活量与正常儿童有明显差异。此外，智力障碍儿童性成熟的开始时间比正常儿童略晚，大多数智力障碍儿童的性发育阶段和过程与正常儿童没有明显的区别。

（二）智力障碍儿童的心理特征

智力障碍儿童的认知发展主要表现为不同心理功能的发展，如感知、注意力、记忆、思维、语言的发展、个性等。与正常儿童相比，智力障碍儿童在这些认知领域有明显的缺陷，这是因为大脑受到不同程度的神经损伤。

1. 智力障碍儿童的感知特点

（1）感知速度缓慢。

智力障碍儿童的绝对感受性低。神经系统受到损害，影响了神经冲动传导的流畅性，导致智力障碍儿童的感知速度落后于正常儿童。

（2）感知范围狭窄。

大脑神经系统的损伤不仅影响了智力障碍儿童的感知速度，也限制了他们感知的范围。对于正常儿童在一瞬间内就可以“一目了然”的物体，智力障碍儿童往往需要按一定的顺序慢慢地才能看明白。因此，在相同的环境下，智力障碍儿童感知的范围、获得的信息量都比不上正常儿童①。

除了以上两个特点之外，智力障碍儿童还存在感知分化功能低、感知缺少积极性、在感知事物的过程中缺乏兴趣及好奇心等特点。

2. 智力障碍儿童的注意力特点

注意力是儿童进行有效学习的必备关键能力之一。一般来说，普通儿童随着年龄的增长和身心的逐步发展，注意力的集中性和稳定性会进一步提高，注意的范围随之扩大，分配和转移能力也不断提高。而智力障碍儿童由于其发展的特殊性，往往不具有正常儿童发展的一般性，具体表现为以下几点：

（1）无意注意占优势。

智力障碍儿童多以无意注意为主，很难像正常儿童一样，专心地将注意力放在某个物体上，一般来说，当智力障碍儿童表现出强烈的趣味性时，只有满足其好奇心和求知欲，才能引起他们的关注和注意。

（2）注意范围狭窄。

由于缺乏相应的知识经验，智力障碍儿童注意的范围比正常儿童要小。有研究结果显示，在1/10秒时间内向同龄的正常儿童和智力障碍儿童呈现刺激物（画有黑色圆点的卡牌），正常儿童能注意到8～9个黑圆点，而智力障碍儿童只能注意到3～4个黑圆点②。

（3）注意力的稳定性差。

智力障碍儿童的注意力稳定性差，易分散。由于大脑神经系统功能的损害，智力障碍儿童的注意力极易出现疲劳。一般7～10岁的正常儿童可连续注意20分钟，而智力障碍儿童往往连5分钟都维持不了。

（4）注意力的转移差。

注意力的转移是将注意力由一件事情转移到另一件事情上。大脑神经冲动传导的不灵活性导致智力障碍儿童注意转移能力较差，往往难以完成从无意注意向有意注意的转变。例如，在刚开始上课时，他们很难将注意力集中到课堂上，难以进入学习状态，从而影响学习效果。

3. 智力障碍儿童的记忆特点

大脑发育障碍导致智力障碍儿童对识记的对象缺乏理解性，很难把握材料的本质特

---

① 朴永馨．特殊教育学［M］．2版．福州：福建教育出版社，2000：128.

② 傅根跃．弱智儿童语言障碍调查研究［J］．应用心理学，2000（1）：21-26.

征及各部分的相互联系，难以正确地组织识记材料，经常采用很简单的机械、重复方式去记忆①。因此，智力障碍儿童的记忆效果和正常儿童相差甚远。智力障碍儿童的注意力不集中，记忆无目的性，难以选择重要的、有意义的信息进行记忆，自己不感兴趣的学习内容很难进行记忆。

4. 智力障碍儿童的思维特点

智力障碍儿童的思维表现形象、直观、具体，但缺乏分析、综合与概括能力。他们的思维大多处于具体形象思维阶段，局限于事物的某种形象，很难透过现象深入到事物的本质。在学习和生活中，当家庭、社区等环境发生变化时，他们难以将技能进行迁移并加以应用。因此，对于智力障碍程度严重的儿童，教学活动应尽可能地在自然环境下进行，以使他们获得更真实的生活体验。

除此之外，智力障碍儿童思维刻板，缺乏目的性和灵活性。当他们尝试思考和解决问题时，常常局限于固定的情景条件下，难以根据条件的变化调整自己的思维方式。他们的思维还缺乏独立性和批判性，常常难以根据自己的思考提出与众不同的见解，容易追随别人的想法，并且他们对自己和别人的行为缺乏评价能力。

5. 智力障碍儿童的语言发展特点

语言障碍是智力障碍儿童最常见的问题，智力障碍儿童大多有语言缺陷，与正常儿童相比，智力障碍儿童语言发展较晚，且语言发展的速度缓慢。儿童智力的受损程度愈高，语言发展的水平也愈低。

（1）在语言理解方面。

智力障碍儿童的词汇发展明显滞后，词汇理解不准确、不全面。研究者发现，智力障碍儿童理解最好的三类词是身体称呼类名词、生活用品类名词、人物称呼类名词，理解最差的三类词是描述物体属性的修饰词、数词、描述个人特征和情感的修饰词②。此外，智力障碍儿童在句子理解上也有显著的障碍，明显落后于同龄普通儿童。

（2）在语言表达方面。

智力障碍儿童语言发展过程比较缓慢，但发展的顺序与普通儿童基本一致。这类儿童普遍存在构音障碍，语言表达不清，连贯性差，并且缺乏有序的组织和表达，经常出现重复和停顿；他们所表达的句子通常结构简单、成分残缺或者语序混乱等，往往不能使用清晰、有意义的话语来传达信息，由此造成交往障碍。

6. 智力障碍儿童的个性特点

（1）动机不足。

由于自身的缺陷，智力障碍儿童从小就饱尝失败的苦恼，很少有成功的体验，常常充满着失败的自卑感。社会的大环境对智力障碍儿童的接受和包容程度也较低，包括老师、父母等对他们的期待值也普遍偏低，导致他们的行为动机水平不高，积极性下降。

（2）兴趣单一、稳定性差。

由于自身认识能力、交往能力的限制等，智力障碍儿童的兴趣狭窄，常常局限于某个

---

① 高亚兵．弱智儿童识记材料的组织特点及训练的实验研究［J］．心理发展与教育，1996（2）：60－64．

② 刘春玲．智力残疾儿童的发展与教育［M］．北京：北京大学出版社，2011．

事物或活动上，并且稳定性较差，维持时间较短，容易放弃。

（三）智力障碍儿童的情绪与行为特征

相较于正常儿童而言，智力障碍儿童会更容易出现情绪和行为问题，进而直接影响他们的社会生存与适应，并且对身心发展也会产生不利影响。

智力障碍儿童情绪与行为发展水平低，情绪控制能力差，反应容易过度，出现过激行为，并且他们的情绪与行为反应较为直接，表达方式也相对单一。

（四）智力障碍儿童的社会适应特征

智力障碍儿童的社会适应能力较差。与正常儿童相比，智力障碍儿童的社会适应特征主要表现在：社会适应能力较低，他们受认知能力、语言能力等限制，缺乏正常交往的手段，他们普遍表现为社会交往能力差、不善于处理人际关系、缺乏社会常识等。由于形成智力障碍的成因复杂，障碍的程度也不一样，所以社会适应能力在儿童个体间的差异也比较大。

第二节　智力障碍儿童的教育

针对不同程度智力障碍儿童特殊教育需求的巨大差异，智力障碍儿童的教育安置方式应该是多元化、弹性化的，在课程和教学上也应有针对性和多样化的选择。在当前融合教育发展的大趋势下，为智力障碍儿童提供适宜的教学支持与服务也应被充分考虑。

一、教育和教学策略

（一）教育理念

智力障碍儿童的教育作为国家教育的一个重要有机组成部分，其最终目的和国家要求趋于一致，即把儿童、青少年培养成德、智、体、美、劳全面发展的社会主义事业建设者和接班人。1987 年，国家教委颁布的《全日制弱智学校（班）教学计划（征求意见稿）》对培养目标和任务进行了规定：从弱智儿童身体和智力的实际情况出发，对其进行相应的教育教学和训练，积极响应德、智、体、美全面发展的方针，最大程度弥补其智力和适应行为上的缺陷，使其积极适应社会，能够自食其力地在社会上生存，最终使他们成为有理想、有道德、有文化和有纪律的社会主义公民。这样的目标放在正常儿童身上能较为轻松达到，而对于智力障碍儿童来说要付出多倍的努力才有可能达到[①]。

（二）教学原则

教学原则指教师在教育教学过程中应该遵循的基本要求，是对长期教学经验的总结。

① 朴永馨．特殊教育学［M］．4 版．福州：福建教育出版社，2019.

智力障碍儿童在学习过程中具有特殊性，身心发展和正常学生具有较大差异，所以在教学工作中应该采用一些特殊的教学原则。

1. 生活化原则

生活化原则是我国培智学校教育教学的指导性原则，强调从学生生活出发建构教学内容，使学生能够学会生活、参与社会。在教学的过程中，要将教学内容和学生生活相联系，满足学生的生活需求。如教学生超市购物，要将超市的场景在课堂上真实还原，便于学生掌握超市购物的具体流程，有助于培养学生的生活技能，提高其社会适应能力。

2. 个别化原则

个别化原则是培智教育教学的重要原则。它要求教师在了解每个智力障碍儿童的认知特点、心理发展水平以及行为表现后，制定合适的个别化教育计划，选择适合的教学材料以及教学方法，有针对性地进行教育。在具体的实施环节，教师要做到因材施教，课堂教学中要进行分层教学，为能力不同的学生设定适合其特点的目标、内容、方法以及评价，使每个智力障碍儿童的身心得到良好的发展。

3. 直观性原则

智力障碍儿童以形象思维为主，对概念的掌握要依靠直观形象的帮助。直观性原则是指在教学过程中，通过实物、模型或语言的形象描述，使学生对学习的事物形成清晰的表象。以语文教学为例，教师要注重图文搭配，运用图片、语言表达来丰富学生的学习经验。

4. 注重潜能开发与功能改善相结合的原则

潜能开发和功能改善是智力障碍儿童教育不可忽视的任务。一方面，在教育的过程中，教师要善于用发现的眼光去寻找学生身上的“闪光点”，发现学生的特长和爱好，并寻找合适的方法培育、发展其优势潜能①。另一方面，教师要重视学生的功能改善，充分利用支持策略和辅助技术满足学生的特殊需求，为学生的健康发展打下基础。

5. 倡导体验参与、激发兴趣的原则

智力障碍儿童注意力集中困难，且注意力保持时间短。在教学的过程中，教师应重视创设学生感兴趣的教学情境，激发学生的兴趣，重视学生的体验、参与，帮助学生更好地感知所学事物，使学生能最大程度地参与课堂，以促进学生的能动发展。

（三）教学方法

针对智力障碍学生的常用教学方法有任务分析法、情景教学法、伙伴帮助法、个别指导法、游戏教学法等。

1. 任务分析法

所谓任务分析法（task analysis）是将相对复杂的“一般性任务”分解成一系列简单的、学生可以接受的“子任务”，如果有必要，还可以进一步分解“子任务”以适应儿童

---

① 李科. 扬长教育在特殊教育中的运用［J］. 现代特殊教育，2015（Z1）：40-42.

的行为起点。这种方法几乎涵盖了以技能为基础的学习内容，也符合培智教学中的小步子原则。

2. 情景教学法

情景教学法是指教师根据教学内容创设相应的课堂情景，并将学生置于该场景之中，组织他们完成情景中规定的具体任务，来帮助学生获得知识和技能的一种教学方法。

3. 同伴帮助法

同伴帮助法是指通过集体中同伴的互相帮助以完成教学目标的方法。在培智学校课堂上，教师也可以利用智力障碍儿童的差异，将这种差异转化为教育资源，利用同伴辅助的形式开展教学活动。这不仅能使同伴双方在情感上达到共通，又能促使双方在学习上取得共同进步。

4. 个别化教学法

个别化教学法是指在教学活动中根据学生的个别差异，提供不同的指导，使每个学生都获得最佳发展的方法。在融合的普通班级中因学生的个体差异比较大，教师除在课堂上会对有特殊需要的儿童提供专门的指导外，同样可以为其提供个别化的课外辅助训练，以帮助学生跟上集体教学的步伐。使用此方法，科学的评估和严密的计划不可缺少。

5. 游戏教学法

游戏教学法是指借助游戏来向智力障碍儿童传授知识和技能、补偿其缺陷的一种教学方法。运用游戏的方法，能最大限度地调动智力障碍儿童学习的积极性。但特别值得注意的是，该方法不适用于学习新的知识和技能，主要在复习课中使用。

二、基于信息化技术的教学

随着“互联网＋教育”的提倡，课堂和教学走向数字化、智慧化，这也是时代发展的必然趋势。为贯彻落实党的十九大“办好特殊教育”和党的二十大“特殊教育普惠发展”的总要求，辅助技术逐渐进入特殊教育教学领域，得到了空前的发展。近几年，辅助技术的种类和功能不断完善和发展，为残疾人顺利参与社会生活创造了更多的机会。

（一）计算机网络技术

网络远程教育为残疾学生提供了理想的学习途径和新型教育手段①。运用网络远程教育手段可以将优质的教学资源传递给残疾学生，特别是对于肢体残疾或因其他残疾导致行动不方便的学生而言，网络远程教育可为他们提供更多的教育机会和条件，让他们和普通学生一样享有高质量教育服务。依据无障碍理念，在计算机操作系统和网页设计方面，应该为残疾人使用计算机浏览网页提供一个绿色通道，提高现代网络技术对使用对象的包容性。

（二）多媒体技术

多媒体是现代特殊教育教学中使用范围最广一种辅助技术。我们提倡多媒体教学，并

---

① 曲学利，莘锋．论网络对残疾人教育的促进作用［J］．中国特殊教育，2005（8）：74－77.

不是完全放弃传统的教学手段，而是要将多种教学手段进行结合，合理利用教学资源，提高教学效益。多媒体可以制作出传统教学不能演示、教师不能模拟的动态化的教育材料，增加学生的学习兴趣，提高课堂教学效果①。针对智力障碍学生，多媒体技术教学根据其反应慢的特点，可以放慢课件的播放速度，多次循环进行教学②。总之，多媒体技术不仅能拓宽学生获取资料的渠道，还能帮助教师构建智慧化、数字化的课堂。

（三）电子和机械类辅助器具

有些特殊需要的学生，因其生理障碍，无法良好地适应普通学校的教学环境。因此，学校有必要为其提供特殊的教学辅具和专用的教学设施设备，以支持他们学习、参与教学活动。例如，学校可以为残余视力的儿童提供放大镜、大字课本、台式电子助视器等，为需要强光支持的视障学生提供专用台灯，为有抓握能力的书写障碍学生提供掌套式书写器、增重圆珠笔等，为因肢体障碍导致手部不能长时间拿书的学生提供多功能阅辅器等③。

除此之外，培智学校常用的言语和语言康复系统、多感官律动室、辅助沟通训练仪等，实现了信息技术背景下多学科领域的结合，横跨康复学、教育学、心理学等，有利于从实践层面推动多学科的深度融合，进一步落实特殊教育高质量发展的目标④。

总之，辅助技术可以保障各类障碍儿童进入学校接受义务教育，可以实现以儿童为中心的教育目标。从某种意义上来讲，辅助技术有助于教育公平的实现，满足儿童多样化的教育需求，促进儿童的全面发展。

三、融合教育背景下智力障碍儿童的支持与服务

在融合教育背景下，为智力障碍儿童提供必要的支持与服务是保证其和正常儿童同样享受公平优质、个性多元教育的重要途径，有利于他们的身心和谐和健康发展。

（一）融合学校环境支持

学校环境是学生学习活动赖以进行的主要环境，它由学校内部有形的物理环境和无形的心理环境两部分构成。教学环境的调整是融合教育能够取得成功的基本要素，环境在教学中暗示着教师的教学方法和教学意图，教学环境的不同布置反映不同的教学理念，当教师有意识地去改变教学环境时也就意味着他们在有意识地改变自己的教学方法⑤。

1. 物理环境调整

物理环境指现有的外在硬件条件，主要分为室内环境和室外环境，包括教室的建筑风格、设计和布置等。融合教育中的物理环境调整，旨在确保所有学生都有机会参与课堂学

---

① 孙瑶．多媒体技术在特殊教育英语课堂应用现状研究［D］．长春：东北师范大学，2009.

② 杜静，曲学利．辅助技术在特殊教育中应用的研究［J］．中国康复理论与实践，2009（3）：286－288.

③ 马红英，谭和平．特殊教育需要学生的教育［M］．北京．北京大学出版社，2011.

④ 邓猛，张玲，张瑶．高质量教育发展背景下我国特殊教育信息化建设的内涵、特征与方向［J］．中国特殊教育，2022（8）：3－10.

⑤ 邓猛．融合教育理论指南［M］．北京：北京大学出版社，2017.

习，一定程度反映出为实现教育公平而做出的努力。在进行物理环境设计时，要遵循以下几点原则：

第一，无障碍原则。特殊学生能够像普通学生一样自由地在学校中活动是融合教育顺利进行的开始，因此，无障碍的环境设计显得尤为重要。学校需要为学生提供便于活动的设施，如楼梯间的坡道设计、方便轮椅进出的通道、改装的厕所等，力求为学生提供舒适化的学习环境。

第二，学生的个性化原则。首先，要保证环境的安全。潜在危险藏在教室的各个角落，如尖角、突出物、悬浮物等，它们可能给学生带来不必要的危险，因此，有必要对环境进行适当改变和调整。其次，环境设计要符合学生的身心发展特点。研究发现，智力障碍学生的教学要适当增加蓝色、绿色等鲜明的颜色以及曲线、漩涡线等线条，以提高其注意力①。最后，教学环境应富有弹性，增加变化性。如针对不同的上课要求改变座位摆放位置，对于轻度智力障碍学生，教师要将其安排在相对靠前的位置，方便教师关注，也可在其身边安排助学伙伴为他们提供支持。

第三，环境的结构化原则。结构化环境就是用清晰的界线为学生划定出不同的学习和活动空间，便于儿童了解活动、环境和学习的关系，理解环境对他们的要求。如读书学习区、游戏活动区、休息区等，通过这样的分区不仅能使教室具备多种功能，呈现层次化的特点，也便于教师将学生安排在不同的区域来完成教学目标。

2. 心理环境调整

融合教育中的心理环境调整，主要在于建立一种开放包容、友爱尊重的氛围，使特殊儿童获得充分的尊重和包容。心理环境的调整要注意以下三个原则：

（1）接纳。融合班级的产生首先就是特殊学生能够被普通学生接纳、认可和了解。接纳的心理环境能够让特殊学生获得安全感，不用担心被嘲笑和排斥。

（2）归属感。普通班级中的归属感对于特殊学生来说是非常重要的，会直接影响其良好人格的形成，而要让学生有归属感就必须让其参与班级所有的活动。

（3）合作。合作是打破隔离、走向融合的有效途径，这种合作不仅局限于学生之间，教师之间和学校之间也可以进行有效合作。对于特殊学生来说，合作更多意味着参与和成功，而对于教师来说，合作能减轻个人压力，让更多的人承担起融合教育的责任②。

（二）家长与教师合作

对于智力障碍儿童的教育仅仅依靠学校的力量是远远不够的，家长的支持与配合也起着至关重要的作用。智力障碍儿童进入普通课堂学习，教师首先要向家长全面了解儿童的情况，包括儿童的成长发展史、疾病史、家庭情况等各种信息，与家长建立起信任与合作的关系。后续执行融合教育方案时，也可积极与家长进行沟通，共同商定适合儿童发展的教育方案，达到良好的教育效果。

---

① 孙圣涛，蔡璐．智力落后学生对于颜色与线条爱好的研究［J］．教育生物学杂志，2013（4）：255-258．

② 邓猛．融合教育理论指南［M］．北京：北京大学出版社，2017．

第三节　超常儿童概述

【案例】

阳阳，男，1995 年出生于辽宁省盘锦市。根据父亲的陈述，阳阳从小就异常聪明：两岁半时，就用不到三个月的时间认识了 1 000 多个汉字，家人颇为震惊；6 岁时，就进入小学阶段，只用了一个月，就转升二年级，结果二年级读了一个月，三年级读了四个月，之后就跳过四年级，直接读了五年级，整个六年制的小学义务教育，阳阳只用了两年；初中阶段还算平稳，初一、初二都好好在念，直到初三下学期，老师向父亲反映，孩子不能好好听课，父亲便将孩子带回家自学半年，算是初中毕业；新学期开学，阳阳升入高中，便直接读高三；2005 年，10 岁的阳阳，在众人的关注下，被天津一所大学录取，而此时，按照入学规律，同年龄的孩子，还在读四年级；2008 年，13 岁的阳阳通过北京工业大学硕士研究生的复试，成为全国年龄最小的硕士研究生；2011 年，16 岁的他成了最小的博士生，再次成为万众瞩目的焦点。阳阳曾在记者访谈中说他想当王者，因为王者主宰命运！

资料来源：https：//max. book118. com/html/2022/0512/8106043110004100. shtm.

“神童”阳阳在不断创造着奇迹，那究竟什么样的儿童才被称为超常儿童？超常儿童的分类、成因以及特点又是什么？针对超常儿童的发展，如何开展教育以及需要提高的教育支持有哪些？本章对这些问题进行了分析与研究。

一、超常儿童的概念

超常儿童概念的发展和演变受到特定时代的研究成果和理论观点的影响，集中反映了人们在特定时期对超常儿童的认识。总的来说，超常儿童的概念经历了由神学取向、单一能力取向、多元能力取向到动态发展取向的演变过程。

（一）欧美国家对超常儿童的定义

19 世纪前人们对于超常儿童的认识十分局限，主要从经验的角度进行尝试和摸索，并未真正采用科学的方法进行研究。直到 19 世纪中期，英国研究者高尔顿（Galton）出版《遗传的天才》一书。这是第一部公开进行发表的关于天才理论的著作，由此开启了超常儿童研究的科学时代。这部著作当中使用了“gifted”一词，被大众所熟知。“gifted”指的是具有卓越能力的人①。20 世纪初，美国心理学家特曼（Terman）首先使用智力测

① WOOLF，HENRY，BOSLEY，et al. Webster's new collegiate dictionary. Massachusetts：G&C. Merriam Company Pr.，1973：485.

验来鉴别超常儿童，将智商分数达到或超过140的定为超常儿童，由此开启了智商测验决定天才的纪元①。

随着人们对智力研究的不断深入，“超常儿童就是高智商分数的儿童”这种类似的观点受到质疑。越来越多的人认识到，超常儿童的能力应该在多个领域有所发展，包括创造力和非智力因素。于是，人们开始从包含多种认知能力元素的多元角度界定超常儿童。心理学家加德纳提出了多元智力理论，他认为在不同的社会文化背景下存在八种甚至更多特定的智力，包括音乐智力、身体动觉智力、语言智力、逻辑数理智力、空间智力、人际交往智力、自我认识智力和自然观察智力。在他看来，天才儿童是指在某一特定领域表现出来具有独特潜力的人。受到遗传和环境相互作用的影响，人们重新理解了天赋才能，即天赋和能力随着时间的推移呈现动态发展的特点。在动态发展观念的指引下，西方研究者提出了一系列相关理论，重新规定了超常儿童的内涵。如心理学家加涅强调“天才”的才能发展是一个渐进的过程，受到内在因素、外在环境以及机遇等多方面因素的影响②。

（二）中国对超常儿童的定义

与西方相比，我国对超常儿童的研究起步较晚，至今仍处于探索阶段。以查子秀先生为代表的心理学家认为：与“天才儿童”相比，“超常儿童”的称谓更能准确地体现出这类儿童的特点。超常儿童是相对于正常儿童而言的，他们和正常儿童相比，既有共性也有差异性，是儿童群体中的一部分。而“天才儿童”的称谓易将这类儿童从正常儿童群体中割裂出来，夸大了差异性，更容易被人理解为高度发展的先天能力。超常的才能并不是先天赋予的，而是遗传和环境交互作用的结果，“超常”是可能性与现实性的统一，而“天才”更强调儿童的先天因素，容易走入唯心主义的误区③。“超常儿童”的定义经过多次修订，但是其核心内涵未变。最新的定义是《特殊教育词典》第3版上所记载的：超常儿童是指智慧和能力超过同龄儿童发展水平的儿童，其主要心理特征是：注意力集中，坚持性较高；自信心足，积极上进；兴趣广泛，好学强记；有洞察力，想象力丰富，思维敏捷，有创造性。与普通儿童相对而言，两者在一定条件下可以转化④。

中西方对超常儿童的认识都经历了由保守化到多元化、动态化的转变。从特殊教育的角度看，超常儿童指智商明显超过同龄常态儿童，或具有某种特殊才能的儿童。

二、超常儿童的鉴定和分类

（一）超常儿童的鉴定

目前对于超常儿童的鉴定，全国呈现出多元化的趋势。许多研究者认为，多因素评估的方法更为准确和公平。该方法对各种类型的信息资料进行了整合、评估，包括智力

---

① 李莉．有关天才儿童的定义的研究综述［J］．中国特殊教育，2003（3）：83－90.

② 程黎，王美玲．国内外超常儿童概念的发展及启示［J］．中国特殊教育，2021（10）：65－69.

③ 查子秀．超常儿童心理学：第2版［M］．北京：人民教育出版社，2006：14.

④ 朴永馨．特殊教育词典：第3版［M］．北京：华夏出版社，2014：485.

水平评估、成就评估、创造力评估、非学术领域表现的评估以及人格或非智力因素的评估。

1. 智力水平评估

超常儿童必须具有较高的智力水平，这一方面的鉴别主要通过智力测验和认知能力测验。

（1）智力测验。

智力测验是不可或缺的首要鉴别工具，是心理学用于测验人的智力水平的一种方法，分为个人测验、团体测验、文字测验和非文字测验。目前，我国根据实际情况对一些测验量表进行了本土化修订，包括“中国比奈测验”“韦克斯勒智力量表中国修订版”。相较于其他工具而言，智力测验是鉴别智力超常儿童较为常用和成熟的工具。

（2）认知能力测验。

认知能力测验由超常儿童研究协作组历经长时间的尝试后成功研制，主要适用于3～14岁的儿童。这套测验包含以下几个内容：类比推理测验、观察力测验、记忆测验、创造性思维测验。这四方面的测验从各个角度鉴别儿童的认知能力，类比推理和创造性测验为其主要内容①。

2. 成就评估

成就评估包括一些与学术研究潜能和学业成就有关的测量，一般进行团体施测，所得结果通常以百分比等级或年级的方式来表示。除了一些正式的、标准化的成就测试外，如统一进行考试测验、学科测试等，还可以通过教师编制的测验来评估学生的学业成就。

3. 创造力评估

创造力的鉴别主要通过创造力测验来完成，主要测查人的“发散思维”能力。创造力是超常儿童的重要特征之一，当前的智力测验主要测查的是人的集中思维能力，较少关注人的发散思维能力。相关研究表明，智力和创造力成正比，但智商在120以下的人表现得比较明显，即智商在120以上的人的创造力不一定高。所以对超常儿童进行鉴别时，单纯依靠智力测验是不够的，创造力评估也是关键所在。

4. 非学术领域表现的评估

非学术领域方面的评估涉及的范围比较广，如音乐、绘画、表演等。除了使用一些标准化的测量工具外，还可以靠直接观察的方法进行评估，这也是较为有效的一种方式。除此之外，学生的成就或者作品也可交给专家委员会做客观的评估，如文章、画作等。

5. 人格或非智力因素的评估

非智力因素的评估也相继运用到超常儿童的鉴定当中，较为常见的非智力因素测试工具有：情绪行为测试、动机测试、人格测试等。鉴别方法新增加了教师或管理者对超常儿童行为的临床评估、观察记录、专家评价等，这些方法为鉴别超常儿童人格或非智力领域

---

① 刘玉华，朱源．超常儿童的鉴别（二）[J]．现代特殊教育，2002（6）：12-14.

的发展提供了可行性条件①。

对超常儿童进行及时鉴定，可以为超常儿童提供及时且合适的教育，进一步促进教育公平。

（二）超常儿童的分类

1. 按照儿童潜能、成就和行为特征分类

随着人们对超常儿童概念的多元化理解，学者们一致认为可以根据儿童的自身潜能、学业成就与行为特征对超常儿童进行分类，一般分为智力优异、学术性优异、艺术才能优异、创造能力优异、领导能力优异、其他特殊能力优异等六种不同的类型②。

（1）智力优异。

智力优异，是指在记忆、理解、分析、综合、推理、评价等方面比同龄人具有卓越潜能或杰出表现者。这类儿童的突出特点是智商高，分析、推理判断能力也较好。

（2）学术性优异。

学术性优异，是指在社会或自然科学等学术领域表现杰出或具有优越潜能。这类儿童的显著特点是与同年龄或同年级学生相比，功课成绩非常优秀。由于智力和成绩都可以通过测试认定，所以学术性的超常儿童比较容易得到社会的认可和肯定。

（3）艺术才能优异。

艺术才能优异，是指在表演艺术方面表现杰出或具有卓越潜能。这类超常儿童有很高的艺术天赋和素养，比较擅长音乐、绘画等。这类儿童一般具有较高的艺术天赋，拥有较高的艺术表演能力。

（4）创造能力优异。

创造能力优异，是指善于运用较强的心智能力去生产创新性及建设性的作品。这类儿童具有超出常人的创造能力，创造性思维比较突出，喜欢进行发明创造，能从多个角度来思考和解决问题。

（5）领导能力优异。

领导能力优异，是指具有优异的组织计划、协调沟通、预测决策、评价鉴别等能力，能巧妙地处理团体事务。这类儿童具有很好的领导者潜能，如组织能力、分析判断能力、感召力等。

（6）其他特殊能力优异。

其他特殊能力优异，是指在动作表现、操作技能、计算机程序设计、牌艺等方面表现杰出或具有优越潜能。这类儿童动作反应灵活、协调性好，有很强的运动记忆、分析判断能力，也具有比较强的创造能力③。

2. 按照儿童发展类型分类

超常儿童的成长历程并不都是一帆风顺的，有的儿童发展进程顺利，有的儿童发展则并不尽如人意。我们可以将超常儿童的成长过程分为跃进式、渐进式、V 形前进式（或波

---

① 王寅枚，刁雅欣，张兴利．超常儿童鉴别的实践与展望［J］．中国特殊教育，2022（1）：91－96．

② 王辉．特殊儿童教育诊断与评估［M］．南京：南京大学出版社，2007：97－98．

③ 刘春玲，江琴娣．特殊教育概论［M］．上海：华东师范大学出版社，2015：9．

浪式）、后起式、滑落式五种类型。

（1）跃进式。

这种类型的超常儿童幼年异常聪明，需要提前入学或插班学习，能取得远远超过普通学生的成绩，之后也表现得很出众；在整个学习生涯有过一次或多次跳跃式前进或发展。

（2）渐进式。

这种类型的超常儿童幼年或童年已有超常的出众表现，按照其常规年龄入学，没出现过跳级，而是在课外、校外接受充实的超常教育活动，学生的优势和才能呈现逐步发展的特点。

（3）V形前进式（或波浪式）。

这种类型的超常儿童幼年异常聪慧，需要提前入学或插班接受教育，而在小学或中学的某个阶段的表现一度下降，和正常儿童没有差异。采取一些措施后，成绩得到回升，再次表现出众。

（4）后起式。

这种类型的超常儿童幼年或童年未发现有超常出众的表现。小学或初中阶段，由于某次竞赛或机遇，成绩突出，受到学校的极大重视，给予特殊模式的培养，此后发展优异，表现一鸣惊人。

（5）滑落式。

这种类型的超常儿童幼年聪慧，在中小学或大学阶段一帆风顺、名列前茅。中学、大学或毕业后，由于某个特殊的原因，情绪产生极大的波动或崩溃，导致学习或工作成绩下降，经过老师的帮助也没有获得长进，发展失去优势。

三、超常儿童的成因

虽然目前人们无法准确预测或说明超常儿童产生的原因，但从已有的研究中发现，研究者们普遍接受超常儿童是生物因素和社会文化因素共同作用的结果。

（一）生物因素

在生物因素中，最常提到的就是遗传因素，遗传为智力的发展提供了可能性，是智力发展的前提和基础。

关于智力的遗传，英国学者高尔顿通过研究著名人物的家谱后得出了重要的结论：非凡的能力起源于遗传。在高尔顿之后，相关学者对不同亲属关系的个体进行了标准化的智力测验，最后得出结论：两者的遗传关系越相近，则智力水平越相似；但是，若智力水平相似，而生长环境不同，则智力相似的可能性也会减少①。还有一些学者坚持天才的“先天论”：认为超常儿童的才能并不是接受训练后才能形成，而是他们天生就具有独特于一般人的大脑结构，促使他们能够进行游刃有余的学习和探索②。

---

① 查子秀．超常儿童心理学［M］．北京：人民教育出版社，2006：84－85.

② 沈模卫，朱海燕，张锋．天才儿童及其教育问题新论［J］．华东师范大学学报（教育科学版），2003（4）：77.

（二）社会文化因素

遗传因素为超常儿童的发展提供了可能的因素，但它不是决定因素。教育，尤其是早期教育对超常儿童潜能的发展起着重要的作用。布卢姆认为：如果人在17岁时普通智力水平能达到100％，那么，4岁前就获得了50％的智力，4～8岁获得30％，8～17岁获得20％。因此，儿童智力的高低，在很大程度上取决于早期教育的状况。在对110位特殊儿童进行跟踪研究后，研究者发现，大部分父母十分注重幼儿的早期教育，并为幼儿创造有利的智力发展环境。70％的儿童在他们2～4岁（平均3.5岁）时，已受到有目的、有计划的教育①。

四、超常儿童的基本特征

中国超常儿童研究学会对各年龄段的超常儿童进行了调查，揭示了他们的一些特征及心理发展规律。

（一）认知特征

1. 注意力

超常儿童一般表现为注意范围广、注意力集中性和稳定性高，具有高度紧张性的特点。注意力稳定性是指一个人的注意力能够较长时间专注在同一个物体或活动中；注意力紧张性是指心理活动对某些事物高度集中，而不去在意其余的事物。在注意状态下，人们会全神贯注在自己所关注的事情或活动上，对其他无关的事情则无动于衷。

2. 记忆力

超常儿童一般表现出记忆力强的特点。具体表现为记忆敏捷、记忆速度快、记忆量大。记忆敏捷是记忆的速度和效率，具体以学生在规定时间内能回忆起事物的多少为指标。

3. 语言

超常儿童的口头言语发展比正常儿童要早。一般而言，1岁末的儿童能够模仿发音，但不会说话，有时能模仿着说出几个词，但普遍发音不准、不清晰。而这个时期的一部分超常儿童不仅会说话，而且说出的语句完整且清晰。另外，3岁左右的超常儿童书面语言发展较快，甚至可以达到小学水平②。

4. 思维

超常儿童思维发展主要表现在三个方面：其一，思维速度快，思维敏捷，能够对问题的描述做出正确而迅速的反应，准确地想到问题的解决方案；其二，思维深刻，能够透过事物的表象深入问题的本质，揭露深层含义，找到事物发展的规律，并能预测结果；其三，思维广阔、灵活，具有创造性，遇到问题时能够从多角度、多方面进行思考，巧妙找

---

① 查子秀．超常儿童健康成长的主客观条件［J］．中国特殊教育，2000（2）：3.

② 刘春玲，江琴娣．特殊教育概论［M］．上海：华东师范大学出版社，2015：9.

到事物之间的联系，并且发散性思维较强，能够创造性、独特性地提出自己的想法和见解。

（二）个性特征

超常儿童的社会适应性比较好，喜欢与人交流，并且他们动机效能高，意志坚强，自制力也相对较好。目前，国内心理学家们已意识到超常儿童的个性品质在其教育和社会领域中都起着非常重要的作用，在好胜心、坚持性等方面对超常儿童和普通儿童进行了对比研究，结果发现，在个性心理特征方面超常儿童显著地优于普通儿童①。

与普通儿童相比，超常儿童更容易出现焦虑的情绪，过多的负面情绪输出容易使自己陷入过度的自我批评和自我封闭之中，教师需要采用专门的方式去调节。

第四节　超常儿童的教育

一、课程和教学

（一）课程

对超常儿童设定的总体教学目标是：在多个领域和他们的能力范围之内，掌握重要的概念性知识和学习技能，培养其独立意识和创造性精神，更好地完成常规的学习任务。

第一，丰富超常儿童的课程内容。为了防止超常儿童出现心理的不适应性，可以将其安排在普通班级中学习，但是教师应为超常儿童提供特别的、单独的课程设计，可以增加课程的挑战性，或者为学生布置额外的学习任务，进行单独辅导，满足他们的教育需求。但值得注意的是，课程的设计要有清晰的教学目标和严谨的教学活动设计，避免出现表面看似充实了学生的时间表，实则能力丝毫不见增长的结果。第二，设置特定的课程，这些课程通常由经过专门培训的教师来教授，在一些问题上做深入的探讨，使知识水平提高到一个新的层面，而且课程内容可以和国际接轨，以教授国际上受关注的学科内容，旨在为学生提供一个提高自身能力的机会，促进其潜能的开发和智力水平的提升。

（二）教学

1. 加速式教学

与普通儿童相比，超常儿童有更多的知识、技能要掌握，所以传统年级制的教学模式不利于其发展，而采用加速式教学可以让他们更快地完成学业，是一种相对清晰、可靠的教学模式。

加速式教学有利于强化超常儿童的学习动机，缩短学业年限，节省教育成本，提早完成专业训练或取得更高学历，满足社会发展的需求——早出人才、快出人才、多出人才、

① 施建农．以超常儿童为被试的个体差异研究［J］．心理科学进展，2006（4）：565－568.

出好人才。当然，这种方式也存在弊端，超常儿童往往承受着过大的学业压力和竞争，不利于身心健康发展。另外，为满足升学和跳级的要求，学生可能会出现偏科问题，相应的学习质量也容易受到忽视①。

2. 丰富式教育

丰富式教育是当今国际上受到较广泛认可的一种超常儿童教育模式，其基本理念是每一位超常儿童都有权使自己的潜能得到充分的发展，所有普通学校和教师都需要理解超常儿童的特点并为他们提供适宜的教育。另外，有研究表明，丰富式教育不仅会最大限度地激发儿童自身的潜能，还会促进儿童情绪情感和社会互动的发展。丰富式教育的实施路径有以下三种：

（1）区别式课程方案。

在区别式课程方案中，在学习内容、进度和任务要求上要为超常儿童进行独特的设计。在学习内容上，教师要事先了解超常儿童的个人情况，确定他们已经掌握的课程内容。当教师在讲授这部分内容时，就可以让他们参与一些替代性的学习活动。例如，学习具有扩展性质的阅读资料或到资源教室进行自主学习，甚至可以参加课外的学习交流活动等。在学习进度上，某一科目成绩优异的超常儿童可到高年级课堂听课学习，满足较高的学习需求。在学习任务上，对超常儿童布置具有挑战性的学习任务，最大限度地开发其潜能。

（2）抽离式课程方案。

抽离式课程方案是指允许超常儿童部分时间离开自己的所在班级，去和与自己有相同智力和能力水平的同伴一起学习、交流。这种方案的优点在于，超常儿童既可以在大部分时间内与普通学生一起成长，有利于其情感和社会性的发展，又可以在指定时间内与同等智力水平的同伴一起活动，感受挑战性的学习氛围，以促进其特殊才能的培养和发挥。

（3）导师制教育方案。

导师制教育方案是其他教育方案的一种补充形式。其基本做法是为超常儿童安排一位导师，指导他们深入研究自身特别感兴趣的课题。这些导师可选择校内的教师，也可以请校外的专家，通过深入交流，充分满足超常儿童的兴趣和身心发展的需要②。

二、融合教育背景下超常儿童的支持与服务

习近平总书记在2021年9月召开的中央人才工作会议中指出，要深入实施新时代人才强国战略，全方位培养、引进、用好人才，加快建设世界重要人才中心和创新高地③。在融合教育背景下，超常儿童更多被安置在普通班级里，但是目前国内的超常教育面临着严峻的考验，普遍表现为整体教育体系不健全、普通学校里超常儿童的数量少等。新时代

---

① 曾有娣．加速式超常儿童教育研究综述［J］．中国特殊教育，1999（4）：3-5.

② 缴润凯，张锐，杨兆山．智力超常儿童的发展：从加速式教育到丰富式教育［J］．东北师大学报（哲学社会科学版），2008（6）：20-23.

③ 习近平．深入实施新时代人才强国战略 加快建设世界重要人才中心和创新高地［N］．人民日报，2021-09-29.

在国家和社会发展的高要求下，如何高效利用现有的教育资源，使现有的教育模式既能满足普通学生的发展需要，又能符合超常儿童的教育要求，成为目前所有特殊教育工作者比较关心的一个话题①。

（一）创设有助于超常儿童学习的环境

针对融合教育环境下的超常儿童，首先要做的就是为他们提供一个良好的学习环境，使他们能够有机会平等地参与到普通学生的课堂中去。

（1）物理环境的调整。

在空间的运用上，学校可以为超常儿童设置一些电子化的学习装备设施，可以安置在走廊或者单独的某一房间，学生利用课余时间去查阅相关资料，满足其学习需求，防止出现学生在普通课堂“吃不饱”的现象发生，从而对学习感到枯燥，打击其学习的动机与积极性。

（2）心理环境的调整。

学生的生活经验、认知水平以及学习基础不同，他们对于特定知识的理解与掌握必然存在差异。差异是客观存在的，教师要引导学生正确看待差异，尊重每个学生独特的学习风格和学习速度。给超常儿童贴标签会使普通儿童和超常儿童在无形之中分离开来，一方面不利于融合课堂的构建，另一方面也不利于建立融洽的师生和同伴关系，导致儿童不能积极有效地参与课堂活动。

（二）家校合作

家校合作是指在学校和家庭之间形成教育合力，进行相互协作和支持，是实现超常儿童教育目标的重要途径。2021 年 10 月，《中华人民共和国家庭教育促进法》颁布，其第 14 条明确指出：父母或其他监护人应当树立家庭是第一课堂、家长是第一任教师的责任意识，承担对未成年人实施家庭教育的主体责任。这表明国家已经开始重视普通儿童的家校合作，而超常儿童教育中的家校合作也逐渐得到关注②。

第一，推进我国超常儿童教育的专业师资队伍建设。普通学校定期邀请专家组进校，为教师进行科学的知识与技能培训，增强教师的专业教学和家长有效沟通的技能。

第二，注重超常儿童的情绪发展。超常儿童的智力和情绪发展不同步，即智力水平很高，而情绪发展相对迟缓。因此，父母应该做好榜样，给予超常儿童情绪调节上的指导，帮助他们正确应对社会与情感问题。

第三，完善超常儿童家校合作机制。当前国内对超常儿童教育的家校合作进行了积极的研究和实践探索，但主要侧重于通过研讨会和家长会等方式参与超常儿童的教育，未来可以较多地使用自媒体等平台开设超常儿童教育的讨论专区，方便家长积极参与超常儿童的教育与实践活动。

---

① 程黎，张嘉桐，陈啸宇．新时代融合教育环境中超常儿童教学模式的探索：基于全校范围内丰富模式的分析[J]．中国特殊教育，2020（10）：50－57.

② 李丹枫，李嘉鹏，闫星如．超常儿童教育中的家校合作[J]．中国特殊教育，2021（11）：68－73.

本章思考题

1. 如何鉴别智力障碍儿童？他们有什么特征？
2. 智力障碍儿童按支持程度的分类对教育有怎样的启示？
3. 应该从哪些领域评估超常儿童？
4. 在融合教育背景下可以为智力障碍儿童和超常儿童提供哪些支持与服务？

第七章　沟通与交往障碍儿童的教育

学习目标：

1. 掌握沟通与交往障碍儿童的概念及分类；
2. 掌握沟通与交往障碍儿童的基本身心发展特征；
3. 了解沟通与交往障碍儿童的学习与安置环境；
4. 熟悉沟通与交往障碍儿童的课程与教学相关知识；
5. 了解沟通与交往障碍儿童的相关服务与支持。

沟通是人类借助共同的符号系统获得信息、彼此传递和交流信息的个人行为和社会互动行为，是人类有意识的活动。在现代社会，沟通与交往是人与人之间连接的桥梁。若个体失去了与社会联系的途径，那么其社会性将难以得到充分的发展。患有沟通与交往障碍的儿童由于其能力条件不足，在与人交流以及社会性的发展上存在一定的困难，因而对他们进行有针对性、有效率和效果的教育与支持至关重要。

第一节　言语语言障碍儿童的教育

【案例】

一位母亲的自述

因为母亲的年纪大了，不能照顾我 2 岁的儿子，于是我把他送到了附近的幼儿园。上幼儿园的儿子总是出状况，每天都会犯点小错误，幼儿园的老师经常跟我反映，儿子不注意听讲，不听老师的话。例如，老师让小朋友把苹果举起来，可是他总是拿起别的东西。他好像对词语本身不感兴趣，因为不论我费多大劲要他注意，然后说举起苹果，他就像是没注意一样，总是错把橘子举起来。对于儿子来说“词语”就好像只是“词语”，它没有什么具体的含义，也没有什么具体的作用，这些似乎都是无所谓的。在我们日常的生活中，使用词语是那样理所当然的事情。如果是平常的孩子，即使不特意地去教，也能很自然地记住某些词语，但是这些词语却怎么也进不去儿子的脑子。此类问题还有很多，我非常苦恼。

> 因为儿子的言语发育比较缓慢，所以当其他的小朋友回答问题叽叽喳喳说个不停的时候，他总是比别人慢半拍，急得小脸通红，但是这样的话就更说不明白了。我觉得，其实儿子也很苦恼。儿子的脾气也不是很好，总是因为一点点小事就和别的小朋友打架，为此老师经常对他进行批评教育，给老师添了许多麻烦。渐渐的，儿子开始讨厌上幼儿园，去之前总是哭闹，就是不爱去，说老师讲的听不懂。没有办法，我只能把老师第二天要讲的课程提前教给儿子，让他先学一遍，避免他在课堂上表现得过于笨拙。我也教导他要和其他小朋友好好相处，不要动手打架，但这种情况目前还没有改善，似乎儿子根本不听我的这些话。
>
> 每次看着犯错误的儿子我总是感叹儿子的不懂事，心里也非常着急。有一天，幼儿园的老师告诉我，我的儿子上课不能和老师很好地互动、注意力不集中、贪玩、爱与人打架，这些可能是学习障碍中言语发展障碍的一些表现，要我带儿子到医院去查一查。这是我第一次听到这个词，也成了我对于言语障碍以及自己儿子的情况正确理解的契机。
>
> 资料来源：张明．探索言语障碍儿童的世界．北京：科学出版社，2017.

言语是组织语言进行口语表达。为了使口语表达声音响亮、发音清晰，需要有与言语产生有关的神经和肌肉参与活动。当这些神经或肌肉发生病变时，就会出现说话费力或发音不清的现象。语言是人类社会中约定俗成的符号系统，人们通过应用这些符号达到交流的目的。语言能力包括对符号的接受和运用的能力，其接受和表达的方式包括书写、阅读以及身体语言等。“言语”和“语言”的区分，主要是为了使言语治疗人员能够正确地理解各种言语语言障碍，并进行有效的康复治疗。而社会中就存在这样一群孩子，他们有的完全不会说话，有的说话断续不成句，有的想说却发不了声，有的能够发声却不懂怎么组织语言，等等。他们都患有言语或语言方面的障碍。伴随着研究的进展和技术的发展，对言语语言障碍儿童的治疗和教育正在不断进步。

一、言语和语言障碍概述

（一）概念界定

美国言语语言听力协会（ASHA）将沟通障碍定义为言语障碍（speech disorder）或语言障碍（language disorder）。在我国的残疾分类中，与沟通障碍相对应的概念为“言语残疾”，言语残疾是一个相对宽泛的概念，它涵盖了传统分类中的言语障碍和语言障碍。以下分别介绍言语残疾、言语障碍和语言障碍的概念①。

1. 言语残疾

言语残疾是指各种原因导致的不同程度的言语障碍，经治疗一年以上不愈或病程超过

---

① 朴永馨．特殊教育概论［M］．北京：华夏出版社，1991.

两年而不能或难以进行正常的言语交流活动，以致影响其日常生活和社会参与。包括：失语、运动性构音障碍、器质性构音障碍、发声障碍、儿童言语发育迟滞、听觉障碍所导致的语言障碍、口吃等①。

2. 言语障碍

言语障碍是指说话时的反常现象，包括发声、构音以及语流的异常。这类障碍可在说话者表达以及使用口语符号系统时观察得知。

3. 语言障碍

语言障碍是指个体所掌握的语言学知识系统与其年龄不相符，落后于同龄的正常人，属于在语言符号系统的理解和使用上的异常。

（二）鉴别与分类

1. 言语障碍的分类

（1）构音障碍。

构音系统包括口腔、舌、软腭、唇和下颚。不同元音和辅音的发声，得益于构音系统高度灵活和密切配合的动作。构音是产生语音的过程，即胸腔呼出的气流，经过声带的振动，再经唇、舌、腭、咽等构音器官的摩擦或阻断而发出语音的过程。在构音过程中，倘若构音的位置、方法、强度、速度或动作的协调出现问题，就会导致语音发生省略或不准确的现象，造成语音的改变，形成构音障碍。

从构音错误的类型上，可以将构音障碍分为五类：

- 替代，指以错误的读音取代正确的读音，例如：“兔（tù）子跑（pǎo）了”读成“肚（dù）子饱（bǎo）了”。
- 扭曲，也称歪曲，无法发出正确的读音。
- 省略，只发出部分音，如将“抱（bào）”读成“奥（ào）”。
- 添加，在一个字音内增加原本没有的音，如将“衣（yī）”读成“机（jī）”。
- 整体性的语音不清。

从构音障碍的病因上，可以将构音障碍分为三类：

- 运动性构音障碍，由于中枢或周围神经系统损害引起的言语运动控制障碍（无力、缓慢或不协调）。它具体表现为理解正常并能正确选词和按照语法排列，但有发声困难，发音不准，咬字不清，声响、音调及速度、节律的异常和鼻音过重等言语听觉特征的改变。其言语损害与神经受损的程度是一致的。
- 器质性构音障碍，由发音说话器官的构造异常所致。
- 功能性构音障碍，指错误构音呈固定状态，找不到构音障碍的原因。

（2）发声障碍。

发声障碍又称嗓音障碍或声音障碍，是指由于呼吸系统及喉存在器质性病变而导致的失声、发声困难、声音嘶哑等。发声障碍可以根据声音的音调、音量、音质三个方面加以

① 参见中华人民共和国国家质量监督检验检疫总局、中国国家标准化管理委员会发布的《残疾人残疾分类和分级》。

判断，当其中任何一项与正常情况或条件相差悬殊时，即被认为有声音的病变。从发声障碍的表现形式上，可以分为：

- 音调异常：音调过高或过低。
- 音量异常：音量的强弱不当。
- 音质异常：有气息声、声音嘶哑或气息声与粗糙声混合的声音。

（3）语流障碍。

语流障碍又称口吃，是指言语的流畅性发生障碍，常表现为在说话的过程中拖长音、重复、语塞并伴有面部及其他行为变化等。语流障碍根据构音特征，可以分为三类：

1）重复发音：重复语音数次才能继续说下去，重复的内容可以是字、词以及短的词组。

2）言语阻塞：说话时突然发生阻塞，下面的话不能流畅地顺接上来。言语阻塞有时表现为起音困难，即说话时第一个声音因遇到阻塞而发不出来，而一旦发出声音后，又把整句话说得过快。

3）语音延长：说话时不正常地延长某个音。

知识卡片

言语发展的先决条件

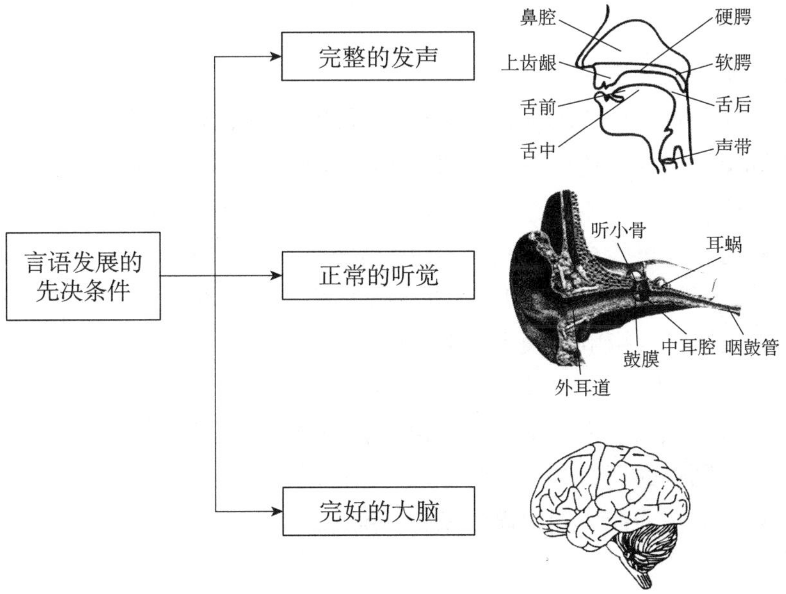

2. 语言障碍的分类

（1）语言发展迟滞。

语言发展迟滞指儿童在生长发育过程中，其语言发育落后于实际年龄的状态，主要表现为不会说话、说话晚、发音不清等。其特征是：

- 语义异常：词不达意，或无法理解说话者的意图。
- 语法异常：说话句型结构简单，有颠倒、混淆或省略等不合语法的现象。

- 语用异常：说话不合情境或用词不当。
- 语形异常：有字形辨认不清或混淆的现象。
- 词汇异常：词汇少甚至完全没有。

（2）失语症。

失语症是正常获得语言能力后，因大脑语言区域及相关部位损伤导致获得性语言功能丧失。失语的人所有语言形式包括说、听、读、写和手势表达的能力都会减弱。

（三）基本特征

1. 行为特征

不同类别的言语语言障碍儿童，其行为特征有所不同。在关于分类的介绍中，已经描述了各类儿童的症状表现。除此之外，语流障碍儿童（口吃）还会伴有皱眉、闭眼、张口、耸肩等一系列不经意的动作。

2. 心理特征

（1）智力发展与学业成就。

研究发现，就总体而言，言语语言障碍儿童群体的平均智力水平略低于同龄普通儿童。同时，言语语言障碍在一定程度上影响了儿童的学业学习，尤其是与语言相关的学科课程学习①。

（2）人际关系与社会适应。

言语语言障碍儿童可能会由于言语不清或说话异常而引起同伴的好奇或取笑，因此，这类儿童在人际交往与社会适应中会遇到一定的困难。具体表现为：

1）退缩与回避。

言语语言障碍儿童可能会有意减少在他人面前的言语行为。他们在公共场合或团体交往情境中，往往选择回避的方式，以掩饰自己的不足。这种回避与退缩容易产生恶性循环，导致儿童自我隔离，影响其融入社会。

2）焦虑。

由于言语语言方式或水平的不同，言语语言障碍儿童会感受到来自外部环境的压力，包括家长、老师、同伴的压力等。因此，他们在面临需要沟通的情境时，可能会表现出明显的焦虑，对自己的沟通能力和沟通效果有不确定感。

3）攻击。

当意识到自己或自己的言语行为受到他人贬低时，部分言语语言障碍儿童为了维护自己的自尊，会采取攻击的方式反击，进而导致他和同伴之间的疏离。

需要说明的是，年幼的言语语言障碍儿童可能对自己的障碍并不自知，也无所谓挫折感和焦虑。但是，随着年龄的增长，他们会从外界反馈的信息中评价自己的能力，也正是在这个过程中，他们逐渐产生压力感和焦虑感。

---

① 刘京媛，王国忠. 120例语言障碍初步研究 [J]. 国外医学妇幼保健分册，2003（5）.

二、言语语言障碍儿童的教育

（一）学习环境

沟通障碍儿童主要的教育安置方式是普通班及“普通班＋资源教室”这两种方式。言语治疗师对于普通班安置的沟通障碍学生的帮助越来越直接，如果需要，言语治疗师可以进入普通班为学生提供直接的训练与帮助，包括学业支持、提醒学生注意口头表达的方式、鼓励他们提问和参加讨论等。对于普通班级中轻度沟通障碍儿童，教师可以通过如下方式创造有针对性的学习环境，以促进儿童的学习。

1. 教室环境

在普通班的教室中，可能会存在各种背景噪声，例如来自教室内部设备（如电风扇、空调、电视等）的噪声、来自教室外部的环境噪声等。为了减少内、外环境刺激对听觉言语训练的干扰，教师需要通过多种方式减少背景噪声，为儿童提供有效的学习环境。常用的方法有：关闭背景声音，如电视机等；选用低噪声的设备；安装隔音功能好的门窗；在教室内铺设地毯；等等。

2. 语言环境

丰富的语言刺激环境有助于学生接触不同的词汇、句子结构等，帮助他们获得正确的语言，对学生的语言学习至关重要。教师在日常教学活动中，要充分考虑沟通障碍学生的特殊需求，营造丰富的语言刺激环境，例如：对语言表达障碍的学生进行教学时，应尽量使用丰富的语言描述身边的人或事，为学生提供良好的示范；针对语言发展迟滞的学生，教学语言应简明、清晰，并注意对重要信息的重复，以确保学生对信息的准确接收。

（二）课程

在普通班级就读的沟通障碍儿童，其课程的设置与普通儿童相同。在资源教室接受个别或小组训练的儿童，资源教师、言语治疗师或相关专业人员会依据其需求，提供专门的课程训练，如构音训练、言语训练等。

1. 构音障碍的训练

（1）帮助儿童提高分辨语音的能力，了解自己存在的构音问题。

（2）提供正确的构音示范。

（3）利用相关的材料和教具（如镜子、录音机、图片等）进行构音训练，鼓励儿童尝试通过改变构音运动方式（如改变舌、唇等构音器官的姿势），诱发新的语音或矫正错误的语音。

（4）通过单音节、字词、句的逐层递进练习，使新获得的语音得以稳定。

（5）鼓励儿童在真实、自然的情境中使用新的构音技能。

（6）监控儿童的学习过程，当儿童使用不正确的表达时，及时予以提示或矫正。

2. 声音障碍训练

（1）教导儿童一般发声的原理，指导儿童声音保健的方法，具体分为音量适当、音调适当、注意休息三个方面。

（2）提供及时反馈，例如，将儿童说话的声音进行录音，让儿童通过对自己声音的音调、音量和音质的评价，进行自我反馈和适时调整，矫正自己的发音。

（3）鼓励儿童用悦耳的声音说话。

3. 流畅性障碍训练

（1）教师充分认识口吃儿童的特征，对待口吃儿童要像对待班级其他儿童一样，减小儿童的心理压力。尝试使用以下方法提高儿童的自尊心：认可儿童所要表达的内容，而不是其表达的方式；不给儿童贴标签；接受儿童口吃的表现。

（2）观察儿童口吃的表现，确定他是否在某些特定的人面前、某些特定的场合、某些特殊的环境下，以及是否在某个话题下或说某些字词时，容易出现口吃情况。

（3）观察儿童的情绪反应，引导他说出内心的感受，与儿童一起分析问题产生的原因，找出解决问题的方法。

（4）儿童说话时，教师要多聆听，保持适当的眼神接触，注意他的身体语言，多给予笑容及回馈，让他感觉到教师的关怀与鼓励。

（5）为儿童提供压力小的环境，如在合唱、共同朗读等环境中练习说话，逐渐过渡到能单独在不同情境中流利地说话。

（6）鼓励其他儿童积极接纳口吃儿童。

（7）创设情境，为儿童提供机会，使他们体验说话所带来的乐趣。

（8）鼓励口吃儿童发展其他方面的特长，建立信心。

4. 语言发展迟缓训练

（1）促进语言理解的策略。

- 使儿童专注于教师讲授的内容，要求儿童集中注意力，通过各种方式保证儿童专心听讲。
- 讲授新的概念或知识点时，使用儿童熟悉的词汇进行解释。
- 变换讲授方式（如辅以演示等）以帮助儿童理解。
- 强调重点的、关键的知识。
- 与儿童沟通时，说话内容简明直接。
- 说话速度适中，避免同一时间提供过多信息。
- 有需要时，询问儿童是否理解你说话的内容，并对较复杂的概念加以解释。

（2）促进语言表达的策略。

- 对儿童语言表达做出及时的反应，提高儿童语言表达的积极性。
- 利用各种自然情境进行表达技能的训练，提高儿童在不同情境下语言表达的能力。
- 在儿童说话发生错误（语音、词汇或语法等）时，不要生硬地打断。如果教师不能理解儿童要说什么，就要询问儿童。如果教师能够理解儿童想要表达的意思，可以给予适当的示范和扩充。例如，儿童说："跳绳。"老师说："是的，小朋友在跳绳。"儿童说"哇！哇!"（儿童表达疼痛时的拟声词），老师则扩充："小狗摔倒了，头磕破了。"这种顺应儿童交流内容的反应，对儿童的语言表达有积极的促进作用。

● 提供表达机会，让他们参与日常沟通，表达自己的意见，养成沟通的习惯。

● 耐心聆听，让儿童有足够的时间组织及表达。

● 训练儿童的叙事能力。教师可以通过听故事、讲故事、创作故事训练儿童的叙事能力，同时，可以让儿童多叙述日常发生的事情、学校的学习与生活、社会事件、新闻内容等，利用引导性的问题，如事件发生的时间、地点、人物，事件的起因、发生的先后顺序、结果等引导儿童完整地描述事件，以提升语言表达能力。

（三）教学策略

在对言语语言障碍儿童进行教学时，需要考虑其自身的接受程度、基础能力，以及学习积极性等问题，通过多样且适宜的教学策略帮助学生获得更大程度的提升。

1. 游戏教学

该方法借用游戏的形式将语言训练的目标融于其中，让儿童在愉快的游戏情境中接受训练。游戏形式的选择要依学生的年龄特点而定。以下介绍几种语言训练中常用的游戏形式。

（1）配对猜牌。

选择名称与所训练的目标音相一致的图片组成一组游戏牌，每种图片均有 2 张。游戏时，每次发牌 10～20 张（张数依儿童能力水平可有所改变，对于能力较强的儿童，每次发牌的张数可适当增加），发牌时，背面朝上。游戏规则是：训练者和儿童轮流配对翻牌，如果有人同一次翻出 2 张图片相同的牌，则可将翻出的 2 张牌收入，同时获得继续翻牌的机会。翻错者（先后翻出的 2 张牌不同），则失去一次翻牌机会，由对手继续翻牌。最后，统计双方得到的牌数，以数量多者为胜。游戏过程中，要求翻牌者翻出任意一张牌时必须大声读出牌中图片的名称。由于选用的所有图片名称中含有预设的目标音，所以儿童在游戏过程中有反复练习发音的机会。训练者读出图片名称时，儿童也有机会聆听和模仿。

（2）故事接龙。

训练者为故事开个头，让儿童以接龙的形式将故事讲下去。在讲述的过程中，训练者要注意创设故事情节：一方面要保持故事的生动、有趣，以吸引儿童的注意；另一方面，应为儿童提供丰富的语言表达样板，借以激发儿童的想象力及言语表达能力。故事接龙还可采用其他的方式进行，如与儿童共同看无字的图画书，以图片内容为情节线索，轮流叙述故事。

（3）角色扮演。

采用角色扮演的方式，演绎儿童所熟知的故事，也可通过情节的创编进行角色扮演。

2. 结构化教学

各类沟通障碍的教育训练和矫治有其独特的规律，不能一概而论。因此，在教学过程中，要根据障碍情境有针对性地分阶段教学。例如，构音训练与口吃矫正可以分为以下三个阶段：

第一阶段：学习阶段，即新能力的获得阶段。在这个阶段，训练者示范新的发音或说话的方式，儿童通过模仿逐渐习得该能力，能够自发地发出目标语音或以新的说话方式说话。

第二阶段：迁移阶段，儿童尝试在不同情境下运用新获得的发音和说话的能力。迁移的目标可有计划地逐渐改变，例如，改变沟通对象、沟通场所，或同时改变对象与场所等。

第三阶段：保持阶段，通过反复操练，儿童对自己的发音或说话方式建立信心，之后的训练频率逐渐减少，训练者逐渐退出，儿童的能力得以保持。

3. 言语语言训练

针对不同障碍类型的沟通障碍儿童（如构音障碍、声音障碍、语言发展迟缓等），教育者应选择不同的言语语言方法进行训练。训练方案应依据儿童的现实需要进行选择。

三、言语语言障碍儿童的相关服务与支持

（一）咨询服务

由言语病理学专家向普通班教师、特殊教育教师、学校管理者以及学生家长等相关人员提供咨询和服务，包括提供训练用的专门材料、介绍训练方法等；通过在职培训、示范以及其他活动帮助相关人员提高学生在不同环境中（教室和家里）的语言交流能力。

（二）巡回服务

巡回服务是最常采用的方法之一，由言语治疗师或言语病理学专家在需要服务的学校间巡回，为普通班或资源教室中的学生提供直接的服务。通常的做法是，言语治疗师到达学校后，将学生带出教室，在专门的房间内进行一对一的训练或小组训练。

（三）周期性的强化服务

这种服务模式也被称为块状体系，是指学生在某个阶段（通常是 4～6 周）接受较为密集的服务，通常可以达到每周 4～5 次。这种方式常常和巡回服务一起使用。

第二节　情绪与行为障碍儿童的教育

【案例】

小 E 今年 8 岁，是一位正在读小学二年级的小男孩。他性格活泼，与家人在一起时比较好动，但是不愿与陌生人接触，也很少与同学相处。一旦进入教室，他就开始喊头痛、头晕，注意力不能集中，无法正常听课，甚至向同学和老师乱发脾气；但是一回到家里，各方面都恢复正常，学习状态也比较好，成绩处于中上等。他始终认为自己“不行”，一旦考试失败或者未达到期望，即使父母未做任何批评，也会痛哭流泪、食欲减退，声称“对不起父母”，为此曾两次离家出走，甚至想自杀。

据了解，E家都非常希望小E将来能够出人头地，为家庭争光，因此从小就向其灌输学习和成绩至上的思想。起初当孩子出现情绪失控等一系列表现时，小E的父母并没有充分意识到问题的严重性，仍然强迫孩子学习、再学习，后来当症状比较明显，比如有自杀的念头、不愿上课时，父母才主动找医生咨询，先后服用了一些治疗成人抑郁症的常用药物，但效果不太明显。

类似小E这种情况的儿童在我们生活中并不算少见，只是他们的问题来源可能会不尽相同。大多数儿童的童年是在玩耍、学习和交友的美好时光中度过的，对于他们来说，生活充满了阳光和希望。但也有些儿童却生活在持续的情绪紊乱和行为不当的混乱状态中，他们的生活里很少充满明媚的阳光，大部分的时间都只能笼罩在阴霾和乌云之下。他们中有些人因为攻击和伤害他人，给社会、他人和自己造成了灾难性的后果；有些人长期生活在自我封闭的世界里，因过于害羞和畏缩，不会与别人玩耍和交流，他们很少获得别人（包括同伴、老师、兄弟姐妹和父母）的赞许和喜爱，甚至自己也不能接纳自己。他们甚至对世界和他人充满着敌意和不信任，善意的帮助也会遭到他们的拒绝，有时甚至会遭到他们的反唇相讥和人身攻击。这些儿童便是有情绪与行为障碍的儿童，虽然他们中的大多数人心智和身体都很健全，但由于紊乱的情绪和不当的行为，造成了他们严重的适应障碍①，需要通过特殊教育予以矫正和帮助。

一、情绪与行为障碍概述

（一）概念界定

我国对情绪与行为障碍儿童的界定多从人格障碍出发，参照了美国和苏联的界定，从情绪与行为两者之间的关系来讲，更倾向于从行为的外在表现来进行界定。例如，朴永馨主编的《特殊教育词典》对行为障碍（behavior disorders）的界定是：主要发生在儿童及少年期的行为偏离。主要表现有②：

（1）不良行为动作。如吮吸手指或衣物、咬指（趾）甲或其他物品、手淫、拔头发等。

（2）退缩行为。表现出胆小、害怕、退缩、不愿到陌生的环境中去，也不愿与其他儿童交往，常一人独处，与玩具相伴，但没有精神异常。

（3）生理心理性行为异常。如遗尿症、遗粪症（4～5岁后仍不能控制大小便）、厌食、夜惊、噩梦、口吃等。

（4）习惯性品行问题或违法行为。如经常说谎、逃学、偷窃、打架、破坏财物等。其原因与个体素质、环境和社会影响，特别是家庭教养方式有关，宜早期发现，进行心理治疗和教育矫正，必要时需辅以药物治疗。

---

① 休厄德．特殊需要儿童教育导论：第8版［M］．北京：中国轻工业出版社，2007：199.

② 朴永馨．特殊教育词典［M］．北京：华夏出版社，1996：264.

在现实生活中，有情绪与行为障碍儿童的表现往往具有异质性，形成原因也是多种多样的，但他们每个人都有不同的潜能和需求。在日常生活中，也有一部分情绪与行为障碍儿童，可能因为未干扰到他们的学业成绩，而没有被鉴别出来。比如一个恐高症患者，就可能不需要接受特殊教育服务，但一个患有上学恐惧症的儿童，可能会被认为需要接受必要的特殊教育服务。

（二）鉴别与分类

1. 世界卫生组织国际疾病分类（ICD－10）

（1）多动性障碍：主要包括活动与注意失调、多动性品行障碍以及其他多动性障碍。

（2）品行障碍：指反复而持久的社交性紊乱、攻击性或对立性品行模式。主要表现为：过分好斗或霸道，残忍地对待动物或他人，严重破坏财物，放火、偷窃、反复说谎话，逃学或离家出走，过分频繁地大发雷霆，有反抗性挑衅行为，长期严重的不服从，等等。

（3）品行与情绪混合障碍：指持久的攻击性、社交紊乱性或违抗行为与明确的抑郁、焦虑或其他不良情绪共存。

（4）特发于童年的情绪障碍：有别于成年型神经症型障碍，主要包括童年的离别性焦虑、恐怖性焦虑、社交性焦虑以及同胞竞争等。

（5）特发于童年与少年期的社会功能障碍：它们是一组稍具异源性的障碍，都有始发于发育过程中的社会功能异常，但不同于弥漫性发育障碍，常因生活环境严重扭曲或闭塞所致。主要包括选择性缄默症、童年反应性依恋障碍、童年抑制性依恋障碍以及其他社会功能障碍等。

（6）抽动障碍：抽动是一种不随意、快速、反复的非节律性运动或发声，突然发生，无明显目的。常见简单运动型抽动包括眨眼、耸肩和扮鬼脸等；常见简单发声抽动包括清嗓子、学吼叫、抽鼻子和嘶嘶声等；常见复杂的运动性抽动包括打自己、跳跃和单脚蹦等；常见复杂的发声抽动包括重复特别的词句，包括个别社会不能接受的词句以及重复自己的发声或词句等。抽动障碍多见于男孩。

（7）其他行为与情绪障碍：包括非器质性遗尿症、喂食障碍、异食癖、刻板性运动障碍等。

2.《中国精神疾病诊断标准》（CCMD－3）的分类

（1）儿童情绪障碍：包括儿童焦虑症和其他儿童情绪障碍。

（2）多动综合征：发生于儿童时期（多在 3 岁左右），与同龄儿童相比，表现为同时有明显注意集中困难、注意维持时间短暂，以及活动过度或冲动的一组综合征。症状发生在各种场合（如家里、学校和诊室），男童明显多于女童。

（3）品行障碍：指明显违反与其年龄相应的社会规范或道德准则，损害别人或公共的利益的行为。

（4）特殊功能发育障碍：指言语、学校学习技能、运动技能等方面的发育延迟，可能与遗传因素关系较大，并无明显的智力障碍、感觉器官缺陷及情绪障碍。

（5）其他行为障碍：主要包括排泄障碍、口吃等。

（三）基本特征

尽管对情绪与行为障碍儿童的界定颇有争议，但他们的主要行为特征却是比较明显的，主要表现在其行为表现大幅度地落后于与他们文化和年龄相匹配的群体。通常表现为两个维度和两个方面：两个维度是指外倾型和内倾型，两个方面是学业成绩方面和人际关系方面。

1. 外倾型情绪与行为障碍儿童的特征

外倾型情绪与行为障碍儿童最常见的行为通常表现为固执、好斗、爱挑衅，也包括了反社会行为，因此也被描述为对抗挑衅型行为障碍。这类儿童在学校的表现通常是[①]：

（1）打架斗殴，甚至打群架，反复地出现攻击性行为。

（2）经常表现出冲动和缺乏自控的行为，喜欢乱喊乱叫、无理取闹、爱发脾气和抱怨。

（3）用言语或武力的方式胁迫同伴、欺负弱小同学，这阻碍了良好的人际关系的发展和维持，因而常被排除在同伴活动之外。

（4）逃避要求或任务，经常说谎、强词夺理、争辩、不服从命令，不听从教师的教导，对纠错没有反应。

（5）无视组织纪律、损坏公物、有偷盗之类的不良行为和反社会行为。

（6）学习态度很不认真、不完成作业、学习成绩差。

与其他有情绪与行为障碍的学生有所不同，有外倾型行为特征的学生会扰乱教学和整个课堂秩序，影响教师上课的情绪。美国心理学家认为，这些孩子随着时间的推移，会慢慢成长为正常的成人，这种乐观的观点用在部分有退缩、畏惧心理和语言障碍的孩子身上也许比较合理，但研究表明，对于那些一贯有攻击性、强迫症、反社会以及过失行为的孩子来说，却并非如此[②]。很多教育工作者指出，那种认为随着年龄的增长，学前儿童能自己从这种反社会行为的状态中走出来的假想是非常危险的，它会导致教育工作者在问题可以被有效解决时，没有及时采取相应的措施及早地进行干预。

2. 内倾型情绪与行为障碍儿童的特征

内倾型情绪与行为障碍儿童的明显表现是社会性退缩、沮丧、自卑和焦虑，甚至陷入深度的抑郁。有些儿童毫无理由地恐惧外物，经常性地抱怨身体不舒服或有病，他们较少表现出困扰和强制性行为，缺乏和别人交往、参与娱乐的社会技能，很少和别人说话或者参加一些游戏活动，常陷入白日梦和幻想之中。很明显，这些行为限制了儿童参与学校生活和业余活动，以及学习知识的机会。在日常生活中，内倾型情绪与行为障碍儿童通常表

---

① ANDERSONN C A，DEUSER W E，DENEVE K M. Hot temperatures，hostile affect，hostile cognition，and arousal：tests of a general model of affective aggression [J]. Personality and social psychology bulletin，1995，21（5）.

② BARTAK L，RUTTER M. Differences between mentally retarded and normally intelligent autistic children [J]. Journal of autism and childhood schizophrenia，1976（2）.

现为[①]：

（1）忧伤、沮丧和无价值感。

（2）经常出现幻觉和无法使思维摆脱某种错误的观念和情境。

（3）无法克制自己停止一些重复的和无用的行为。

（4）喜怒无常，在某种情境下经常表现出怪异的情感。

（5）由于恐惧或焦虑，经常伴随头疼或其他身心疾病（例如胃疼、恶心、头晕呕吐等）。

（6）曾有过自杀的想法和言谈，过分关注死亡。

（7）对学习和其他一切活动兴趣很低，多半学业不良。

（8）常被同伴忽视或拒绝，或遭受过分的嘲笑，攻击和欺辱，但反抗性差。

内倾型情绪与行为障碍儿童尽管不像外倾型情绪与行为障碍儿童那样对他人造成威胁，但他们会对自身的发展造成严重的障碍。

3. 学业成绩

美国特殊教育领域相关的研究认为，大多数被鉴定为有情绪与行为障碍的儿童，从小学开始在学业成绩水平上就表现出低于同龄儿童 1 年或 1 年以上，其中，有些儿童在阅读和数学方面有明显的学习困难，大部分至少会遇到一种确定的学习障碍。与有其他障碍类型的学生相比，这些学生不及格的课程更多，缺勤率更高，经常留级，只有 20％～25％的学生能取得高中毕业证书，50％以上的学生在毕业之前就辍学了。相比之下，有 50％的残疾学生和 76％的来自正常群体的青年人能顺利从高中毕业。情绪与行为障碍学生的破坏和对抗行为经常导致学业上的失败，进而导致他们将来产生反社会行为。

有些研究结果表明，通常情况下，情绪与行为障碍儿童的智商比正常儿童要低，但也有一部分学生是资质优异儿童。情绪与行为障碍儿童是否比正常儿童智力低下，还很难下定论，但可以肯定的是，他们不适当的行为会导致学业不良。更多的研究认为，很多情绪与行为障碍儿童学业不良与智商没有直接的关系，而主要是由于学习态度不端正、学习目的不明确、学习方法不得当、学习基础不牢固等。正如罗德（Rhode）等人的研究指出，正常儿童大约用 85％的时间积极完成老师布置的学习任务，但情绪与行为障碍儿童只会用 60％或者更少的时间进行学习，因此，对学习成就有巨大的影响[②]。

4. 人际关系

在儿童发展过程中，是否有能力建立和维持良好的人际关系，是对将来适应性的一个重要的预测指标。多项研究显示，情绪与行为障碍儿童比正常的同龄人更少对他人有同情心，更少参与课程活动，更少与朋友联系，因此也很难建立起高质量的友谊。有外倾型情绪与行为障碍的儿童，常因不遵守规章制度、违反课堂纪律等不良行为表现影响他们与教师和同伴之间的关系。当然，也有部分有外倾型行为特征的学生，偶尔也会得到同伴的接纳，但由于他们缺乏同情心，也很难建立和发展与同伴间的友谊。

---

① STOTT D H. Studies of troublesome children [M]. London: Routledge, 1966.

② 休厄德．特殊需要儿童教育导论：第 8 版［M］. 北京：中国轻工业出版社，2007：203.

二、情绪与行为障碍儿童的教育

（一）学习环境

情绪与行为障碍儿童因其障碍程度以及障碍性质的不同，有多种安置形式。最常见的有融合的普通班级、资源教室与特殊班以及工读学校（特殊教育学校）。

1. 融合的普通班级

绝大多数的轻度障碍学生采用融合安置的方式。研究者普遍认为，普通学校应尽可能利用班内和校内的各种资源，为学生提供积极的支持。在这种形式的安置中，普通班教师承担着主要的教育责任。他们的态度与处理相关问题的技能对于障碍学生的教育至关重要。

2. 资源教室与特殊班

资源教室与特殊班主要的安置对象是那些不适宜在普通班级就读的情绪与行为障碍儿童。应借助校内资源和校外资源（如心理学家、行为问题专家等），向学生提供更为密集的教育辅导。

3. 工读学校

（1）安置对象。

工读学校主要招收12～17周岁有严重不良行为、不适宜在普通学校就读的学生。还可招收上述年龄段中有不良行为、家长缺乏管教能力、在普通学校或职业学校无法继续学习的学生进入相应的年级学习。

（2）班额。

工读生的班额，各地的规定有所不同。一般而言，每班应不超过20～25人。

（3）在校权益。

工读学生在校期间在入团、毕业、复学、就业、参军等方面应与普通学校学生享有同等待遇。其不良行为有明显改善的，经有关部门批准，可以回原学校学习，原学校不得拒收进入工读学校就读的学生，其学籍是否转入工读学校，由原学校与学生的父母或其他监护人商定。

（二）课程

对于情绪与行为障碍学生的教育，其课程设置与要求和普通学生基本一致。在融合的普通班级或资源教室以及特殊班的学生，应与同年级普通学生学习相同的学科课程。

工读学校除按照义务教育法的要求，在课程设置上与普通学校相同外，应当加强法治教育的内容，针对未成年人严重不良行为产生的原因以及有严重不良行为的未成年人的心理特点，开展矫治工作。在教育实践过程中，部分工读学校也根据实际需要以校本课程的形式开设有助于学生问题行为矫正以及未来发展的课程，主要包括以下几类：

（1）法制教育类课程：通过法治教育，引导学生，形成学法、知法、懂法、守法的自觉意识。

（2）心理辅导类课程：重点聚焦如何提高学生自我控制以及自我管理的能力，引导学生正确处理愤怒、焦虑、沮丧、恐惧、挫折等负面情绪，使学生学会适当的社会技能，学会对自己的行为负责。

（3）职业教育类课程：结合当地情况与学生的能力特点与发展需求，为学生职业教育提供必要的铺垫。

与普通学校一样，工读学校还可以开设各种拓展类课程，以充分发挥学生的兴趣特长，开阔视野，为学生的全面发展做准备。

（三）教学策略

研究指出，上课时，情绪与行为障碍儿童的师生互动率很低，教师在进行教学时，需要时时提醒自己增加与儿童的互动，以提升儿童的课堂参与度，而课堂参与度与学业成就之间有相关性。教师必须探究儿童上课时，为何会出现外倾型行为或内倾型行为，满足他们在课程教学中的需求，才不致发生恶性循环。相关研究也找出了有效能的情绪行为障碍儿童教师的特质，发现教师要了解情绪与行为障碍儿童，了解其情绪、行为与行为问题，诱发儿童内在的强烈的学习动机，让儿童主动参与课堂学习与做作业。有研究者提出了有效教学的八个策略原则①。

1. 扩大儿童的学业学习参与时间

此为儿童主动参与课堂的最基本指标。儿童主动参与课堂学习，相对地就能降低不适当行为。教师在进行教学计划设计时，就需要考虑如何增加儿童的参与时间，如教学、教材、学具、活动、小组同伴、作业安排等，甚至连活动转衔间的安排，都必须事先规划好，确保学习时间的有效性，预防儿童趁机出现不适当的行为。此外，教师也可以运用班级管理技巧、增强儿童参与的行为等方法，增加儿童的课程参与时间。

2. 确保高频率的正确回应

在教学活动中，儿童回应机会增加，回应的正确率增加，都是维持儿童持续参与课堂的动机，如此，容易提升儿童的学业成就。有研究者在 2003 年的研究中发现，当教师增加儿童主动回答问题的机会时，儿童的行为问题随之降低，做作业的比率增加，而且回答得也更加准确②。

3. 扩大学习内容的覆盖量

扩大学习内容的覆盖量是为了确保儿童的学习成就。学习量的多寡由课程内容决定，而课程内容主要依据相关课程标准确定，教师要决定的是儿童的学习范围与学习顺序，据此，教师可以为情绪与行为障碍儿童设定个别化的学习目标。特别是教师在思考课程设计时，建议采用融渗式的课程设计方式，将各科目的学习内容综合在一起，成为知识点完整、概念明确、包含活动与应用技能、深富情意的课程内容。

---

① CHRISTLE C A，YELL M L. Introduction to emotional and behavioral disorders［M］//YELL M L，MEADOWS N B，DRASGOW E，et al. Evidence based practices for educating students with emotional and behavioral disorders. New Jersey：Pearson Education Ltd，2009：3 - 21.

② YELL M L，ROZALSKI M E. Teaching Students with l EBD：effective teaching［M］//YELL M L，MEADOWS N B，DRASGOW E，et al. Evidence based practices for educating students with emotional and behavioral disorders. New Jersey：Pearson Education Ltd，2009：320 - 341.

4. 儿童作业与他的能力匹配

为了增加儿童的学业成就，教师需要了解儿童的能力，并设计符合儿童能力的作业与学习目标。假使儿童的作业太难，儿童无法主动完成，则需要教师多花时间单独陪他完成，否则，情绪与行为障碍儿童就容易出现问题行为；假使作业过于简单，那么儿童也会因为挑战性不足，而不愿意继续参与课程。可见作业与学习目标设计的重要性。

要设计适合儿童能力的作业，教师首先必须先进行小步子分析，分析作业的实施步骤，分析好以后，教师要自己亲自操作一次，以了解分析结果的难易度；然后，评估儿童的能力，了解儿童在此作业中的困难点，进而精确地定位他的学习；最后，将小步子分析结果与儿童能力进行匹配，此为进行课程本位评价的基础。

5. 运用显性教学教导学业内容

显性教学是一种将教学流程与教学环境高度结构化，以增加儿童在学习时的专注力的方法。教学前，教师先将教学流程分解成许多连续的小步骤，通过教师技能示范、概念解释、有效的练习与不断的复习等个别化的教学技巧，引导儿童学习。有效能的教师会使用现行教学法进行教学。

6. 以鹰架教学建构教学流程

鹰架（scaffolding）教学是一种教学策略，当儿童学习新技能或概念时，教师提供儿童支持（提示），当儿童可以独立操作时，支持（提示）就会被收回。鹰架教学的有效性在于它提供给儿童许多练习与学习的机会，同时也降低了儿童犯错误的机会，让儿童更能自己规范自己的行为。

鹰架的建构还是基于小步子分析，借由鼓励的方法，教师可以将教学过程的鹰架建构起来，国外有研究者发现可如何让儿童在提示后进行回应，包括：（1）前事部分提示，然后进入测验程序，例如在教学间给予儿童提示，接着让儿童练习或进入测验活动，此时移走提示，或给予非常少量的提示；（2）最多到最少的提示原则，在进步的行为上的提示量逐渐降低；（3）最少到最多原则，在儿童无法独立操作时提示量逐渐增加；（4）前事提示接着逐渐褪除的程序，在开始时给予很多侵入性的提示，然后又系统地逐渐消除提示。

7. 使用直接教学法

上面六个策略在于让教师了解如何达到有效的教学，而这个策略的重点则在于教师的教学设计。教师要在研究本位课程的基础上，确保儿童达到有效的学习，以达到有效的教学与课程，此程序即为直接教学法。直接教学法是研究本位的实操教学法，强烈地联结着儿童的学习成就。由实证研究可知，直接教学法有助于多数儿童的学习，包括障碍儿童。过去 30 年的实证研究也证实直接教学法的程序能达到有效能的教学。

8. 监控儿童的进步

有效教学需要形成性评价与总结性评价，以了解儿童的学习成就，因此，有效的教学会时常、定期地监控儿童的进步。形成性评价是教师教学过程中进行的评价，总结性评价是教师教学完成后，对整个单元或主题所进行的评价。总结性评价包括精熟评价与学习成就评价，精熟评价就是透过小步子分析的方法，将儿童的学习分为许多小步骤技能，教师评价儿童对这些小步骤的精熟度。例如教师在指导儿童洗手时，将洗手分析为开龙头→湿手→关龙头→打肥皂→搓手→开龙头→冲水→关龙头→擦干手等步骤，如此，教师可以分别评测儿童每一步骤技能的精熟程度。当儿童上一个小步骤技能达到精熟后，教师即可教导下一个需要精熟的小步骤技能。

知识卡片

程序教学法

学者斯金纳通过动物实验建立了操作行为主义的学习理论，并在此基础上提出了程序教学法。程序教学法是按照规定的教学程序把教学内容分成一批有规律的，在逻辑上完整的分子重新组合序列，依据教学目的、任务的要求进行教学的全过程。程序教学法要遵循的原则：

（1）小步子分析原则。它是把教学目标或内容分成若干小步骤，同时也是编写程序教材的重要原则。每个小步骤之间存在由易到难、由简单到复杂、循序渐进的内在联系。

（2）积极反应原则。在教学中要注重学生的反应，主要表现在学生主动地参与，学生成为学习的主体，表现出学生的主体作用。

（3）及时强化原则。学完新知识后对学生进行及时强化，学生才能掌握新知识，并避免遗忘。

（4）自定步调原则。不同学习水平的学生可以根据自己学习的实际情况安排学习进度，以适应个别差异，使每个学生都有机会获得成功。

（5）低错误率原则。教学内容和目标最小化，不仅使学生学习的每个内容都得到强化，并且减少了学生犯错的机会。

（四）情绪与行为障碍儿童的相关服务与支持

为解决情绪与行为障碍儿童的问题行为，医疗机构、科研人员均提出了治疗与支持的方案，主要分为物理支持和心理支持两个方面，具体可细分为以下三个部分：

1. 药物治疗

部分情绪和行为障碍可以通过药物进行有效的控制，为心理治疗与教育干预打下良好的基础。例如，对于有严重焦虑、抑郁、恐怖或者强迫症状的儿童，可使用适当的药物进行治疗。药物治疗必须由专业医生施行。

有关情绪障碍的药物是精神药物发展最快的一个分支，目前许多新型抗焦虑药物和抗抑郁药物开始用于儿童情绪障碍的治疗。

2. 人本主义-存在主义心理治疗

以人本主义心理学和存在主义哲学为指导思想的心理疗法主要包括：

（1）患者中心心理治疗。

患者中心心理治疗认为，治疗的基本前提是每个人都有自主权和发展自身人格的能力。治疗者应以平等的身份、理解和同情的态度深入了解障碍的表现和原因，进而提供咨询意见。

（2）存在主义心理治疗。

存在主义心理治疗认为，个人的情绪与行为障碍是个人的内心冲突未获解决所致，通过与治疗对象进行交流，可促使其了解和接受自身存在的价值与义务，鼓励其选择正确的生活道路。

（3）完形治疗。

完形治疗强调将治疗对象当作一个整体来对待，重视其当前的体验，利用角色扮演等方法，使其对自己有充分的认识，发挥潜力。

3. 认知疗法

认知疗法强调认知过程在决定行为中的重要作用，认为个体的情绪和行为大多来自个人对情境的评价，而评价受到信念、假设、现象等诸多因素的影响。

（1）认知疗法的前提。

认知疗法的前提是：情绪和行为是通过认知过程发展起来的；在学习理论基础上建立的治疗程序，能有效地影响认知过程；治疗者同时担负诊断和教育的责任，发现不良的认知过程，并组织安排学习来改变它们。

（2）现代认知疗法的主要内容。

现代认知疗法的主要内容如下：一是认知的重建，即帮助治疗对象重新建立信念和假设；二是适应技能，即教给治疗对象适当的适应技能，通过正确的认知方式，摆脱不良的情绪和行为；三是问题解决，即认为不恰当的问题解决技能与某些不良的情绪反应有密切的关联，如焦虑、抑郁、挫折等。

第三节　孤独症谱系障碍儿童的教育

【案例】

世界上的第一位孤独症确诊患者

世界上孤独症的1号病例，是一个名叫唐纳德·特里普利特的美国密西西比州男孩。他对除了自己之外的人毫无兴致，也不会回应父母对他的关爱。他沉浸在自己的世界里，对周围的任何事物毫不在意。他不能容忍周围的环境发生哪怕微小的变化，家具不能挪动，玩具必须原样归位，任何偏差都会导致他失控。

在唐纳德5岁时，他的父母带着他去找当时美国最著名的儿童精神科医生列昂·肯纳寻求帮助。见到唐纳德4年之后，肯纳医生依然没有解开这个孩子身上的谜团，同时他在另外8个孩子身上也发现了与唐纳德相似的特征，他花了很多时间观察这些孩子，追踪他们的成长。他意识到，他关注的是一种从未被任何精神病学家或其他学科文献记载的病症。情感接触中的自闭性障碍——肯纳医生于1942年在给唐纳德母亲的一封信中，第一次为这种疾病命名。在此后的几十年间，研究者们对孤独症的探索犹如在黑夜中漫游，进展缓慢，还走了很多弯路。

直到1980年，孤独症才被美国精神医学学会写进第三版《精神障碍诊断与统计手册》(DSM) 中。2013年，第五版DSM正式提出了孤独症谱系障碍的概念。而随着时间的推移与医学医疗手段的进步，人们对于孤独症谱系障碍的理解和认知也在逐步加深。

资料来源：梁栋田．中国“孤独症一号”病例52岁了，他现在如何?．新浪科技，2021-04-02.

孤独症谱系障碍（Autism Spectrum Disorders，ASD)，是一个目前在国内外各界备受瞩目的名词。与有200多年发展史的视觉障碍、听觉障碍和智力障碍等传统特殊教育领域不同，孤独症谱系障碍的发展史较短，但它已经从一个鲜为人知的特殊教育领域，变成了一个得到相关学科密切关注的发展势头很快的新兴领域。患有孤独症谱系障碍的儿童被称为“星星的孩子”，他们难以融入人群，当其他小朋友共同欢笑玩耍时，他们往往是站在一旁独处的角色；他们难以建立起亲密关系，即使是接触最多的父母通常也无法走进他们的内心世界。虽然目前医学界尚未存在明确有效的预防和治疗手段，但是有设计的、有针对性的教育和环境终会对孤独症谱系障碍儿童产生潜移默化的良性影响。

一、孤独症谱系障碍概述

（一）概念界定

1943年，美国巴尔迪摩约翰斯·霍布金斯医院的精神病医生坎那（Kanner）第一次对孤独症下了定义，他归纳了11例具有极其相似背景和行为模式儿童的几项共同特征：很难与他人发展人际关系，言语获得的迟缓或丧失曾发展良好的语言能力，有重复和刻板行为，缺乏想象，擅长机械记忆，强迫性地坚持某些惯例或常规，有正常的生理外表。坎那把这种新的疾病称为早期婴幼儿孤独症。

美国教育部2006年对孤独症谱系障碍的定义是：孤独症是一种发展性障碍，这种障碍会对言语性和非言语性的交流以及社会互动产生显著的影响，儿童通常在3岁前症状已出现，这对教育产生了不利的影响。孤独症的其他特点有：他们喜欢进行反复行为和刻板运动，抵抗环境的变化和日常生活规律的变化，以及对感知觉经验做出异常反应。孤独症是一种神经性行为综合征。

我国《精神障碍分类与诊断标准》(第3版)（CCMD-3）对儿童孤独症的定义是：是一种广泛性发育障碍的亚型，以男孩多见，起病于婴幼儿期，主要为不同程度的人际交往障碍、兴趣狭窄和行为方式刻板。约有3/4的患儿伴有明显的精神发育迟滞，部分患儿在一般性智力落后的背景下具有某方面较好的能力。

（二）分类标准

在美国《精神障碍诊断与统计手册》（第 4 版）（DSM-IV）中，孤独症属于广泛性发展障碍。主要类型有：婴幼儿孤独症、瑞特综合征、儿童期分裂障碍、阿斯伯格综合征、待分类的广泛性发展障碍。

2013 年 5 月，美国出版了《精神障碍诊断与统计手册》（第 5 版）（DSM-V）。在 DSM-V 中，从分类上，孤独症不再隶属于广泛性发展障碍，而是隶属于精神发育障碍，并单独分类为孤独症谱系障碍。另外，瑞特综合征和阿斯伯格综合征已经被移除，不再作为诊断项目。在 DSM-IV 中，孤独症的诊断有三大标准：社交、言语和刻板行为。在 DSM-V 中，诊断孤独症的标准变为两个，即社交和刻板行为，不再包含言语。同时，DSM-V 要求诊断需具体列明是否伴有智能残疾、语言损害，或是否与医学或遗传性疾病相关联。

DSM-V 规定，诊断孤独症谱系障碍需满足以下从 A 至 E 五个标准，其中 A 和 B 阐明了孤独症谱系障碍的核心症状。

A. 在多种环境中持续性地显示出社会沟通和社会交往的缺陷，包括现在或过去有以下表现（所举的例子只是示范，并非穷举）：

（1）社交与情感交互性的缺陷，例如：从异常的社交行为模式、无法进行正常的你来我往的对话，到与他人分享兴趣爱好、情感、感受偏少，再到无法发起或回应社会交往。

（2）社会交往中非言语交流行为的缺陷，例如：从言语和非言语交流之间缺乏协调、眼神交流和身体语言的异常，到理解和使用手势的缺陷，再到完全缺乏面部表情和非言语交流。

（3）发展、维持和理解人际关系的缺陷，例如：从难以根据不同的社交场合调整行为，到难以一起玩假想性游戏、难以交朋友，再到对同龄人没有兴趣。

B. 局限的、重复的行为、兴趣或活动，包括在现在或过去有以下表现的至少两项（所举的例子只是示范，并非穷举）：

（1）动作、对物体的使用，或说话有刻板或重复的行为（例如：刻板的简单动作、排列玩具或翻东西、模仿说话、异常的用词等）。

（2）坚持同样的模式、僵化地遵守同样的做事顺序，或者言语或非言语行为有仪式化的模式（例如：很小的改变就极度难受、难以从做一件事过渡到做另一件事、僵化的思维方式、仪式化的打招呼方式、需要每天走同一条路或吃同样的食物）。

（3）非常局限的、执着的兴趣，且其强度或专注对象异乎寻常（例如：对不寻常的物品强烈的依恋或专注、过分局限的或固执的兴趣）。

（4）对感官刺激反应过度或反应过低，或对环境中的某些感官刺激有不寻常的兴趣（例如：对疼痛或温度不敏感、排斥某些特定的声音或质地、过度地嗅或触摸物体、对光亮或运动有视觉上的痴迷）。

C. 这些症状一定是在发育早期就有显示（但是可能直到其社交需求超过了其有限的能力时才完全显示，也可能被后期学习到的技巧所掩盖）。

D. 这些症状带来了在社交、职业或目前其他重要功能方面的临床上显著的障碍。

E. 这些症状不能用智力发育缺陷或整体发育迟缓更好地解释。孤独症谱系障碍和智力缺陷常常并发，只有当其社会交流水平低于其整体发育水平时，才同时给出孤独症谱系障碍和智力缺陷两个诊断。

注意，若个体在社会交流方面存在明显缺陷，但其症状不符合“孤独症谱系障碍”的诊断标准时，应进行“社会交流障碍”的评估。评估基于社会交流功能损害、受限、重复的行为方式（见表 7－1）。

表 7－1 “社会交流障碍”严重程度评估

严重程度	社会交流	损害、受限、重复的行为
第三级 需要非常大的支持	语言及非语言社交能力的严重缺陷导致严重的功能损害，社交互动非常有限，对他人发起的社交行为极少回应。 比如，个体只能讲几个可被理解的词，极少发起社交互动，当其发起社交行为时，仅是为达成其需求而做出不寻常的举动，且仅仅对非常直接的社交方式做出反应。	行为缺乏灵活性，应对变化非常困难，或其他受限/重复的行为表现严重影响到各方面的功能。对改变关注点或改变行动感到极大的痛苦/困难。
第二级 需要很大的支持	在语言和非语言社交技巧方面有明显缺陷；在有支持帮助的情况下，社交功能缺陷仍明显；可发起有限的社交互动；对他人发起的社交行为有较少的或不正常的回应。 比如，个体可说简单句子，仅对狭窄范围感兴趣的行为有互动，且有明显奇特的非语言交流。	行为缺乏灵活性，应对变化困难，或其受限/重复的行为表现频繁出现，可被他人观察到，且影响到许多领域的功能。对改变关注点或改变行动感到痛苦/困难。
第一级 需要支持	在没有支持帮助的情况下，社交方面的缺陷引起可被注意到的功能损害。发起社交行为有困难，对他人发起的社交行为有不合规则或不成功的反应。可能在社交互动方面兴趣减少。 比如，个体可说完整的句子且乐于交流，但不能进行你来我往的谈话，其试图交朋友的方式奇特且通常不成功。	行为缺乏灵活性，从而在一个或更多领域引起明显的功能损害。转换活动时有困难。组织或计划方面有困难，以至于阻碍其独立。

我国 CCMD-3 中孤独症诊断标准是：

A. 病症标准：在下列（1）、（2）、（3）项中，至少有 7 条，且（1）项中至少有 2 条，（2）、（3）项中至少各有 1 条：

（1）人际交往存在质的损害，至少 2 条：

①对集体游戏缺乏兴趣，孤独，不能对集体的欢乐产生共鸣。

②缺乏与他人进行交往的技巧，不能以适合其智龄的方式与同龄人建立伙伴关系，如仅以拉人、推人、搂抱作为与同伴的交往方式。

③自娱自乐，与周围环境缺少交往，缺乏相应的观察和应有的情感反应（包括对父母的存在与否亦无相应反应）。

④不会恰当地运用眼对眼的注视，以及用面部表情、手势、姿势与他人交流。

⑤不会做扮演性游戏和模仿社会的游戏（如不会玩过家家等）。

⑥当身体不适或不愉快时，不会寻求同情和安慰；对别人的身体不适或不愉快也不会表示关心和安慰。

（2）言语交流存在质的损害，主要为语言运用功能的损害：

①口语发育延迟或不会使用语言表达，也不会用手势、模仿等与他人沟通。

②语言理解能力明显受损，常听不懂指令，不会表达自己的需要和痛苦，很少提问，对别人的话也缺乏反应。

③学习语言有困难，但常有无意义的模仿言语或反响式言语，应用代词混乱。

④经常重复使用与环境无关的言词或不时发出怪声。

⑤有言语能力的患儿，不能主动与人交谈、维持交谈，及应对简单。

⑥言语的声调、重音、速度、节奏等方面异常，如说话缺乏抑、扬、顿、挫，言语刻板。

（3）兴趣狭窄和活动刻板、重复，坚持环境和生活方式不变：

①兴趣局限，常专注于某种或多种模式，如旋转的电扇、固定的乐曲、广告词、天气预报等。

②活动过度，来回踱步、奔跑、转圈等。

③拒绝改变刻板重复的动作或姿势，否则会出现明显的烦躁和不安。

④过分依恋某些气味、物品或玩具的一部分，如特殊的气味、一张纸片、光滑的衣料、汽车玩具的轮子等，并从中得到极大的满足。

⑤强迫性地固着于特殊而无用的常规或仪式性动作或活动。

B. 严重标准：社会交往功能受损。

C. 病程标准：通常起病于 3 岁以内。

D. 排除标准：排除 Asperger 综合征、Heller 综合征、Rett 综合征、特定感受性语言障碍、儿童精神分裂症。

（三）基本特征

孤独症儿童的特征主要表现在两大方面：社会交往障碍、兴趣和行为异常[①]。

1. 社会交往障碍

孤独症儿童社会交往障碍的主要表现是：在各种情景下持续存在的社会交流和社会交往缺陷，不能用一般的发育迟缓解释。社会情感互动缺陷，轻度表现为异常的社交接触和不能进行来回对话；中度表现为缺乏分享性兴趣、情绪和情感，社交应答减少；重度表现为完全不能发起社会交往：不能进行社会交往、不能建立伙伴关系、依恋关系的缺乏、感情和社会互动方面的困难。孤独症儿童因其缺乏社会兴趣，对熟悉或不熟悉的人往往不加区别地表现出冷漠，没有眼光接触是孤独症儿童的一大特征。同时，孤独症儿童对别人的声音也不感兴趣，他们与别人同处一室时，可以很长时间对周围所发生的一切毫不在意，只停留在自己的天地里。

---

① 朴永馨. 特殊教育概论［M］. 北京：华夏出版社，1991.

（1）难以建立依恋关系。

正常的幼儿到了六个月以后会逐渐发展起对父母或其他亲人的依恋感。尽管在不同儿童那里这种依恋关系的表现及出现的时间略有不同，但一般趋势是儿童与家长特别是妈妈亲近。在孤独症儿童那里，这种依恋关系很晚才会出现，有时甚至没有。

（2）非语言交流行为缺陷。

用于社会交往的非言语交流行为缺陷，轻度表现为言语和非言语交流整合困难；中度表现为目光接触和肢体语言异常，或在理解和使用非言语交流方面存在缺陷；重度表现为完全缺乏面部表情或手势。有的孤独症儿童虽然已具有一定的语言能力，但他们使用语言进行交往的能力却有相当大的缺陷。许多文献记载，在自由活动环境中，孤独症儿童说话的频率与种类比正常发展的儿童要低得多，他们似乎不知道怎样去开始和持续话题。有些孤独症儿童说话的频率并不低，但经过仔细观察可以发现，在他们的话语中发问多而回答少。他们提出问题但往往不是要得到答案或信息，而是要引起别人的注意。

（3）与同龄人沟通交往困难。

在建立或维持与其发育水平相符的人际关系方面存在缺陷（与抚养者关系除外），轻度表现为难以调整自身行为以适应不同社交场景，中度表现为在玩想象性游戏和结交朋友上存在困难，重度表现为明显对他人没有兴趣。孤独症儿童常有的一个缺陷是他们不能像正常发展的儿童那样去玩，他们往往不理解玩具的功能而只对玩具的某一特性如声音和气味感兴趣。由于不会玩，孤独症儿童很少有自己的朋友，他们只会把常常陪伴他们的人作为朋友。

2. 兴趣和行为异常

（1）语调、语速异常。

孤独症儿童说话时的语调、语速等往往也与众不同。最为常见的现象是他们在说话时表现出的语调的平板单一，就像他们情感上的机械刻板一样：有的孤独症儿童常常用高尖的声音说话，有的说话时句子与句子之间没有间隙而显得很快，有的说话时似乎不能控制音量。

（2）重复性动作或语言。

孤独症儿童中普遍存在着重复性肢体动作。有些儿童会不停地翻动手掌或摇晃整个身体，有些儿童会摆动脑袋和脖子，有些孤独症儿童会有自伤性（如撞头、打脸）行为。有些儿童过分坚持某些常规及言语或非言语的仪式行为（如运动性仪式行为、坚持同样的路线或食物、重复提问），或对改变过分抵抗（如对细微变化感到极度痛苦）。在正常儿童发展中，许多儿童对环境的改变会感到害怕并反应强烈，但随着年龄的增长，这种现象会逐渐消失。孤独症儿童的状况却与此相反。年龄大的孤独症儿童对生活中同一性的执着不仅不会消失，反而会更加强烈，对生活中外界变化的反应也越来越强烈。这种对生活常事的同一性与重复性的坚持，以及对多样性与变化性的拒斥和缺乏，在孤独症儿童中是极为普遍的。

（3）兴趣异常狭隘。

高度狭隘、固定的兴趣，使其在强度和关注度上都是异常的（如对不寻常的物品强烈依恋或沉迷、过度局限或持续的兴趣）：兴趣的异常狭窄、对生活中统一性的执着、重复性肢体动作、异常的感觉以及相连的行为特点。孤独症儿童往往不愿与其他孩子玩，他们对玩具也不像其他孩子那样表现出强烈的兴趣。一些基于临床观察的研究表明，大约有

75%的孤独症儿童会表现出相对于正常儿童而言的远为狭窄的兴趣与行为。孤独症儿童有他们的兴趣和爱做的事情，只是他们的兴趣和爱好不仅狭窄而且异常。他们中有许多人对和数字有关的东西特别感兴趣，有些儿童甚至能背出许多电话号码，或根据某个生日推算出那天是星期几。孤独症儿童往往不能自然地介入想象性的或模仿性的游戏中，他们很少模仿别人的动作，同时，很少具有想象力，不会进行想象性的游戏。

(4) 反应过度或反应低下。

对感觉刺激反应过度或反应低下，对环境中的感觉刺激表现出异常兴趣（如对疼痛、热、冷感觉麻木，对某些特定声音或物料表现出负面反应，过多地嗅或触摸某些物体，沉迷于光线或旋转物体）。孤独症儿童在听觉与视觉方面与众不同。他们对听觉似乎有相当大的选择性。他们对于别人的呼叫声可以充耳不闻，但对一般人不会注意的背景性声音会表现出明显的注意与强烈的反应。在视觉方面，孤独症儿童对一些特定的物体表现出高度的敏感性。孤独症儿童在触觉、味觉与嗅觉方面也与众不同。他们喜欢特别柔软光滑的物体。有些孤独症儿童喜欢在嘴里不停地含些小物体，如树叶等。有些孤独症儿童习惯于把不熟悉的物体放到嘴边舔舐，还有些孤独症儿童会嗅闻他们所不熟悉的物体，有些孤独症儿童倾向于从特定的身体移动中得到某种感官性的满足。

知识卡片

青春期孤独症患者的特征

一般来说，正常孩子到了青春期会出现反抗和逆反的心理倾向，即“心理断乳期”，而孤独症孩子却没有这种现象。到了青春期，孤独症患者的人际交往虽然有所改善，但仍然很孤独，缺乏朋友，可能带有抑郁倾向。孤独症患者对性的理解缺乏，有时把别人当成性的道具或者把自己当成别人性的道具；他们有性的需求，但对性的方法和手段不理解，需要家长的指导。另外，有少数孤独症患者到了青春期，状态会恶化，智商测定出现极其低下的现象；30%的孤独症孩子到了青春期会出现癫痫现象，但大多数能继续学习，向成年发展。凡是能持续在学校接受教育的孤独症患者，都没有恶化的迹象。对全面恶化的患者，心理治疗和药物治疗要同时进行。

二、孤独症谱系障碍儿童的教育

(一) 学习环境

对于正常发展的儿童来说，不良的教学环境可能会导致学习兴趣低、注意力不集中、学习动力不足，从而影响学业成就。而对于孤独症儿童来说，教学环境的设计则显得更为重要和紧迫。众所周知，孤独症儿童伴随着不同程度的感官障碍。近年来，越来越多的研究也验证了孤独症儿童在不同感官信息处理中存在问题。在 DSM-V 中，感官障碍首次被列为诊断标准之一。因此，在对孤独症儿童进行教学时，要考虑其不同方面的行为表现及其与教学环境的关系，设计有针对性的、有效的教学环境。下面简要介绍针对孤独症儿童的教学环境的设计原则。

1. 满足孤独症儿童的差异化需求

孤独症儿童的感官障碍使得教学环境的设计要具有差异性。有些孤独症儿童对声音、温度、光线、色彩、身体接触等很敏感，他们在进行信息加工时可能存在某些通道的偏好。例如，孤独症儿童的视觉加工优势有利于他们接收外部信息，却不擅长言语信息的加工。设计教学环境的最终目的便是发挥孤独症儿童的优势，帮助其在教学环境下进行有效的学习和接受干预。因此，对那些偏好视觉加工的孤独症儿童，应该在教学环境中提供更多的视觉信息，帮助儿童更好地学习①。

2. 注重创设灵活的教学环境

在教室环境的设计中，要注重环境的灵活可变性。灵活性看似简单，但在实际的操作中对教师提出了很大的挑战。灵活性并不是意味着要经常调整和变化教室环境的设置，而是要根据不同儿童、不同课堂活动、不同时间、不同条件运用最适宜的教学手段，为儿童提供最佳的学习环境。例如，根据儿童的需求改变教室灯光、温度的设置，根据活动的内容改变教室的空间格局②。当我们为儿童提供灵活可变的设施和教学材料时，儿童可以更好地发展语言能力、动作能力，培养独立性和自信心。在教室中可以适当设置一些可移动的书架或器具，以便在进行不同的活动时加以调整。教师和儿童都能从灵活性的设计中受益，节省教学时间，这种变化性也使课堂活动更具趣味性，也更能满足小组教学和一对一训练的要求。

3. 营造安全舒适的氛围

设计教学环境时必须考虑安全性。教室是培养儿童社会性、沟通和交流以及发展人际关系的场所，环境的氛围要让师生感觉舒适、放松、安全。教室要注意护栏的设计、楼梯的高度、物体的高空摆放、插座的保护等，一些隐患问题会威胁师生的安全。在选择教室的器具时，要倾向选择材质柔软并且能为儿童提供感官刺激的物品，避免使用有棱角的锋利的物品。

4. 避免分散儿童的注意力

琳琅满目的杂物、特别的气味、高亮度的灯光、过高或过低的温度等使感官通道必须同时指向多个事物，感知觉加工负荷过大将直接导致孤独症儿童无法集中注意力。干净、整洁、有序的环境能够减少外界环境对孤独症儿童的刺激，帮助孤独症儿童参与教学活动。在教学环境设计中，要选择必要的视觉提示线索，一些装饰性的标语、窗户上的挂件、闪烁的荧光灯不但不能引导儿童做出正确的反应，反而会占用教学材料的储存空间③。此外，可以尽量减少光线的强度，使用自然光照明，减少旧器具发出的噪声，减少黑板和讲台上物品的摆放，来避免分散儿童的注意力。

---

① DUNLAP G，ROBBINS F R. Current perspectives in service delivery for young children with autism [J]. Comprehensive mental health care，1991 (1).

② KABOT S，REEVE C. Setting up classroom spaces that support students with autism spectrum disorders [M]. London：Future Horizons Ltd.，2010.

③ LINTON S B. How to set up a classroom for students with autism [M]. Lexington，KY：CreateSpace Independent Publishing Platform，2007.

5. 提升环境的可预测性

对于需要持续的视觉提示策略的孤独症儿童来说，可预测性是有利于其情绪和行为调节的重要因素。很多孤独症儿童都是视觉化的学习者和思考者，教师可以在教室环境中呈现一些提示板、计划表、标签。例如，在教室的路径上贴上有序排队的脚印，在活动中为不同的材料贴上标签，用不同的颜色区分不同的活动分区，这些视觉提示能帮助孤独症儿童预测活动的发展，从而调整自己的行为，减少焦虑和压力①。

6. 确保活动的可控性

当孤独症儿童能够理解外部环境时，内心的安全感则会提升，并且对活动的内容和进度有控制感。孤独症儿童的社交障碍使其更需要个体的空间，要为孤独症儿童提供多种选择和做决定的机会，给予他们主导活动的机会。在课堂环境中，教师通常要面对不同的特殊儿童，进行小组教学的话无法满足每个孤独症儿童的独特需求，因此，在教学环境的设计上要更灵活，如让孤独症儿童自己调整课桌的高度，自己选择当天的任务顺序，这些教学环境的调整都能帮助其建立自信。

（二）课程

对于进入普通学校学习的孤独症儿童而言，他们的学习课程与正常学生一样；对于有些有着较高认知发展水平的孤独症儿童来说，确立适当的课程目标，并在策略上给予保证，能帮助其适应普通教育的课程。

大多数孤独症儿童进入特殊学校后，其课程常常与智力障碍儿童的课程相似。针对孤独症儿童的典型课程的目标包括：生活技能（包括适当的行为、社会性发展、人际交流和问题解决）、功能性学业、职业准备。

生活技能课程从孤独症儿童一入学就开始了，它强调适当的行为、社会性发展、人际交流、问题解决、安全和日常生活技能。功能性学业主要关注每日生活中有用的技能（如金钱计算、看时钟等），这种课程贯穿于整个学校学习的过程中。职业准备课程教导他们形成学习工作习惯和在集体中的责任感，并学会做不同的工作，进行相应的职业训练。

（三）教学策略

1. 语言能力教育

（1）语言注意能力教育。

研究发现，许多孤独症儿童存在严重的注意障碍，他们不会听别人指令，而是喜欢按照自己的意愿去行事。在与他人沟通的过程中，也很少听别人在说什么，很少注意别人的肢体语言。因此，注意力的训练是孤独症儿童语言学习中的第一步。训练孤独症儿童对他人口语和肢体语言的注意力，首先应训练他们进行目光对视，培养他们的有意注意能力。通过对孤独症儿童的目光对视训练，让孤独症儿童知道别人在干什么，感受到对方在注意

---

① MESIBOV G B，SHEA V，SCHOPLER E. The teach approach to autism spectrum disorders［M］. New York：Plenum Publishing Co.，2004.

他，并耐心地等待孤独症儿童的回应，教会他们认真听别人说话，学会观察别人的表情。

孤独症儿童的有意注意力明显落后于普通儿童，所以在与孤独症儿童交谈时，他们经常会出现对对方不理不睬，注意力分散、转移，对外界刺激视而不见，听而不闻的现象，所以在与他们交流时，必须把握好距离，在一般情况下最好能与孤独症儿童近距离、面对面、强制性的接触，当他不耐烦的时候，就用一些他平时喜欢的东西吸引他，然后再面对面交流①。

（2）语言理解能力教育。

研究发现，许多孤独症儿童在语言理解方面存在不同程度的障碍，一些中重度孤独症儿童甚至无任何语言理解能力。如果儿童无语言理解能力，就很难与他人开展对话，语言发育会越来越缓慢，甚至出现语言发展停滞的现象，所以，如何提升孤独症儿童的语言理解能力是语言能力教育的重要一步。

在训练孤独症儿童的语言理解能力过程中，首先要抓住一切机会，尽可能多地与孤独症儿童说话。孤独症儿童的认知能力相对落后，对孤独症儿童说话，其效果不是立竿见影的，必须坚持不懈才能使他们慢慢理解。语言学习有困难的孤独症儿童需要比普通儿童获得更多的听别人说话的机会，在日常生活中，儿童不会说，家长就说给他听，当儿童积累到一定程度时自然会理解说话的内容，也就有了表达的愿望。

其次，结合情境进行语言理解能力教育。对于孤独症儿童来说语言是抽象的符号，必须落实到具体日常生活中才能理解。在对孤独症儿童进行语言理解能力教育时，尽量选取眼前看得见、摸得着、容易了解的话题来进行，尤其是儿童喜欢的事物、关心的事情更能调动他们学习语言的积极性，也更能提高他们的语言理解能力。

最后，耐心地倾听儿童说话。孤独症儿童表达能力较差，甚至都很难表达自己的意思，因此他想说话时大人要有耐心地听他说话，反复地问同样的问题时，大人也要认真地回答。如此，对孤独症儿童说话时，他也比较愿意以语言或非语言的姿势、表情、手势等方式来回答。

（3）语言表达能力的教育。

在孤独症儿童获得稳定的语言注意能力和较好的理解能力时，就可以把培养他们的表达能力作为训练的重点。

首先，训练孤独症儿童的模仿能力。孤独症儿童学会模仿口形和发音较为困难，因此必须在儿童有嘴部动作和一些身体大动作模仿能力的基础上，逐步过渡到口形、发音的模仿训练。在进行口形模仿训练的时候，要选择孩子精神状态较好的时间段来进行，每次模仿的时间不要太长，内容不要太多太难。在模仿的过程中，教育者要与儿童面对面，保证儿童能够清楚地看到口形。可以用夸张的动作示范发单音节的口形，动作要慢，这样儿童才能看得清，记得住，利于模仿。儿童在模仿的过程中，肯定会出现一些困难，家长可以用手或小棍之类的物件作辅助工具协助儿童做出正确的口形②。

其次，激发儿童语言表达的欲望和信心。家长和老师要善于发现儿童的“闪光点”，从他们的优点出发，及时给予表扬和鼓励，不断强化他们的语言表达欲望，不放过任何一个微小的动作，只要是行为意义积极的，都可用“做得好”“你真行”“你真棒”等语言进

---

①② 叶发钦．论家庭教育中孤独症儿童语言能力的培养［J］．中国残疾人，2011（9）：158-159.

行鼓励。

最后，创造语言交流的情境，促进儿童表达。语言的功能在于沟通和交流，孤独症儿童习得语言表达的能力之后，如何将其巧妙运用到具体的生活场景中去，使其体验到语言表达的好处，并学会在生活中运用语言表达需求，是孤独症儿童语言表达康复教育成功的关键①。如儿童想喝水时，可以引导他们说出自己想做的事情“喝水”，刚开始只要他们有表达的口形，甚至是动作，都给予其最自然的强化——水。随着儿童表达能力的发展，当他们想要水的时候，要等他们完全表达出来才给予他们水。

2. 认知能力教育

认知能力是人脑加工、储存和提取信息的能力，即人们对事物的构成、性能，与他物的关系，发展的动力，发展方向以及基本规律的把握能力。它是人们成功地完成活动最重要的心理条件。孤独症儿童的认知能力存在较大的个体间以及个体内差异。认知能力的培养要根据儿童的具体能力水平来进行。

（1）注意形象直观教学。

在儿童认知能力发展过程中，总是从形象直观教学入手，这是由儿童认知的一般规律所决定的。与普通儿童相比，孤独症儿童的认知能力长期停留在直观形象阶段，同时由于孤独症儿童视觉注意能力要好于听觉注意能力，所以在教学过程中要强调直观形象、生动趣味性。比如，在教孤独症儿童认识卡车时，教师可以通过卡片或者视频资料来让他们认识卡车。当然，最好是教师带领孤独症儿童认识真正的卡车，体验卡车的功能和作用，这样他们对卡车才会有更全面的认识。

（2）激发多感官参与。

孤独症儿童的认知发展，还需要借助多种感官活动的参与，包括视觉、听觉、嗅觉和味觉等。通过多感官的参与，促进孤独症儿童对知识的理解，加强其对外界的认知，丰富他们的信息量，并结合多媒体课件，将文字、声音、图像、图形和视频等多种媒体结合起来进行教学，融视、听、说于一体，动态和静态交替运用，弥补他们因个人原因而缺失的能力。例如，在认识水杯的时候，可以让孤独症儿童感受水杯的特征、包括水杯的颜色、形状、重量、材质等，这样儿童会对水杯的特征有一个整体的全面的认识。

3. 社会交往能力教育

社会交往障碍是孤独症的核心障碍之一。社会交往能力的不足严重阻碍了儿童的社会适应。所以如何提高孤独症儿童的社交技能是家长和教师最为关心的内容。对孤独症儿童社交技能进行干预有不同的方法，录像示范法、关键反应训练法以及社会故事法是比较常见的方法。

（1）录像示范法。

录像示范法起源于社会学习理论，社会学习理论认为人的思想、情感和行为不仅受直接经验影响，而且更多地受观察影响，称观察别人的行为及其结果而发生的替代学习为观

---

① 闫洁，黄总志．孤独症幼儿语言表达能力的有效训练［J］．现代特殊教育，2015（19）：42－44.

察学习[①]。录像示范法就是指让学习者通过观看录像，并模范录像中的内容从而学习目标行为，本质上来说就是引导儿童进行观察学习的过程。孤独症儿童通过对录像中呈现的榜样行为进行观察、模仿，并学习榜样行为或改变自己当前的行为。根据示范者的不同，录像示范可分为他人示范（示范者为成人或同伴）、自我示范（示范者为孤独症儿童自己）。录像示范法在教导孤独症儿童的社会交往、游戏技能和沟通回应技能方面具有良好的效果，在培养孤独症儿童社会技能时具有一些独特优势，如可充分应用孤独症儿童视觉学习的优势、符合孤独症儿童能力不足的要求、减少儿童直接交往带来的焦虑和紧张以及节约时间和成本等[②]。

（2）关键反应训练法。

关键反应训练法，指利用自然学习机会改变孤独症儿童社会技能的方法，旨在增强孤独症儿童社会互动的动机，促进技能的泛化[③]。近年来，关键反应训练法受到孤独症家长和教师的关注被广泛使用。关键反应训练法强调的是在自然干预环境下对孤独症儿童实施干预。该方法是应用行为分析理论的一种自然主义干预方法，以促进反应的泛化、降低提示层次及提高动机为目标，包括动机、对多样化提示的反应、自我管理、自我发起、移情等几个领域[④]。该方法的实施步骤包括：

1）给孤独症儿童提供一个学习机会（引起其注意、提供清楚的指导、布置不同难度等级的任务）。

2）观察其反应、对其行为进行反馈（直接性强化、尝试强化、关联性强化）[⑤]。有研究表明，关键反应训练对于社交技能学习具有较好的泛化效果，但一般适用于功能水平较高的孤独症儿童，且干预者需要接受过专业的培训。

（3）社会故事法。

社会故事（social stories），是指由专业人员、教师或父母为孤独症患者编写的小故事，对所发生的事件的时间、地点和参与人员等信息进行具体描述，对人们在事件情境中通常会怎么做、有什么想法或感觉等进行说明，并强调指出重要的社会线索，进而以儿童能理解的语言说明与此情境相适应的行为方式。社会故事法并不直接教授社会技能，而是向孤独症儿童解释环境中可能会发生的事件，利用孤独症儿童的视觉优势和对文字的兴趣来增进他们对环境的理解，从而诱导出符合社会规范的行为或社会技能[⑥]。

社会故事法的目标在于向孤独症儿童说明人与环境互动的情况及适当的行为，解释特定的目标行为，训练孤独症儿童开展新的活动以及表现社会期待的行为[⑦]。

---

① 容中逵．论班杜拉社会学习理论的现实教育意义［J］．高教论坛，2002（6）：129－131.

② 张悦．录像示范法对孤独症儿童沟通能力的干预研究［D］．上海：上海师范大学，2010：25.

③ KOEGEL R L，KOEGEL L K，et al. Pivotal response treatment for autism：communication，social，& academic development［J］．Brookes publishing company，2006：312.

④ BOZKUS G G，VURAN S. Examination of studies targeting social skills with pivotal response treatment［J］．Kuram ve uygulamada egitim bilimleri，2013（3）：1730－1742.

⑤ 顾泳芬，贺荟中．孤独症儿童社交技能训练的研究综述［J］．幼儿教育，2015（30）：35－40.

⑥ 李晓，尤娜，丁月增．社会故事法在儿童孤独症干预中的应用研究述评［J］．中国特殊教育，2010（2）：42－47.

⑦ GRAY C. The new social story book. London：Future Horizons Ltd，2000：16.

三、孤独症谱系障碍儿童的相关服务与支持

（一）社区协同支持

首先，通过开放教育设施，为社区内孤独症谱系障碍儿童服务。整合社区资源后，实施融合教育的幼儿园或学校的教育资源和设施将会有很大的改善。通过向社区开放，实施融合教育的幼儿园或学校要力求让社区内的每一个孤独症谱系障碍儿童都享受到这些资源。比如，在周末、节假日，幼儿园的玩具、图书向社区内的所有孤独症谱系障碍儿童开放，志愿者们也来幼儿园或学校参与活动，使社区内的孤独症谱系障碍儿童获益。

其次，向社区成员宣传教育，为社区孤独症谱系障碍儿童家庭教育提供指导。在结合了社区的人力资源和相关职能部门的支持指导后，实施融合教育的学校的教育质量将上一个新台阶。实施融合教育的学校也有义务将指导作用发挥出来，向社区成员宣传教育，向社区内所有儿童家长介绍融合教育观念，提高他们对融合教育重要性的认识。实施融合教育的幼儿园/学校可定期向孤独症谱系障碍儿童家长开放教学活动，给予家长最直观的教育指导，如开办社区孤独症谱系障碍儿童家长培训班，介绍最新的特教信息，组织孤独症谱系障碍儿童家长交流经验，接受孤独症谱系障碍儿童家长的现场咨询，给予他们更直接、更具体的指导。

最后，为社区内孤独症谱系障碍儿童提供积极的行为支持。积极的行为支持是为达成孤独症谱系障碍儿童的成功行为结果而采取的一种方法。积极的行为支持不仅要注意矫正孤独症谱系障碍儿童的妨碍性行为，还要重新安排和改变环境系统来防止孤独症谱系障碍儿童在同样的环境中产生妨碍性行为。这种方法最重要之处就在于寻找并创设积极回应的环境。在社区内营造对孤独症谱系障碍儿童有积极回应的环境，将在很大程度上减少孤独症谱系障碍儿童的妨碍性行为，激发他们与别人产生互动的兴趣。

（二）辅助技术支持

与孤独症儿童交流的重要性已被大家广泛认可，因此部分帮助儿童交流的技术也正在不断发展。在儿童不能以一种常规的方式来发展言语和语言时，很多设施（增强和替代性交流）被应用于加强或增加儿童的社交技能，比如图片交换沟通系统（PECS）。在使用时，有时利用一块沟通板，儿童和成人之间就能够进行一些基本的沟通与交流，儿童可以表达他们的基本需求和感受，成年人则给予回应。在这种交流中，帮助性图片的使用大大增加。

计算机也可以与人工语言结合起来。儿童输入一个单词的首字母，屏幕上就会出现一系列以此字母开头的常见单词，这样，孩子可以利用鼠标或方向键来选择语言合成器大声读出单词。

知识卡片

图片交换沟通系统

图片交换沟通系统由美国的邦迪和弗罗斯特于 1985 年设计并开发，是一套以

图片为媒介促进孤独症儿童自发、功能性沟通行为发展的系统。作为目前扩大替代性沟通系统应用最为广泛的沟通方式之一，图片交换沟通系统使个体通过图片表达请求或要求、选择想要的物品以及表达感受。图片交换沟通系统由简入难，分为物品交换训练、扩充自发性能力训练、区分训练、句型结构训练、接收性语言训练，以及反应性、自发性训练六个循序渐进的阶段。

阶段Ⅰ：教儿童通过使用图片交换想要的物品，从而让他们自发地提出关于物品或活动的要求。儿童一次只使用一张图片。

阶段Ⅱ：通过增加图片的数量来扩展儿童的词汇，一次仍只使用一张图片。

阶段Ⅲ：出示很多图片，教儿童在这些图片中辨认出想要的那张图片。

阶段Ⅳ：将句子结构呈现在木板上，教儿童基本的句子结构，如“我想要”句式与某个所想要的物品的图片配对。

阶段Ⅴ和阶段Ⅵ：加入形容词或其他单词来拓展交流。包括以下类型的单词：“四”“红色”“我看见”“我听见”“我觉得”等。

图片交换沟通系统的六个训练阶段不断递进、深入，后一阶段任务的实现以前一阶段或前几阶段的训练为基础，即前一阶段的训练达到既定标准后才能进入下一阶段的训练。需要提及的是，强化物评估对于图片交换沟通系统是非常必要的。强化物可以建立儿童的行为和行为结果之间的联系，从而强化儿童的行为。教师一旦确定了潜在的强化物，便可以立即使用图片交换沟通系统。

本章思考题

1. 谈谈三类主要的沟通与交往障碍儿童的概念与分类？
2. 谈谈三类主要的沟通与交往障碍儿童的基本特征分别有哪些？
3. 如何针对各类沟通与交往障碍儿童的身心特点进行教育？
4. 为各类沟通与交往障碍儿童提供的支持与服务有哪些？

第八章　其他障碍类型儿童的教育

学习目标：

1. 掌握其他障碍类型儿童的概念和分类；
2. 掌握其他障碍类型儿童的身心发展特征；
3. 了解学习障碍儿童的鉴定方式；
4. 了解其他障碍类型儿童的教学相关知识；
5. 了解信息技术在其他障碍类型儿童教育中的支持。

特殊人群是一个具有较大异质性的群体，只有少数特征是所有特殊个体共有的。除了较为多见的障碍类型外，还有其他几种障碍类型也较为典型，其中包括学习障碍、病弱障碍和多重障碍。

第一节　学习障碍儿童的教育

学习是获取知识的重要方式，是人成长过程中不可或缺的能力。然而存在这样一类儿童：他们拥有正常的学习动机和智商水平，尽管努力学习，却在特定的学业领域存在极大的困难，无法获得良好的学业成就。这类儿童存在的障碍往往容易被忽视。本节就学习障碍的相关概念及学习障碍儿童的教育展开阐述和介绍。

任务情境

小林是一名11岁的男孩，目前五年级。小林是一个活泼的小孩，对他人说话做出的反应也十分迅速。但作为班级的一员，小林的成绩长期在班里排名倒数。他会混淆数字，也经常在写汉字的时候遗漏笔画。小林的妈妈和老师想过很多办法帮他解决问题，但小林的成绩始终得不到提高，导致他经常受到批评，学习的自信也越来越低。那么小林究竟为什么会这样呢？如何才能帮助小林提高学习成绩？

一、学习障碍概述

（一）学习障碍的概念

学习障碍的研究最早起源于医学界，1896 年，美国医学教育家从医学角度提出了学习困难的概念。1963 年，美国特殊教育学家柯克（Kirk）通过一次家长会在学术界第一次提出了“学习障碍”（learning disabilities）这一术语。柯克指出，“学习障碍”儿童是指智力不存在明显缺陷，具有听、看能力，但行为和心理上表现出相当偏差，导致无法良好适应家庭生活，难以依靠学校中的教学方法进行有效学习的儿童[①]。具有这方面困扰的儿童家长团体成立了学习障碍儿童协会，后发展为全美学习障碍联合委员会。在家长们的引领下，专业人员和联邦政府在几年后正式认证了“学习障碍”这一术语。

从 20 世纪 60 年代早期起，学习障碍多种定义并存，这些定义在叙述上具有细微差异。其中受到最广泛认可和最具影响力的定义包括柯克初次提出的定义及 IDEA 中的定义。

1. 柯克的定义

1963 年，柯克首次提出学习障碍这一术语，并将其定义为：儿童在语言、言语、阅读、写作、计算或其他学校科目上存在一种或多种迟缓、障碍或发展迟滞，这些问题可能是因为大脑功能失调、情绪或行为障碍所引起的心理障碍，并不是智力落后、感觉剥夺或文化和教育因素所导致的结果[②]。

2. IDEA 的定义

IDEA 将学习障碍定义为，指在涉及理解或使用语言（口语或书面语）时存在的一种或多种基本心理过程的障碍，这种障碍可以表现为缺乏听、说、读、写、思考、拼写或数学计算的能力。其中包括知觉障碍、脑损伤、轻微脑功能失调、诵读障碍和发展性失语症。不包括由视觉、听觉或动作障碍、智力障碍、情绪障碍，以及环境、文化或经济条件不利而造成的学习问题。

3. 国内定义

国内研究者对于学习障碍的观点不一，根据理论的不同有不同的提法。对于学习障碍儿童，我国使用的定义称谓包括“差生”、“学习困难”和“学业不良”几类。

“差生”是我国早期教育者对学习障碍儿童使用的称谓，包括以下几层含义：学习成绩差的学生、学习能力差的学生以及成绩和品行兼差的学生。由于这种称谓含义的不明确性以及其具有贬义，逐渐不再被教育者在理论和实践中所使用。

20 世纪 90 年代初，上海市教育科学研究所“初中学习困难学生教育的研究”课题组对学习困难学生进行了界定，提出“所谓学习困难学生，指的是智力正常，但学习效果低下，达不到国家规定的教学大纲要求的学生”[③]。1995 年，朴永馨教授在《特殊教育学》

---

① 柯克．特殊儿童的心理与教育［M］．天津：天津教育出版社，1989：392.

② JONES E，REYNOLDS G. The play's the thing：teachers' roles in children's play［M］．New York：Teachers College Press，1992：142.

③ 梁威．国内外学习障碍研究的探索［J］．教育理论与实践，2007（21）：57－60.

中将学习障碍（学习困难）儿童定义为：除残疾儿童外，由于生理、心理、行为、环境等致使在正常教育情形下学习成绩明显达不到义务教育大纲要求水平，而需要采取特殊教育方式的学龄儿童和个体心理发展水平严重落后于儿童年龄特征水平的学龄前儿童①。

钟启泉先生将学业不良儿童定义为学习成绩未能达到同其智力水平相称的儿童的总称，一般所谓的学业不良主要表现为学生在学校条件下的学业困难②。学者沈烈敏将学业不良分为绝对学业不良和相对学业不良。前者指学业成绩没有达到规定的学业及格标准，不达标的这些学生也就是通常所说的学业预警生、退学预警生或者降级生等；后者指智力潜力与其学业成就不匹配，存在差距，即学业成就低于智力水准③。

我国学者徐芬对学业不良的概念进行了总结，认为学业不良的标准如下：其一，学业不良儿童的智力是正常的，智力测验的分数在正常范围内，但在学校的学习中有严重困难，在某门或几门课程的学习中有一些特殊的缺陷；其二，学业不良儿童可能在某些特殊能力或学习技能上有一定的缺陷；其三，上述能力的缺陷并不是由生理或身体上的原发性缺陷（如盲、聋、哑、身体残疾或视力问题等）所造成的，也不是由情绪障碍、教育与环境剥夺造成的；其四，这些儿童要达到一般学习水平（及格水平）或达到教育大纲所要求的水平需要额外的督促与辅导，有的甚至需要特殊教育与帮助。

综合国内学者的看法，学习障碍儿童定义的共同特点是具有正常的智力，但由于不同的原因无法适应普通学校中的教学，最终导致无法达到与智力所匹配的学业成就。此外，在理解学习障碍的定义时，还需要把握以下几个方面：

第一，学习障碍儿童存在学业成就低下的表现，尤其是在说、听、写、读和数学上。

第二，学习障碍儿童的能力与他们的低成就之间具有显著的差异。

第三，学习障碍的产生具有排他性，本质上不由任何其他原因造成，如视听损伤，经济、环境、文化落后或其他障碍等。

知识卡片

学习障碍等于学习困难吗？

学习障碍主要着眼于学习障碍的内部因素，排除了感官障碍和智力障碍，重视造成学习困难的神经心理基础。

学习困难主要着眼于学习障碍的外部因素，指感官和智力正常而学习结果远未达到教学目标的学生，强调学习的结果。

（二）学习障碍的鉴定和分类

1. 学习障碍的鉴定

鉴定学习障碍的目的是明确干预对象，将学习障碍和普通儿童及其他障碍儿童进行区

① 朴永馨．特殊教育学［M］．福州：福建教育出版社，1995：205.

② 钟启泉．“学业不良”的界定及其因析模式述评［J］．华东师范大学学报（教育科学版），1994（2）：69－77.

③ 沈烈敏．学业不良的相对性涵义及测定的实证研究［J］．心理科学，2004（1），88－91.

别，为教育训练的计划提供依据。随着学习障碍定义的变化，学习障碍的鉴定方式也在不断创新优化。

在1963年柯克首次提出学习障碍后，美国教育办公室于1968年首次正式定义了学习障碍，认为学习障碍是不由于心智缺陷、感觉障碍、情绪障碍或者文化和经济的干扰造成的、不能预期的障碍。这一定义于1977年被再次修正，美国教育办公室认为确定学生学习障碍的条件有以下两点：其一，接受了合适的教育，但不能达到与其年龄和能力相一致的成绩水平。其二，在口语或书面表达、听力或阅读理解、基本阅读技巧、数学运算和推理这些方面中至少有一项学业成绩和智力水平之间存在显著差异①。根据这一定义，智力-成就的差异模式开始得到广泛的应用，成为美国最常用的学习障碍鉴别方式。

在使用智力-成就差异模式进行鉴别时，研究者主要探索了四种量化差距的方式。其一，年级水平差距，即对比儿童预期年级水平分数与实际年级水平的分数的差异，具有显著差异时则判断为学习障碍。其二，期望公式法。指先从智力测验得到的智龄（MA）或智商（IQ）中推算出期望成绩，再计算实际成绩和期望成绩之差，若差值达到某个程度，就确定为学习障碍②。其三，标准分比较法。这一方法将学生的智力分数与学业成就分数的标准分进行比较，成就差异水平达到1～1.5个标准差的，就可以推断为学习障碍。其四，回归分析法。计算IQ和学业成就的回归方程，以具有同等能力、年级水平和性别的群体的成就分为常模，也作为学生的期望成就分，通过回归方程对学生的差异进行计算，判断智力和学业成绩间的差异。

智力-成就差异模式在很长一段时间中被美国教育者广泛应用于对学习障碍学生的鉴定中，但随着对学习障碍的深入研究，这一模式的弊端也渐渐显现。首先，智力-成就差异模式并不适用于早期学习障碍儿童的鉴定，需要儿童在达到入学年龄后在学业成绩上与普通儿童具有显著差异时才会被使用。这使得学习障碍儿童不能在早期得到足够的干预，容易错过最佳的干预时期。其次，智力-成就差异模式依赖于智力测试的成绩，忽视了造成学习障碍的其他因素，容易造成误诊。

针对这一传统模型的问题，格雷沙姆于2001年基于“治疗效度”这一概念提出了干预反应模式（RTI），试图提供一种更有效的特定学习障碍的鉴定方法并为特殊教育提供更科学的指导和服务③。格雷沙姆将RTI定义为通过对比儿童的学业成绩或者行为系统发生的变化来实现评估的模式，因而称之为干预评估模式④。这种模式侧重于对学习障碍的预防。比起传统模型对儿童与他人的比较，RTI是通过比较儿童干预前后的差异对儿童进行评估。

RTI是一个具有可逆性的多层级结构模式，这一模式由预防干预层级、小组干预层级和个人干预层级组成。

在第一层级，通过团体指导的方式对学生的认知、情感、社交等各方面进行指导，并

① MERCER C D，JORDAN L，ALLSOP D H，et al. Learning disa-bilities definitions and criteria used by state educationdepartments [J]. Journal of learning disabilities，1996（4）：217－232.

② 崔丽娟，葛操，崔艳．学习障碍鉴别方法综述 [J]. 内江师范学院学报，2012（6）：52－56.

③ FUCHS L S，FUCHS D. Treatment validity：a unifying concept for re-conceptualizing identification of learning disabilities [J]. Learning disabilities research and practice，1998（4）：204－219.

④ 钟金萍，宋尚桂，孙英红．特定学习障碍评估模式综述 [J]. 现代特殊教育，2015（12）：20－25.

在课程本位的基础上面向所有学生进行常规教学和筛查，对学生各方面的表现进行持续性的评估以保证学生的学业发展。在这一层级，团体指导通常能够满足80%以上学生的需求，而评估后未能达到标准的儿童进入下一层级的干预。

在第二层级，教师以小组为单位展开教学，主要针对在第一层级未能对教学做出足够反应的学生。每组人数一般控制在6人以内，其中包括一名指导者，在团体教学实施之外展开单位教学，对学生特定方面的技能展开有组织的干预。通过小组教学，约15%的儿童具有明显的干预效果，未有明显干预效果的儿童则进入第三层级的干预。

在第三层级，干预的强度最高且会进行个别教育计划的设计。教师在这一层级对有严重学习障碍的儿童进行长期的、高强度的个性化指导，同时通过密集的过程监控对儿童的干预结果进行持续性的反馈和调整。

使用RTI对儿童进行评估和干预时，具有以下特点：首先，基于干预进行评估，依据评估的结果对有需要的儿童进行干预，不断重复评估和干预的过程。其次，干预和评估都在普通的教育环境中进行，根据评估的结果来确定需要干预的对象。最后，运用评估数据进行反馈和调整，对干预的频率、强度以及类型进行改进和调整，提高干预的实效性和针对性。

尽管RTI仍存在尚未形成标准范式、缺乏测量评估工具、缺乏相关的教师教育等问题，但由于其成效显著，这一模型正在被广泛地研究和使用中。

2. 学习障碍的分类

由于学习障碍儿童的心理特点和能力特征常常表现出不同的特点，所以自20世纪80年代以来，有大量中外研究者从各自学科特点出发，采用不同研究方法对学习障碍类型进行划分。几种具有代表性的分类如下：

（1）美国学者柯克与加拉赫的分类。

柯克与加拉赫将学习障碍分为两大类，即发展性学习障碍和学业性学习障碍①。

发展性学习障碍是指儿童在生长发育过程中所显露出的心理和语言功能的偏离，而这些功能正是学习的基础。发展性学习障碍又可以分为两种：一种是原始性障碍，主要表现为注意力、记忆力、感知能力、知觉运动协调能力等方面的障碍。这些障碍可能会引起其他许多学习困难，例如感知能力和记忆力的障碍可能导致儿童的阅读障碍、知觉运动协调能力障碍可能引起书写问题等。另一种是衍生性障碍，它是由上述原始性障碍所造成的某种高级能力方面的障碍，主要包括思维障碍和语言障碍。

学业性学习障碍是指儿童在各科知识学习或技能学习（如阅读、书写、计算等）方面存在的障碍。学业性学习障碍主要是通过学科学习表现出来的，它可能是由发展性学习障碍造成的，但两者之间并无绝对的因果关系。例如，有些儿童因感觉运动障碍出现了阅读困难，而有些儿童虽然存在感觉运动障碍，却能够很好地进行阅读。

（2）DSM-V的分类。

DSM-V将学习障碍进行了如下分类：

1）阅读学习障碍。

阅读学习障碍的儿童在形音转换方面有发展性的缺陷，无法将文字转换为语音。阅读

① 柯克，加拉赫．特殊儿童的心理与教育［M］．天津：天津教育出版社，1989：392.

学习障碍儿童与普通儿童的差异主要表现在读字词的准确性、阅读的速度或流畅性以及阅读理解能力等方面。

2）书写表达学习障碍。

多数学习障碍儿童存在书写表达方面的问题，且与大多数其他学习障碍类型相关联，纯粹具有书写表达障碍的儿童较少。书写表达障碍儿童的特征主要表现在拼写准确性、使用语法和标点符号的准确性以及书面表达的清晰或组织性等方面。

3）数学学习障碍。

数学学习障碍儿童的障碍主要表现在数感、算术事实的记忆、准确或流利的计算以及精确的数学推理四个方面。同时，导致儿童数学学习障碍的因素还包括空间能力、序列化、工作记忆、加工速度、视觉加工等方面。

（3）国内学者的分类。

国内学者从多个视角对学习障碍进行研究，也产生了不同的分类方法。其中，徐芬将学习障碍分为三类，分别为发展性学业不良、学业性学业不良和行为-情绪性学业不良[①]。

发展性学业不良指儿童在成长过程中，某些心理和语言功能的发展出现与正常发展过程偏离的现象。同时，发展性学业不良又可以分为原始性缺陷和衍生性缺陷：前者主要表现为注意力、记忆力、感知能力、知觉-运动协调等方面的缺陷；后者即由于原始性缺陷造成的某些较高能力上的问题，主要表现在思考能力和语言能力上的缺陷。

学业性不良指儿童存在学科学习或学习技能（如听、说、阅读、拼写、算数等）方面的困难。学业不良主要表现在学科学习上的困难，而学习技能上的困难则可直接影响或阻碍学科的学习。

行为-情绪性学业不良是指儿童由行为或情绪问题导致的学业不良，主要表现在三个方面：其一，品行问题，如公开的攻击性，对同伴或成人经常具有敌意、挑衅行为和破坏行为等；其二，不适应或不成熟行为，如懒散、缺乏兴趣、厌学等；其三，个性问题，如过于敏感、自我意识缺乏、自卑感强等。

（三）学习障碍的成因

1. 生理因素

多数学者认为引起学习障碍的生理因素主要是中枢神经系统受损伤、功能失调或结构异常所致。

（1）脑损伤。

儿童在出生前、出生时和出生后几个阶段，均有可能由于不同原因造成不同程度的脑损伤或脑功能受损。

在儿童出生前，母亲在怀孕阶段营养不良、疾病、用药不当或 ABO、Rh 不配型溶血等都可能是造成学习障碍的因素。母体子宫的不良环境会对胎儿脑部的发育产生不良影响，从而导致学习障碍的发生。

在生产阶段，脑出血或脑缺氧是造成脑损伤的主要原因，由于大脑皮质的神经细胞难以承受缺氧的损伤，所以大脑皮层缺氧时间超过 5 分钟就会造成细胞无法复原的伤害。同

① 徐芬．学业不良儿童的教育与诊治［M］．杭州：浙江教育出版社，1997：21.

时，中枢神经系统缺氧的时间长短与脑部受伤的程度直接相关。此外，早产或低出生体重的儿童也常常面临脑细胞受损的问题。

出生后的儿童脑损伤通常是由于个体的疾病以及意外创伤造成的，如感染性脑病变（脑膜炎）造成的脑损伤，脑震荡的溢血症造成脑细胞营养供给受阻碍等。

但脑损伤与学习障碍之间不存在必然的关联，对于儿童学习和行为的影响因个体而异，存在着较大的差异。这些影响取决于多种因素，如损伤的原因、损伤的部位、损伤发生的时间（儿童年龄）、损伤的程度和损伤后的康复情况等。经历脑损伤后，受损的细胞无法再生。但儿童大脑细胞具有较强的可塑性，未受损的脑细胞可能会产生新的联结，从而补偿和替代受损脑细胞的作用。因此，脑损伤根据受损的范围和程度不同，在外部的适当刺激下，脑功能也可以不同程度甚至全部恢复，这种情况在儿童早期发育时尤为显著。

（2）脑结构异常。

脑结构异常主要表现在个体左右脑半球大小的差异或神经细胞的错位上，这种状况可能是个体在胎儿期受到母体的饮食、药物、传染病、基因倾向、荷尔蒙、心理压力等因素的影响而造成的。研究者发现，部分学习障碍者大脑左半球发展不充分，而右半球发展过度。此外，这种对脑功能产生影响的脑结构差异还有遗传给后代的可能性。

（3）大脑功能偏侧化。

人类大脑功能是有分工的。一般而言，大脑左半球主导语言和复杂的自动性动作，右半球主导空间视觉和非语言的听觉分析。部分阅读障碍者是因为左半球失势造成知觉形象的颠倒，即“镜像现象”。同时，有研究者发现，部分学习障碍儿童的大脑优势半球不明显，表现为左右半球的主导功能未能良好建立，导致在信息加工过程中过度依赖某一侧半球，无法很好地激活另一侧的半球。

（4）脑神经障碍。

脑神经障碍包括脑神经功能障碍、脑神经通路障碍以及脑神经系统代谢障碍。

脑神经功能障碍主要指人大脑中感知外部刺激的 12 对脑神经出现的障碍，任意一对脑神经产生的障碍都将影响学习活动的有效进行。

脑神经通路障碍包括末梢神经系统与中枢神经系统的联结障碍，以及大脑左右半球神经束（胼胝体）的连接障碍。例如，如果胼胝体发生障碍，则大脑左右半球信息无法交换，导致大脑无法实现统合的功能。

脑神经系统代谢障碍有些表现为注意力缺陷的学习障碍，是脑细胞多巴胺新陈代谢功能失常的结果。脑神经系统负责调节脑部对刺激的敏感度和注意力活动的程度，如果这一系统的新陈代谢功能失常，将导致个体无法适当控制注意力。

（5）大脑皮质病变及功能失调。

神经心理学的研究显示，脑部特定区域的功能与个体的心理和行为有关。大脑皮质功能失调包括脑叶病变、大脑功能侧化不全和前庭功能失调。大脑功能失调或特定部位的病变将导致一定程度上的功能障碍，而具有这种症状的学习障碍儿童常有多动、注意障碍、行为迟缓等神经系统的软性体征及非特异性脑电图异常等问题。

2. 生化因素

与学习障碍相关的生化因素主要包括神经化学物质传递异常、维生素缺乏、内分泌腺功能失调和低血糖四类。

（1）神经化学物质传递异常。

大脑生化不平衡可能是由以下几方面造成的：尿、血液或脑脊髓液中神经介质代谢物数量的减少。部分药物的刺激可以加强大脑的抑制功能，从而使学习障碍减轻。

（2）维生素缺乏。

部分国外研究者认为，儿童学习障碍发生的原因是无法正常吸收维生素，故可以采取强化维生素的治疗方法改善这部分儿童的学习障碍。

（3）内分泌腺功能失调。

儿童早期大脑损伤或身体状态的改变可能是由某些激素失调引起的，从而导致学习障碍的发生。甲状腺功能失调带来的甲状腺激素皮质过多或过少都会造成生理上的影响，降低学习的有效性。此外，过多的甲状腺皮质激素是引起多动症的原因之一，而过少则会导致精神低落，这些都会在不同程度上影响学习的动机。

（4）低血糖。

脑的代谢需要葡萄糖的供给，如果体内血糖量远低于正常水平，大脑将无法保持正常的反应速度，儿童也容易感到疲倦、精力不足，从而导致无法完成学业。同时，研究发现患低血糖的婴儿中，大部分会表现出中枢神经系统异常的症状。

到目前为止，用药物或饮食对学习障碍进行改善的方法并未获得充分的实证研究的支持。但生化因素和学习障碍者的行为反应之间的确存在着某些关联，值得被人们注意和进一步研究。

3. 遗传因素

研究发现，学习障碍具有家族遗传的倾向，且有研究表明这种遗传是由于一个或一组基因的异常造成的。在有关双胞胎的比较研究中发现，同卵双生子均为学习障碍的比例明显高于异卵双生子。

4. 心理因素

在学习障碍者中，有大量身体健康、智力发育正常的儿童。研究发现，一些心理因素也会造成学习障碍。

（1）动机。

动机是常见的影响学业成就水平的因素。动机是指激起行为的原动力，是直接推动一个人进行活动的内部动因或动力。而动机不足是造成学习障碍的原因之一。

（2）情感。

具有学习障碍的儿童常常表现出某些情感问题，常见的有如下问题：

①焦虑。焦虑会造成儿童日常生活中的情绪波动，从而导致儿童无法按照计划进行学习。学习障碍者的焦虑程度常常偏高、担心失败，导致儿童的注意力不集中，影响学习能力的发挥，形成恶性循环进而导致学习障碍的发生。

②回避和对抗。经常性的失败会导致儿童缺少成功体验，对学科学习失去挑战欲望，产生自卑感，从而回避和对抗学业不良的课程，进一步造成学习障碍。

（3）个性与意志。

儿童个人的个性与意志也是导致学习障碍的因素之一。注意力散漫、意志薄弱、情绪不稳定等不良的个性特征也会造成学习适应不良。

5. 环境因素

学习障碍的环境因素主要可以分为家庭、学校和社会三个方面。

（1）家庭因素。

首先，早期发展经验的剥夺即儿童在婴幼儿时期被不当地限制行动，使儿童在感官探索和动作发展等阶段未能得到充分发展，导致儿童产生感觉统合失调等问题。许多研究表明，个体早期发展经验的剥夺会导致中枢神经系统发展的停滞甚至萎缩，并造成永久性的伤害。同时，婴幼儿时期，儿童父母关系不合或儿童与大人互动机会过少，也可能会对儿童的发展造成影响。

其次，家庭是儿童发展的重要环境，父母对子女的教养方式对儿童成长有至关重要的影响。父母在儿童成长过程中所表现出的负面情绪会削弱儿童的学习动机，使儿童产生恐惧、厌学的心理，造成儿童社会能力缺陷或行为、情绪问题，从而导致或加重儿童的学习障碍。

此外，教育机会缺乏是导致儿童学业成就发展滞后的重要原因。如随父母频繁搬迁会造成儿童不适应学习生活，家庭贫困也会使教育质量下降、教育机会减少，从而造成学习障碍的产生。

（2）学校因素。

学校是儿童接受教育的最主要的场所，学校的教学环境、教育活动、师生关系、同伴关系都会影响学生的学业发展情况。在部分情况下，学生在学业上遭遇失败所引起的教师的忽视、放弃等态度，以及同伴的孤立、歧视都会造成学生自尊心受损，从而产生自卑心理。这种心理问题会导致儿童对学习丧失兴趣，造成儿童学习障碍的发生和加剧。

（3）社会因素。

社会因素包括政治、经济、文化等各个方面，这些因素都影响着教育的发展，从而直接关系到学生价值观的形成以及学习动机的产生。同时，文化和语言的差异也会增加儿童学习时的难度和挫折，使学生无法适应学习环境，导致学习障碍的发生。

（四）学习障碍的身心特点

造成学习障碍的因素多种多样，不同的学习障碍儿童的身心特点也存在差异。学习障碍儿童的身心特点可以分为感知觉特点、注意特点、记忆特点、思维特点以及情感和个性特点五类。

1. 学习障碍儿童的感知觉特点

学习障碍的主要表现就是存在感知觉障碍，常见的有视知觉障碍和听知觉障碍两类。

视知觉障碍儿童难以对视觉刺激进行知觉整合，往往无法将看见的东西视为一个整体或单一体，从而导致知觉对象支离破碎。这种障碍具体表现为区分视觉形象困难、知觉形象背景困难、寻找隐蔽的图形困难、空间判断困难、方向感差、视觉想象力差等。这些儿童会混淆带有方向特征的数字、字母或拼音；在符号辨认上也有困难，造成书写或辨认的问题；在阅读或计算时，容易对文字产生漏读、漏做等现象。

听知觉障碍儿童在模仿发音上通常没有问题，但难以对声音进行分析，从而导致语言学习中的明显障碍。这类儿童在听觉记忆中往往采用逐一记忆方式，难以将声音组合成有意义的单元，对声音的知觉速度也偏慢，从而导致记忆的速度较慢，效率较低。

2. 学习障碍儿童的注意特点

注意问题是学习障碍者存在的普遍问题之一。基奥和马戈利斯把学习障碍儿童的注意问题分成以下三类：引起注意问题，即注意选择上的障碍，指学习障碍儿童在挑选本应引起他们注意的重要信息方面存在困难和障碍；做决定问题，指学习障碍儿童凭一时的冲动做出决定，想到什么就做什么，注意力极易分散；保持注意力问题，指学习障碍儿童很少能坚持把一件事做得有始有终[①]。这些注意问题都导致学习障碍儿童无法集中注意于他们的学习任务，导致无法获得学业成就。

3. 学习障碍儿童的记忆特点

记忆是学习障碍中研究最多的一个领域，多数研究发现学习障碍儿童具有不同程度的记忆缺陷。国外学者对于记忆的研究成果表明，学习障碍儿童的记忆缺陷主要表现在三个方面：一是感觉储存中信息提取缺陷，二是信息的加工策略和信息的心理表征缺陷，三是元认知水平较低。这些记忆缺陷导致学习障碍儿童对重复出现的问题无法习得巩固，无法保存已经学过的知识。

4. 学习障碍儿童的思维特点

学习障碍儿童属于智力正常的个体，但大量学习障碍儿童在分析和综合思维基本过程方面存在问题。王淑珍等人研究表明，学习障碍儿童的有意识和无意识学习能力都较差，抽象概括思维能力，对抽象信息的感知、加工处理及运用能力均低于正常儿童[②]。因此在概念形成的过程中，学习障碍儿童通常都存在困难，难以抓住重点建构知识体系。

5. 学习障碍儿童的情感和个性特点

并非所有学习障碍儿童都存在社会情绪和行为问题，甚至大多数学习障碍儿童不存在这方面问题。但研究表明，学习障碍儿童比普通儿童更容易存在这方面的问题。造成这种状况的原因主要有两个：其一，学习障碍儿童相比普通儿童有较为消极的自我概念，在自我成就归因时倾向于将自己的失败归因于稳定的、内部的、不可控的因素，从而导致学习的动机下降。其二，学习障碍儿童在同伴关系和社会认知方面存在问题，缺乏社交中对他人意思的理解能力，导致和普通儿童的交流出现偏差，被同伴孤立，从而导致消极情绪的产生。

二、学习障碍儿童的教育

（一）教育安置

学习障碍儿童应当根据程度的不同，为其选择合适的学习环境。学习环境直接关系学生的学习态度、学业成就以及社会化发展的成效。教育者应当通过评估帮助学生选择最适

---

① 石学云．学习障碍认知特征的研究综述［J］．现代特殊教育，2006（1）：35－37.

② 王春红．学习障碍儿童的认知特征及教育矫治［J］．湖南第一师范学报，2008（4）：31－32.

当的环境。目前学习障碍儿童可选择的教育安置方式有两种：普通学校普通班级以及特殊班。

1. 融合的普通班

由于学习障碍儿童不存在显著智力低下问题，所以绝大多数学习障碍儿童选择在普通班级中接受教育。在融合教育理念下，学习障碍儿童在普通班接受教育可以促进他们的社会化能力。同时也有研究表明，普通班中的学习障碍儿童可以取得与特殊班学习障碍儿童相同的学习成绩，而普通班更利于学习障碍儿童社交能力的发展。

2. 特殊班

部分学习障碍儿童可能需要替代性的教育环境和教学策略，而这些支持是普通班无法提供的。所以有专家提出，并非所有学习障碍儿童都适合在普通班中进行全面融合。在普通班级中，教师的教学面向的是全班学生，难以顾及学习障碍儿童的个别需求，导致这一部分学生在集体教学中无法获得足够的知识。因此，部分学习障碍儿童在普通班中会出现学业没有进步的现象。在这种情况下，普通班级的教学环境不利于学习障碍儿童的学习，而特殊班更适合他们。

（二）课程和教学策略

1. 课程

学习障碍儿童在普通班和特殊班接受的课程安排是相同的，教师针对学生的学习特点对课程内容进行有效的组织和呈现。随着年级的升高，学习障碍者在学习上所需要的基本技能的缺乏日益明显，学科知识学习的困难增大。因此，除了学科课程之外，学校还应为学习障碍学生增设专门的课程以培养他们的学习技能，例如思维逻辑训练、注意力训练、阅读方法训练等，这些课程的教学通常在资源教室或特殊班进行。

2. 教学策略

学习障碍儿童在学习过程中由于缺乏有效的教学策略、思维能力不足、学习动机不足等问题难以获得学业的进步，而普通学校的班级教学需要学生拥有基本的听、说、读、写能力以及解决问题、获得新知识的能力，同时还需要学生具备学习动机以获得持续发展。针对学习障碍儿童的不同程度，可以采用不同的教学策略。

（1）一般教学策略。

在学校的班级教学中，通常通过调整教学材料、调整教学过程和提高学生的自尊与自信三个策略来提高学生学习的有效性。多样化的表征方式和内容呈现方式如视频、音频补充材料或标记关键词等重要信息能有效提高学生的兴趣，有效地加深学生对特定内容的记忆。教学过程中采用多水平、多材料的教学方法，通过提问、课堂练习等方式与学生进行互动，可以提高学生的注意力。提高学生的自尊和自信可以通过关心学生情况、对学生进步给予正向反馈等方式进行。

（2）应用行为分析。

应用行为分析法（applied behavior analysis，ABA）是特殊教育中常用的教学方法，是指将教学任务按照一定的方式和顺序分解成一系列较小或者相对独立的步骤，然后采用适当的强化方法，按照分解后确定的任务顺序逐一训练每一小步骤，直到儿童掌握所有步骤，最终可以独立完成任务，并且在其他场合下也能够应用所学会的知识技能。应用行为分析法基于行为主义的理论，其教学计划建立在对儿童个体的分析上。在实施应用行为分析法之前，教师要全面评价儿童在技能和学业上的优势与缺陷，对儿童的学习任务进行详细的分析。

（3）元认知策略。

元认知策略是主体所掌握的关于自己心理状态、能力、任务、目标、认知策略等方面的认知，以及认知主体对于各种认知活动的计划、监控和调节。元认知策略一般包括计划、自我监控、评价等方面。计划包括计划学习时间、设置适当学习目标、浏览学习材料以及分析完成学习任务的策略等。自我监控包括监控学习过程、自我提问等。评价包括分析监控的结果，做出适当的评价，并根据评价调节自我的学习行为等。

（4）合作学习。

合作学习是教学中常用的教学策略，旨在促使不同能力水平的学生一起解决问题，通过这种教学策略使学生在异质小组中互相合作，提升个人能力，达成共同的学习目标。合作学习以小组的整体成绩为奖励的依据，所以在合作学习中已掌握了解决问题所需技能的学生可以帮助有困难的学生，在帮助有困难学生理解的同时，也加深了他们个人对问题的理解和解决能力。必要时小组内学生可以向教师寻求帮助。

恰当的合作学习能够促进小组整体取得进步，也可以帮助组内个体获得积极的结果。这种教学策略能够促进小组内学生的同伴关系。良好的同伴关系在合作环境下可以培养学习障碍儿童的社交取向，有助于建立融洽的同伴关系，会对学习障碍儿童的社会交往产生正向影响。

（5）归因训练。

由于学习障碍儿童在成就归因方面往往具有错误的归因方式，所以在学习障碍儿童的教学过程中，采用归因训练可以帮助学生建立合理、积极的归因方式，增强学生的学习动机。常用的训练方法有直接训练法和间接训练法两种。

直接训练法是由训练者向学生呈现积极的归因评语，要求学生在完成任务时大声向自己复述，反复练习并达到自觉的程度，直至学生能够自发使用积极的自我评语进行学业成就的归因。

间接训练法是指训练者根据学生完成学习任务的情况，向学生提供归因评语和信息反馈。训练者在学生取得成功或失败时都应使用积极的评语对学生进行反馈，通过这样的训练，使学生建立自信心，逐渐学会对自己的成败做出正确的、积极的归因。

知识卡片

韦纳的归因理论

1974年，美国心理学家伯纳德·韦纳（Weiner）认为，人们对行为成败的分析可归纳为以下六个原因：能力，个人对工作是否能够胜任；努力，在工作过程中付出的行动；身心状况，在完成任务期间个人的身体和心理状况对工作的影响；工作难度，个人角度对工作难度的判断；运气，个人认为成败与运气的关系；外界环境，除自身外其他影响工作的因素。

按照因素的类型，韦纳将这些因素纳入以下三个维度：

因素来源：分为内部因素和外部因素，即因素属于个人条件还是外部环境。

稳定性：指本人自认影响其成败的因素，在性质上是否稳定、不随情境所改变。

可控性：指本人自认影响其成败的因素，在性质上是否能由个人意愿所决定。

据此，可以得到一个三维度模式表格。

六因素	能力	努力	身心状态	工作难度	运气	外界环境
三维度	内部的			外部的		
	稳定的	不稳定的	不稳定的	稳定的	不稳定的	不稳定的
	不可控的	可控的	不可控的	不可控的	不可控的	不可控的

不同的归因方式会影响人对待工作学习时的态度和行为。在教育中应用归因理论时，教师应当指导学生进行正确的归因，将成功和失败更多地归因于努力程度，以增强学生面对任务时的积极性。

（三）信息技术在学习障碍儿童教育中的使用

随着互联网和信息技术的发展，在学习障碍儿童的教学过程中，信息技术在教学信息呈现、行为表达和参与方式等方面为儿童提供了支持和帮助。

大多数学习障碍儿童都存在注意力的问题，在课堂中使用多媒体等信息技术手段可以帮助教师引起学习障碍儿童的注意，延长儿童注意力集中的时间。同时，国外通过在设备中增加学生自我监控模块，开发相关类型的设备，如 MotivAider、iPodtouch、iPad、注意力训练系统（ATS）、计算机、智能手机等，向学生提供集中注意力的提示①。

对于具有阅读障碍的学生，文字语音转换的软件、设备可以降低这类学生在文字解码上的难度，弥补其完成解码过程和构建文字意义方面的缺陷，例如屏幕阅读软件和光学字符识别系统。这些信息技术不仅可以为具有阅读障碍的学生提供缺陷补偿，提高学生的阅读流畅度，同时也可以为学生的学习过程提供支持和便利，有助于阅读障碍学生习得知识。

对于常常具有逻辑思维困难的学习障碍儿童，思维导图等软件可以帮助学生组织想法和思路，帮助学生梳理、理解知识间的关系，构建有组织的知识框架。为帮助数学学习障碍儿童理解抽象的数学知识，教师可以采用音视频等形式呈现内容，根据练习题难度进行排序以适应学生的认知特点，这样做也能够增强学生的兴趣，帮助学生建立自信心。

① FLOWER A. The effect of iPad use during independent practice for students with challenging behavior [J]. Journal of behavioral education，2014 (4)：435-448.

第二节 病弱儿童的教育

病弱儿童是指体质虚弱的一类儿童。这类儿童由于自身所患有的各类疾病或本身体质的虚弱，无法完全和普通儿童一样正常活动，需要许多额外的保护和支持。病弱儿童具体包含哪些类型的儿童，他们具有怎样的特点，我们又该如何为他们提供支持？本节我们来进行讲述。

> **任务情境**
>
> 乐乐是一名初一的学生，患有支气管哮喘。自十岁之后他的症状愈发严重，甚至不得不多次住院治疗。经常往返医院使他的学业受到严重的影响，这样的情况下，他应该得到什么样的安置以保证正常的学业学习？

一、病弱儿童的概述

（一）病弱的概念

日本是对病弱关注较早的国家，日本文部科学省指出，“病弱是指因慢性疾病，有必要接受持续的医疗或控制生活的状态；虚弱是指因容易患病，有必要进行持续的控制生活的状态。”① 我国对病弱的理解是指患有慢性疾病或体质虚弱的状态，患者由于慢性或急性的健康问题，导致力量、活力或机敏度等方面受到限制②。这些健康问题，包括心脏病、肺结核、风湿热、肾炎、哮喘、血友病、癫痫、白血病或糖尿病等，在儿童接受教育的过程中表现出负面影响。儿童的健康状况出现问题，必然导致其力量、活力和机敏度等方面受到一定程度的限制，从而对他的教育进步产生不利的影响。这些儿童需要教育和医疗方面的支持，需要接受特殊的指导和帮助以获得学业发展，所以病弱儿童也属于特殊教育的对象。

（二）病弱儿童的类型

病弱儿童包括各类型疾病造成身体虚弱的儿童。根据病症的严重性和发作频率可以把疾病分为急性、慢性、阵发性和进行性四类。急性疾病一般指非常紧急或严重，但可以通过住院治疗和药物治疗的方式消退，且病人能够康复的疾病。慢性疾病是指持续性且不可消退的疾病，病人能够得到治疗但无法被治愈。阵发性疾病指病人大多数时间能够正常行使个体功能，但疾病反复且连续性发作，这种发作并不会随着时间的推移而加剧，例如哮

---

① 刘文浩，侯素芳．日本病弱教育发展研究（1872—1979）［J］．贵州师范大学学报（社会科学版），2017（5）：82-89.

② 刘春玲．特殊教育概论：第2版［M］．上海：华东师范大学出版社，2016.

喘。进行性疾病指随着时间的推移，疾病对病人个体功能不利影响加剧，且通常伴随更多的并发症和衰退的疾病，例如肌肉萎缩症①。

由于造成病弱的疾病多样，且大部分为罕见疾病，所以此处列举部分较为常见的疾病类型。

1. 癫痫

癫痫是大脑神经元突发性异常放电，导致大脑功能障碍的慢性疾病。2014 年，国际抗癫痫联盟提出了癫痫的临床实用定义。诊断癫痫，其发作应满足以下至少一种条件：（1）2 次相隔时间至少大于 24 小时的非诱发或非反射的癫痫发作；（2）一次非诱发或非反射的癫痫发作，并且在未来 10 年再发风险至少大于 60%（与 2 次非诱发性发作后的再发风险相当）；（3）诊断为某种癫痫综合征②。

癫痫的分类在 2017 年后由国际抗癫痫联盟在原分类基础上进行了更改，目前最新的癫痫分类共有三个层次。首先在癫痫的起始类型上分为全面性起始、局灶性起始及起始不明三类。全面性起始指癫痫起始于大脑半球网络中的某一点，并迅速向双侧大脑皮层同步。局灶性起始指癫痫于一侧大脑半球网络（可以是局部的，也可累及对侧皮质）中的某一点。第二个层次是对运动或非运动层次的判断，局灶性发作分为运动性发作和感觉性发作，全面性发作分为运动性发作和失神发作。第三个层次是判断是否有意识障碍。由于全面性发作均存在意识丧失的情况，所以这一层次主要针对局灶性发作，判断发作中意识是否受损。

2. 哮喘

哮喘属于一种慢性肺病，其特征是间歇性的喘息、咳嗽和呼吸困难。哮喘发作通常缘于过敏原（如花粉、特定的食物、动物毛发）、刺激物（如烟雾）或情绪压力，这些因素会导致患者的肺部气道变窄。这种反应加剧了气流进出肺部的阻碍，使患者变得呼吸困难。

哮喘的症状和严重性因人而异，具有较大的个体间差异。一般情况下，哮喘的分类包括轻微间歇的（每星期两次以下）、轻微持续的（每星期超过两次但未达到每天）、中度持续的（每天都有）、重度持续不停的（持续不断且严重到干扰身体正常活动）四类。尽管患者哮喘发作时可能要求紧急医疗救护，但由哮喘导致死亡的情况是极少见的。

3. 糖尿病

糖尿病是由胰岛素停止分泌或分泌不足引起的内分泌代谢疾病，以碳水化合物、蛋白质及脂肪代谢紊乱为主，是一种常见的疾病。当糖尿病发作时，细胞无法吸收葡萄糖，而无法被吸收的糖分会堵塞在血液中，肾脏则尝试将多余的糖分过滤出去。糖尿病通常表现为多尿、多饮、多餐、体重下降。身体内葡萄糖的含量增加并持续一段时间后，就会对患者的眼睛、肾脏、神经系统和心脏产生一定程度的损伤。

根据病因的不同，儿童糖尿病通常分为原发性糖尿病和继发性糖尿病。原发性糖尿病又分为：胰岛素依赖型糖尿病（IDDM），又称为Ⅰ型糖尿病；非胰岛素依赖型糖尿病

---

① 哈拉汉，考夫曼，普伦．特殊教育导论［M］．北京：中国人民大学出版社，2010.

② 李静波，王玉，刘红权．癫痫的诊断、命名及分类［J］．中国临床医生杂志，2019（10）：1140－1142.

（NIDDM），又称为Ⅱ型糖尿病。儿童糖尿病多为胰岛素依赖性糖尿病，即Ⅰ型糖尿病。

4. 人类免疫缺陷病毒（HIV）

人类免疫缺陷病毒是一种能攻击人体免疫细胞的病毒，能够随着时间的推移逐渐影响并最终摧毁人体免疫细胞。随着病原体的发展，人体免疫系统中的CD4＋T淋巴细胞遭到大量破坏，从而导致人体丧失免疫功能。感染免疫缺陷病毒后，人体易于感染各类疾病，如癌症、肺炎，并发生恶性肿瘤。这种病毒可以通过体液如血液、精液、阴道体液等传输，会通过性接触和血液感染传染。

人类免疫缺陷病毒的发展有三个不同阶段，各阶段都可以通过疾病的水平和症状的严重程度进行标记。人类免疫缺陷病毒的第一阶段是无症状期或潜伏期，被感染者血液中有病毒存在但无外部疾病表现；第二阶段为症状期，这一阶段病毒繁殖活跃，免疫系统开始失效，被感染者出现疲劳、持续发烧、长期腹泻等症状；第三阶段为获得性免疫力缺陷综合征，这一阶段被感染者受到感染的频率增加且程度更加严重，症状通常包括突然中风、心脏病发作、失忆、失明等。儿童患者在这一阶段会出现认知能力丧失、进食困难等症状，从而影响机体从食物中吸收营养的能力。

（三）病弱儿童的成因

病弱儿童的类型多样，造成病弱的成因也各不相同，但大多数受到感染、遗传和环境的影响。从生理因素的角度看，很多疾病是由于不同类型的微生物感染引起的，这些感染部分会造成长期的影响甚至导致死亡。而使健康受损的不完整基因也是造成病弱的主要原因之一，这些遗传成分会在儿童发育过程中导致疾病。从环境因素的角度看，出生前和围产期因素的影响也很重要。婴儿在胎儿时期，母亲营养不良、错误用药、过量摄入酒精或尼古丁等也会影响儿童出生后的发育。在婴儿时期，环境中的有毒气体、物质等也会导致婴儿健康损伤。

（四）病弱儿童的特征

病弱儿童通常具有正常的智力发展，但是疾病或本身体质虚弱等使这些儿童生活和学习能力下降，从而降低了学习效果。病弱儿童注意力不易集中，行为的持久性差，情绪稳定性低于普通儿童。在性格方面，由于疾病和身体原因，交往受到一定程度的限制，大量病弱儿童具有孤僻感和退缩感。

二、病弱儿童的教育

由于病弱儿童的健康状况和障碍类型具有较大差异性，不同的儿童有其独特的学习需求，因此具有包容性和创造性的教育环境至关重要。

（一）病弱儿童的安置方式

根据病弱儿童疾病严重程度或体质虚弱程度，安置形式主要分为四种：

（1）养护学校：养护学校主要以医疗养护为主，有时附设于儿童医院或儿童疗养所。安置于养护学校的病弱儿童通常具有半年以上医疗史且生活受限较为严重，在主要接受治疗和疗养的同时进行力所能及的学习活动。

（2）特殊班：特殊班有时设在普通学校内，有时附设在儿童医院或儿童疗养所中，是为较为严重的病弱儿童开设的特殊班级。

（3）普通班：普通班内的病弱儿童程度较轻，可以在普通学校的普通班内坚持正常的学业学习。

（4）家庭学习小组：家庭学习小组是一种以家庭为学习养护基地的学习小组，由巡回教师和医护工作者对病弱儿童进行定期教学和指导，家长可参与养护和教育活动。

（二）病弱儿童的课程设置

目前我国对于病弱儿童在教育领域尚未有较为明确的相关规定和教育支持，而日本对于病弱儿童的教育研究在20世纪40年代中期就已经开始实施。20世纪70年代末，日本《学习指导要领》经过修订后再次颁布，其中对病弱儿童的课程标准提出了明确的要求。

1. 小学和初中《学习指导要领》修订的内容

（1）调整各类养护学校小学、初中各学科的替代措施，使课程安排更加弹性化。在养护学校就学的学生，如同时有精神薄弱的情况，需要对各学科进行替换，安排适合精神薄弱者学习的科目，同时对各学科的替换方法进行了详细规定。

（2）对各学科内容进行精选并提出充实道德和体育教育的要求，对养护学校小学和初中的总授课时数进行了削减，在初中学科中增设音乐、美术、保健体育和技术、家庭等学科。

2. 高中《学习指导要领》修订的内容

（1）明确了养护学校高中部职业相关学科的标准，明确说明在养护学校高中部的学科中增加农业、工业、商业等职业相关科目。

（2）大幅削减学科数量和毕业所需学分数，增加“养护・训练”的课时数，并允许将因“养护・训练”课时增加而产生的相应学分计入毕业成绩中，强调根据学生的能力和特点从众多科目中选择、组织课程。

（3）增加了德育和体育的比重，同时重视使学生体验劳动的快乐。

（4）针对多重障碍者的课程安排更加弹性化。

（三）病弱儿童的教学

1. 教学策略

首先，考虑到病弱儿童的具体需求各不相同，在对病弱儿童进行教育时应当根据儿童的独特需求、能力和医疗情况为病弱儿童制定全面的个别化教育计划。在个别化教育计划中，应设立具体的教育目标，纳入详细的调整措施，并根据儿童的进步和不断变化的需求定期进行审查，进行个别化教育计划的更新。

其次，病弱儿童患有的慢性疾病对其生活和教育方面存在极大影响。应确保学生获得必要的医疗护理，从而获得更好的健康结果。定期检查、筛查和早期干预可以防止健康问题干扰学习。患有慢性病的儿童经常因生病或就医而缺课，医疗保健整合有助于更有效地管理这些情况，减少缺勤。同时，医疗保健提供者和教育工作者之间的合作可确保患有慢性病的学生按规定接受药物治疗，帮助控制儿童症状、最大限度地减少副作用并改善整体健康。

最后，在病弱儿童的教学中，功能技能的发展也是其重要的组成部分，有利于提高病弱儿童的独立性、生活质量、社会化等。在病弱儿童的教育教学中，重点对与孩子日常生活和未来独立相关的功能技能展开教学，其中包括日常生活活动，例如穿衣、进食和卫生等，以及资金管理、餐食准备和交通技能等生活技能培训。通过提升这些技能，病弱儿童可以在面对医疗状况和身体障碍挑战的同时，获得更大的独立性并提高生活质量。

2. 信息技术

信息技术在提高病弱儿童教育质量方面发挥着重要作用，它可以提供定制支持、促进信息获取并提高独立性和参与度。

首先，辅助技术设备和软件可以根据病弱儿童的特殊需求进行个别化定制，例如屏幕阅读器、语音识别软件和通信设备等，帮助行动不便、沟通困难或者存在感官障碍的儿童进行资料的获取以及与环境的互动。增强和替代通信设备如语音生成设备和通信应用程序则可以帮助有沟通障碍的儿童对自己的想法进行表达。这些工具提供各种通信模式，从文本、语音到基于符号的通信方式，可以满足儿童多样化和个性化的需求。

其次，采用多感官方式教学也能够提升病弱儿童的教育质量。感官和互动学习工具可以为感官敏感的儿童提供真实的体验，结合视觉、听觉和触觉等多感官感受，满足病弱儿童不同的感官需求。交互式的学习应用程序则可以通过触摸、语音或自适应开关进行控制，为行动不便的病弱儿童提供便利，满足其学习的需求。VR 和 AR 技术也可以为儿童提供身临其境的教育体验，如通过 VR 模拟进行探索和互动，对知识产生更具象的概念和更深入的理解，或通过 AR 应用程序对物理对象提供实时反馈，增强病弱儿童的实时学习体验。

第三节　多重障碍儿童的教育

长期以来，单一类型障碍的儿童受到较多的关注。随着步入 21 世纪，多重障碍儿童的教育问题正在成为当代国际特殊教育关注的热点和难点。多重障碍儿童由于其障碍类型的多样，身心发展的特点也具有多样性。本节将对多重障碍儿童的概念、特点和多重障碍儿童的教育展开讨论。

任务情境

现今特殊儿童的数量和种类都在增多，有相当数量的儿童同时具有多种障碍，例如同时患有听觉障碍和孤独症。在了解了多种障碍类型的情况下，作为一名特殊儿童教育者，当我们遇到具有多重障碍的儿童时，我们应当如何理解他们，又该如何对他们展开教学？

一、多重障碍儿童概述

（一）多重障碍儿童的概念

由于多重障碍具有复杂性，国内外对于个体多重障碍的定义、分类等并不一致。

IDEA 将多重障碍定义为“有伴随障碍（如智障-盲、智障-畸形等），导致严重的教育问题，以至于不能依照某单一的障碍类别实施特殊教育计划”。由于美国对“聋-盲”这一领域有单独的研究，所以 IDEA 对多重障碍的定义中不包含“聋-盲”障碍，而是把“聋-盲”作为单独的障碍类别独立于多重障碍之外①。

我国 2006 年《第二次全国残疾人抽样调查残疾标准》对多重残疾的定义是：存在两种或两种以上残疾的为多重残疾。2011 年 5 月颁布的《残疾人残疾分类和分级标准》将多重障碍界定为：同时存在视力残疾、听力残疾、言语残疾、肢体残疾、智力残疾、精神残疾的两种或两种以上残疾。

（二）多重障碍儿童的类型

由于障碍种类的多样性，对具有单一性的任意两种或两种以上障碍进行组合可形成各种多重障碍。《特殊教育辞典》将最常见的多重障碍分成四类②：

（1）智能不足兼脑性瘫痪；

（2）智力障碍兼听觉障碍；

（3）智力障碍兼行为问题；

（4）聋兼盲。

美国学者柯克与加拉赫将多重障碍分为以下几种：

（1）以智能障碍为主的多种障碍，如智力障碍兼脑性瘫痪、智力障碍兼听觉障碍、智力障碍兼严重行为问题；

（2）以情绪障碍为主的多重障碍，如情绪障碍兼听觉障碍；

（3）视听感官的双重障碍等。

（三）多重障碍儿童的成因

不同类型障碍的成因各不相同，同一类型障碍不同个体间的障碍成因也具有差异。由于多种障碍包含不同的障碍类型，具有复杂的缺陷原因和机理，所以通常将多重障碍的成因概括为遗传因素、环境因素以及遗传因素与环境因素交互作用三类。

1. 遗传因素

遗传因素通常与基因突变和染色体异常相关。基因突变可以分为单基因突变和多基因突变，染色体异常可以分为染色体数目异常和染色体结构畸变。研究发现，基因突变中多是多基因突变导致障碍发生。而染色体数目异常多为非整倍体异常等，如 21-三体等。导

① 盛永进，秦奕，陈琳．多重障碍：概念、内涵及其特征［J］．现代特殊教育，2017（9）：7-10.

② 朴永馨．特殊教育辞典［M］．3 版．北京：华夏出版社，2014：468.

致不同障碍发生的遗传因素间存在差异，但根据障碍类型的不同，在各障碍领域的研究相对深入且清晰。

2. 环境因素

环境因素一般分为自然环境因素和人为因素。自然环境因素包括物理因素、化学因素、微生物因素等。人为因素则包括妊娠者机体的生理代谢调节和应急反应能力、生活习惯（如是否吸烟或酗酒）、疾病以及临产期的情况等。

3. 遗传因素与环境因素交互作用

通常而言，多重障碍单纯由遗传因素引起的比例较小。大多数的出生缺陷是由环境因素或环境因素与遗传因素共同作用的结果，但由于变量较多，研究较为复杂。

多重障碍大多并非由单一因素引起的，而是由上述三类因素的多个变量交互作用的结果。

（四）多重障碍儿童的特征

多重障碍儿童是一个异质性极大的群体，由于障碍的程度和障碍的部位不同，个体间在能力、个性、经历、爱好等方面呈现出多样化的特征，很多儿童具有视觉、听觉、交流、运动障碍以及各类疾病等方面的医疗问题，所以都需要特殊的服务和支持。多重障碍儿童的一个关键特征是他们在多种生活技能和各领域中表现出显著缺陷，从而影响到包括认知与沟通、生理与运动以及情绪等发展领域的多个方面。

1. 多重障碍儿童的认知特点

部分多重障碍儿童同时兼具智力障碍，使得技能发展的速度缓慢，保持和迁移的能力差。相比较其他障碍儿童，多重障碍儿童在学习某种技能时需要进行更多有指导的尝试，能够获得的技能总量较少，且难于学习抽象的技能和关系。而在获得技能后，如果没有非常详细的巩固方案，也常常难以迁移和保持技能。同时，很多儿童由于障碍程度严重，无法通过标准化智力测验，所以现有的智力测验工具对他们难以施测①。

2. 多重障碍儿童的生理和运动特点

与正常儿童相比，多重障碍儿童可能患有不同种类的疾病，如癫痫、呼吸问题等，这些疾病也导致多重障碍儿童出现感官的障碍和损伤。许多多重障碍儿童的身体运动能力有限，无法独立行走或站坐，需要依靠他人的帮助或辅具的支持。有些儿童则由于身体疾病需要持续治疗，无法正常使用自身的运动能力，只能缓慢地完成如握东西、翻滚等基本的动作。

3. 多重障碍儿童的沟通特点

认知与沟通在个体早期发展阶段中有极大关联，低认知能力的多重障碍儿童通常也具有沟通方面的困难。多重障碍儿童的沟通交流能力受感官障碍限制，在语言和非语言的理解和表达上都存在困难。部分儿童无法使用有意义的手势和语言，甚至可能对他人发起的互动毫无反应。而当这些交流方式不能被识别和强化时，儿童建立和维持人际关系就会十分艰难。

4. 多重障碍儿童的情绪特点

情绪行为在多重障碍儿童身上具有较为复杂的表现，而健康、药物、刺激水平、压力

---

① 盛永进，秦奕，陈琳．多重障碍：概念、内涵及其特征［J］. 现代特殊教育，2017（9）：7-10.

和日常基本需求等也会影响他们行为的复杂性。一些多重障碍儿童往往会伴有不适当行为，如刻板行为（如前后摇动、在面前摇手指、扭动身体）、自我伤害行为（如撞头、揪头发、戳眼睛、抓咬自己）、攻击行为（如打或咬别人）等。而由于多重障碍儿童缺乏与他人适当互动的能力，他们会表现出不足或过度的社会性行为、使用不恰当的方式表达情绪等。

二、多重障碍儿童的教育

（一）多重障碍儿童的安置方式

由于多重障碍儿童问题的复杂性，我国多重障碍儿童在学龄前的主要安置形式为在康复机构和在家教育，由专门的医生、护理人员、家长等对儿童进行医疗养护和教育。进入学龄阶段的多重障碍儿童主要在特殊学校就学。

（二）多重障碍儿童的教学

1. 课程

英国研究者认为多重、重度障碍儿童的学习十分复杂、困难，而学校学习时间又十分有限，因此个性化的课程设计可以“裁剪那些不重要的学习领域，聚焦学生发展特别重要的事情”。多重障碍儿童需要的复杂性，决定了课程个性化的强度，教师有责任为那些有着特别复杂需要的学生优先选择对他们有意义的学习内容。

对于目前的多重障碍儿童教育，学校和非学校环境中需要用到的实用性技能对儿童来说非常重要。这些技能能够使他们适应受限制的环境，帮助儿童较少地依赖他人。这些多重障碍儿童需要的实用性技能主要包括自己穿衣、准备简单的餐食、乘坐公共交通工具、独立购买东西以及辨识社区环境的提示语等。

交流是多重障碍儿童在生活中面临的困难之一。早期对多重障碍儿童的交流进行的研究和训练重视对特定的信息交流方式进行练习，如发出声音、单词和某些描述性的词组。使用口语进行交流是许多多重障碍儿童主要的学习目标，但由于感觉、运动、认识或行为上的限制，部分多重障碍儿童在接受大量针对性指导后仍无法顺利通过语言进行表达。通过实践，许多增强性和替代性沟通系统能够帮助多重障碍儿童进行交流，包括手势、各种手语体系、图示交际板、符号系统以及电子交流助手等。

对于绝大部分儿童来说，做游戏可以使他们在闲暇时间以娱乐充实自我。但多重障碍儿童自己难以学会适宜的、令人满意的休闲技能，需要经过大量的特殊指导才能获得。适当的休闲技能可以促进多重障碍儿童的社会化，有助于他们掌握身体运动能力并更好地参与社区活动。多重障碍儿童往往可能将多余的时间花在静坐、闲逛和看电视上，无法正确地运用这部分休闲时间。所以培养多重障碍儿童恰当的休闲技能也是这些儿童课程的重要组成部分。

2. 教学取向

随着多重障碍儿童教育领域的发展，受到行为主义和建构主义影响，形成了两种不同的教学取向：技能本位学习（skills-based learning）和过程本位学习（process-based learning）①。

技能本位学习来源于行为主义理论，主要认为学习是以技能的模仿、操练和运用为主要目的的活动。技能本位学习可以概括为三大主要特征：刺激性操练、分步练习和目标检查。在技能本位的教学取向中，学习是建立刺激与反应之间的联结，通过在相应情境中的教学反复刺激性操练，可以提高学生对目标技能的精熟程度。分步练习是技能学习的教学策略，主张分步对复杂的技能进行学习，循序渐进地进行教学。行为主义学习理论强调学习目标可以在一段时间内实现，认为学习是可测量的，故需要通过目标检查对技能的教学进行监测。在技能本位的学习中，制订多重障碍学生教学计划时，其个别化的教学目标必须是具体、可测、可及、能实现和有时限的。

过程本位学习是针对技能本位学习的弊端所倡导的教学取向。它来源于建构主义理论，将学习视作一个整体的经验过程，学习过程所累积的学习成果可以看作个体对社会互动方式、关系理解的连续发展。在这个过程中，学生通过与教师的活动反复参与社会互动，逐步构建他们对社会交往等各方面的理解。一旦成功地参与到相互既定的社会交往关系中，学生就可以基于他们当前的社会理解发挥出最佳水平。这一取向以学生为中心，不预设具体可测量的教学目标，而是通过学习过程产生生成性的结果。过程本位学习提倡在情境、主题和活动中进行教学，使学习者能够利用自己原有认知结构中的有关经验去同化和顺应当前学到的新知识，从而使学生在一个完整的连续的过程中建构知识体系。

3. 教学策略

在多重障碍儿童的教育中，儿童的参与是有效学习的重要前提。在为多重障碍儿童制订教学计划时需要考虑以下几个问题：必须对儿童目前成就水平进行细致评估，尽量划分更小的步骤进行一项技能的教学，教师在教学中必须对学生发出清晰的信号或指示，学生需要得到反馈和强化，必须直接、高频率地评估学生的成就，等等。

“一对一”的教学是被学者认可的最有效的多重障碍儿童教学方式。“一对一”形式的教学可以最大限度地减少干扰，使多重障碍儿童的注意力集中于学习。这种形式的教学优势在于其密集性和系统性，同时能够增强教师与多重障碍儿童间的沟通。但小组教学也具有潜在的优势，能够一定程度上增强多重障碍儿童的社会性功能。

在对多重障碍儿童的教学中，儿童往往需要一个具有安全感的学习环境。教师、专业人员及家长使用结构化程序能够创造这种具有安全感的环境，满足多重障碍儿童依赖安全环境、从实践中学习并获得成功的需求。可以在学校中应用的有益于学生的结构化程序有以下几种：一是轮流程序，这一程序能够保持互动的平衡，让学生能按照惯例知道应该在什么时候做出回应，从而提高学习中的活跃度；二是运动程序，创造良好的运动环境能够促进学生运动的欲望，从而增加学生探索、社会互动和发展独立性的机会；三是沟通程序，部分多重障碍儿童依赖触觉沟通，需要与他人直接互动，从而与输入的信息之间建立联结。

4. 信息技术

多重障碍儿童具有不同类型的障碍，在不同类型的障碍方面，信息技术能够从多个方面为多重障碍儿童提供个性化的支持。

---

① 盛永进．多重障碍学生教学的两种取向［J］．现代特殊教育，2022（17）：15－19．

首先，在功能补偿方面，具有感官障碍如听觉障碍、视力障碍的儿童可使用多种辅助工具补偿感官缺陷。先进的医疗设备、助听设备等可以针对性地对感官障碍儿童进行更加有效的康复训练，同时教学中所使用的无线调频集体语训设备、有声读物、盲用计算机等可以对感官障碍进行缺陷补偿，使多重障碍儿童在学习的过程中减少由感官缺陷带来的阻力。

其次，在学习资源方面，信息技术可以为多重障碍儿童提供更加丰富的教学资源和教学辅助工具，学校基于个性化课程的内容，利用信息技术建设多重障碍儿童个性化发展的课程资源库。线上资源库中整合评估工具、康复、康复教学文献资料、康复训练课件、教案、教学视频、教学案例、教学 App、教学用具使用指导视频、康复教育教学公众号等资源，为教师提供教学资料和指导，从而推进多重障碍儿童个性化发展。

最后，在教学环境创设方面，由于大部分多重障碍的学生在知识与技能的迁移和泛化方面存在困难，而自然的环境能够使多重障碍学生更好地习得知识。教师通过使用多媒体、增强现实（AR)、虚拟现实（VR）等信息技术，能够为移动不便的多重障碍儿童带来更加真实的学习情境体验，从而使多重障碍儿童在教室的学习环境中进行知识的迁移和建构。

本章思考题

1. 学习障碍是如何定义的，理解该定义时需要注意哪些方面？
2. 病弱儿童的教育安置形式主要分为哪几种？
3. 多种障碍儿童具有哪些特征？

第九章　特殊儿童的教育评估与安置

学习目标：

1. 了解教育评估的含义与类型；
2. 掌握教育评估的程序与方法；
3. 熟悉特殊儿童的学校教育模式；
4. 了解特殊儿童的早期教育模式；
5. 了解教育转衔的含义与模式。

小俊是一个小男孩，出生时因脑部缺氧在医院进行过一段时间的治疗。不知不觉，小俊已经上幼儿园了。入园后老师们渐渐发现，小俊和其他小朋友相比有些"呆呆的"。比如，小俊在幼儿园参与游戏和活动时总是慢一拍，似乎很难理解老师的指令。他的动作协调性不太好，别人很快做出的动作，他却需在老师的帮助下才能完成。同时，上课时小俊的眼神略显呆滞，间或有少量口水流到嘴角。那么，小俊为什么会这样呢？作为教师又该如何帮助小俊呢？这就需要对小俊进行教育评估，教育评估能够为特殊儿童的教育、安置做出合理的规划。

特殊儿童的教育评估与安置工作在特殊儿童的教育过程中起着关键性的作用。特殊儿童的教育评估是什么，又如何开展？特殊儿童的安置分为哪几种形式？本章将进行重点介绍。

第一节　特殊儿童的教育评估

一、特殊儿童教育评估概述

（一）教育评估的发展

教育评估的历史可以追溯到中国古代的科举考试，而现代意义的教育评估则源于美国[①]。20 世纪 30 年代，美国教育测量运动蓬勃兴起，孕育并推动了教育评估事业的发

① 严芳，闫艳．我国教育评估专业化发展路径的思考［J］. 上海教育科研，2019（2）：47－52.

展。20 世纪 80 年代，具有现代意义的教育评估开始进入我国[①]，至今已积累了 40 多年的经验。教育评估作为教育行政部门实施教育管理的重要手段之一，已广泛应用于各级各类教育。

聚焦于特殊教育领域，鉴别特殊教育的对象、确定特殊教育的目标与方案、评估特殊教育的实效与进展，都离不开科学、全面的评估。美国自 20 世纪 60 年代末 70 年代初以来，一些家长组织利用一系列的诉讼案推动教育当局为特殊儿童提供合适的教育评估与服务。如 1971 年宾夕法尼亚智障者协会向法院提起诉讼，控告当地学校将特殊儿童拒之门外的做法。在一系列的调解措施下，宾夕法尼亚州教育局最后同意为所有拒之门外的特殊儿童提供医学和心理学评估，以便对他们进行合理的教育安置。1975 年，《所有残疾儿童教育法》（Education for All Handicapped Children Act，EAHCA）颁布，美国第一次在法律中明确规定，各州的教育部门要负责找到并对本州所有的特殊儿童进行鉴别和评估，自此该项工作体系日趋成熟[②]。

我国 1994 年颁布的《残疾人教育条例》第 2 条明确规定，要根据残疾人的身心特性和需要，全面实施残疾人教育；第 3 条规定，应当根据残疾人的残疾类别和接受能力开展残疾人教育。这是我国最早的特殊教育评估思想的体现，虽然没有明确提及特殊教育评估的问题，但却与教育评估的思想及内涵相一致。近年来我国越来越重视特殊儿童的鉴定评估工作，特殊教育评估工作逐渐向科学化、规范化发展。2017 年修订的《残疾人教育条例》要求各个地区建立残疾人教育专家委员会，对适龄残疾儿童少年的身体状况、接受教育的能力和适应学校学习生活的能力进行评估，进一步完善特殊儿童的评估工作。2021 年，《“十四五”特殊教育发展提升行动计划》指出，应针对不同类别、不同程度、不同年龄残疾儿童少年的需要，科学评估，合理安置，分类施教。2022 年 11 月，教育部印发的《特殊教育办学质量评价指南》明确指出，要建立科学完善的特殊儿童筛查评估工作制度并予以落实。科学严谨的教育评估有助于贯彻实施因材施教理念，提高特殊教育的管理水平和质量。

（二）教育评估的含义

评估一词来源于英文单词“assessment”，又译为“评量”“评定”。不同学者对特殊教育评估进行了界定。方俊明认为，特殊教育评估是通过观察、访谈和测验多种途径，来收集有关信息、鉴别教育对象、确定教育目标和检验教育效果的综合过程[③]。王辉认为，特殊教育评估是指采用各种测验和其他测量手段普及特殊儿童大量信息和资料，并进行分析、解释、推测和推断的过程，从而做出教育性的决定[④]。虽然以上对教育评估的定义稍有不同，但也有共同之处：教育评估是指在全面搜集和分析特殊儿童相关信息资料的基础上，使用相关测验或测量手段对儿童的各项成就与行为做出价值判断，进而做出教育决策的过程。

在以上的定义中，还涉及“测量”“测验”两个概念，下面对这两个概念进行辨析

---

① 闫艳．教育生态学视野下基础教育学校评估研究［J］．教育学报，2019，15（1）：67－73.

② 谌小猛，葛新斌，李紫菡．美国特殊教育学生的鉴定评估与启示［J］．中国特殊教育，2021（1）：19－25.

③ 方俊明．特殊教育学［M］．北京：人民教育出版社，2005：92.

④ 王辉．特殊儿童教育评估［M］．南京：南京师范大学出版社，2014：3.

(见表 9－1)。

表 9－1 测量与测验的辨析

	测量	测验
英文	measurement	test
定义	根据一定的规律或规则，用数据来描述观察到的现象，即对事物做出量化评价	一种特定形式的诊断程序，通常利用一组问题的形式，获得数字结果
方式	测验、观察、访谈、评定量表	标准化测验、非标准化测验

总的来说，评估、测验、测量这些词可以互换使用，但这些词也存在一定的差异。测验是测量的一种方式或手段，而评估则是一种高层次、多方面的工作，评估的范围更加广泛，涵盖的内容更多，可以包括测量和测验，三者的层次关系如图 9－1 所示。

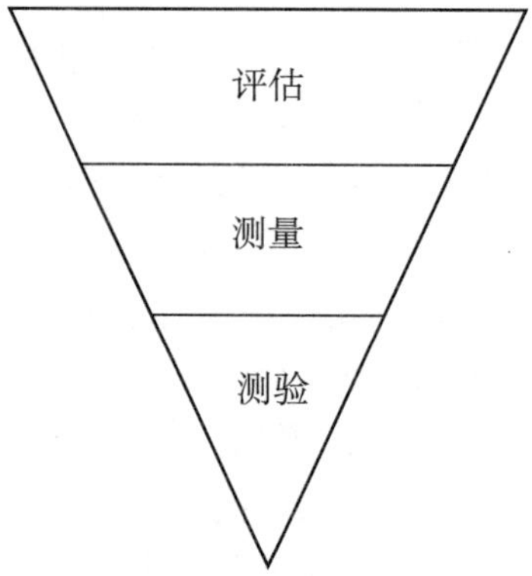

图 9－1 评估、测量、测验的关系

(三) 教育评估的类型

教育评估不是一蹴而就的，而是贯穿于特殊儿童教育的各个环节。根据评估的目的及在教育过程中所起的作用，评估可主要分为以下三种类型：筛查性评估、诊断性评估、终结性评估。

1. 筛查性评估

筛查，即从大量的样本中筛选出需要的样本。筛查性评估的目的是初步筛查，这种评估方法一般适用于发现并确定某地区或者某学校是否存在与心理发展水平显著偏高或者迟滞的儿童。如果在筛查性评估中发现存在高危儿童，那么家长和教师就需要对他们进行密切的关注，并将其转介到专家处做出进一步的评估——诊断性评估。

2. 诊断性评估

经过筛查性评估之后，专家或其他专业人员需要对筛查出来的高危儿童进行诊断性评估，进而区分出正常儿童与特殊儿童，确定特殊儿童的类型并给予相关的教育服务。例如，可以确定哪些儿童是特殊儿童，在类别上具体属于哪一类特殊儿童，等等。诊断性评估通过收集有关儿童的详细信息，确定目标群体和类型，并在此基础上制定适当的学习目标和方案。

3. 终结性评估

终结性评估又称后置性评估，主要用来评价某一阶段结束时或者特殊教育全过程的教育效果及是否达到预定的教育目标。因此，终结性评估也可分阶段进行，每一阶段又叫作阶段性评估。

在教育教学实际中，发现、筛查鉴定及评估这几个术语往往出现混用的情况，在此对这几个词进行进一步区分。总体来说，特殊儿童的评估过程都要经过发现、筛查鉴定、评估三个步骤（见表 9-2）。

表 9-2　发现、筛查鉴定、评估的区别

	发现 →	筛查鉴定 →	评估
内容	推荐被怀疑对象到有关部门进行专业鉴定	筛查、确定特殊教育的对象是何种类型的特殊儿童	分析其已有的教育基础、学习能力与障碍，以及环境等有关因素
目的	及时发现问题儿童，推荐为诊断对象，以便进行早期干预、教育	鉴别哪些儿童属于特殊教育的对象，具体有哪些特殊教育需要	确定儿童身心发展的障碍与潜能，作为安置与制定策略的基础
参与人员	家长、儿科医生、教师	特殊教育机构、指定医院的医生、经过培训的教师	由各种专业人员、教师、家长组成的评估小组

（四）评估的内容

对有特殊需要的儿童进行教育评估是一项全面的评估，需要深入分析有关儿童及其家庭和学校的信息和数据，以便对儿童目前的发展水平和未来的教育需要进行解释、评价和决策。因此，特殊儿童教育评估的内容主要包括生理状态、心理表现、教育情况及社会适应四大部分，每个部分又包含多种评估项目。

1. 生理状态

生理状态指特殊儿童的健康状况，如视力水平、听力水平、语言功能及个人与家族病史等。这些资料主要通过身体检查与医学诊断来获得，通常由儿童本人、家长及医生提供。

2. 心理表现

心理表现包括语言发展、智力水平、人格发展、情绪表现等，一般可以通过心理测量的方式获得。心理测量是根据一定的标准及原则，对个体的心理状态、个性特征及发展水平进行测定，是一个定量描述的过程，以打分为主。心理测量种类繁多，内容丰富，但应用于特殊儿童评估的心理测量主要为智力测验和社会适应能力的评定。

（1）智力测验。

在心理测验中影响力较大，在特殊教育评估中应用得较多的智力测验主要有：比奈-西蒙智力量表、韦克斯勒儿童智力量表、考夫曼儿童成套评估测验、古迪纳夫-哈里斯绘人测验、皮博迪图片词汇测验等。

1）比奈-西蒙智力量表：亦称“比奈量表”，由法国实验心理学家、智力测验的创始人比奈和医生西蒙于 1905 年编制，用于测验儿童与成人的智力。比奈-西蒙智力量表自发表以来出现了许多修订本，美国斯坦福大学心理学教授推孟修订的斯坦福-比奈智力量表被认为是最出色的。推孟的修订本最早发表于 1916 年，后来又经过 5 次修订，目前最新版本为 2003 年洛伊德修订的。该量表已经成为国际上最广泛使用的智力测验之一[①]。该量表的适应范围为 2 岁至成人，施测时间为 45～75 分钟，测试形式为个别施测的标准化智力测验，主要由言语领域和非言语领域两部分构成，每个部分均包含五个测验[②]。

2）韦克斯勒儿童智力量表：又称“韦氏儿童智力量表”，由美国心理学家韦克斯勒于 1949 年制定。2003 年，韦克斯勒儿童智力量表第 4 版出版。该表用于测验 6～16 岁儿童的智力，测试形式属于个别施测的标准化智力测验，分为言语理解、知觉推理、工作记忆与加工速度四个领域，包含 15 个分测，10 个必做的分测验，5 个补充的分测验。完成 10 个必做的分测验的时间为 65～80 分钟，若再加上 5 个补充的分测验，还需要 10～15 分钟[③]。

3）考夫曼儿童成套评估测验：由美国心理学家考夫曼夫妇于 1983 年编制，最新修订的一版是 2004 年发表的考夫曼儿童成套评价测验第 2 版。该测验适用于 3～18 岁儿童，一般来说，学前儿童施测平均需要 45 分钟，学龄儿童平均需要 75 分钟。测试形式属于个别施测的标准化智力测验，共包含 18 个分测验。

4）古迪纳夫-哈里斯绘人测验：由古迪纳夫于 1926 年编制，哈里斯 1963 年修订的一套评估儿童能力发展水平的绘人测验。1979 年上海第二医科大学将这套测验引入我国。1985 年，首都儿科研究所作为全国儿童智能研究协作组成员之一，发表了该测验在北京地区的修订报告，该修订版被命名为绘人智能测验。该测验用于评估 4～12 岁儿童的智能。测验形式既可以个别施测，也可以团体施测。绘人智能测验简便易行，不需要复杂的工具和指导语，受测者在很短的时间内就能完成。但它属于筛查性测验，其测量结果往往不够精确，不能全面地反映儿童的智能，评分也比较主观，对于善于绘画或缺乏绘画技巧的儿童都不适用，因此，在应用上受到一定的限制[④]。

5）皮博迪图片词汇测验：该方法是美国智能障碍协会所介绍的常用智能测试方法之一，最初由美国的邓恩夫妇于 1959 年发表，1997 年修订为第 3 版，是一套为发声有困难的人及聋人设计的测量其“使用”词汇能力的测验，现已广泛用于研究正常、智力落后、情绪失调或智力上有障碍的儿童的智力。该测验适用于 5 岁至老年人群，施测时间为 20 分钟。皮博迪图片词汇测验第 3 版由 A 型和 B 型两个系列构成，每个系列由 204 张图板组成，每张图板上都画有 4 幅图画。因其生动有趣、施测简便、评分客观快速，且有两套平行的测验可以替换使用，被国际特殊教育界广泛使用[⑤]。

（2）社会适应能力的评定。

除了智力水平，社会适应能力对儿童来说也至关重要，也是心理测量的重要内容之

---

① 陈燕惠，陈达光．几种精神发育迟缓诊断标准及量表简介和比较［J］．实用儿科临床杂志，2007（12）：958－960．

② 陈海平．韦氏儿童智力测验第四版的修订及其对智力测验开发的启示［J］．宁波大学学报（教育科学版），2008（6）：37－42．

③ 张厚粲．韦氏儿童智力量表第四版（WISC-IV）中文版的修订［J］．心理科学，2009（5）：1177－1179．

④ 杜巧梅，滕洪昌．绘人测验在儿童心理评估中的应用现状及发展趋势［J］．中国健康心理学杂志，2022（11）：1755－1760．

⑤ 崔王莹，童辉杰，彭彦琴．绘人测验的发展现状及趋势研究［J］．神经疾病与精神卫生，2006（4）：311－314．

一。儿童社会适应能力主要包括四个方面，即自理能力、交往能力、社会化及职业能力。目前在特殊教育评估中用得较多、影响力较大的社会适应量表主要有：AAMR 适应行为量表（adaptive behavior scale，ABS）及其学校版（ABS-SE2）、儿童适应行为量表、文兰适应行为量表、婴儿-初中学生社会生活能力量表、生活适应能力检核手册等。

1）AAMR 适应行为量表及其学校版：AAMR 适应行为量表是目前国际上最著名、应用最广泛的适应行为量表之一。1969 年，尼海拉（Nihira）等人在美国智力与发展障碍协会的资助下编制并发表了 ABS 的最早版本①。1981 年，兰伯特（Lambert）等人对该量表进行了一次重大的修订，其修订本被命名为 AAMR 适应行为量表（学校版）（ABS-SE）。

ABS-SE 主要是评估受测者的一般适应能力和不良的适应行为，适用于 3 岁 3 个月至 17 岁 2 个月的儿童、青少年，每位受测者的测评大约需要 30 分钟。ABS-SE 由两部分组成（见表 9－3）：第一部分主要评估受测者的一般适应能力，包括 56 个条目；第二部分主要评估不良的适应行为，包括 39 个条目。整套量表共有 95 个条目。

表 9－3　ABS-SE 的领域、子领域及条目数

第一部分	第二部分
1. 独立生活能力： 进食（4）、使用厕所（1）、清洁（3）、仪表（2）、照料衣物（1）、穿脱衣服（2）、外出（2）、其他独立生活能力（2） 2. 身体发育： 感觉发展（2）、运动发展（4） 3. 经济活动： 用钱与预算（2）、购物能力（2） 4. 语言发展： 表达（5）、理解（2）、社交语言发展（2） 5. 数字和时间（3） 6. 就业前工作表现（3） 7. 自我管理： 主动性（2）、坚持性（2）、业余时间安排（1） 8. 责任心（2） 9. 社会化（7）	10. 攻击行为（5） 11. 反社会与社会行为（6） 12. 对抗行为（6） 13. 可信赖行为（2） 14. 退缩（3） 15. 癖性（2） 16. 人际交往方式（1） 17. 不良的说话习惯（1） 18. 不良的行为习惯（4） 19. 活动水平（1） 20. 症状性行为（7） 21. 药物服用情况（1）

注：括号里的数字为各领域、子领域所包含的条目数。

1993 年，兰伯特等人又对 ABS-SE 进行了一次修订，新量表简称为 ABS-SE2，适用于 6～21 岁的在校学生。ABS-SE2（见表 9－4）与 ABS-SE 在结构、内容、施测与记分方法上有许多相似之处，不过，前者在各领域所包含的条目数、第二部分所评估的领域方面做了比较大的调整②。经过本次修订，其常模抽样比以前更具有代表性，信度和效度的研究也更加充分。该量表的最大优点是评估内容全面，施测方法简单；不足之处是稳定性和评分者信度还需进一步提高。

---

① GROSSMAN H J. Classification in mentalretardation [M]. Washington，D C：American Association on Mental Retardation，1983.

② 杨彦平，金瑜. 社会适应性研究述评 [J]. 心理科学，2006（5）：1171－1173.

表 9-4 ABS-SE2 的领域、子领域及条目数

	领域、子领域及条目数	因素
第一部分	1. 独立生活能力（24） 2. 身体发育（6） 3. 经济活动（6） 4. 语言发展（10） 5. 数字和时间（3） 6. 职前/职业活动（3） 7. 自我管理（5） 8. 责任心（3） 9. 社会化（7）	1. 个人生活自立 2. 社会生活自立 3. 个人-社会责任心
第二部分	10. 社会行为（7） 11. 服从（6） 12. 可信赖行为（6） 13. 刻板和多动行为（5） 14. 自虐行为（3） 15. 社会约束（4） 16. 不良的人际交往行为（6）	4. 社会调节 5. 个人调节

2）儿童适应行为量表：该表用于评估受测者的一般适应能力和不良的适应行为。北京师范大学的韦小满于 1996 年对 ABS-SE 进行了修订，新量表被命名为儿童适应行为量表，适用于 3～16 岁的儿童、青少年。

儿童适应行为量表由两部分组成。第一部分主要评估一般适应能力，由动作发展、语言发展、生活自理能力、居家与工作能力、自我管理和社会化 6 个分量表组成；第二部分主要评估不良的适应行为，由攻击行为、反社会行为、对抗行为、不可信赖行为、退缩、刻板与自伤行为、不适当的人际交往方式、不良的说话习惯、不良的口腔习惯、古怪的行为、多动和情绪不稳定等 12 个分量表组成①。

3）文兰适应行为量表：文兰适应行为量表的前身是文兰社会成熟量表（VSMS），用于评估受测者的适应行为。该量表由美国文兰训练学校的道尔于 1935 年编制，是世界上第一个标准化的适应行为量表。1965 年，道尔对 VSMS 进行了修订，新量表仍沿用原来的名称。适用于 0～25 岁人群的 VSMS 由 8 个分测验组成（见表 9-5），共有 117 个条目②。

表 9-5 文兰社会成熟量表的构成

分量表	示例
1. 一般自理	头部平衡（0～1 岁），自己表示要求大小便（2～3 岁）
2. 进食自理	在帮助下能用杯子喝水（0～1 岁），坐在桌边自如地进餐（9～10 岁）
3. 穿衣自理	脱袜子（1～2 岁），在帮助下能洗浴（5～7 岁）

① 韦小满．儿童适应行为量表的编制与标准化［J］．心理发展与教育，1996（4）：23-30.

② 张梁，郭文斌，王庭照．文兰适应行为量表的发展及应用［J］．现代特殊教育，2017（22）：24-31.

续表

分量表	示例
4. 行走	无需帮助能上下楼梯（1～2 岁），独自远离家门（18～20 岁）
5. 职业	使用工具（8～9 岁）
6. 交往	叫喊、笑（0～1 岁），会打电话（10～11 岁）
7. 自我管理	白天能在无监督的情况下自由进出（15～18 岁）
8. 社会化	接近熟悉的人（0～1 岁），提高福利水平（25 岁以上）

1984 年，斯帕罗等人对 VSMS 又进行了一次修订，新量表被命名为文兰适应行为量表（VABS）。VABS 由 3 套表构成：第一套称为调查表，用于评估一般适应能力；第二套称为扩展表，用于评估更广泛、更具体的适应行为；第三套称为课堂评定表，用于评估儿童在课堂中的适应行为。VABS 的调查表适用于测量 0～18 岁人群的个体适应性和社会适应性，施测时间为 20～60 分钟；扩展表也适用于 0～18 岁的人群，施测时间为 60～90 分钟；课堂评定表适用于 3～12 岁的人群，施测时间在 20 分钟左右①。

4）婴儿-初中学生社会生活能力量表：1980 年，日本学者三木安正把 VSMS 引进日本并对其进行了修订，将修订本取名为“S-M 社会生活能力检查表”。该量表共有 130 题，题目分成六大类即生活自理、行走、职业、沟通、社会化、自我管理，适用于出生 6 个月至 14 岁的儿童。我国北京医科大学的左启华教授于 1988 年对三木安正的“S-M 社会生活能力检查表”进行了修订，并将修订版命名为婴儿-初中学生社会生活能力量表。这套量表共有 132 题，适用于婴儿至初中年龄段的人群②。

5）生活适应能力检核手册：测量中重度智障儿童生活适应的基本能力，为设计适合儿童个别教育需求的教育计划服务。该手册于 1987 年由台湾师范大学王天苗教授编制，适用于中、重度智障儿童，情绪与行为障碍儿童和多重障碍儿童③。

3. 教育情况

教育情况通常包括儿童的学业成绩、认知能力、语言表达能力等，主要通过学业测验及教师问卷、教师访谈来获得。这些资料通常由学校的班主任或相关教师进行收集与整理。此外，为了确定合适的教学目标，还要对儿童进行课程评估。

（1）学业测验。

学业测验主要考查学生对于所教知识的掌握程度与学习能力，一般采用学业成就测验的方法获得。学业测验包含标准化测验与非标准化测验两种类型。在特殊儿童的教育评估中，学业成绩是一项重要内容。尤其对学习障碍儿童、智力障碍儿童而言，他们的学习成绩明显低于同龄儿童。

（2）教师问卷与访谈。

教师问卷与访谈是针对特殊儿童教师设计的，目的是了解学生的学习状况。问卷与访谈的内容一般包含：学生是否遵守常规、学生是非判断能力如何、学生与老师和同学的相

① 朱莉琪，刘光仪．儿童适应行为研究［J］．中国特殊教育，2005（3）：36－39.

② 左启华，张臻祥．婴儿—初中学生社会生活能力量表指导手册［R］．北京：北京医科大学，1998：1－22.

③ 王天苗．生活适应能力检核手册［M］．台北：心理出版社股份有限公司，1987：9－19.

处情况、学生在集体活动中的表现、学生的情绪与日常行为、学生的学习能力、学生的兴趣与态度等。

4. 社会适应

社会适应包括儿童的家庭关系、教养方式、求学过程等。社会适应相关资料的获取通常由教师或专业人员根据社会适应评定量表进行评定或调查、访谈取得资料，可以采用社会调查和家长问卷的方式进行。通过社会调查来收集资料，主要是对社区群众、隔壁邻居和儿童家长等进行访谈和问卷调查。通过家长问卷来收集资料，可以选择现有问卷，也可以自编问卷。

下面以智力障碍儿童的评估为例。为了将智力障碍儿童从正常儿童当中区分出来，明确智力障碍的状况和程度，分析造成障碍的原因并制订补偿方案，评估的项目及内容大致如下：

第一，对儿童进行生理评估。在这一阶段，主要收集该儿童从其母亲妊娠到现在的身体与智力的发展史、病史及治疗过程等信息，检查儿童身体外表是否异常、有无异常行为、目前的身体状况，并进行视力听力神经系统的检查及内分泌机能检查等。

第二，在生理评估之后，为了确定该儿童是否存在智力障碍，需要前往专业机构对儿童进行智力评估。可根据情况选用智力测验量表，如韦克斯勒儿童智力量表、古迪纳夫-哈里斯绘人测验、皮博迪图片词汇测验等。

第三，需要对儿童的社会适应能力进行评估，可选取的量表有 AAMR 适应行为量表及其学校版、儿童适应行为量表、文兰适应行为量表、婴儿-初中学生社会生活能力量表、生活适应能力检核手册。可根据量表的侧重功能与具体范围进行选择。

第四，进行教育评估。教育评估需要综合分析儿童在幼儿园和学校各方面的表现，包含与同学的交往情况，各科学业成绩，学习兴趣、类型和习惯，教师的教学态度和教学方法，教学目标的适切性，教学目标的确定，等等。

除上述评估过程外，还将进行家长访谈和行为观察。这一过程的目的是了解孩子家庭的基本情况，如父母的职业、父母的教育水平、家庭的经济状况以及父母对抚养孩子的态度。通过这个过程，我们还可以了解到父母在多大程度上能够与学校合作，例如，他们能够教什么，每天能教多长时间。最后，结合这些信息，向家长提出建议，如是否组织专业培训或支持。

通过综合分析以上信息，对儿童进行专业的评估与判断，并最终确认儿童的教育方案。

二、特殊儿童教育评估的程序与方法

（一）特殊儿童教育评估的流程

特殊儿童的类型不同，对其评估的程序也不同。总体上可分为转介、筛选、临床评估、专业团队评估、决策五个环节（见图 9－2）。

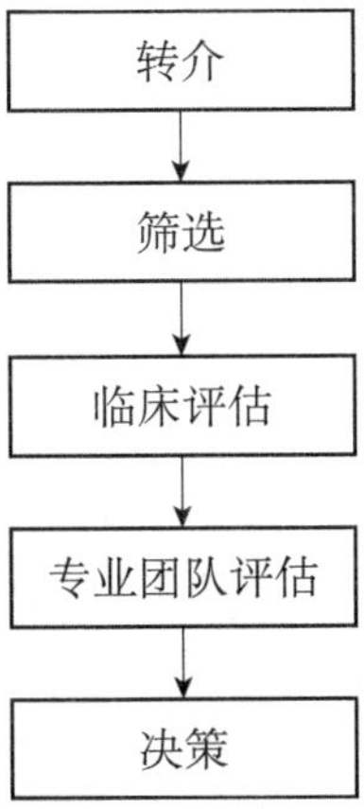

图 9－2　特殊儿童教育评估的流程

1. 转介

这一环节是由特殊儿童的家长或教师等专业人员将儿童转介到专门的诊断机构。根据教师、家长观察的儿童的日常表现和学业表现，对疑似异于常态的儿童进行进一步的筛查、诊断。

2. 筛选

筛选是在各领域对儿童的状况做出初步判断的一种快速、经济的方法，由专科医师或专门的诊断人员进行。除出生史、成长发育史、病史等基本信息外，根据特殊儿童的障碍类别不同，筛选工作的主要内容也不同。如智力障碍儿童的筛选需包含各科成绩、学业表现、适应性行为水平等，而视力障碍儿童的筛选则需要进行眼科评估与功能性视觉评估，听力障碍儿童则要进行听力检查，等等。

3. 临床评估

专科医师或专门的诊断人员将疑似特殊儿童送往专业门诊进行进一步诊断性测验。由于特殊儿童的障碍类别不同，该部分诊断包含的内容也不同。如：视力障碍儿童的临床评估应包含视神经检查、脑干电位检查，听力障碍儿童的临床评估应包括听神经检查、脑干听觉反应检查，等等。通过综合评定，最后确定该儿童是否为疑似障碍。若是，则进一步分析确认障碍的性质、程度及造成障碍的原因等，形成诊断性结论。

4. 专业团队评估

一旦经过转介、筛选并确诊为某类障碍的儿童进入专业团队评估环节，就意味着他们已经进入了正式的教育评估流程。在此阶段，由特殊教育教师、心理学专家、康复治疗师、社工人员组成的专业团队开始对特殊儿童进行专业的评估，包括各种测验和课程评估，最终确定教学目标，为其提供一个合适而有效的个别化教学方案。

5. 决策

特殊儿童的教育决策参与人员涉及多主体，学校领导、班级教师、儿童家长、心理教师、社工人员及其他专业人员都包含在内，以保证教育评估的合法性与公正性。最终根据综合评估结果，分析特殊儿童的教育需要，做出适宜的安置决策，并制订出相关的教育教学和康复训练方案。

（二）特殊儿童教育评估的实施程序

1. 准备阶段

在教育评估的准备阶段，为保证教育评估的科学性、准确性及全面性，通常需要组建评估小组。评估小组通常由 5～9 人组成，为全面了解特殊儿童的多方信息，评估小组的人员构成须多样化。具体而言，主要包括与儿童学习、生活密切相关的人员，特殊教育工作者，学校教师，儿童的主要照顾者，医务工作者，心理测量工作者等专业人员。

2. 测评阶段

测评阶段是对被评估儿童进行检查、测试、评估和询问的阶段，以获得有关儿童身心发展的数据和信息。首先，儿童及家长与教育主管和普通教师见面，他们一方面与家长进行初步讨论以了解孩子的情况，另一方面解释评估和评价的过程、内容和方法，以消除家长的疑虑和担心。其次，由相关专业人员，如医务人员、心理学家和有特殊需要的儿童的教师进行评估。

3. 综合评定阶段

对专业人员收集的所有评估信息进行综合评定，是诊断性评估过程的最后一部分。在这一阶段，评估小组应将评估材料提交给每位评估员进行讨论，在分析、讨论和总结相关信息后，为被评估儿童出具书面评估和教育建议。为了保护儿童及其家庭的隐私，所有评估材料应被密封，只有遵循一定程序的专业人员才能查阅。此外，如果信息要用于教育以外的目的，应获得家长的许可。

4. 个别化教育计划

教育评估的目的是了解儿童各方面的情况，为更好地进行教育干预以促进儿童的发展提供基础。个别化教育计划是在一系列评估的基础上，根据儿童独特的身心发展水平和教育需求而制订的。

（三）特殊儿童的教育评估方法

1. 观察法

观察法是进行特殊儿童评估的最直接、最简便、最基础的方法之一。观察法以评估者本人及相关辅助仪器为工具，对所要评估的特殊儿童开展有计划、有目的的针对性评估，主要对其心理特征、行为表现等进行记录与描述，进而获得相关资料。观察法可以分为系统观察和非系统观察两大类。系统观察是指观察者有目的地对特殊儿童的某几个行为进行观察，在此过程中，必须设计好观察表（见表 9－6）。非系统观察是指观察者没有预先设计一定的观察规则，而是将所有与观察目标有关的行为和因素全部列入观察记录中，以待后续整理与分析。

表 9-6　特殊儿童行为观察表

学生姓名：	观察者：
时间：	科目：
目标行为：	观察间隙：10/20/30 秒
目标行为出现的场景： 行为出现之前的情境：	
目标行为：	

0～2 分钟	10 秒	20 秒	30 秒	40 秒	50 秒	60 秒	10 秒	20 秒	30 秒	40 秒	50 秒	60 秒
2～4 分钟												
4～6 分钟												
6～8 分钟												
⋮												

行为产生的结果：
观察者反思/其他观察内容：

2. 访谈法

访谈法是通过有目的的交谈、对话来收集特殊儿童相关资料的一种方法。访谈法同样可分为多种类型，如结构式访谈、半结构式访谈、非结构式访谈。结构式访谈是指评估者预先设计好访谈问题和顺序，受访者逐步作答，如为了制订个别化教育计划，需要访谈家长的某些项目以了解特殊儿童的疾病史。半结构式访谈是指访谈者有清晰的访谈主题，根据主题设计访谈大纲，受访者的作答没有一定限制。非结构式访谈是指预先并没有一定的访谈主题或者访谈计划，根据时机进行的随机访谈，因此访谈结果和访谈时间都无法把握。如放学时家长来到学校接学生，老师向家长询问学生的相关情况，就是典型的非结构式访谈。

3. 评定量表法

评定量表一般是非标准化的，不具备信度和效度，通常由教师根据评估内容及评估目标自拟，用于日常记录、编写个别化教育计划等。评定量表的形式有多种，常见的有数字等级评定量表、描述评定量表、标准评定量表、检核式评定量表等。

（1）数字等级评定量表。此量表主要用对特定行为特征赋值的形式来对学生的表现进行评估，可以使用 1、2、3、4、5 等数字来评定学生表现的优劣。

如艾伯格儿童行为量表（ Eyberg child behavior inventory，ECBI）与萨特-艾伯格学生行为量表（Sutter-Eyberg student behavior inventory，SESBI）分别是儿童行为筛查的家长版与教师版，均包含 36 条行为描述，要求家长和老师对每条行为发生的频率进行 1～7 级评分①。

① 张立松，何侃，赵艳霞，等．情绪和行为障碍儿童筛查与评估工具评析［J］．中国特殊教育，2015（2）：65-71.

（2）描述评定量表。又称文字描述评分法，不要求评估者选择相应的数字，而是直接勾选符合情况的描述性文字。该方式的优势在于醒目、便于理解。教师可以根据预定的等级评定标准（优、良、中、差），对学生发展情况进行分析与比较。如教师可根据观察对学生语言发展情况进行评定（见表 9－7）。

表 9－7 学生语言能力评定量表

项目		优	良	中	差
词汇	掌握部分常用形容词与感叹词				
讲述	能用完整的句子清楚地讲述				
回答问题	能针对提问回答复杂的问题				
理解语义	能简略说出故事的情节				
阅读	能理解图画书的主要内容				

（3）标准评定量表。标准评定量表是评估者根据预定的评价标准，对学生表现进行评定。它与描述评定量表的区别在于各等级标准之间不需要具有顺序性（见表 9－8）。

表 9－8 学生课堂表现评定量表

评价指标	评分等级及分值			得分		
	优秀（3 分）	合格（2 分）	有待提高（1 分）	自评	互评	师评
合作	善于与人合作，虚心听取别人的意见	能与人合作，能接受别人的意见	缺乏与人合作的精神，难以听进别人的意见			
参与	上课认真听讲，作业认真，参与讨论态度认真	上课能认真听讲，作业按时完成，有参与讨论	上课无心听讲，经常不交作业，极少参与讨论			

（4）检核式评定量表。检核式评定量表是事先向评估者提供由词汇表、形容词、名词、句子等组成的项目一览表，评估者将学生表现与检核表项目进行对照，而后把其中最能描述与反映学生心理特征、行为特性的项目挑选出来，最后综合起来进行分析①，如《儿童行为检核表》②（见表 9－9）。

表 9－9 《儿童行为检核表》项目举例

测试题内容	总是这样	经常这样
很少表达自己的需求		
不知道今天、昨天、明天		
不会与同伴玩玩具，常常独处		
外界稍有变化就会分心		
寻找图片中隐藏的图形有困难		

① 王辉．特殊儿童教育诊断与评估：第 2 版［M］．南京：南京大学出版社，2015.

② 向友余，刘娟，黎莉，等．发展性障碍儿童初筛行为检核表的编制［J］．中国特殊教育，2007（12）：47－50.

4. 测验法

测验法是评估者应用各种心理和教育测验来收集有关特殊儿童心理特征、行为表现和成就资料的一种方法。心理和教育测验的种类有很多，根据测量对象的不同可分为能力测验、成就测验、人格测验三种。

（1）能力测验。

能力测验包括一般能力测验（智力测验）和特殊能力测验（能力倾向测验）。智力测验分为三种：比奈智力测验、韦克斯勒智力测验和考夫曼儿童成套评估测验。能力倾向测验按内容主要分为以下几类：一般能力倾向测验（测量思维力、想象力、记忆力、推理力、分析力、数学能力、空间关系力、语言能力等）、特殊职业能力测验、创造力测验和心理运动机能测验。

（2）成就测验。

成就测验也叫学绩测验，是测量经过某种教育或训练之后，学生对知识和技能的掌握程度。成就测验主要运用于教育领域，其用途主要分为四种，即反馈、评价、科研和选拔安置。根据不同的分类方式，成就测验可分为不同的类型：按照反应方式，可分为实作测验和纸笔测验；按照编制方法，可分为标准化成就测验和教师自编测验；按照总的用途，可分为形成性测验和总结性测验；按照解释分数的方法，可分为标准参照测验和常模参照测验；按照测验的功能，可分为检查测验、水平测验、预测性测验、诊断性测验和准备性测验；按照测验的内容范围，可分为成套成就测验和单科测验[①]。

（3）人格测验。

人格测验也称个性测验，用以测量学生行为的独特性和倾向性等特征，如性格、处事风格、情操、兴趣。最常用的方法有问卷法和投射技术。问卷法试图通过一套完整的、标准化的、包含不同维度的测验来探究个体复杂的人格特质，并通过分析测试结果，对个体的倾向性与特质做出评定。常用的人格问卷有艾森克人格问卷（EPQ）、明尼苏达多项人格测验（MMPI）和卡特尔16因素人格测验（16PF）。如果想要全面了解一个人的整体人格，不能寄希望于一次测试或一种测试，而需分别对每一个方面进行测试，这样才能准确、全面地了解测试对象的整体人格。

知识卡片

如何区分医学诊断（diagnosis）、心理鉴定（identification）、教育评估（assessment）？

（1）领域不同。

医学诊断属于医学领域，心理鉴定属于心理学范畴，教育评估属于教育领域。

（2）程序不同。

第一，医学诊断是医生通过患者的病史、体格检查的体征以及辅助检查的结果综合判断，对患者的疾病或者症状给出明确的疾病诊断，根据诊断和分类制订下一

① 郑日昌．心理与教育测量［M］．北京：人民教育出版社，2011.

步的治疗方案。

第二，心理测量是通过科学、客观、标准的测量手段对人的特定素质进行测量、分析、评价的过程。心理鉴定是根据心理测量的结果做出价值判断的过程，这个过程需要遵循严格的程序并使用标准化的工具，体现出科学性的特点。

第三，教育评估是教师在教育教学和日常活动中，通过观察、互动来对学生进行评估的过程，可分为以下三种方法：(1) 行为-认知-情感评估法，教师通过观察学生的行为来分析此行为下学生的认知和情感状态，设计出更适切的教学活动，从而帮助学生达到知行合一；(2) 儿童-同伴-成人评估法，教师通过观察学生在活动中与同伴、教师的互动表现，分析儿童是否具有足够操作、交流、表达的机会，以此来调整教学活动设计，实现以学生为主的教学观；(3) 儿童-活动-环境评估法，教师通过观察学生在活动中的表现，分析儿童是否喜欢教学活动、教学环境的设置是否符合儿童的需要等，以此来调整教学活动的设计和教学环境的布置。

(3) 资质不同。

第一，进行医学诊断的人员需要进行系统的医学知识学习（包括医学技能的掌握和医学道德的学习），进而参加执业医师考试获取执业医师资格证。在医院取得相关聘请和授权后，才可以对患者进行医学诊断。

第二，进行心理鉴定的人员需要系统地学习心理学相关的专业知识，考取心理学专业资格证书并取得授权后才可为学生进行心理鉴定。

第三，进行教育评估的教师需要经过长期正规的系统师范训练，取得教师资格证并通过学校聘请获得授权后，方可对学生进行教育评估。

总之，相对而言，医学诊断需要严格遵循医学的程序，使用医学器材、设备，目的是判断儿童是否存在疾病及病症的程度。医学诊断和心理鉴定程序更严格，因此不是日常行为，而是阶段性的判断过程。而教育评估发生在真实自然的教育情境中，以教师本人为工具，是在与孩子的互动中自然进行的，因而具有频率更高、方式更灵活以及发展性的特点。

第二节　特殊儿童的安置模式

随着经济社会的发展和教育的进步，特殊教育目前已经跳出低层次、单一的办学模式，特殊儿童的安置模式多种多样，分别以家庭、学校、社区为中心。多种多样的安置模式为特殊儿童选择合适的教育提供了多种可能。本节对特殊儿童的安置模式进行介绍。

一、特殊儿童的早期教育模式

对有特殊需要的儿童进行早期诊断、早期教育、早期干预与训练是全世界特殊教育发展的典型趋势。特殊儿童的早期教育是指针对 0～6 岁有特殊需要的儿童的教育。特殊需要儿童的学前教育通常将保健、护理和教育结合起来，其主要的教育模式有以家庭为中心的教育模式、训练中心模式、综合训练模式、融合教育模式等。在实践中，这些模式也可以互换使用。

（一）以家庭为中心的教育模式

以家庭为中心的教育模式，是指以特殊儿童生长生活的家庭环境为中心，辅之以其他教育机构、康复训练机构，以家庭中接受过基本特殊教育训练的主要照顾者为教育人员，对特殊儿童实行教育与训练的一种教育模式。家庭是儿童早期接触最多、最熟悉的自然场域，家长是儿童最有影响力的教育者。研究表明，早期良好的家庭教育对于增强特殊儿童的社会适应能力、减缓焦虑、形成较强的心理弹性具有重要作用[①]。

首先，以家庭为中心的教育模式有着明显的优势。第一，对于儿童而言，能够在自然、熟悉的环境中接受教育，有利于儿童更快地适应环境，减少教育及训练中情绪的波动。家庭作为自然环境，也有利于儿童对知识和技能进行巩固与泛化。第二，在以家庭为中心的教育模式中，家庭中儿童的主要照顾者（如父母、祖辈等）担任教育者的角色，减少了教育者与儿童熟悉的环节，有利于更快地进入学习、训练等阶段，省时高效，也有利于保持教育的连贯性。第三，以家庭为中心的教育模式经济便捷，有利于减轻因昂贵的干预治疗费用带来的家庭负担。

其次，以家庭为中心的教育模式也存在明显的不足之处：第一，家长虽然接受过一定的培训，但仍然不具有系统的特殊教育知识，并不是专业意义上的特殊教育人员。同时，以家庭为中心的教育模式很大程度上受到家长的重视程度、教育态度、教育方法和家庭成员的协作配合的影响，在此情况下，特殊儿童早期教育的质量和效果难以保障。第二，以家庭为中心的教育模式将特殊儿童的生活、学习范围全部限制在家庭环境中。与学校环境、社会环境相比，家庭环境较为单一和刻板，特殊儿童难以锻炼全方位的社会适应和交往能力。第三，在以家庭为中心的教育模式中，与儿童接触最多的人群为成年人，特殊儿童缺乏与同龄伙伴的交往与沟通，不利于锻炼和发展同伴交往能力与社会情感能力。第四，在以家庭为中心的教育模式中，家长独自面对特殊儿童，缺乏与同龄特殊儿童的比较，难以发现差异并及时校正。同时，家庭的封闭环境使得家长缺乏与其他家长沟通交流的环境与机会，难以客观评价儿童，往往产生期待过高或期待过低的现象。因此，以家庭为中心的教育模式应和其他教育模式结合起来使用。这也启发我们，除了要对家长进行提前的培训外，专业人员也应该定期巡回指导、反馈问题和建议，及时解决家长遇到的难题。

（二）训练中心模式

训练中心模式是由政府或社会机构牵头，在各地区成立独立的教育康复训练机构，对特殊儿童实行早期教育的一种模式。训练中心模式往往把特殊儿童集中起来，有专业人员在相对封闭、隔离的环境中对特殊儿童进行教育与康复工作。此外，许多国家和地区还设立康复医院或综合性质的康复治疗服务中心，将特殊儿童的医疗养护与教育训练融为一

① 孟春芳．特殊儿童家校融合课程的内涵特征和基本框架［J］．教育学术月刊，2021（3）：63－68.

体。这种模式适用于重度特殊儿童和病弱儿童。在儿童康复医院或儿童康复中心，不仅配有医生、护士，还有教师、心理学工作者、专业治疗师等。他们可以根据儿童的具体情况，协作配合制订特殊儿童的教育与训练方案。在一些经济比较发达的国家，人口比较密集的社区一般都建有特殊教育活动中心或训练机构；或是在社区活动中心开设特殊教育培训部，附近的家长可定期带领孩子到中心接受有关的特殊教育训练。这种教育模式多适合于5～7岁的学龄前儿童。20世纪末至今，我国一些经济发达城市及县区已经相继建立聋儿康复中心、聋儿语训中心、自闭症康复训练中心或机构。一些特殊教育学校还附设一些培训中心，承担部分的教育康复工作，以便儿童更好地参与日常生活与学习。

训练中心模式有着一定的优势。第一，训练中心模式配有专业的教育与康复人员，能够保障特殊儿童接受专门化、系统化的教育训练，确保良好的教育效果。第二，训练中心能够将一定数量的儿童集中在一起参与集体的教育与康复，特殊儿童获得了集体学习氛围下同伴交往与模仿同伴的机会。同时家长也获得了交流的机会，可减少教育焦虑。第三，训练中心模式下的专业人员来源多样，既包含教育领域的相关人员，也包含康复、心理及医学等领域的人员，他们的协作配合能让特殊儿童的教育效果最大化。第四，训练中心配备有比较齐全专业的特殊教育设备供儿童使用，可减缓家庭购买康复训练器具的压力。

但是，训练中心模式也存在缺点。第一，一些训练中心收费昂贵，造成特殊儿童家庭经济负担较重。第二，康复机构一般建立在大中型城市，虽辐射面较广，但对于很多特殊儿童家庭而言距离较远，往来不便。第三，康复机构隔离教育的性质不利于儿童的社会适应与发展，有碍儿童融入主流社会与生活。

（三）综合训练模式

综合训练模式是将以家庭为中心的教育模式与训练中心模式相结合，将稳定、自然的家庭教育环境与系统、专业的强化教育训练结合起来，将集体学习气氛和亲子亲情结合起来，在一定程度上更全面地促进特殊儿童的发展。综合训练模式充分融合了以家庭为中心的教育模式与训练中心模式的优点，有效地解决了单一模式产生的负面效果。在具体开展方式上，综合训练模式是家长定期带领特殊儿童到特殊教育训练机构接受训练，并且在家中巩固和发展在训练中心受到的训练。儿童来中心活动的次数根据其年龄及儿童自身情况而定。在中心参加活动之后，家长利用家中的物品作为教学材料，并将从中心学到的技能灵活地运用到家庭教育中。

综合训练模式同时吸收了以家庭为中心的教育模式与训练中心模式的优点，因而具有不可比拟的优越性，也是在现实生活中应用较广的模式之一。它具有以下优点：第一，在保障教育训练专业化的同时，家长还可以参与到康复训练中心的日常干预过程中，通过学习、模仿积累经验，逐步成长为儿童的教师。第二，综合训练模式能够让家长和专业人员保持密切联系，将儿童的专业训练和家庭教育结合起来，全方位地促进儿童发展。第三，综合训练模式让家长在接触自身孩子的同时，还能与其他家长交流进步。不过，综合训练模式依然存在缺点，需要家长自觉、有力地配合，不坚持家庭强化训练，会影响教育的效果①。

---

① 方俊明．特殊教育学［M］．北京：人民教育出版社，2005：84－85.

（四）融合教育模式

融合教育模式是在儿童发展的早期阶段，将特殊幼儿安置在普通幼儿园与普通儿童共同接受教育。融合教育强调为身心障碍儿童提供正常化的教育环境，在普通班中提供所有的特殊教育和相关服务措施，使特殊教育和普通教育融为一体①。融合教育不仅有利于特殊儿童，也对普通儿童的发展产生重要影响。研究表明，早期校园融合环境有利于普通儿童的心理发展，能够促进普通儿童自尊感和自我效能感的提升②。需要强调的是，家庭教育、训练中心、综合训练及融合教育等特殊教育模式要根据实际情况，灵活运用。

二、特殊儿童的学校教育模式

特殊儿童的学校教育模式是指面向学龄特殊儿童所采取的学校教育形式，主要包括资源教室模式、特殊教育班模式、特殊学校模式、融合教育和随班就读模式等。近年来，远程教育、送教上门及社区教育也成为学校教育的重要补充模式，与上述模式协同促进特殊儿童发展。

（一）资源教室模式

资源教室模式是指将残疾儿童安排在普通教育环境中与其他正常儿童一同接受教育，同时又能接受相关的特殊教育与康复服务。资源教室方案最早由罗伯特·埃尔文在 1913 年提出，最开始应用于视力障碍学生，抽出部分时间把他们安置在特殊班级中，根据他们的实际需求及教育现状，给予个别化的指导与服务。后来，这种方法也应用于听障学生，主要目的是反对针对感官障碍者的隔离式教育。罗伯特·埃尔文因此被称为资源教室方案的第一人。1968 年，邓恩提出残疾学生不只是安置在特殊学校或者特殊班的观念之后，资源教室方案再度受到重视，成为安置特殊学生的主要措施之一。在此之后，一些普通学校也开始设计分层的教学方法，协助一些语文学习困难、数学学习困难的儿童。具体做法是，学校允许他们在规定的时间内到一定的教室接受个别辅导，这是资源教室的雏形。也就是说，资源教室既应用于特殊儿童，也应用于普通儿童③。

知识卡片

资源教室方案

资源教室方案一词系译自 resource room program，或称资源方案（resource program），又称资源教室（resource room），国外还有称之为 pull-out program 或 set aside。我国台湾地区设置此类特殊教育措施时，一律称之为资源班。虽然名称不一，但其内涵却是相同的。

---

① 周满生．关于“融合教育”的几点思考［J］．教育研究，2014（2）：151－153.

② 王薇，程春，具孝珍，等．学前融合教育经历时长对普通幼儿自尊感和自我效能感的影响［J］．学前教育研究，2019（6）：58－68.

③ 许家成，周月霞．资源教室的建设与运作［M］．北京：华夏出版社，2006：19.

（二）特殊教育班模式

特殊教育班是主流学校中专门为特殊学生设计的班级。公立学校的特殊班级数量在20世纪五六十年代达到顶峰，成为当时隔离式特殊教育的主要做法。特殊教育班数量的增加是由于义务教育的扩大导致学生人数增加。首先，来自不同背景、有残疾和来自移民家庭的儿童数量增加，隔离的特殊教育机构或学校无法满足这些儿童的教育需求。其次，由于大量未成年儿童被"科学地"认定为残疾或"能力低下"，诸如比奈-西蒙智力量表等心理测量工具的引入，导致特殊学生的数量大幅增加。特殊教育班的设立有助于扩大特殊教育的目标群体，并使有特殊需要的儿童的教学方法更加多样化和系统化。从某种意义上来说，特殊教育班是克服特殊学校局限性的一种补偿措施。一方面，它允许在特殊班级中提供特殊教育，另一方面，它确保特殊学校的教师将大部分时间用于主流环境。特殊教育班在一定程度上减少了对有特殊需要的儿童的隔离程度。虽然特殊教育班是走向融合的一步，但它在性质上仍是隔离的，是特殊学校的空间发展和延伸①。特殊教育班与资源教室的区别见表9-10。

表9-10 特殊教育班与资源教室的区别

	特殊教育班	资源教室
服务对象	有残疾证明的特殊儿童	有特殊教育需要的儿童
目的	提高特殊儿童入学率	支持有特殊教育需要的儿童在普通班顺利地学习下去
入班标准	有正式的残疾证明	有正式的鉴定及教育诊断
课程设置	与特殊学校类似	根据学生需要
教材	特殊学校教材	修改、选编或自编的教材
教学方式	集体教学	个别化教学
排课方式	在本班按课表编排上课	抽离式、外加式、抽离式和外加式结合
学习时间长度	全部在校时间	不超过在校时间的一半
任教教师及职责	受过特殊教育专门训练的教师负责几乎全部的教育教学工作	受过特殊教育专门训练的教师负责诊断、教学、评估和咨询的工作

（三）特殊学校模式

特殊学校是为了不同类型的残疾儿童专门设置的教育机构，主要包含盲校、聋校和培智学校三类。特殊学校一般都配有经过系统培训的特殊教育师资和比较齐全的教学及康复设施，因此特别适合中重度残疾儿童的需要。特殊教育学校产生于18世纪欧洲封闭、隔离的特殊教育养护机构。19世纪末20世纪初，随着西方义务教育体系的建立，多数特殊教育养护机构更名为"学校"，以显示人们对传统的带有惩罚性质的、以看护治疗为特点的隔离限制特殊教育养护机构的唾弃。至此，以慈善、医疗模式为基础的传统特殊教育体

① 邓猛，杜林．西方特殊教育范式的变迁及我国特殊教育学校功能转型的思考［J］．中国特殊教育，2019（3）：3-10.

系逐渐向教育模式的公立的特殊学校（班）体系转变。尽管如此，特殊教育学校仍然保留了养护机构的隔离式教育与康复的传统，在相对封闭、隔离的环境下为残疾儿童提供专业化的、集中的教育与康复服务①。因此，特殊学校是特殊教育发展史上比较古老、传统、有效的特殊教育模式，特殊学校有半日制、全日制、寄宿制等多种形式。我国的特殊学校多采用全日制的寄宿制。

特殊学校仍然是隔离式的特殊教育的代表。学生长期在相对封闭的环境中生活和学习，阻碍了他们的社会化和正常化，使他们在离开学校后难以适应社会生活和与普通人交往。因此，在一些经济发达国家，特殊学校的发展逐渐放缓甚至停止，同时也强调将特殊教育纳入主流教育。西欧国家的特殊教育实践表明，传统的特殊教育体系已经基本瓦解，隔离的特殊学校（班）已经或正在消失。

（四）融合教育和随班就读模式

20 世纪六七十年代，随着世界形势的逐步变化，人们越来越关注残疾人的生存权和受教育权，随着技术的进步，许多残疾人的生活得到改善，回归主流社会成为特殊教育的一项重要理念。正常化、回归主流等思想传入美国后，美国自 60 年代末开始在普通学校大量接收残疾学生入学，在经过无数次诉讼、争论、研究、评估之后，美国联邦政府于 1975 年颁布《所有残疾儿童教育法》，以法律的形式总结了美国回归主流运动的成果，提出了个别化教育计划、零拒绝、最少受限制环境等对以后特殊教育产生深远影响的重要法则②。英国是融合教育发展得较早、较快和较好的国家。英国 1978 年的《沃诺克报告》明确提出特殊教育需要的概念，极力强调一体化、回归主流等理念。随后在 1981 年的新教育法案中确认了特殊教育需要的概念及融合教育的原则。20 世纪 70 年代，联邦德国也启动了改革计划，1973 年的报告《障碍儿童及类似障碍儿童的教育服务》建议建立合作学校，并加强主流学校和特殊学校之间的联系。加拿大、法国、澳大利亚、日本和韩国紧随其后，尝试并扩大回归主流运动。可见，一体化、回归主流确实已经成为国际上特殊教育发展的一个共同趋势。在西方社会，一体化分为三种情况：一是教育场所一体化，二是社交一体化，三是功能一体化。教育场所一体化强调有特殊需要的儿童在与正常儿童相同的环境中发挥作用，让残疾儿童回归主流学校和社区。社交一体化是指让残疾儿童在正常教室里与主流儿童一起度过全日或半日活动，促进残疾儿童和普通儿童之间的社会互动和相互理解，提高残疾学生的社会互动能力。功能一体化的层次更高，它涉及残疾儿童在同一教室里学习与主流儿童相同的课程和技能，以提高残疾儿童的学业发展。一体化教育只是试图在当前特殊教育和普通教育的双重体系中，在尽可能少的限制性环境中对残疾儿童进行教育。一旦确定了残疾的类型和程度，只要有可能，就会向残疾学生提供部分或全部的普通教育。

1994 年 6 月 7 日至 10 日，联合国教科文组织在西班牙萨拉曼卡市召开了世界特殊教育大会，颁布了《萨拉曼卡宣言》，明确提出了融合教育的思想。主要内容包括：（1）应

---

① WINZER M A. The history of special education：from isolation to integration［M］. Washington，D. C.：Gallaudet University Press，1993：219.

② 邓猛．融合教育理论指南［M］. 北京：北京大学出版社，2017：42.

强调每个儿童受教育的基本权利；（2）在设计教育制度和实施教育计划时，应充分考虑每个儿童广泛的个人特点、兴趣、能力、学习需要和要求；（3）有特殊教育需要的人应能进入主流学校，并应被纳入以儿童为中心、能满足其需要的教育活动中；（4）各国政府应优先考虑特殊教育，制定法律、法规和计划，保障资金，建立示范方案，提供教师培训，鼓励家长、社区和残疾人组织参与决策，扩大和加强国际合作，有效支持和参与包容性教育，将特殊教育发展为各种教育方案的组成部分；（5）非政府组织应加强与政府机构的合作，让它们更多地参与到有特殊需要儿童的全纳教育的规划、实施和评估中。

与融合教育相对应的是融合学校的建立。《萨拉曼卡宣言》也提到以融合为导向的普通学校是建立融合社会和实现全民教育的最有效手段。融合学校应满足包括特殊需要儿童在内的所有儿童的需要。在一切可能的情况下，所有儿童应一起学习。因此，融合学校需要考虑学生的不同需求、不同的学习方式和学习节奏，并通过适当的课程、学校组织、教学策略和资源的使用，与社区合作，确保所有学生的优质教育。

随班就读是我国 20 世纪 80 年代以来在回归主流等国际先进特殊教育思想影响下，由我国特殊教育工作者根据我国实际情况探索出来的发展特殊教育的有效途径。随班就读是指特殊儿童在普通学校和普通儿童一起接受教育的一种特有形式，如果残疾儿童不是在普通学校的普通班接受教育，就不能称之为随班就读。但是，如果残疾儿童仅仅被安置在普通学校里，却没有得到他们需要的特殊教育，也只能是肢体性随班，实质上违背了融合教育的根本理念。随班就读与西方的一体化和回归主流在形式上有共同之处，但是，随班就读在出发点、指导思想、实施办法等方面具有鲜明的中国特色。

（五）远程教育、送教上门及社区教育

1. 远程教育

新一代网络信息技术不断创新突破，数字化、网络化、智能化深入发展，为特殊教育的远程教育奠定了基础。近年来，特殊教育的设施设备的配置、特殊教育教师及学生信息化技能的培养为特殊教育的远程教育奠定了基础。

特殊教育的远程教育有着一定的优势：第一，以信息技术促进教康医等多领域的深度融合。信息技术作为拓展学生获取信息和知识的手段，可有效弥补学生的身心缺陷，完善他们的能力结构。第二，以信息技术创新促进特殊教育教学的方式方法革命。技术赋能教的方式变革，教师不再是知识垄断者，多样性学生成为课堂教学的资源；技术赋能学的方式变革，可打造沉浸性、泛在性和个性化的学习方式。第三，远程教育打造虚拟现实课堂。充分利用“互联网＋教育”创设“人人皆学、处处能学、时时可学”的智能化教育环境和平台[①]。以技术融合推进信息无障碍交流，可弥合残疾学生学习进程中的“数字鸿沟”[②]。

---

① 黄慧芳，俞树煜，胡艳，等．我国特殊教育信息化建设与应用现状研究可视化分析［J］．现代远距离教育，2015（3）：70－76.

② 邓猛，张玲，张瑶．高质量教育发展背景下我国特殊教育信息化建设的内涵、特征与方向［J］．中国特殊教育，2022（8）：3－10.

但远程教育也存在不足之处。第一，录制在线课程、安排和准备微课都需要一定的时间和精力，当教师制作好再引导学生观看时，他们已经很难完全记得当时的课程内容和学习资源。第二，远程教育需要各种多媒体设备，如电脑、互联网、教育软件等，而不同地区、不同地方的多媒体设备的档次和质量不尽相同，教学资源的差异会直接影响教学效果。第三，特殊儿童往往在教育水平上存在很大差异，这使得远程教育很难实施个性化的教学方法。第四，由于远程教育班级的学生人数众多，教师很难照顾到所有学生，这也影响了教学效果。

2. 送教上门

送教上门是残疾儿童教育安置的一种重要补充形式，指对有重度残疾或多重残疾的儿童（多为生活无法自理、认知功能极为低下）进行上门教育的教学方式[①]。送教上门作为一种特殊的教育安置形式，对保障残疾儿童的受教育权利、推动教育公平具有重要意义。在美国，送教上门没有统一的称谓，一般称为"home teaching""home visits""home/hospital instruction"等，将其定义为"一种为残疾学生或患病学生提供个别化辅导的公共教育服务模式，包含在临时替代性教育安置形式（interim alternative educational setting，IAES）中"[②]。送教上门在美国有着悠久的历史，最早可以追溯到20世纪30年代。1938年，洛杉矶公立学校为无法进入主流学校的有特殊需要的儿童引入了"home teaching"的教育服务。根据佛罗里达州教育部的统计数据，1967年至1978年，全职送教的教师的数量增加了两倍，这表明送教上门模式已经在该地区被广泛接受和使用。随后，特殊儿童委员会（CEC）还专门成立了"送教上门教育者协会"（The Association of Educators of Home Bound/Hospitalized Children），以支持送教上门模式的发展。在美国，送教上门主要有三种类型：（1）一对一辅导，即老师到学生家里直接授课，提供更具有针对性的学习内容和学习方式；（2）小组辅导，即对几个儿童以小组为单位进行教学；（3）远程学习，即利用电子通信和互联网连接技术，让学生远程参与学习[③]。

在我国台湾地区，"送教上门"被称为"在家教育"，是特殊教育安置的一种形式。1982年，台湾将"在家自行教育"定义为由学校或由父母或监护人向当地义务教育委员会申请允许将其子女送到特殊教育机构或在家中进行教育的一种特殊教育。到了1987年，台湾有严重精神残疾的学生和有严重身体残疾的学生可以在家里接受教育。自1993年以来，在家自行教育的服务对象逐渐扩大，包括患有自闭症和其他严重身体和精神残疾的学生、植物人，以及其他类型的身体和精神残疾。考虑到"在家自行教育"可能引起的混淆，"在家自行教育"一词逐渐被"在家教育"所取代。经过几十年的发展，台湾的在家教育实际上已经发展出一个完整的体系，各地方都出台了实施家庭教育的专门措施或计划。在实施方式上，台湾的在家教育主要是由学生家长或监护人向有关部门提出申请，经批准后，由学校或当地教育部门派专门的访学教师对学生进行在家教育。从申请到实施服务，各地方都有严格的规定[④]。

---

① 刘菁菁，关文军．政策工具视角下我国地方"送教上门"政策文本分析［J］．中国特殊教育，2022（11）：25-35.

② 陈会云，曹晓君．特殊教育"送教上门"的问题及对策［J］．现代特殊教育，2017（24）：7-12.

③ 黄儒军，申仁洪，明兰，等．特殊儿童送教上门服务的实践与反思［J］．现代特殊教育，2017（22）：8-14.

④ 董玮倩，昝飞．台湾地区在家教育特殊教育服务概况及启示［J］．基础教育，2011（4）：113-118.

送教上门作为特殊学校教育、随班就读、资源教室之外的特殊教育安置形式，对于特殊需要儿童尤其是中重度特殊需要儿童的控辍保学有着积极意义，是践行教育公平的重要举措，与“零拒绝”“融合教育”等思想的价值取向一脉相承。

3. 社区教育

社区教育是指在社区内开发和利用各种教育资源，提高社区成员的生活质量，促进社区可持续发展。在特殊儿童教育中利用社区教育资源，是对特殊儿童实施融合教育的重要途径，对提高特殊儿童的社会适应能力和职业发展起到了不可或缺的作用。

社区教育的内容主要有三类：生活教育、职业教育、休闲教育。第一，生活教育。在特殊教育学校，教育的目的是让学生“学会生活”，而社区与人们的生活紧密相连。社区教育可以帮助有特殊需要的儿童学习基本的生活技能。第二，职业教育。社区包括各行各业的机构和组织，是为有特殊需要的儿童提供职业教育的重要资源。通过参与社区活动，有特殊需要的儿童可以了解和熟悉不同的职业。第三，休闲教育。社区内有丰富的设施和娱乐场所，是对特殊儿童进行休闲教育的良好资源，有助于实现五育并举和儿童的全面发展①。

不过，目前来看，特殊儿童社区教育中仍然存在一些问题。第一，相关政策法规的约束力不足。第二，政府主导形式的社区教育开展不足。第三，特殊教育学校或机构对社区资源的利用较少，水平较低。为了解决特殊儿童社区教育中存在的问题，政府相关部门、残联、特教学校和机构应联合起来，建立开展特殊儿童社区教育的行动机制。

第三节　特殊儿童的教育转衔

一、特殊儿童个别化转衔的概述

（一）转衔的含义

转衔（transition），为过渡、转介之意。转衔意味着有特殊需要的儿童从一种教育环境转换到另一种教育环境，或者是从一种教育环境转换到工作和独立生活的环境。

1997 年美国《残疾人教育法修正案》承认，向残疾儿童和青少年提供免费适当的公共教育的主要目标是“为他们的就业和独立生活做好准备”。因此，它要求所有年满 14 岁的残疾学生有一个个人过渡计划，作为其个人教育计划的组成部分，为他们今后在社区的生活做好准备。具体来说，对于每一个年满 14 岁（或在个别化教育计划小组认为合适的情况下更早）的残疾学生，个人教育计划应在学生的课程中反映出对转衔服务的需求（例如，参与大学预修课程或职业教育），并应每年更新。对于年满 16 岁的残疾学生，转衔服务还应该包括有关社会服务机构的责任以及如何与之建立必要联系的规定。2004 年，《残疾人教育法》又进行了修订，进一步强调了对转衔计划的要求，并引入了关于转衔服务的新规定。转衔服务是为残疾儿童提供的一套有针对性的协调活动，旨在改善他们的学业和

① 刘春燕．特殊儿童社区教育开展现状及建议［J］．绥化学院学报，2018（1）：15－17.

功能（如社会适应）发展，以促进他们从学校生活顺利过渡到离开学校后的社区活动，包括中学后教育、职业培训、综合就业（包括辅助就业）、成人继续教育、成人服务、独立生活和参与社区活动。

对于特殊学生的转衔，我国相关法律法规做了一些规定。2014 年颁布的《特殊教育提升计划（2014—2016 年）》指出，初步建立学段衔接的特殊教育体系。2017 年颁布的《第二期特殊教育提升计划（2017—2020 年）》进一步提出，给予特殊学生学业、生活上的支持与帮助，做好其教育与就业衔接工作。2021 年颁布的《"十四五"特殊教育发展提升行动计划》进一步明确要求推进特殊学生教育评估、转衔安置和个别化支持等工作规范及时、科学专业地开展，切实做好特殊学生教育与就业衔接工作。

（二）转衔服务的模式

1. 威尔的桥梁模式

1984 年，美国特殊教育和康复服务办公室主任玛德琳·威尔提出了转衔服务的桥梁模式（见图 9-3）。这种模式包含三种水平的服务，分别服务于不同层次的学生，每一种水平的服务都作为连接中等特殊教育课程和成人职业的桥梁，因此被称为桥梁模式。第一水平，是不需要特殊教育转衔服务的学生。这类学生（主要指轻度障碍者）学完适当的中等特殊教育课程后，可以利用普通的、适用于社区正常人的就业服务（如职业中介机构）进行就业。第二水平，是需要限时转衔服务的学生。这些学生的服务一般由职业康复机构或者成人服务中介提供，专门用以帮助残疾青年获得有竞争力且独立的工作。第三水平，是残疾程度较为严重的学生，转衔服务需要持续且长期地进行，为他们提供支持性就业及成人生活的指导与帮助，帮助他们获得适当的工作报酬①。

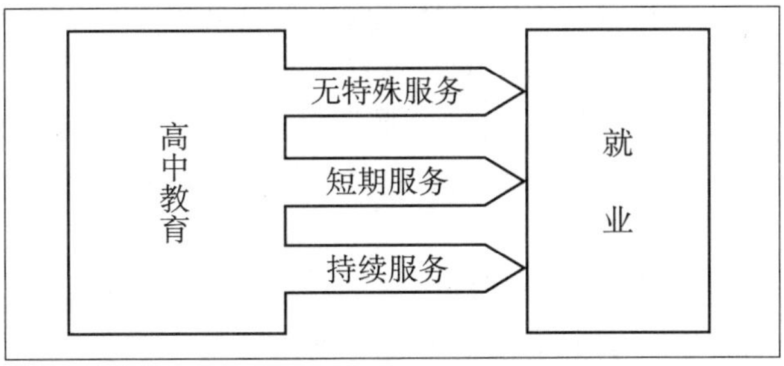

图 9-3　威尔的桥梁模式

资料来源：WILL M. OSERS transition bridge model//OSERS Programming for the transition of youth with disabilities：bridges from school to working life. Washington，D. C.：Office of Special Education and Rehabilitative Services，1984.

2. 哈尔彭的三维转衔模式

虽然威尔提供了从学校向社会工作转衔的桥梁模式，在方向上为特殊儿童的转衔服务提供了指引，但很多特殊教育者认为这种模式太过局限。在此情况下，哈尔彭提出了一个

---

① 徐添喜，苏慧．从学校到就业：美国残障学生就业转衔模式的发展及其启示［J］．残疾人研究，2016（2）：25-29.

三维转衔模式（见图 9－4），将威尔的普通地、限时地、持续地提供支持服务转到帮助残疾学生适应社区中的成年生活中来。该模式包含三个领域：居住环境的质量、适当的社会人际关系网以及有意义的工作。哈尔彭的三维转衔直接影响了美国对于转衔的认识，因为该模式不仅仅关注残疾人的就业，还包含其成年期的所有生活领域。

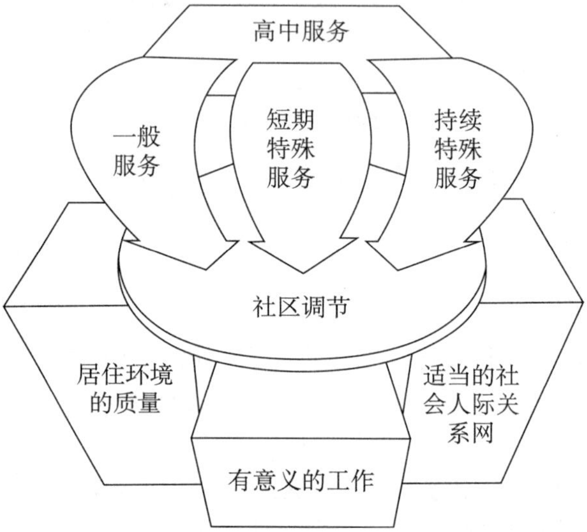

图 9－4　哈尔彭的三维转衔模式

资料来源：许家成．特殊儿童生涯发展与转衔教育［M］．南京：南京师范大学出版社，2015：119．

3. 个别化转衔计划的制订

2004 年美国颁布的《残疾人教育法修正案》将转衔服务定义为一套针对残疾学生的核心服务措施，包括：以结果为取向的服务，提供的一系列帮助学生跨越从学校到社会的整个时期的支持措施。例如，中学后的继续教育、职业培训、综合就业（包括辅助就业）、进一步的成人教育、独立生活或社区参与。服务包括指导、适当的服务、社区经验传授、关注工作进展和其他成人生活目标的实现，同时确保学生获得适当的日常生活技能和功能性职业评估。

《残疾人教育法修正案》同时规定服务要建立在学生的个别化需要基础之上，考虑学生的偏爱和兴趣。该法案还要求高年级学生的个别化教育计划应包括学生从学校向成年生活转衔所需支持的相关信息。提出这一要求的目的是使制订个别教育计划的团队把注意力集中到与学生离开学校后相关的中等教育课程计划上。学生的这一部分个别化教育计划就称为个别化转衔计划。

为了帮助残疾学生在高中毕业后实现他们的目标，转衔计划需要组建一支团队。转衔团队包括特殊教育工作者、普通教育教师、职业教育教师、学校辅导员、相关服务提供者、社区工作者、成年期各服务中介（如职业康复机构）的工作人员，以及高等教育机构的工作人员。所有参与的成员都应建立并保持联系，相互支持。残疾学生个别化转衔计划的制订可分为四个阶段（见图 9－5），即：进行与学生年龄相适应的转衔评估，评估学生目前的表现水平，制定中学后的目标或需要评估的年度目标，制定适当的转衔服务。

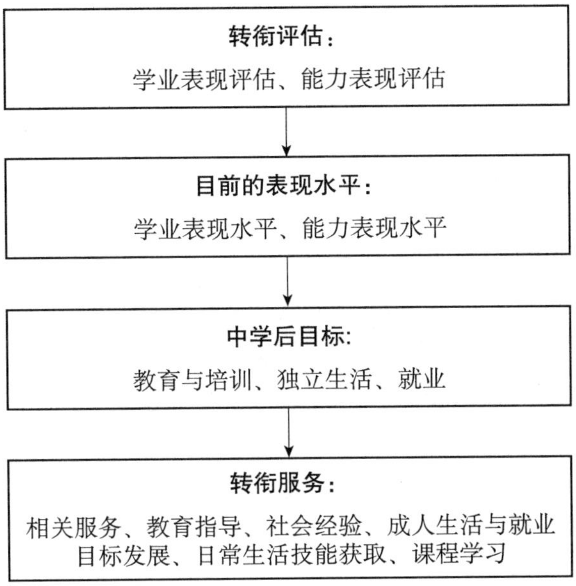

图 9－5　残疾学生个别化转衔计划流程图

二、特殊儿童的幼小转衔

（一）幼小衔接阶段的变化

特殊儿童接受义务教育是人生发展的重要过程。如何保障儿童成功迈出这关键的一步意义重大。儿童从幼儿园阶段迈入小学阶段，生活和学习的各方面都在发生变化。

第一，从学前教育环境走向小学环境。学前教育康复机构和幼儿园的空间比较小，环境布置比较活泼多彩，活动空间与生活空间连接；相对而言，小学空间比较大，环境布置更有结构性，教室与生活用房有一定的距离，男女厕所分开，相对成人化。

第二，从以活动为主变为以学科学习为主。学前康复机构和幼儿园课程更多的是以游戏活动为主，小学开始分科上课，对学习的认知能力有了较高要求，静态学习时间显著增多，对儿童的学习动机、注意力、情绪稳定性等有了更高的要求。

第三，从松散团体变为班级集体。学前教育的儿童班级是一个非正式的集体，结构宽松，人际关系相对宽松；而小学班级是一个正式的集体，有较为严格的组织，人际关系更为紧密，同龄儿童之间相互影响与制约的因素明显。

以上三个方面的变化对特殊儿童来说需要一个适应过程。有学前教育基础的儿童会有更多的经验来适应这种变化，而对于一个缺少学前教育的儿童来说则具有更大挑战性。

（二）幼小衔接的参考性做法

幼小衔接阶段涉及多方参与主体，包含幼儿园教师、小学教师、特殊儿童及其家庭成员等，参与转衔的相关教育人员的责任如下：

（1）参与幼小转衔的相关人员要与家长形成合作。主要步骤包括：和家长讨论转衔至幼儿园所需的程序，与家庭安排会议以计划转衔的过程，提供家庭所关心转衔过程中的法律权益与义务，与家庭确认目标与方法以准备孩子的转衔，提供家庭所需要的服务，确定孩子家庭参与的可行方法，与家长一起检查与更新孩子的个人教育计划。

（2）幼儿园教师、小学教师之间要做好充足准备。幼儿园教师需使用发展技能的检核表去确认孩子是否具备进入班级所需的技能，同时，幼儿园教师还需参观转衔整体环境与相关游乐设施，利用角色扮演和书籍帮助孩子了解下一环境所可能面临的情况。在入学前，小学教师应依儿童需求对教室做出调整，如调整物理环境以让有肢体障碍的学生（使用轮椅或拐杖）有可调整的书桌、走廊或是教室中其他的区域，或是有可选择的座位安排给知觉损伤的学生（如视障或听障）。小学教师的工作主要包括家庭访问、设计个人教育计划目标帮助孩子适应新环境。小学教师还需与幼儿园教师交流教学目标与经验，在原有经验的基础上支持孩子顺利进入小学学习。

三、特殊学生的社会转衔

残疾学生如果不继续学业深造，进入社会中将会独立地或者在他人的支持和服务下生活，找到一份固定的或者暂时性的工作。因此，残疾学生的社会转衔就尤为重要。下面就残疾学生在社会生活中面临的几种就业方式进行探讨。

（一）国际残疾人的就业方式

1. 竞争性就业

竞争性就业是市场经济下最普通、常见的就业方式，主要是指社会公民在普通职场顺利就业，胜任本职工作，保持正常的职业状态。竞争性就业主要由市场需求或雇主需求决定，同时也与就业者个体的就业竞争力息息相关。就业竞争力主要是指个体所具有的与市场需求或雇主需求相匹配的能力。

在普通职场的竞争性就业中，许多残疾人士获得了一份与普通人一样的工作，并且能够很好地胜任本职工作，保持正常的职业状态，有时甚至更具竞争力，如听障人士可以在噪声较大的生产车间工作，而普通人则很难胜任这项工作。

2. 庇护性就业

庇护性就业是为了实现对特殊人群的保护，专门为他们设置的就业渠道。庇护性就业具有保护性、隔离性的特征。庇护性就业的生产力一般较为低下，不具有竞争力。也有少数例外的庇护性就业场所在特定的行业保护下在一定的阶段显现出一定的优势。但是当市场发生变化时，这种特殊化程度较高的就业方式通常难以适应新的形势而出现亏损或倒闭。因此，庇护性就业是一种比较传统的残疾人就业模式。

最常见的庇护性就业是将一类或几类残疾人集中在一起就业并采用一定的保护策略，如通过减免税收或进行行业保护，将其他人群排除在行业外。然而，庇护性就业也因其隔离性、保护性而备受争议。有些庇护性工作的工作场所与社会隔离，导致残疾人被排斥在正常的社会生活之外，不利于促进他们融入社会[①]。因此，政府和社会力量应积极通过各种举措促进残疾人参与市场竞争，将残疾人就业支持的重心从庇护性就业转向支持性就业[②]。

3. 支持性就业

支持性就业是在市场经济条件下出现的特殊人群就业的新方式。它的特点是残疾人按一定比例进入正常就业环境，在常态的竞争性就业环境中实现支持性就业，这有利于残疾人的社会融合[③]。

支持性就业具有两个基本特点：第一，残疾人是在常态人群的竞争性就业环境中实现按比例就业；第二，残疾人在就业的过程中得到来自同事和他人持续的支持。支持性就业因其良好的成效，日益成为特殊人群重要的就业方式。

（二）我国残疾人的就业方式

1. 集中性就业

集中性就业是指某类残疾人相对集中的就业方式。常见的就业领域有肢体障碍者和听觉障碍者的福利企业，盲人按摩等保健和医疗行业，为精神障碍者提供的工疗机构，等等。集中性就业在我国表现出隔离性（按类别集中）和保护性（或福利性）的特点。

2. 分散性就业

分散性就业是指机关、团体、企事业组织、城乡集体经济组织按一定比例相对分散地安排残疾人就业，按比例就业是分散性就业的主要形式之一；分散性就业还包括残疾人个体就业、自主创业和参加农村种植、养殖、家庭手工业等生产劳动及其他就业形式。

3. 居家就业

居家就业是一种在家里完成工作，并通过此种方式获得报酬的工作模式，它涵盖了广泛的行业，如电子信息、互联网服务、创意设计、工艺品、物流管理和外包服务。居家就业模式最初是作为一种新的工作模式在欧洲和美国的大公司中发展起来的，最初目的是适应不断变化的条件和提高个人竞争力[④]。

4. 辅助性就业

辅助性就业是一种集中的就业形式，适用于希望工作但难以进入竞争性劳动力市场的智力、精神和严重身体残疾的人，在辅助性就业下，对他们在工作时间、工作强度、薪酬等方面的安排比普通工人更灵活[⑤]。如固阳县残疾人辅助性就业中心开设了面食加工、特卖场等项目，为不同残疾程度的残疾人设置了相应的工作岗位，满足不同残疾类别、等级

---

① 朱健刚，严国威．从庇护性就业到支持性就业：对广东省残疾人工作整合型社会企业的多个案研究［J］．残疾人研究，2019（1）：48－57.

② 朱健刚，严国威．迈向整体性治理：残疾人实现共同富裕的制度逻辑与现实路径［J］．残疾人研究，2022（4）：3－10.

③ 王丽．共同富裕背景下残疾人就业质量提升研究［J］．邵阳学院学报（社会科学版），2022（6）：72－78.

④ 何侃．“互联网＋”时代肢体残疾人居家就业探析［J］．残疾人研究，2016（2）：5－11.

⑤ 廖娟，满艳秋．促进残疾人较为充分较高质量就业的联合行动：《促进残疾人就业三年行动方案（2022—2024）》解读［J］．残疾人研究，2022（3）：94－96.

残疾人的就业需求①。

5. 灵活性就业

灵活就业是指正规就业以外的就业形式，是指基于工业化和现代化工厂制度，在工作时间、工资、工作地点、保险、雇佣关系等方面与传统主流就业不同的就业形式的总称②。互联网经济和电子商务的发展将为残疾人提供创业和其他灵活的就业机会。残疾人利用包括互联网在内的信息技术实现自主网络创业，如开设网店、创办网站等③。

本章思考题

1. 特殊儿童教育评估的内涵是什么？包含哪些程序？
2. 科学合理的评估对特殊儿童有何意义？
3. 特殊儿童的教育安置形式有哪些？
4. 转衔服务的模式有哪些？

① 李楷谨．固阳县用关爱和保障托起残疾人“稳稳的幸福”［N］．包头日报，2023－05－29（5）．
② 史及伟．促进充分就业的目标及政策选择［J］．浙江学刊，2007（3）：200－203．
③ 邓锁．信息化背景下残疾人就业模式及政策支持路径分析［J］．残疾人研究，2016（1）：62－68．

第十章　特殊教育的组织与管理

学习目标：

1. 掌握我国特殊教育体系的层级结构和安置形式；
2. 了解我国特殊教育学校的发展以及建设情况；
3. 掌握融合教育背景下特殊教育学校面临的挑战及功能转型；
4. 明确特殊教育班级建设的目标和途径。

你是否有过这样的经历？当被问起所学专业时，你回答“特殊教育”后会引来对方一连串的提问，如：特殊教育的教育对象是谁？有专门进行特殊教育的学校吗？特殊教育也像普通教育那样划分学段吗？这些学生中学毕业之后去哪里？特殊教育学校的工作内容有哪些？和普通学校的管理模式一样吗？等等。

以上问题不仅困扰着社会大众，也是特殊教育专业的学生在最初选择这个专业时会产生的疑问。这些问题看似浅显，却关乎着特殊教育的全局发展。因此本章内容将从特殊教育的运行体系和实施场所（学校和班级）两方面来讨论特殊教育是如何组织和进行管理的。

第一节　特殊教育体系概述

特殊教育作为教育事业不可或缺的组成部分，是建设高质量教育体系的重要内容，是衡量一个社会文明程度的重要标志。自 200 多年前第一所特殊教育学校出现至今，特殊教育随着时代的发展和社会的进步也获得了巨大的发展。因此，我们需要站在一个更宏观的立场去看待特殊教育，了解特殊教育的体系结构和特点，从而更深入、系统地把握我国特殊教育的现状和未来。

一、特殊教育体系的内涵

特殊教育体系指特殊儿童接受特殊教育服务的形式，即在何种环境下为他们提供何种教育与服务，包括各级各类特殊教育机构内部的结构及其相互关系与衔接[①]。因此，可以

① 邓猛．关于特殊教育体系发展的思考［J］．现代特殊教育（高教），2016（11）：3－9．

从层次结构和安置形式两个方面来理解特殊教育体系。

特殊教育的层次结构与普通教育类似，包括学前教育、义务教育、高中教育（职业教育）和高等教育四个阶段。特殊教育的安置形式主要指根据特殊儿童的实际情况和需要，决定将他们安置在隔离的特殊教育学校（班）、资源教室还是普通学校中。当前，在我国的特殊教育体系中，每一个层次结构都可以有不同安置形式的选择，可以说特殊教育的层次结构和安置形式是相互交叉、缺一不可的。此外，从管理体制方面看，特殊教育的性质主要是公立教育的，即由政府通过开设公立的特殊教育学校（班）等机构为特殊儿童和家庭提供服务。与此同时，还存在一些社会机构或非学校机构，如私人（孤独症儿童家长居多）创办的特殊教育培训机构、进行康复教育的医疗机构等。

世界各国在构建与发展特殊教育体系的过程中，虽然存在政治、经济、文化等方面的差异，但总体而言还是呈现出一定的共性。首先，特殊教育在安置形式上走向融合已势不可挡。当前西方国家隔离式的特殊教育机构几近消失，将特殊儿童少年安置在普校教室中的理念和做法已成为特殊教育的首选方式。例如，英国早在 1990 年，就仅有 1.3%的特殊儿童少年在特殊教育学校接受教育；意大利 99%的特殊儿童少年都在普通教室学习①；到 2016 年为止，美国 6～21 岁特殊儿童青少年在普通学校就读比例达到 94.8%②。西方传统的特殊教育学校体系的崩溃对我国特殊教育的发展产生了巨大的影响，融合教育也成为当下我国特殊教育领域的热门话题，并且无论在理论还是实践方面都得到了积极探索。其次，随着时代的发展，各国特殊教育的层次结构也不约而同地由着重普及义务教育向促进学前教育和高等教育的两头延伸，同时大力发展职业教育。在融合教育背景之下，许多国家都在倡导特殊教育和普通教育在各个教育层次上相互交叉、渗透与重合③。例如，美国《所有残疾儿童教育法》（1975 年）明确规定："最大限度地将 3～21 岁残疾学生安置在'最少受限制'的教育环境中，使其接受免费、适当的公立教育。"《障碍者教育促进法案》（2004 年）、《每一个学生成功法案》（2015 年）均明确要求普通学校要提高残疾学生的教育质量④。最后，发达国家特殊教育各层次间的过度比较顺畅，为特殊需要学生的转衔服务提供相应的政策法规保障，如美国 2004 年通过的《障碍者教育促进法案》对"转衔服务"这一术语进行了规定，指为残疾儿童开展的一系列有目的的协调性活动，重点要提高残疾儿童的学业和技能两项能力，以帮助其顺利地从学校生活过渡到学校后的社会活动，这些学校后的社会活动包括学校后教育、职业教育、完整的就业（包括支持性就业）、继续教育与成人教育、成年服务、独立生活、参与社区活动等⑤。可以说，西方国家已经形成了从特殊儿童出生直至最终融入社会的一套相对完整、流畅和有效的特殊教育支持服务体系。

总而言之，特殊教育体系是一个相对复杂的系统，由于各国国情不同，特殊教育的管理体制、教育水平和层次以及安置形式等也各有特点，但是从隔离走向融合的趋势是一致的，提高义务教育质量的目标是一致的，重视教育层次向两头延伸的做法是一致的，加强

---

① 邓猛．融合教育背景下的中国特殊教育体系发展研究［M］．南京：南京师范大学出版社，2017.

② 郑伟，张茂聪，侯洁．美国融合教育的政策特点与实施效果［J］．比较教育研究，2019（7）：99－106.

③ 邓猛，王麟．特殊儿童教育［M］．北京：中国广播电视大学出版社，2011.

④ 同②.

⑤ 刘贤伟．美国残疾学生转换服务法规与转换模式的研究：美国保证残疾中学生向学校后过渡对我国的启示［J］．比较教育研究，2008（2）：17－21.

普通教育和职业教育结合的实践是一致的。

二、我国特殊教育体系

随着我国经济的飞速发展和文明程度的不断提高，我国的教育事业迈入了新时代。在这一背景之下，特殊教育也提出了由追求数量向提高质量转变的要求，正如《“十四五”特殊教育发展提升行动计划》的主要目标：到2025年，高质量的特殊教育体系初步建立。

我国特殊教育层次结构与国际发展趋势相一致，即我国特殊教育形成了从学前教育到高等教育的纵向体系，同时在高中阶段开展特殊教育的职业教育。目前，为了建立高质量特殊教育体系，我国在持续提高义务教育普及水平的同时大力发展非义务教育阶段特殊教育。在安置形式方面，我国特殊教育有其独特的发展模式：隔离式的特殊教育体系与融合教育并重，两者平行发展。在西方国家，隔离式的特殊教育形式已逐渐被融合教育所取代；在我国，隔离式的特殊教育体系还在不断完善和持续发展，同时融合教育也已贯穿了从学前教育到高等教育的各个层次。

总之，自新中国成立以来，我国特殊教育在与国际接轨的同时也走出了一条适合我国国情的特色之路。

（一）我国特殊教育的层次结构

1. 学前教育

特殊儿童的学前教育主要指在学龄前阶段（从出生至六七岁）根据儿童身心发展特点，在家庭和社会的影响下对特殊儿童所进行的潜能开发与缺陷补偿活动，从而使学龄前的特殊儿童在德智体美劳等方面获得全面发展。适切、优质的学前教育将给特殊儿童日后康复、学习等打下良好的基础。新时代，党和政府逐渐将我国特殊教育的工作重点向两头延伸，大力发展学前教育就是其中之一。2021年颁布的《“十四五”特殊教育发展提升行动计划》明确提出要“积极发展学前特殊教育……尽早为残疾儿童提供适宜的保育、教育、康复、干预服务”。在国家政策的倡导之下，以及随着人们教育观念的不断更新，特殊儿童的学前教育必然会越来越受到重视。

2. 义务教育

我国1986年颁布的《义务教育法》规定：“地方各级人民政府为盲、聋哑和弱智儿童、少年举办特殊教育学校（班）。”自此，特殊儿童接受义务教育的权利终于得到了法律的明确保障，义务教育则成为我国特殊教育发展的中心任务。此后提高特殊儿童义务教育入学率一直是特殊教育工作的重心：《第二期特殊教育提升计划（2017—2020年）》提出，到2020年，各级各类特殊教育普及水平全面提高，残疾儿童少年义务教育入学率达到95%以上；《“十四五”特殊教育发展提升行动计划》中又将这一目标提高为“2025年……适龄残疾儿童义务教育入学率达到97%”。不过应该注意的是，虽然特殊儿童义务教育普及率已取得了可喜的成绩，但依然没有完全改变特殊儿童少年教育在整个义务教育中的边缘地位和落后现状。

3. 高中及中等职业教育

高中教育在整个教育体系中有着承上启下的作用。一直以来，我国特殊需要学生的高中教育发展并不充分，大部分学生在初中毕业后会直接进入中等职业技术学校，经过三到四年的专业技能学习后尽早走向社会。但是随着特殊需要学生家庭生活质量的改善以及家长教育观念的更新，越来越多的特殊需要学生希望在初中毕业后能继续读高中、考大学。这一现实需求对高中教育的发展提出了新的要求。教育部于 2022 年颁布的《特殊教育办学质量评价指南》，将“加大高中阶段特殊教育学位供给，特殊教育学校增设职教部（班）和普通高中部（班）”作为评价特殊教育质量的一项指标。

与此同时，特殊需要学生的中等职业教育也越来越受到政府和社会的重视。《世界残疾报告》指出：“教育对特殊儿童具有极大的重要性，职业教育对于残疾人平等融入社会和参加社会工作也起到重要作用。”① 目前，我国已经初步形成了以特殊教育学校的职业教育和残疾人的职业培训为主体的特殊职业教育体系②。而特殊教育学校的职业教育比职业培训受众更多，范围更广，课程体系更系统③。但总体而言，残疾人中等职业教育的规模依然较小。因此，我国特殊教育发展进入新时代后，在已基本实现义务教育普及的前提下，“着力发展以职业教育为主的高中阶段特殊教育”则成了特殊教育体系建设的应有之义。

4. 高等教育

特殊需要学生接受高等教育的权利在《残疾人保障法》中得到明确保障：高等学校，必须招收符合国家规定的录取要求的残疾考生入学，不得因其残疾而拒绝招收。在法律的保驾护航之下，残疾人的高等教育也得到了一定程度的发展。目前我国残疾人高等教育招收对象主要为视力残疾、听力残疾和肢体残疾三类学生。肢体残疾学生通常进入普通高等院校就读；视力残疾和听力残疾学生大部分通过“单考单招”的形式进入高等特殊教育学院（系、专业)。自 2014 年第一位全盲考生使用盲文试卷参加普通高考以来，每年均有数量不等的符合高考报名条件的残疾考生，通过申请高考“合理便利”来参加普通高考，最终进入普通高等院校。《“十四五”特殊教育发展提升行动计划》中也提到要完善残疾学生就读普通高校措施，从而让更多残疾学生能在普通高校接受高等教育。

在高校专业设置方面，传统的针对视力残疾学生的针灸推拿、音乐专业等，针对听力残疾学生的计算机、艺术设计专业等，已经无法满足当前社会中这两类残疾学生的发展需求了。无论是视力残疾还是听力残疾学生，都应有更多样、更与时俱进的专业供其选择。高等特殊教育学院（系、专业）要加强建设，充分了解残疾学生的发展需要，增设适合他们就读的专业。

此外，残疾大学生在完成学业之后，继续深造攻读研究生及以上学历的人数较少。这一方面是由于我国可以接纳残疾人的高等院校大多停留在专科和本科层次，另一方面也和研究生统考的支持服务体系未能满足残疾大学生的考试需要有关。随着国家社会经济的发展和残疾人生活水平的提高，越来越多的残疾大学生在学术造诣上也有了更高、更长远的追求，因此我国高等特殊院校需要提高办学层次，同时政府层面要继续加大对残疾人研究

---

① 张煜晨．韩国残疾人职业教育发展现状及启示［J］．现代特殊教育（高教），2015（3）：71－77.

② 范莉莉，田智．江苏省特殊职业教育优质均衡发展的策略［J］．绥化学院学报，2014（10）：140－144.

③ 秦铭欢，赵斌，吴婕．特殊教育学校的职业教育实施个案研究［J］．绥化学院学报，2019（1）：106－109.

生统考支持的强度①。

（二）我国特殊教育的安置形式

1. 学前教育的安置形式

目前我国特殊幼儿的安置形式主要有隔离式的学前教育机构和融合幼儿园，具体包括特殊幼儿教育机构、聋儿康复机构、特殊教育学校的学前班以及普通幼儿园融合班。其中聋儿康复机构是数量最多、发展最为成熟的一类，相比之下其他类型的教育机构则发展较为缓慢。针对学前教育发展相对滞后的情况，我国2014年颁布的《特殊教育提升计划（2014—2016年）》明确要求各地要将残疾儿童学前教育纳入学前教育发展规划之中，并采取措施积极支持与创设条件让普通幼儿园接纳残疾儿童。《第二期特殊教育提升计划（2017—2020年）》进一步要求在特殊教育学校和有条件的儿童福利机构、残疾儿童康复机构普遍增加学前部或附设幼儿园。在有条件的地区要设置专门招收残疾孩子的特殊幼儿园。在融合教育不断发展的背景之下，《"十四五"特殊教育发展提升行动计划》再次提出了鼓励普通幼儿园接收具有接受普通教育能力的残疾儿童就近入园随班就读。从以上国家政策要求可以看出，我国特殊幼儿学前教育的安置形式正在以隔离式和融合式相结合的模式向前发展。

近年来，孤独症儿童的出现率不断上升，引起了社会各界的广泛关注，因此学龄前孤独症儿童教育康复机构大量涌现。另外，在学前融合教育政策的推动下，越来越多的孤独症、发育迟缓等特殊儿童开始进入普通幼儿园接受教育。学前融合教育的安置形式逐渐成为更多特殊幼儿接受学前教育的选择。

2. 义务教育的安置形式

1988年，全国第一次特殊教育工作会议明确指出，适合我国国情的特殊儿童少年义务教育发展格局为：以一定数量的特殊学校为骨干，以大量设置在普通学校的特殊教育班和吸收能够跟班学习的残疾儿童随班就读为主体的残疾儿童少年教育②。在此基础上，通过几十年的实践探索，《第二期特殊教育提升行动计划（2017—2020年）》提出了以普通学校随班就读为主体、以特殊教育学校为骨干、以送教上门和远程教育为补充的具有中国特色的残疾儿童少年义务教育安置形式。从以上表述可以看出，我国特殊儿童少年在义务教育阶段有三种主要安置形式，即特殊教育学校、特殊教育班和随班就读。除此之外，对于重度、极重度或多重残疾儿童也采取送教上门、远程教育的形式。

（1）特殊教育学校。

特殊教育学校的安置形式是一种比较传统的特殊教育模式，即为不同类型的特殊儿童，尤其是中重度特殊儿童少年设置的专门教育机构，在我国一般由政府组织开办，也有企事业单位或者社会团体依法开办的。我国特殊教育学校的学制一般为九年一贯制，主要招收对象为视力残疾、听力残疾和智力残疾儿童少年，分别对应盲校、聋校和培智学校，有的地区还有综合类特殊教育学校（中心），同时招收两种或三种特殊儿童。

---

① 王振洲．我国高校残疾人招生考试政策的历史、现状及趋势［J］．残疾人研究，2019（3）：46－55．

② 朴永馨．特殊教育辞典［M］．北京：华夏出版社，1996：36．

（2）特殊教育班。

我国 1986 年颁布的《义务教育法》规定：地方各级人民政府为盲、聋哑和弱智儿童、少年举办特殊教育学校（班）。这一规定从法律角度确立了特殊教育学校与特殊教育班两种办学模式。特殊教育班是指在普通学校中专为特殊儿童开设的班级，是特殊教育的重要实践方式之一。特殊教育班的教师要求接受过特殊教育的相关培训，他们要根据特殊儿童的不同教育需要，采用有针对性的教学方法，进行个别化教育。特殊儿童在特殊教育班里学习，但是要和普通儿童一起参加学校的活动，从而提高特殊儿童的社会适应能力。

（3）随班就读。

20 世纪 80 年代，随班就读模式开始在我国出现，并逐渐发展成我国特殊教育的重要办学形式。随班就读指在普通教室中安置特殊儿童，让其与普通儿童一起学习和活动，教师需要根据随班就读学生的特殊教育需要给予个别教学和辅导。随班就读这一安置形式具有国际性与民族性并存的特点，它既直接受到国际一体化和回归主流等特殊教育思想的影响，又充分考虑到我国的社会文化、经济、教育等实际条件[①]。

进入新时代，随班就读模式迈向了“公平有质量”的融合教育新发展阶段。2020 年，教育部出台的《关于加强残疾儿童少年义务教育阶段随班就读工作的指导意见》强调“科学评估、应随尽随”的安置原则。2021 年的《“十四五”特殊教育发展提升行动计划》在此基础上确立了“科学评估、合理安置、应随尽随、就近就便入学”的安置原则。可见，随班就读这一安置形式在最大限度地促进融合教育的发展。

3. 高中（职业）教育的安置形式

目前，针对特殊需要学生的高级中等教育主要有两种形式：一种是为特殊需要学生专门开设的高中学校（部、班），如许多省市都有的听障高中部、视障高中部等，主要满足听力残疾、视力残疾等类型学生的高中阶段文化课的学习需要，为这些学生未来考大学做准备；另一种是实施职业教育的特殊中等专业学校，这些学校少数是独立设校，如上海聋哑青年技术学校、陕西省城市经济学校等，多数附设在实施义务教育的特殊学校的职业高中部[②]。中国残联统计数据显示，2021 年，全国共有特殊教育普通高中（部、班）117 个，在校生 11 847 人，其中聋生 7 274 人、盲生 1 761 人、其他 2 812 人。残疾人中等职业学校（班）161 个，在校生 17 934 人。

4. 高等教育的安置形式

当前我国残疾学生主要通过三种方式接受高等教育：（1）参加普通高考，考入普通高校接受融合教育，或在普通高校中专门为残疾学生开设的专业就读；（2）通过单考单招，在专门为残疾学生设立的特殊教育院（系）学习；（3）参加成人高考，通过函授、电大、夜大等形式接受高等教育[③]。当前融合教育模式成为我国残疾学生高等教育的主流模式，

---

① 张玲，邓猛．新时代我国融合教育发展的本土模式与实践特色：基于《“十四五”特殊教育发展提升行动计划》的解读［J］．残疾人研究，2022（3）：40－47.

② 盛永进．特殊教育学基础［M］．北京：教育科学出版社，2016：175.

③ 陈琴霞．新中国 70 年残疾人高等教育：突破与挑战［J］．现代特殊教育（高教），2019（18）：19－26.

具体体现在：实施高等融合教育的学校范围逐渐扩大，招收残疾学生的专业逐渐增多[①]。据中国残联统计，截至2021年，全国有14 559名残疾人被普通高等院校录取，2 302名残疾人进入高等特殊教育学院学习。

自改革开放以来，我国在不断探索适合中国国情的特殊教育体系建设之路，几十年筚路蓝缕，借鉴创新，至此我国特殊教育体系的构成要素已基本具备。在层次结构方面，逐步形成了结构完整、衔接合理的特殊教育纵向层次结构；在安置形式方面，在重视建设特殊教育的发展格局、提供多种形式的特殊教育安置服务的基础上，发展出了纵横贯通、多元融合的中国特色。可以说，我国特殊教育体系从传统的“中间大、两头小”（义务教育大、学前及高中以上阶段教育小）的“纺锤形”模式已经发展为结构更加合理、衔接更为流畅的“梯形”模式（见图10-1）[②]。

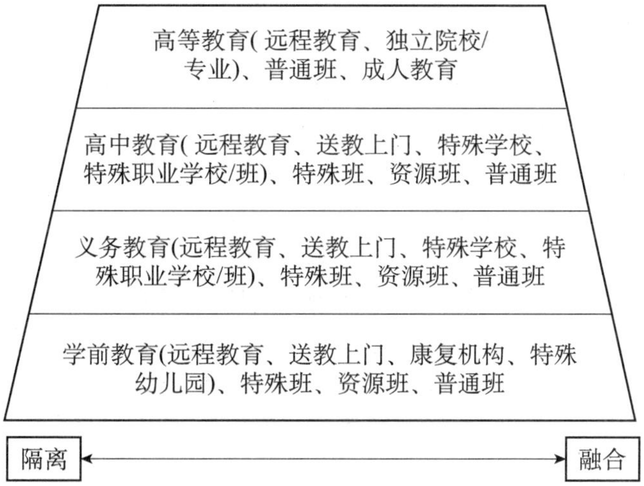

图10-1　新时代我国特殊教育体系的“梯形”模式

第二节　特殊教育学校的管理与转型

在我国特殊教育体系构建与发展过程中，特殊教育学校始终发挥着关键作用，因此其建设管理和组织运行也一直是特殊教育领域理论研究与实践探索的焦点。虽然西方国家的隔离式特殊教育学校已经普遍萎缩，但我国却形成了普特并重的发展局面，特殊教育学校数量在持续增加。《“十四五”特殊教育发展提升行动计划》还提出要加强特殊教育学校建设，鼓励20万人口以上的县（市、区、旗）办好一所达到标准的特殊教育学校，并结合孤独症儿童教育基础相对薄弱的实际，合理布局孤独症儿童特殊教育学校，鼓励省会城市、计划单列市及较大城市建设孤独症儿童特殊教育学校。由此可见，特殊教育学校还将

① 张兴华，张玉龙，朱光燕．新中国70年残疾人高等教育的探索历程及其展望［J］．中国高等教育，2019（19）：10-12.

② 张玲，邓猛．新时代我国融合教育发展的本土模式与实践特色：基于《“十四五”特殊教育发展提升行动计划》的解读［J］．残疾人研究，2022（3）：40-47.

继续在我国特殊教育体系中起示范与骨干作用。

一、特殊教育学校的发展概况

特殊教育学校是特殊需要学生接受正规、系统教育的主要场所。我国特殊教育学校始建于19世纪后半叶，多由西方教会或私人创办。其办学模式是隔离式的，提供基于医疗与慈善的教育和训练，没有形成系统的教育制度，游离于国民教育体系之外[①]。新中国成立以后，原有的特殊教育学校得以保留，但随着特殊教育被正式纳入国民教育体系，这些学校逐渐被政府接管。因此，特殊教育也从原来的慈善事业发展为国民教育事业[②]。这一时期，特殊教育学校是特殊儿童接受教育的唯一正规场所，但是却存在数量少、发展慢、教学内容单一、师资严重不足等缺点。

改革开放以后，特殊教育学校数量与功能开始发生巨大变化。截至1987年，全国共有各类特殊教育学校504所，在校学生52 876人，专任教师9 480人[③]。盲人学校、聋人学校和培智学校的分类形式也基本形成。1988年，第一次全国特殊教育工作会议制定了"逐步形成以一定数量的特殊教育学校为骨干，以大量特教班和随班就读为主体的残疾少年儿童教育格局"的特殊教育体系构想，特殊教育学校的建设从此进入了快速发展阶段。在各项国家政策的支持之下，特殊教育学校数量激增。截至2011年，全国共有特殊教育学校1 767所，在校学生39.87万人，专任教师4.13万名[④]。除了数量上的增加之外，特殊教育学校类型也得以拓展。1990年以后，全国各地陆续出现了综合性特殊教育学校，开始招收两类或两类以上残疾类型的特殊需要学生。特殊教育学校的招生对象不再局限于传统的视力残疾、听力残疾、智力残疾三类，其他如孤独症、脑瘫和多重障碍类型的特殊儿童也逐渐进入特殊教育学校接受教育[⑤]。

进入新时代，特殊教育事业发展迎来了新起点。2014年、2017年和2021年的三期特殊教育提升计划均对特殊教育学校的建设有明确的要求。2017年修订的《残疾人教育条例》对特殊教育学校的主管部门、入学流程、教育方式、课程标准等进行了全面指导。同时，随着特殊儿童义务教育普及率的提升，特殊教育学校的发展重心也从提高数量转为追求质量。从2012年到2021年，特殊教育学校数量增加了521所，在校生人数达到91.98万，共有专任教师人数6.94万。除此之外，特殊教育学校的建设标准、特殊教育教师的专业标准以及三类特殊教育学校课程标准的相继出台，都在进一步规范着特殊教育学校的建设和发展，保证其在特殊教育体系中继续发挥骨干作用。

---

① 邓猛，杜林．西方特殊教育范式的变迁及我国特殊教育学校功能转型的思考［J］．中国特殊教育，2019（3）：3－10．

② 秦铭欢，黄永秀．新中国七十年特殊教育学校发展回顾与展望［J］．现代特殊教育（高教），2019（20）：9－16．

③ 国家教委计划财务局．中国教育统计年鉴1987［M］．北京：北京工业大学出版社，1988：86．

④ 2011年全国教育事业发展统计公报［EB/OL］．http://www.moe.gov.cn/srcsite/A03/s180/moe_633/201208/t20120830_141305.html．

⑤ 秦铭欢，黄永秀．新中国七十年特殊教育学校发展回顾与展望［J］．现代特殊教育（高教），2019（20）：9－16．

二、特殊教育学校的管理与建设

（一）特殊教育学校的管理

我国公立特殊教育学校主要有聋校、盲校、培智学校和综合性特殊教育学校。针对不同类型的特殊需要学生，各类学校在管理方面也有所不同。

我国大部分盲校和聋校是寄宿制学校，盲校的封闭性通常更强。但随着时代的发展和家长教育观念的转变，盲校中走读的学生也越来越多。培智学校一直以来都实行走读制，这是由于智力障碍学生的情况更为复杂，住校会增加安全隐患。

盲校、聋校在教学管理方面与普通学校比较相似，除了有针对视力残疾学生和听力残疾学生的特殊课程，如定向行走（盲校）、沟通与交往（聋校）等，其他在课程设置、课时安排、教学常规、在校时间、校园活动等方面都遵循我国义务教育学校的一般管理方式。培智学校在这些方面则有其特殊性：课程以教授学生生活技能为主，通常一节课 30 分钟；教学有集体教学和个别化教学两种形式。集体教学的课堂中有一名主讲教师，同时还配备一名协课教师；个别化教学是各个学校根据本校学生的实际情况，对学生的某些能力进行一对一训练。

由于服务对象不同，各类学校对教师的管理也不尽相同。例如培智学校一般由两名教师负责管理一个班级，教师的办公桌设在班级教室里，两名教师必须全天候注意学生们的学习、活动情况，以防意外发生。对培智学生的评价也不同于一般的纸笔测验，而是教师对本班学生逐一进行考评。而盲校、聋校会组织纸笔测试，因为这两类学生都有参加升学考试（普通高考或单考单招）的需求。相应的，这两类学校的教师大多需要有学科背景，学校在教师管理方面也更加重视文化课教学。

特殊教育学校通常是九年一贯制学校，而且随着教育层级向两头延伸，很多特殊教育学校逐渐形成了十五年一贯制体系，有的学校还开设了特殊教育职教部（班）。因此，特殊教育学校的学生年级跨度大、学习需求不同、未来规划各异，以及多重残疾学生的增多等，都增加了学校的管理难度。所以特殊教育学校的管理体制要健全、高效，管理制度要细致、科学，管理方式要充满人文关怀。

（二）特殊教育学校的建设

1. 无障碍设施建设

特殊教育学校校园无障碍设施的建设与改造，主要针对校园道路、洗手间、电梯（升降设备）、建筑物出入口、室内出入口、室内通路走廊、教室环境、轮椅座位、楼梯、停车位等硬件设施，同时也包括对校园内的信息无障碍等软件设施的建设与改造。特殊需要学生的残疾类型不同，需要建设和改造的设施也有所区别。

（1）针对视力残疾学生。视力残疾学生视觉功能受损、行动不便，并且需要听觉、触觉等感官进行代偿，因此学校的建设和改造要以保证学生能在校园中安全、独立、准确地行走为前提，配备大量导盲设施，如盲道、不同材质的路面、墙面上的触摸装置、语音提示设备等；校园和室内的物理环境应布置得尽量简单、安全；楼梯、走廊、坡道等需装备扶手，并减少玻璃制品或锋利材质材料的使用。针对低视力学生的视觉特点，校园和室内环境、物品的颜色搭配应当鲜明醒目，台阶上要有明确标识，玻璃门上要贴警示带，室内的桌面照度不应低于400勒克同，还需为低视生配置局部照明灯具等。

（2）针对听力残疾学生。这类学生对学校内物理无障碍设施的需求比较小，因此聋校的校园环境最接近普校，二者的差别主要体现在聋校中需要大量的视觉提示装置，如教室中增设信号灯，校园中的指示装置（图标）要足够、明确，尽量安装大屏显示设备，宿舍宜设置震动呼叫器，等等。

（3）针对肢体残疾学生。下肢残疾学生行动不便，需要借助轮椅和拐杖等辅助用具，因此在进行校园建设和改造时，要重点关注无障碍坡道、扶手、栏杆、低位装置以及升降电梯等。上肢残疾学生在学习和生活方面遇到的障碍更多一些，学校可以根据实际情况，为这类学生配备适合的辅具，如较低的桌椅等。

（4）针对精细动作障碍学生。此类学生由于运动神经失调，在完成精细动作时会遇到障碍，例如在做开关门窗、电源、水龙头，插拔插头等动作时比较困难。因此学校可以适当对校园内的设备进行无障碍改造，如安装感应式水龙头、声控开关、杠杆式门把手等。

（5）除了针对以上几类学生外，特殊教育学校还要考虑到一些精神障碍学生可能会出现自残、攻击性行为、意外跌倒等危险情况。因此，校园中的安全性设施一定要配备齐全，同时还要有各种安全预案，以防意外发生。

2. 校园文化建设

校园文化是在学校环境中，由学校管理者和广大师生员工在教学、科研、生产、生活等各个领域的相互作用中创造出来的一切物质的和精神的产物。校园文化可以分为四个层次：物质文化、行为文化、制度文化和精神文化。其中物质文化是学校文化水平的外显标志；行为文化主要体现在日常校园生活中；制度文化起到规范学校活动的作用；精神文化包括心理和观念两方面，是校园文化的核心，也是建设校园文化的关键部分①。对于特殊需要学生而言，特殊教育学校是他们学习生活最主要的场所，而且鉴于特殊学校九年甚至十五年一贯制的学制特点，很多学生的人生观和价值观的形成就是在一所学校中完成的。因此，特殊教育学校的文化建设应创设一种不仅能陶冶师生员工的情操，培养学生健康向上的人格，而且通过规范师生的日常行为，给特殊需要学生提供最少受限制的环境，从而最大程度地促进特殊需要学生发展的校园氛围②。

首先是物质文化建设。校园物质文化包括各种教学、科研、生产和生活资料以及校园环境。特殊教育学校中的物质文化建设主要集中在校园中的无障碍设施、体现办学理念的学校标志、最少受限制的环境、满足不同类型特殊需要学生学习需求的教学科研活动等。很多特殊教育学校很重视在校园中布置具有激励作用的人文景观，以及对特殊需要学生进行各种康复和补偿训练的现代化功能教室。

其次是行为文化建设。校园行为文化指校园主体的各种行为方式，以及在此基础上形成的校风和班风，核心是教风、学风。特殊教育学校的校风重在鼓励特殊需要学生乐观向

---

① 葛金国，石中英．论校园文化的内涵、特征和功能［J］．高等教育研究，1990（3）：60－64.

② 冯会，雷江华．特殊教育学校文化建设：困境与出路［J］．绥化学院学报，2014（10）：126－131.

上、自立自强，校园氛围更为包容和友好。特殊教育学校对教师的基本要求是有爱心和耐心，教育教学秉持“开发潜能、补偿缺陷”的理念，强调分类分层、因材施教。在这样的环境之下，特殊教育学校形成了“不唯分数论”的学风，更注重特殊儿童自信、自立和自强品质的培养。

再次是制度文化建设。校园制度文化主要包括各种规章制度、教育教学的运作模式、师生员工行为规范等。随着我国特殊教育的发展以及国家对特殊教育的关心和重视程度的增加，各个特殊教育学校逐渐脱离了从前“躲进小楼成一统”的状态，正在积极吸收、借鉴普通学校甚至国外先进的管理制度，因此特殊教育学校的制度文化建设也在逐渐规范化，同时根据服务的特殊需要学生的实际情况，探索更有针对性的特色管理制度。

最后是精神文化建设。校园精神文化是校园文化最深层的内容，包括文化观念、历史传统，是校园大多数主体认可、遵循的共同思想意识、价值观和生活信念。特殊教育学校不同于普通学校的精神文化的内核在于，特殊教育学校作为残疾儿童少年聚集和学习的场所，必然存在着残疾人文化①，而这种文化应当得到尊重。因此，特殊教育学校的精神文化建设也应该包括残疾人文化的发展。此外，残疾人文化在一定程度上丰富了校园文化的多样性，能推动校园文化的建设，进而对特殊需要学生的身心健康发展产生积极的作用②。

知识卡片

残疾人文化

残疾人文化是人类在社会历史活动过程中形成的对于“残疾”的认识与解读，也就是对于人类普遍经历的健康受损的磨难的文化透析，包括相关的习俗、社会意识、制度、法规等内容。健全人与残疾人一样都会体验到“残疾”，都会经历突如其来的磨难，因此残疾人文化还包括了健全人如何看待残疾人、如何与残疾人交往，以及社会对于残疾人的理解、接纳、扶助。

3. 资源教室建设

资源教室是为有特殊需求的学生提供支持和帮助的特定场所，在我国主要用来对随班就读的学生进行辅导和帮助，而特殊教育学校资源教室的建设则较少，但资源教室不仅仅开设在普通学校。随着特殊教育事业的发展，特殊教育学校的办学条件有了较大改善，同时中重度残疾学生和多重残疾学生的人数也不断增加。因此为了满足教育对象多样化、个别化的需求，特殊教育学校同样需要资源教室的支持。而且特殊教育学校原本就设置了很多功能教室，比如感觉统合训练室、视功能训练室、心理咨询室、语言治疗室等，学校可以在这些功能教室的基础上建立资源教室，使其具备部分资源教室的功能，继而开展对学生的支持和辅导工作③。

---

① 邹广文，宁全荣．论残疾人文化及其当代视阈［J］．残疾人研究，2013（3）：6－9.

② 颜廷睿．特殊教育学校校园文化建设思考［J］．绥化学院学报，2014（4）：143－145.

③ 陈丽江．特殊教育学校资源教室的建设［J］．中国特殊教育，2005（8）：3－6.

近年来，受到医教结合的影响，特殊教育学校日益关注资源教室的康复功能。资源教室的建设可以在传统的康复类与学科补救类资源教室的基础上，通过课程设置、资源配置、教室命名等方面的独特性来凸显资源教室的服务特色，最终形成由多间不同的教室按照课程设置组合的资源教室群（见图 10－2）。为了最大限度地满足特殊需要学生的教育需求，学校可以划定一个时间，根据每个学生的独特需要，施行走班制，灵活地安排学生参加不同的资源课程[①]。例如，脑瘫儿童可以进入康复类资源教室进行运动类康复训练，不同学习层次的学生可以进入学科辅导类教室进行学科补救，全校学生可以根据学习兴趣选择特色类资源教室进行学习拓展，等等。

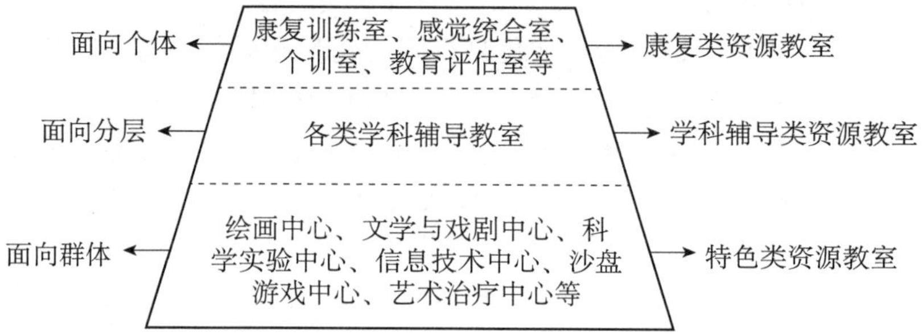

图 10－2 资源教室群

三、特殊教育学校的功能转型

随着融合教育在西方社会的深入发展，特殊教育学校、特殊教育班、资源教室等逐渐退出特殊教育领域的中心舞台。大多数西方国家传统意义上的特殊教育学校几近消亡，即使办学历史悠久、专业影响力较大的特殊学校得以保留，但其地位和功能都已发生了彻底的改变。完全融合（full inclusion）成为最主流的趋势[②]。而我国特殊教育的发展路径却与西方截然不同，目前我国已建成“以普通学校随班就读为主体，以特殊教育学校为骨干，以送教上门和远程教育为补充，统筹推进，普特融合的特殊教育体系”[③]。由此可见，特殊教育学校在我国特殊教育体系中依然处于关键位置，并且因其丰富、专业的资源优势，成了融合教育的基础与依托。因此，我国的特殊教育学校并非融合教育的对立面，而是其一部分。那么，在融合教育背景之下，特殊教育学校也应当从单一残疾人教育机构向综合化发展，扩展其多样化功能。

（一）发挥教育康复的综合功能

当前，视障、听障学生人数在急剧减少，传统盲校、聋校面临着中重度、多重障碍学生相对增多的现状。因此，特殊教育学校要为多种类型的残疾儿童少年，尤其是为孤独症、多重障碍、严重发展性障碍等儿童少年提供教育和服务。这就要求学校的人才培养目

---

① 王琳琳，马滢．我国融合教育资源教室建设与运作的思考［J］．残疾人研究，2019（1）：25－31.

② 邓猛．双流向多层次教育安置模式、全纳教育以及我国特殊教育发展格局的探讨［J］．中国特殊教育，2004（6）：3－6.

③ 陈如平，安雪慧，张琨．构建优质均等的基本公共特殊教育服务体系［J］．中国特殊教育，2022（5）：3－10.

标定位、课程与教学体系、学习资源的开发与利用、教师素养结构保障、教学绩效的评估、实践运作机制等都要进行相应调整①。学校的服务内容要走向多样化，提供包括教育、康复、保健、职业训练、生涯规划、成人生活适应等综合化内容。与此同时，学校要积极响应特殊教育阶段向“两头延伸”的要求，着力发展学前教育和以职业教育为主的高中阶段教育。

（二）成为地方特殊教育发展指导中心

特殊教育学校要在当地特殊教育发展中发挥示范、引领、辐射的作用。具体表现在：协助教育行政部门规划该地区特殊教育发展格局，对残疾儿童少年进行评估和鉴定，为残疾儿童家长提供咨询和指导服务，为无法接受学校教育的特殊需要学生组织并实施送教上门服务，对当地随班就读、特教班、资源教室等多种形式的特殊教育形式进行综合管理与指导，对特殊教育与社区、社会协调发展进行统筹规划，对特殊需要学生的生涯规划进行跟踪指导和服务。总之，特殊教育学校不再单纯是以往只招收障碍学生进行教育教学的机构了，而要成为当地特殊教育发展的综合服务指导中心。

（三）成为当地融合教育资源与支持中心

融合教育原则在我国特殊教育中已得到确立，那么特殊教育学校除了需要转型之外，还应当成为推动区域融合教育发展的资源与支持中心，这也是国际通行的做法。在我国，特殊教育学校往往是当地唯一具备特殊教育专业力量的机构，因此也是融合教育专业支持的主要来源。这些支持和服务包括：组织与实施对残疾儿童少年的专业诊断与评估，这是融合教育发展的前提条件；指导普通学校建设和使用资源教室，为融合教育提供物质保障；对普通班教师进行相关培训和巡回指导，提高教师应对特殊需要学生的能力；进行特殊儿童和健全儿童的家长培训，使他们成为融合教育的有力支持者；承担起整合相关服务（如听力训练、早期鉴定、医疗服务、定向行走训练、职业咨询等）的责任，为家长和普通学校提供相关服务支持②。

（四）建立明确的权责体系

虽然近些年国家十分重视特殊教育的发展，但是必须承认，现阶段我国特殊教育学校的办学基础依旧薄弱，专业能力尚且不足。因此，在特殊教育转向高质量发展的关键时期，特殊教育学校必须不断加强自身建设，完善管理机制，这样才能顺利实现学校的功能转型。当前，特殊教育学校迫切需要建立明确的权责体系，以便为发展公平优质的特殊教育奠定基础。一是学校应取得特殊教育的行政管理权。这就要求当地教育行政部门将特殊教育的行政管理权（至少是部分行政管理权）授予特殊教育学校。二是学校应拥有专业指导权。特殊教育学校要强化自身专业能力，培养专业的师资队伍，对本地区特殊教育和融合教育工作进行科学指导，提供专业建议和相关培训。三是学校应争取督导权。本地区特殊教育以及融合教育工作应该由特殊教育学校进行监督、检查、评估和指导，要建立有效

---

①② 申仁洪．融合教育背景下的特殊教育学校转型发展：方向与路径［J］．现代特殊教育（高教），2017（5）：16－26．

的问责机制，真正保障和提高特殊教育质量[①]。

第三节　特殊教育的班级

班级是学校开展教育教学活动的基本单位，班级建设的好坏决定了学生进行良好学习的程度。在特殊教育中，班级对于特殊需要学生更是具有最直接、最密切和最持久的影响。因此，加强特殊教育的班级建设对于促进特殊需要学生的身心健康发展具有十分重要的意义。

一、特殊教育班级概述

（一）班级规模

由于特殊教育的对象情况复杂多样，个体差异较大，为了满足特殊需要学生的个别化教育需求，特殊教育学校中的班级规模需要控制在一定范围内。我国《特殊教育学校暂行规程》指出：特殊教育学校应根据有利于教育教学和学生心理健康的原则确定教学班学额。《全日制聋校课程计划（试行）》规定，义务教育阶段聋校班额以 10～14 人为宜。《全日制弱智学校（班）教学计划》规定：由于弱智儿童个别差异较大，弱智学校（班）的班级人数不宜过多，每班学生以不超过 12 人为宜。《盲校义务教育课程设置实验方案》也规定：盲校每班班额以 8～12 人为宜，如有视力残疾兼多重残疾学生，班级人数可适当降低。《残疾人中等职业学校设置标准》规定，残疾人中等职业学校班额为 15～20 人。

针对特殊儿童少年在普通学校班级随班就读的情况，1994 年国家教委发布的《关于开展残疾儿童少年随班就读工作的试行办法》规定：在普通学校随班就读的残疾儿童少年每班以 1～2 人为宜，最多不超过 3 人。有随班就读儿童的普通班级还应适当减少班级中普通学生的人数，这样学生多元化、个性化的教育需求才能得到更好的满足。

（二）班级构成

普通学校一个班级中的学生在年龄、知识层次和能力程度方面基本处于同一水平，而特殊教育班级的学生有时不是按年龄分班，而是根据学生的身心发展水平为其选择更适合的班级。在一些落后地区，由于特殊儿童家长不能及时、全面地获取教育信息，或者为了带孩子看病耽误了入学时间等，部分特殊儿童不能在规定的年龄接受义务教育。所以在特殊学校的班级中，大部分学生的年龄都比普校同年级的学生更大，而且一个班级中学生之间的年龄跨度较大。此外，特殊学校的班级中学生的个体差异也非常大。残疾类型、残疾程度、家庭环境、早期干预效果等都会导致特殊需要学生产生个性化的教育需求。因此特

---

① 邓猛，杜林．西方特殊教育范式的变迁及我国特殊教育学校功能转型的思考［J］．中国特殊教育，2019（3）：3－10.

殊教育的班级在进行课堂教学时，应更加注重差异化和个别化，尽量满足每个学生的特殊需要。

教师有明确的教育目标并且有方法来实现这一目标，同时教师受到学生的信赖，因此可以说“教师是班集体的领导者”①。这其中，班主任又是班级最直接、最全面的指导者。1998 年教育部发布的《特殊教育学校暂行规程》要求：“特殊教育学校要在每个教学班设置班主任教师，负责管理、指导班级全面工作。班主任教师要履行国家规定的班主任职责，加强同各科任课教师、学校其他人员和学生家长的联系，了解学生思想、品德、学业、身心康复等方面的情况，协调教育和康复工作。”鉴于目前特殊教育学校中学生残疾程度普遍较重，且多重残疾儿童越来越多，大多数班级都会采取“主班”加“副班”的教师配置形式，这样更有利于教育教学活动的开展。除了班主任以外，班级的其他任课教师在学科教学的同时，也肩负着对特殊需要学生进行思想政治教育、心理健康教育以及社会常识教育的职责。如此这般全员配合，特殊需要学生学到的就不再只是单一、抽象的知识，而是系统、具体、生动的经验，从而为他们将来融入社会奠定基础。

在特殊教育班级中有时还存在比较特殊的成员——特殊儿童家长。对于一些极重度的障碍儿童或者有严重情绪行为障碍的儿童，为了在集体教学中保证对这些儿童的教育效果，教师通常会邀请儿童家长进入教室陪读。作为班级里的“特殊成员”，家长在照顾自己孩子的同时，也会协助教师承担一些班务工作。在这个过程中，家长不仅掌握了教育特殊儿童的专业知识，还在一定程度上缓解了师资的供需矛盾，保证了教育教学质量②。

二、特殊教育班级的建设

班级生活是学生在校生活的重要组成部分，在学生的成长过程中，班级的影响是广泛且深刻的，其综合性和重要性都无可替代③。因此，为了让特殊儿童少年个体的社会性和个性能健康、积极地发展，使他们获得更好的成长，就必须重视班级建设。

（一）班级物理环境的建设

教室作为特殊需要学生每天在校生活的最主要活动场所，是进行班级建设的物质基础。特殊教育班级的教室规划应根据学生的需求，按照教室生活化、空间弹性化、设备实用化、感受温暖化、环境无障碍化等原则进行规划设计，以利于儿童的学习与活动。

首先，教室环境对于特殊儿童而言应当是安全的。教室的结构和家具应根据儿童的障碍类型进行特殊设计，尽量规避一切安全隐患。如：减少讲台、窗台、桌椅的棱角，铺设防滑地板，墙面避免装饰尖锐物品，不要给教室设计门槛，等等。

其次，鉴于特殊需要学生个体之间差异较大的特点，教室的功能分区应当生活化和弹性化；教室配备的设施要讲究实用性和多功能性，便于满足不同学生的需要；教室的座位

---

① 片岗德雄．班级社会学探讨［J］．华东师范大学学报，1985（3）：37－42.

② 徐琴，琚四化．特殊教育学校家长陪读现状的调查研究［J］．现代特殊教育（高教），2016（10）：67－71.

③ 李伟胜．试析新世纪班级建设的目标［J］．华东师范大学学报（教育科学版），2004（3）：25－30.

排列也应当根据学生的障碍类型进行创造性的调整，例如，视障学生的教室可以将桌椅布置成小组式，而听障学生的课桌椅应该排列成马蹄状，等等。

最后，特殊教育的教室布置应当营造出一种温馨、和谐的氛围，从物理环境上让特殊需要学生感受到温暖和友爱。室内装饰可以选择活泼、轻松的风格；不同班级的教室布置可以各不相同，体现个性和特色。

（二）班级人文环境的建设

1. 建设幸福班级

苏霍姆林斯基认为："教育的理想就在于使所有的儿童都成为幸福的人。"虽然人们历来对于"幸福"的理解都不尽相同，但真正"以人为本"的教育应当能让学生在最放松、最真实的状态下享受学习的过程，并通过学习获得身心的健康成长。特殊儿童是当今社会中的弱势群体，自身的残疾和环境的障碍让他们比健全儿童更难感受到幸福。因此，在建设特殊教育的班级时，应该把特殊儿童的需要放在第一位，营造一个充满幸福感的班级，让他们在活动中体验成功，在交往中感受友好，在实践中展现自我①。

（1）强调差异。一个和谐的班级一定不是整齐划一的，而是能让每个学生的个性都得到充分伸展、让每个学生的成长都得到最大满足的班级。教师要在了解学生特性的基础上，对每个学生做出合理期待。在特殊教育的班级中，学生不需要达到统一的标准，评价学生时要以其自身能力水平为标准。

（2）突出友爱。特殊儿童在日常生活中交友范围狭窄，且在与普通儿童交往过程中容易受到歧视，不利于特殊儿童形成健康的友谊观。因此，在特殊教育的班级建设中，要营造充满友善、关爱的气氛，鼓励同学之间互帮互助，师生之间彼此尊重，让特殊儿童浸润在美好、和谐的集体之中。

（3）体验成功。特殊儿童被各种身心障碍所限制，在生活和学习中通常处于被动地位，也很少有机会独自完成某项任务，往往会形成"等、靠、要"的习惯。鉴于此，在班级活动中，教师应创设条件让特殊需要学生充分参与其中，鼓励他们主动、独立地完成任务，从而获得成功的体验。这对于培养特殊儿童的自尊自信和健全人格有极其重要的作用。

2. 建设民主班级

随着教育改革的深入，学生的主体地位不断得到确认。班级作为学生发展的主阵地，其建设的主要功能就是促进学生个体社会性和个性的健康、积极发展。因而，班级建设不仅仅是教师的任务，学生也应当自觉、主动地参与其中，和教师一起成为班级建设的主体，通过师生、生生之间的充分交往，创造一个互相欣赏并共同开拓精神世界、提高生命质量的民主班级②。为了达到这一目标，教师要从学生的实际出发，尊重和利用学生差异，在进一步释放教师班级管理权的同时提高学生的参与热情，帮助每个学生成为更好的

① 李龙梅，余国源．创新特殊教育学校幸福班级建设的"用心"艺术［J］．中国教育学刊，2017（S1）：35－38.
② 李伟胜．让班级敞现生命活力：我国当代中小学班级建设的专业使命［J］．教育科学研究，2016（12）：38－43.

自己①。

（1）提倡对话协商。建设民主班级，首先要打破传统的教师“发号施令”式的班级管理模式。虽然特殊需要学生的沟通、协商等能力相对弱于健全学生，但这也不意味着他们只能适应“命令”式的管理。教师需要做的是关注和重视学生的需要与诉求，给予他们表达的机会，引导他们参与班级制度的编制过程，尽可能地让班级管理体系更具灵活性，最大限度地发掘特殊需要学生自我管理的潜能。

（2）鼓励全员参与。特殊教育的班级由于人数少、规模小，且学生差异大，天然地具有全员参与班级建设的优势。教师需要将班级管理的事务细化，然后赋权于学生，让每个学生都承担符合其能力水平的事务，即便是多重障碍学生也可以通过小组合作的形式参与班级管理。全员参与既保证了学生管理班级的权利与义务，也使得班级朝着更为团结、包容的方向迈进。

（3）保证制度公正。没有规矩，不成方圆。任何一个班级想要真正促进学生发展都必须有一套行之有效的管理制度，但是这套制度往往是在教师的权威之下运行的。而民主班级应当是“制度面前，师生平等”的班级，管理制度也要对教师行为产生相应的限制，从而规范教师的行为。面对心智发展较慢的特殊需要学生，教师更应该自觉用班级管理制度约束自己的权力，保证特殊儿童的正当权利。唯有如此，教师才能更好地在儿童和家长心中塑造权威形象，进而达成班级内部管理的有序和谐②。

本章思考题

1. 我国特殊教育体系在新时代呈现出了怎样的特点?
2. 特殊教育学校建设中需要注意哪些方面?
3. 融合教育背景下，我国特殊教育学校如何实现功能转型?
4. 如何建设特殊教育班级?

① 程红艳，杨宇轩．全员参与：中国新型班级民主管理的现实诉求与实践路径［J］．教育科学研究，2022（3）：34－41.

② 赵冬冬．制度公正、审议民主抑或个人权威：中小学班级管理的政治哲学探讨［J］．教育学术月刊，2019（1）：36－43.

第十一章　特殊教育课程与教学

学习目标：

1. 理解特殊教育课程的内涵与主要范式，了解特殊教育学校课程的发展趋势；

2. 理解特殊教育教学的基本内涵，了解不同的教学观以及特殊教育最佳实践方式；

3. 掌握融合教育课程与教学的概念和主要的方法；

4. 了解个别化教育计划的定义、特点。

小时是一名10岁的孤独症谱系障碍儿童，当他进入一所当地的普通小学后，学校组织多方人员为小时制订了个别化教育计划。在学习数学四年级下册第七单元《图形的运动（二）》时，数学老师王老师根据小时的个别化教育计划目标，充分了解了他的障碍和现有能力水平，为小时调整教学。小时具备了一定的图形知识，但他的抽象思维能力较弱，语言表达困难，手部精细动作不灵活，需要他人辅助才能够完成手工任务。因此，王老师将"探索并描述轴对称图形的特征和性质，并能画出一个图形的对称轴"的学习目标进行调整，简化学习内容，降低难度，并提供教学图片与助学伙伴的支持，让小时在常见图片的辅助下认识并找到对称轴，而无须画出图形。这一案例反映出了特殊儿童的课程与教学具有一定的特殊性。

课程与教学是学校教育的核心问题之一。课程与教学是教育思想、教育观念和教育方法的集中体现，是学校教育的重要内容，直接影响学生学习的质量与发展。课程与教学紧密联系，但也各有侧重。课程指向"教什么"的问题，教学侧重于回答"如何教"的问题。长期以来，我国特殊教育在课程上关注特殊儿童的身体功能训练的内容，在教学方法上关注知识和技能的"传输"，注重补偿特殊儿童的缺陷，而忽视了发展他们的潜能。当前，尽管我国特殊教育课程发展取得了一定突破，但是我国特殊教育学校课程建设仍然不能满足新时代对于特殊教育高质量发展的要求，不能适应推进素质教育、提高人才培养质量的要求。而在教学方面，我国课堂教学同样需要教学范式的变革，教学需要从积极的、建构主义的视角来看待特殊儿童在教学中的价值所在，促进他们在教学中的参与以获得最大化的发展。那么，特殊教育课程与教学的基本内涵是什么？主要的范式有哪些？融合教育课程与教学的最佳实践方式有哪些？什么是个别化教育计划？本章将对这些内容进行介绍。

第一节 特殊教育课程概述

一、特殊教育课程

（一）特殊教育课程的定义与内涵

课程概念被广泛使用，但其含义众多，富有争议。美国学者鲁尔（Rule）曾统计课程定义多达119种[①]。最为普遍的定义是将课程等同于教学科目或科目总和。《辞海》《中国大百科全书》以及众多的教育学教材都认为，课程即某一具体的学科，或者指学生学习的全部学科的总和。除此之外，课程也多被定义为教学目标、内容及进度安排。例如，鲁格（Rugg）认为课程是学校的生活和计划，是“构成一代又一代人生活的生气勃勃的活动流”[②]；博比特（Bobbitt）等人认为课程是一组教学目标，或期望学生能实现的学习结果[③]；塔巴（Taba）认为课程即学习的计划[④]；约翰逊（Johnson）认为，课程是所期待的学习结果，注重产生的结果，而非发生的过程[⑤]；泰勒（Tyler）认为课程即目标，提出课程目标模式。还有一些学者将课程视为学生在教师的指导下所获得的经验或体验，如杜威（Dewey）把课程理解为学生在教师指导下所获得的一切学习经验，主张以儿童的生活经验为课程；卡斯威尔（Caswell）和坎贝尔（Campbell）认为课程是儿童在教师指导下所获得的一切经验[⑥]；多尔（Doll）认为课程是指学生在学校的全部经历[⑦]；布鲁贝克（Brubaker）认为课程是指一个人人生的全部经历[⑧]。由此可见，不同的课程思想和教育观决定了人们对于课程的认识和理解的差异，也因此产生了不同的课程定义。

现代课程多维发展，使课程概念形成了广义的课程观。广义的课程是指学生在教师指导下各种活动的综合，包括显性课程和隐性课程，是学生在学校获得的全部经验，涵盖有目的、有计划的学科设置、教学活动、教学进程、课外活动及学校环境和氛围的影响。特殊教育涉及儿童发展的共性和特殊性，需满足特殊需要儿童普遍性、多样性和特殊性的学习需要，因此对待特殊教育课程应持有广义的课程观。特殊教育课程在广义上泛指为不同学段、不同教育安置形式的特殊学生而设置的课程，包括特殊学生在学校学习的学科、各种活动的总和以及各种有针对性的训练、辅导与活动安排。在内容上包括学科课程，也包

---

① 比彻姆．课程理论［M］．北京：人民教育出版社，1989：169.

② 陈玉琨，沈玉顺，戚业国，等．课程改革与课程评价［M］．北京：教育科学出版社，2001：3.

③ 王淑英．学校体育课程体系研究［D］．石家庄：河北师范大学，2012：12.

④ 钟启泉．现代课程论［M］．上海：上海教育出版社，1989：115.

⑤ JOHNSON M. Definitions and models in curriculum theory［J］．Educational theory，1967（2）：127－140.

⑥ CASWELL H，CAMPBELL D. Curriculum development［M］．New York：American Book Company，1935：66.

⑦ DOLL R C. Curriculum improvement：decision making and process［M］．8th ed. Boston：Allyn & Bacon，1989：75.

⑧ BRUBAKER D L. Curriculum planning：the dynamics of theory and practice［M］．Glenview，IL：Scott，Foresman，1982：142.

含发展性课程和功能性课程[①]。因此，特殊儿童的课程不仅应该包括传统的语文、数学等学科，更应该包含自理能力、社会交往、职业技能等方面的内容[②]（见图 11－1）。

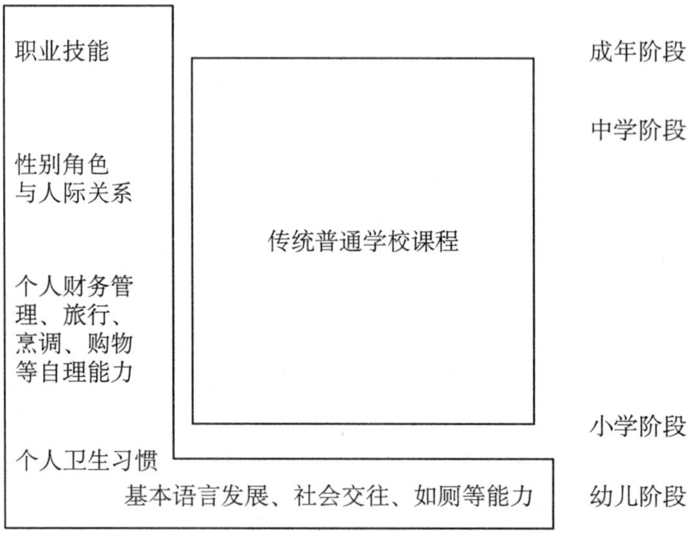

图 11－1　特殊教育课程内容结构图

资料来源：ASHMAN，ELKINS. Educating children with special needs [M]. 2nd ed. Australia：Prentice Hall，1994：95.

（二）特殊教育课程范式

1. 补偿性课程范式

补偿性课程范式是医学残障模式、医学-心理学特殊教育范式下的课程模式。医学-心理学特殊教育范式基于病理学理论、科学主义价值，关注残疾个体的病理学原因、行为特点，以及矫正补偿的方法，对特殊儿童进行训练和补偿性教育[③]。基于医学理论假设，西方早期特殊教育学校课程的主要价值取向是如何通过医学的治疗、矫正来适应学生的需要。

补偿性课程范式在我国特殊教育学校中一直占有重要地位，但其性质和理论基础已不同于西方早期的医学模式课程，逐渐形成本土化特征。补偿性课程的主要特征包括关注学生本身的残疾缺陷及其对学习的影响，强调对影响学生学习缺陷的诊断和分类，以及根据缺陷的原因、特点，尽可能地矫正或补救学生的缺陷[④]。我国目前的特殊教育学校的课程设置中，以感觉替代训练为主的课程内容仍然占有重要的位置，如盲校的定向行走、聋校的律动、培智学校的感觉统合训练等。这一课程在特殊学校低年段占有较大比例，随着年级的升高，比例也相应减少。

2. 功能性课程范式

功能性课程建立在功能限制残障模式的基础上，遵循实用主义哲学，根据学生实际生

---

① 赵勇帅，邓猛．西方融合教育课程设计与实施及对我国的启示 [J]. 中国特殊教育，2015 (3)：9－15.

② 邓猛．关于全纳学校课程调整的思考 [J]. 中国特殊教育，2004 (3)：3－8.

③ KEITH BALLARD. Researching disability and inclusive education：participation，construction and interpretation [J]. International journal of inclusive education，1997 (3)：243－256.

④ 盛永进．当代特殊教育课程范式的转型 [J]. 外国教育研究，2012 (1)：98－105.

活中所需的技能来确定课程的目标和内容，依据学生的实际需要部分或者全部代替传统的一般性课程。

> **知识卡片**
>
> **功能限制残障模式**
>
> 功能限制残障模式从社会学视角将残疾定义为“社会角色失败”，即个体无法实现他人对其社会角色的期待，不能实现社会所期待的功能。基于这个假设，功能限制模式从经济角度出发，强调在特殊教育中加强职业技能的训练与康复，特别是基本技能与体力劳动能力的训练，以帮助个体实现其社会角色。

在课程目标上，功能性课程将培养学生参与社会生活的能力作为教育目标，强调通过独立生活技能、职业技能以及社会交往能力的教育，促使学生成长为符合社会要求的公民。在课程内容上，它关注个人在日常生活领域，包括家庭、社区、工作场所、休闲和学校环境中所需要的技能和行为的发展，强调学生所学的一定要与学生的家庭和社区生活实际相联系，并从生活中发展出教学的主题，为学生未来自食其力做准备①。目前，在培智学校改革中，功能性课程是综合课程或主题教学所提倡的内容。在课程实施上，功能性课程主张尽可能在自然情境中教学，重视活动的结果，通过工作分析法确定活动的必备技能，将此作为课程的目标和内容的依据。

功能性课程具有较强的实用性、目的性，真实的教学情境和教学材料能够使学生学以致用，提升生活自理能力和参与社会生活的能力。但是，功能性课程从内容到评价具有支配性和控制性，它关注学生能力不足的方面，要求学生通过功能调整去适应社会，但却忽视社会与环境促进学生发展的作用，忽视和限制了学生潜能的发展，使特殊教育学校的课程很难拓展，而局限在有生活却没有知识、有训练却没有探究、有限制却没有发展的状态。功能性课程较适合低年龄段和中度、重度智力障碍的学生。

3. 发展性课程范式

发展性课程是指建立在建构主义、人本主义及多元智能等学习理论基础上的发展性课程设置模式。它以“一切为了学生的发展”为核心理念，在学生原有水平上促进知识与能力的主动建构。发展性课程模式不仅重视对学生发展结果的考核，更重视对学生发展过程的考核，关注每一个学生的点滴进步，重视对学生的监督与指导，把教学过程当作考核对象自我展示、自我发现、自我发展的过程。

发展性课程以儿童心理发展理论为基础，认为特殊儿童与普通儿童在身心发展方面存在共性，有着基本相同的规律。因此，发展性课程以儿童发展的主要领域来构建特殊教育课程的内容体系，包括感知觉、运动、思维、语言、生活自理、社会等方面。发展性课程一般通过评估，了解儿童的教育起点，再根据各领域的发展顺序，遵循最近发展区的理论，设计循序渐进的课程目标和内容，逐步促进特殊儿童身心的全面发展。发展性课程是未来特殊教育课程的方向。

---

① 邓猛，景时，李芳．关于培智学校课程改革的思考［J］．中国特殊教育，2014（12）：28－33.

特殊教育课程经过百余年的丰富与发展，以不同的哲学和理论视角为基础，发展出上述三种主要的课程范式，形成了广义的课程观和多元的课程体系。特殊教育课程应该考虑儿童发展的共性与特殊性，满足儿童发展与学习的多样性。特殊教育课程涵盖教育、康复、职业教育等多个领域，课程设计应体现“潜能开发优先、缺陷补偿其次”的原则，在内容上强调“文化知识与社会生活”之间的平衡与结合。

二、特殊教育学校课程

（一）我国特殊教育学校课程

我国实行国家、地方和学校三级课程管理。国家制定中小学课程发展的总体规划，确定国家课程的门类和课时，制定国家课程标准，宏观指导中小学的课程实施。在保证实施国家课程的基础上，鼓励地方开发适合本地区的地方课程，学校可开发或选用适合本校特点的课程①。

国家教育行政主管部门是我国特殊教育学校课程制定的主体。2016 年，教育部发布《盲校义务教育课程标准（2016 年版）》、《聋校义务教育课程标准（2016 年版）》和《培智学校义务教育课程标准（2016 年版）》，对盲校、聋校、培智学校三类特殊教育学校的课程做出规范。三类特殊教育学校义务教育课程标准从国家层面规定了特殊教育学校义务教育课程的性质、目标和主要内容，明确了不同阶段残疾学生在知识与技能、过程与方法、情感态度与价值观等方面的基本要求，提出了教学、评价和实施建议。我国特殊教育课程标准的制定遵从三个主要原则：其一，坚持全面贯彻党的教育方针，落实立德树人根本任务，有机融入社会主义核心价值观，着力促进残疾学生全面发展。其二，坚持一般性和特殊性相结合的原则，妥善处理好特殊教育课程标准与普通学校课程标准的关系，既与普通学校课程标准相衔接，又充分体现特殊教育特点和独立性。其三，坚持遵循残疾学生的身心特点和学习发展规律，充分考虑不同类型残疾学生的多重需要，突出残疾学生的潜能开发和功能补偿，着力促进残疾学生更好地融入社会②。

在学科设定上，我国三类特殊教育学校课程标准基本遵循了普通学校学科的设定原则和种类，并根据残疾儿童身心发展特点的差异性进行了适当调整，在课程名称上与普通学校课程相同或相似。在 2016 年版的特殊教育学校课程标准中，盲校、聋校有 27 门课程与普通学校课程名称相同，一些课程名称与普通学校课程名称相似，例如普通学校的“美术课”在盲校课程中为“美工课”，在培智学校课程中为“绘画与手工课”。在课程内容上，以普通学校课程标准为基础，进行容量大小和难易程度的调整。例如：针对视障儿童的视觉特点，降低了对色彩、明暗等内容的要求；在实验课中，对实验案例进行了删减和更换，适应视障儿童主要以触摸觉、嗅觉和听觉探索世界的感知觉特点③。

此外，我国特殊教育学校课程注重功能性课程，在科目设置上专门增加了功能性课程。例如：在盲校课程标准中增加了《定向与行走》《综合康复》《信息技术》，目的是有

---

① 许洁英．国家课程、地方课程和校本课程的含义、目的及地位［J］．教育研究，2005（8）：32－35．

②③ 黄伟．特殊教育学校课程标准制订研究［J］．中国特殊教育，2017（4）：9－14．

效地帮助低视生和全盲生沟通和交往、参与社会生活。

（二）我国特殊教育学校课程改革方向

如上文所述，注重与普通教育课程的衔接、参照普通教育课程内容是我国特殊教育课程的主要特点。这一课程观所基于的假设是：特殊儿童与普通儿童一样，在认知上都要遵循认知规律，只不过速率和层次不同而已；两者都要适应社会生活，只不过特殊儿童存在的困难更大。因此，传统特殊教育课程结合各类特殊儿童的智力与能力层次不同，在普通教育课程的基础上，采取水平扩展或减缩、垂直充实或减低的办法编订课程①，其课程模式见图 11－2。

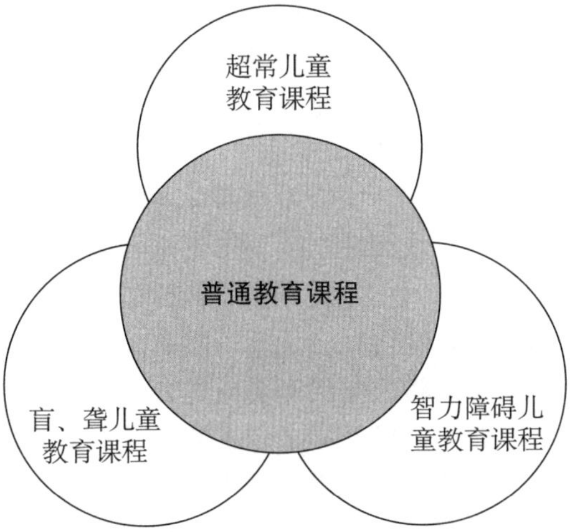

图 11－2 传统特殊教育课程模式

然而，传统课程模式指导下的特殊教育课程，在对普通学校简单模拟的基础上，仅仅是加入某些特殊儿童教育的要素，而忽视了特殊教育课程的内在逻辑。这一课程模式注重培养文化知识，而忽视生活自理、社会适应能力和劳动技能②。同时，在内容安排上，传统的特殊教育课程按照分科原则来安排知识、分科教学，忽视了知识的整合与运用，偏重知识逻辑体系，忽视了学生的生活。因此，我国特殊教育学校课程亟须改革。

1. 学业发展与社会适应相结合

强化社会适应能力在课程体系中的地位。美国智力与发展障碍协会将适应性行为定义为“人们在日常生活中学习和表现出的一系列概念的、社会的和实用的技能”③。残疾学生因其身心缺陷而可能存在社会适应行为学习的困难，不能像普通学生一样通过自我探索、模仿或非正式的学习来习得社会适应能力。社会适应能力的不足会影响其日常生活以及适应生活环境变化的能力，这要求学校课程应根据学生的需要为他们安排适应性课程，帮助学生提高生活自理能力、社会适应能力等，并且随着年级的升高，提供过渡性课程，以帮

① 赵树铎．特殊教育课程与教学法［M］．北京：华夏出版社，1994：8－9.

② 王辉．培智学校现行培养目标和课程问题的探析［J］．中国特殊教育，2003（2）：37－42.

③ SCHALOCK R L，LUCKASSON R，TASSE M J. Intellectual disability：definition，diagnosis，classification，and systems of supports［M］. 12th ed. Silver Spring，MD：American Association on Intellectual and Developmental Disabilities，2021.

助学生适应未来的成人生活，提高其职业能力和独立生活的技能。特殊教育课程应将残疾学生的学业发展与社会适应能力提升相结合，应该包括传统的语文、数学等学科，也应包含自理能力、社会交往、职业技能等方面的内容①。

2. 通过主题活动课程实现课程整合

课程整合是一种课程设计的理论，包括经验统合、社会统合、知识统合以及具体的课程间的统合，也是课程设计的具体策略，是组织学科内容的技术与安排学习计划的方法。课程整合是当今课程改革的趋势。当代教育对于学生核心能力的培养目标，要求学校课程应突破单一学科的范畴，走向跨学科的协同，从而产生“共振效应”②。我国颁布的《义务教育课程方案与课程标准（2022 年版）》明确提出加强学科内知识整合，推进跨学科学习，建设综合课程的教改要求。现实中，传统的分科课程已难以满足当今特殊教育学校学生的学习需要。近年来，随着融合教育的全面推进，特殊教育学校的学生结构发生变化，学生的障碍程度越来越重、障碍类型越来越复杂。特殊教育学校需要通过课程的系统整合来应对学生障碍程度与障碍类型的变化。

主题活动课程整合是以某一问题为中心，打破学科的限制，使各部分的知识、经验组织在一起，紧密联系，有机统一，从而使学生获得更好的学习效果。它将学生未来生活中所要接触到的知识和技能组成一个个主题，并以活动的方式呈现给学生，使学生学以致用，形成有紧密联系的知识经验，获得社会生活的能力。主题活动课程不仅更加符合社会生活的真实情景，而且有利于学生将所学的知识与过去、现在的经验相联系，达成有意义的学习。近年来，我国特殊教育学校已开始了以主题教学为主的课程改革，尤其在培智教育中，主题活动课程已有许多探索，并取得了不少可喜的成绩。

3. 国家课程校本化

国家课程是为确保所有学生学习的权利而确定的，是国家基础教育质量的关键因素，它集中体现出国家的意志，明确了学生在校期间应达到的标准，具有统一性和强制性。但是，国家课程很难考虑学生的个别差异。当前，我国特殊教育学校课程设置，以及最新颁布的课程标准仍然按照残疾类型分别研制。例如培智学校的课程标准几乎没有考虑到重度和极重度残疾学生的水平。在实施国家课程时存在较多困难，面临着多重的转换。如何依据课程标准结合个体差异性进行课程统整，调整相应的课程目标、内容及学习模式，以满足学生的发展需要，对教师的专业能力提出了非常高的要求。

校本课程是为了克服国家课程的弊端而产生的一种以学校教师为决策主体的课程开发模式③。学校通过国家课程校本化，来解决国家课程的普适性与学校课程个性之间的矛盾。学校对国家课程进行创造性的加工、调整，通过校本课程方案，使其成为更符合本校学生特点和需要的课程建设活动。校本课程开发鼓励师生平等参与、共同建构，它是一个学校变革、质量提升的过程，是自下而上、民主决策的过程，是自主探索、校本研究的过程，有利于整合学校的资源，设计出最有利于学生发展的课程。开发校本课程还有利于学校形成办学特色，促进学校个性化发展，有利于教师专业水平的提高和学生主体性的发展，从

---

① 邓猛．关于全纳学校课程调整的思考［J］．中国特殊教育，2004（3）：3－8.

② 董蓓菲．语文课程标准研制的国际视域［J］．全球教育展望，2015（10）：84－93.

③ 胡献忠．校本课程：概念、意义与地位［J］．淮南师范学院学报，2002（1）：89－91.

而真正满足学生生存与发展的需要。

4. 根据不同学段，优化分科课程与综合课程的结构

分科课程与综合课程是两类不同的课程。分科课程强调不同学科门类之间的相对独立性和逻辑体系的完整性。综合课程强调学科之间的关联性和统一性。特殊教育课程建设要处理好分科与综合课程的关系。首先，应根据特殊需要学生的需要和不同学段，动态调整分科与综合课程的比例，有层次地递减或递增[①]（见图 11－3）。根据残疾儿童的年龄发展特点和不同年段的培养目标，可以在特殊学校实现低年级以综合课程为主，随着年级增高分科课程也逐步增加。学生的障碍程度、身心发展的阶段性是判断分科与综合是否适度的依据。障碍程度越高，综合程度也应越高，尤其对于认知功能受限的残疾学生（包括多重及重度障碍），其课程的综合程度应更高。低龄障碍学生课程的综合性要高于大龄学生，但随着心理、生理年龄的增长，应逐渐增大分化性的学习比重。其次，综合课程并不仅限于学科或科目，还包括正式与非正式的、定期或不定期的、校内与校外的、动态或静态的各种活动和经验[②]。在未来的特殊学校课程改革中，可以采用多样化、多层次的课程综合模式，实现综合课程中不同学科、不同形式的有机结合[③]。

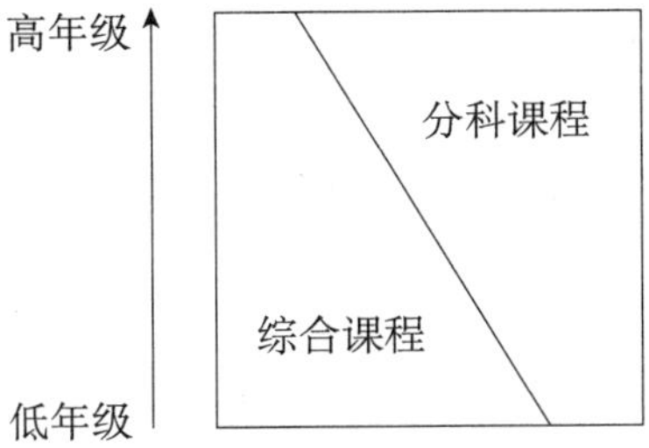

图 11－3 分科与综合课程的比例

5. 推动课程从单一模式走向多元模式

特殊教育课程的多元模式是特殊教育发展的必然产物。现代特殊教育产生于实证主义、科学主义的社会科学范式时期，受人本主义、建构主义范式的影响，随后进入后现代主义的哲学视野，特殊教育的模式也从医学-心理学模式，逐渐转向社会学模式和后现代哲学视野的融合教育模式，最终走向了多元的特殊教育模式[④]。多元模式的发展推动着特殊教育课程的多样性发展，推动课程领域发展出补偿性、功能性和发展性等不同模式的课程。多元模式的课程也是满足残疾学生教育需要的必然要求。对于学生个体而言，学生自身的多种特殊需要要求学校采用多元的课程模式，包括与文化课程相关的核心课程、功能性课程、康复治疗性课程以及职业技能性课程。有的残疾学生可能还需要普通教育的课程或者深造课程。学生最需要的某个课程则称为优先课程。另外，残疾学生之间存在的巨大差异性也决定了课程的多样性。

① 盛永进．当代特殊教育课程范式的转型［J］．外国教育研究，2012（1）：98－105．
② 黄伟．综合课程实施中教学模式的构建［J］．课程·教材·教法，2004（2）：35－40．
③ 冯增俊，余雪莲．课程综合化及实践形式［J］．教育发展研究，2005（13）：20－24．
④ 盛永进．特殊教育课程范式的演进及其转向［J］．中国特殊教育，2011（12）：6．

第二节 特殊教育教学概述

一、特殊教育教学

（一）特殊教育教学的内涵

教学是学校教育的核心活动，教学质量直接影响学生学习的质量。教学是教师教和学生学相结合或相统一的活动过程。在这个过程中，学生掌握系统文化科学基础知识和基本技能，智力和体力得到发展，思想道德品质、情感和态度得以形成。课程与教学紧密联系，课程重点探讨的是教的内容，而教学重点探讨的是教的过程和方法，课程的实施离不开教学，两者密不可分。

特殊教育教学是给予特殊儿童专业指导，使其改变自己的行为方式、增长知识、发展技能、提高适应能力，是教师教与特殊儿童学相统一的活动过程。特殊教育教学具有教学的一般性特征，例如遵循直观性、启发性、因材施教等教学的一般性原则。同时，由于特殊儿童的身心障碍对他们学习过程和效果的影响，特殊教育教学也具有独特性，如根据特殊儿童的身心特征和特殊需要教授特殊的教学内容，重视开发潜能与补偿缺陷的教学原则。

（二）特殊教育教学范式

教学范式（teaching paradigm）是指人们对教育领域教学这一特殊现象和复杂活动的基本的理解或看法。特殊教育教学范式主要包括行为主义和建构主义两大教学范式，而各种具体的实际教学策略的演化与发展都建立在这两大范式基础之上。

1. 行为主义教学范式

现代特殊教育的医学-心理学范式重视发展和利用客观测量工具（如智力量表等）来诊断残疾或障碍的类型与程度，并据此开发相应的药物或治疗方法以及具有明显医学特点的干预或训练手段，从 18 世纪末特殊教育诞生到 20 世纪中期，一直占据统治地位[①]。当前，行为主义教学范式正在从传统的“行为矫正”（behavior modification）技术逐步转向“积极行为支持”（positive behavior support）方法。积极行为支持出现于 20 世纪 80 年代中期，它是一种以循证的方式，通过发展积极行为的策略和系统改变的方法，调整个体与环境的互动关系，达到预防和减少问题行为、改善生活质量的行为干预模式，是一种更为综合的方法。

以积极行为支持理论为基础的教学具有四个特点[②]：一是通过相同功能的替代性行为来“发展积极行为”，而避免将惩罚作为解决问题行为的首要措施。二是通过“系统改变”教学环境因素来支持个体行为发展。通过采取连续的三级预防的系统化方法，重新设计和

---

① SKIDMORE D. Towards an integrated theoretical framework for research into special educational needs [J]. European journal of special needs education，1996 (1)：33 - 47.

② 刘宇洁，韦小满，梁松梅. 积极行为支持模式的发展及特点 [J]. 中国特殊教育，2012 (5)：12 - 17.

改变有问题的系统环境因素，如班级和校园环境及文化，使环境对个体的行为发展起到支持的作用。三是预防和减少问题行为。通过主动的行为教学和安排环境这两种途径，增加个体的积极行为，从而达到降低问题行为的频率或减轻问题行为的严重程度的目的，实现问题行为的风险防范和早期干预。四是改善生活质量。通过主动开展行为教学，向个体教授适应性行为（积极行为），使个体养成良好的行为习惯和生活方式，为个体充分融入社会打好基础。

2. 建构主义教学范式

建构主义的教学思想来源于认知加工学说以及维果茨基、皮亚杰和布鲁纳等人的教育思想，认为学习是一个意义建构的过程，是一个通过新旧经验的相互作用而形成、丰富和调整自己认知结构的过程①。一方面，新经验要获得意义需要以原来的经验为基础，从而融入原来的经验结构中；另一方面，新经验的进入又会使原有的经验发生一定的改变，使它得到丰富、调整或改造。由于学习是在一定的情境即社会文化背景下，借助其他人的帮助即通过人际间的协作活动而实现的意义建构过程，所以建构主义学习理论认为“情境”“协作”“会话”“意义建构”是学习环境中的四大基本要素②。无论是重视建立概念框架的“支架式教学策略”还是以问题为基础的“抛锚式教学策略”，都是通过这四大要素的组合来实施的。

建构主义教学观认为教学活动是师生共同建构的过程。学生是教学活动的积极参与者，而不是被动的接受者；教师是教学经验的组织者，而非知识的灌输者。学习动机产生于学习过程本身，学生在学习的过程中挖掘学习的快乐源泉，激发对知识的好奇心和积极进取心，这是推动学生学习的内驱力。教学过程是教师和学生进行合作性知识建构的过程。教学需要通过营造环境、构造情境来为学生提供教育经验，引导学生与教学情境交互，主动进行知识建构。建构主义教学观强调，学生的学习过程是一种发现未知世界的过程。在这个过程中，学生不仅需要发现未知的世界，还需要发现认识世界的方法，这就要培养学生的直觉思维，让学生积极思考、敢于发现，通过假设性推论去认识世界，通过新旧知识间的关联，改进自己的知识建构③。

（三）特殊教育教学的最佳实践方式

特殊教育教学的“最佳实践方式”是指在特殊教育教学环境下为达到最佳教学效果、满足学生多样化学习需要而采用的各种创新的教学模式与方式④。尽管在现实中很难找到“最佳实践方式”，但它代表了特殊教育工作者对高质量特殊教育的追求。我们需要通过对有效、高质量教学方式的不断探索，来实现特殊教育的高质量发展，使特殊儿童获得高质量的教育。目前，特殊教育教学的最佳实践方式主要包括以下三个方面⑤：第一，被实证

---

① KIM J S. The effects of a constructivist teaching approach on student academic achievement，self-concept，and learning strategies [J]. Asia Pacific education review，2005 (1)：7－19.

② 王希海，郭红丽，周姊毓．教育学实践教学策略：情境、协作与会话、意义建构：基于建构主义学习理论的观点 [J]. 林区教学，2010 (2)：1－2.

③ 穆丽霞，冷凌．建构主义理论下的现代教学观思辨 [J]. 教育教学论坛，2019 (11)：215－216.

④ HARPELL J，ANDREWS J W. Administrative leadership in the age of inclusion：promoting best practices and teacher empowerment [J]. The journal of educational thought，2010 (2)：189－210.

⑤ 邓猛，景时．特殊教育最佳实践方式及教学有效性的思考 [J]. 中国特殊教育，2012 (9)：3－8.

研究证明有效的教学方式。经过实证研究证明有效的特殊教育方式包括个别化教学、合作教学、伙伴学习等。第二，已经被历史证明有效的教学方式。例如，讲授法、启发式教学法、练习法等普通教学方法，以及感觉代偿、个别辅导等特殊教育教学方法。第三，教师在实践中探索出的符合自己与学生特点的教学方法。教师对其教育教学经验的反思和提炼所形成的对教育教学的认识与方法策略，对其教学实践有独特的指导作用。

当前特殊教育领域中的最佳实践方式主要包括以下几种：

1. 个别化教学

个别化教学强调对每个学生个体差异的尊重和满足，是一种以适应并发展学生的差异性和个别性为主导的教学策略和设计，以实现不同类型和层次的学生的成长①。特殊儿童个体内部的不同能力和个体间的能力都存在很大的差异，较多的特殊儿童存在身心发展方面的多重障碍，“一刀切”的教学不适合特殊儿童。在教学过程中，教师根据不同学生设计不同的具体计划和方案，采用不同的教学资源、不同的教学方法和不同的评价方法进行教学工作，从而使班级中每一个学生都得到合适的教育，取得尽可能大的进步②。教师通过对教学方法手段、课程教材等的变革与优化，尊重学生个体差异和个性特质，促进每一位学生的健康成长。个别化教育计划是实施个别化教学常用的一种方法与措施，本章第四节将对个别化教育计划进行更详细的介绍。

2. 合作教学

合作教学是融合教育情境中的特殊教育教学方式。合作教学又称协作教学，是指在同一空间内特殊教师或者专业人员与普通教师共同承担、分享教育普通班级具有异质的、多样化学习需要学生的责任③。合作教学使普通教育与特殊教育相互渗透、融合，改变了传统的教学范式，教学不再是一个单向的传递与给予的过程，而是一个师生平等参与、共同经历、自主探索、思想碰撞的知识生成与发现的过程④。

合作教学的形式主要有一教一帮（One teaching，one assisting）、教学站（station teaching）、平行教学（parallel teaching）、更替教学（alternative teaching）和集体教学（team teaching）。这五种形式各有所长，在实际教学中，应该综合考虑各种条件（如学生的特点与需要、课程的要求、教师的教学风格与偏好以及可利用的教学空间）来灵活应用，达成教学目标。除了在融合教育情境中使用外，合作教学也常用于培智学校的课堂教学，在课堂上教师常用主副教学的形式，一名教师作为主讲教师面向全体同学开展教学，另一名教学为辅助教师，针对特殊学生进行辅助教学⑤。

3. 合作学习

合作学习是以异质学习小组活动为基本形式，通过学生之间的合作与互助，达成教学

---

① 郅庭瑾，马云．个别化教学的公平意蕴及其实现路径［J］．教育发展研究，2013（12）：36－40.

② 邓猛．融合教育实践指南［M］．北京：北京大学出版社，2017：214.

③ COOK L，FRIEND M. Co-teaching：guidelines for creating effective practice［J］．Focus on exceptional children，2012（3）：1－16.

④ KAUFFMAN J M. Commentary：today's special education and its messages for tomorrow［J］．The journal of special education，1999（4）：244－254.

⑤ 孙娴．培智学校协同教学中的辅助教师角色困境与突破［D］．兰州：西北师范大学，2022.

目标的教学活动。合作学习的目标是学生通过合作，实现学习成效的最大化[①]。在合作学习的过程中，学生的个体差异能够被转换为教学资源，同时认知与社会交往等能力能够得到全面发展[②]。合作学习的基本要素主要有以下五个方面[③]：

（1）积极互赖（positive interdependence）。

积极互赖是指小组成员积极的相互关系，每个人都要为其他小组成员的学习负责。积极互赖促使学生在有限的空间内紧密联系，按照各自的任务分工有组织地达成任务目标，在共享资源的同时也帮助学生形成集体意识。教学可以通过目标、任务、奖励、资源、角色、身份、环境等建立依赖关系，促进小组成为积极友善的集体。

（2）混合编组（heterogeneity）。

混合编组即为“异质分组，组间同质”，是指在组建合作学习小组时，应尽量使每个小组的学生各具特色，能够相互取长补短，即小组成员是异质的、互补的。学生间不同的认知水平和社会模式，会引起学生的认知冲突。混合编组中，学生的多样性促使小组活动中有更多、更丰富的信息输入和输出，从而促进全组形成更深入、更全面的认识。

（3）个人责任（individual accountability）。

个人责任是指每个小组成员都必须承担一定的任务。明确的个人责任是小组学习活动顺利开展的保障，如果缺乏明确的责任，小组则可能会沦为学生逃避学习责任的“避风港”。教学中，可以通过角色互赖、责任承包、随机提问、个人测试、组内监督等方法，来增强小组合作学习中的个人责任。

（4）社会技能（social skill）。

社会技能是教学策略也是教学目标，包括聆听、等候、求助、鼓励、道歉、帮助、提问、拒绝、给予指令、询问原因、寻求反馈等。导致合作学习不能顺利进行的主要因素是小组成员不会合作，缺乏合作的方法。教师应根据教学活动的需要，由易到难地教授社交与合作技能，可以通过角色扮演、课前示范、游戏等多种方式帮助学生培养合作技能，从而提高合作学习的有效性，化解矛盾和冲突。

（5）小组评价（group processing）。

良好的小组评价有助于保持小组活动的有效性和维持成员合作关系。合作小组必须定期地评价小组成员共同活动的情况。小组评价能够促进学生在时间管理、任务分配、沟通协作等方面的能力发展。

除了上述五个方面，尊重差异、平等参与、角色轮换、交往对话、公平竞争等也在形式各异的合作学习中发挥着重要作用。特殊教育领域常见的合作学习形式是小组教学和同伴辅导，合作学习被认为是提高特殊学生学业成绩、课程参与度和社会交往能力的重要手段。麦克马斯特和福克斯运用合作学习的方法对学习障碍学生进行干预，结果显示学生的任务参与程度有所提高[④]。詹金斯（Jenkins）等人认为，合作学习能够提高特殊学生的自尊心，减

---

① JOHNSON D W，JOHNSON R T. Cooperation and competition：theory and research [M]. Edina，MN：Interaction Book Co，1989：32.

② 王坦．论合作学习的基本理念 [J]. 教育研究，2002（2）：68－72.

③ 曾琦．合作学习的基本要素 [J]. 山东教育科研，1994（6）：80.

④ MCMASTER K N，FUCHS D. Effects of CL on the task achievement of students with learning disabilities：an update of Tateyama-Sniezek's [J]. Review，learning disabilities research and practice，2002（2）：107－117.

少特殊学生焦虑和被排斥的感觉，使其完成任务的成功率得到提升①。

合作学习也是融合教育的有效实践方式。合作学习的理念与融合教育的理念相契合，融合教育倡导多方的参与、合作与支持，要求平等对待所有学生的差异，承认不同学生的多元化需要。合作学习是能够提升特殊学生在融合教育情景中的学习效果的重要途径。研究表明，在融合环境下，特殊学生与普通学生交往频率增多；视力障碍学生与同伴的自由活动交往时间更长；听力障碍学生在精心设计的结构化的小组活动中积极互动的频率增多，人际吸引力变强；高功能的自闭症学生常常承受高水平的抑郁和焦虑情绪，与其他学生的社会交往有助于减缓他们的压力②。

二、特殊教育教学发展趋势

传统教学是以教师讲解、传递知识为主的，是一种以教师灌输知识为中心、学生被动学习的范式③。对于特殊儿童来说，由于他们认知水平低、理解能力差、学习动机不足，如果采用传统的讲授和灌输的教学方式，他们能够理解的内容有限，而且即使被动地接受了一定的知识，也很难在实际生活中加以运用，不能解决特殊儿童生活适应能力的问题。因此对于特殊儿童的教学，最重要的是实现从行为主义范式向建构主义范式的转变。

（一）教学主体从“教师中心”转向“学生中心”

传统教学遵守课程教学大纲，教师严格按照教学大纲的要求教学，学生的思维自主性和精神独立性则被忽视，教师和学生双方的能动性都受到制约。教学不应该是一个单向的传递与给予的过程，而应该是一个师生平等参与、共同经历、自主探索的知识生成与发现的过程④。在教学过程中，教师的角色从知识的传授者转变为学生学习的积极协调者，知识学习和问题解决过程本身就是师生双方相互协调与洽谈的过程，是知识生产与意义建构的过程。这个过程要求充分的互动，拒绝对任何儿童做消极的判断。

建构主义教学特别强调学生“最近发展区”的发展。根据维果茨基的最近发展区理论，学生的最近发展区是学生现有水平和可能发展水平之间的差。现有水平指学生独立活动时所能达到的解决问题的水平，学生可能的发展水平指通过教学能获得的潜力。最近发展区理论强调儿童的发展潜力，认为儿童在教师或者学习能力较强的同伴的帮助下，可以实现个人的发展潜力。通过与周围同伴和教师的双向沟通与交流，学生逐步建构起自己对社会的理解和学习经验，在特定的情境中潜移默化地提高技能与概念性知识。对于残疾学生而言，他们可能由于自身的机体损伤在学习上存在着一定的困难，但是通过教师的合作教学与同伴协助，他们可以提高到“最近发展区”中应有的发展水平。

---

① JENKINS J R, ANTIL L R, WAYNE S K, et al. How cooperative learning works for special education and remedial students [J]. Exceptional children, 2003 (3): 279-292.

② GREY I M, BRUTON C, HONAN R. Co-operative learning for children with an autistic spectrum disorder (ASD) in mainstream and special class settings: an exploratory study [J]. Educational psychology in practice, 2007 (4): 317-327.

③ 钟启泉．能动学习：教学范式的转换［J］．教育发展研究，2017（8）：62-68.

④ 邓猛，景时．特殊教育最佳实践方式及教学有效性的思考［J］．中国特殊教育，2012（9）：3-8.

（二）构建多样化的特殊教育教学环境

行为主义范式和建构主义范式都强调环境对于儿童学习的重要性，两种范式下的教学都重视环境重建与情境创设。无论是改变行为还是学习新的知识，环境的改变是教学的基本前提。构建多样化的特殊教育教学环境是特殊教育教学改革得以成功的关键。教师在进行教学的过程中应该有构建多元化教学环境的意识，改变传统的单一教学环境安排，根据教学目的与任务对教学空间进行功能分区与配置。教师应该精心创设结构化的、生活化的、儿童友好型的教学情境，将家庭、学校、社区范围内真实的生活情景与片段纳入教学过程是特殊教育教学改革重要的基础性工作。

（三）教学目标与过程更加关注问题解决与探究

问题解决能力是个人运用认知过程来面对并解决一个真实的、跨学科情境中的问题的能力。学生的问题解决能力是学生综合能力的重要组成部分，体现了学生对多学科知识的综合运用，体现了学生多种学科能力的全面发展，是学生适应社会、参与社会生活、终身发展所必备的基本能力。近年来，学生问题解决能力的培养和评价越来越受到重视。这一培养目标要求教学改变传统的被动接受学习，使学习过程更多地成为学生提出问题、分析问题、解决问题的过程。为了培养学生解决问题的能力，特殊教育教学必须到现实世界的真实环境中去体验、探究，通过对现实生活中真实事件和问题的分析、体验与探索来进行教学。在这一动态的教学过程中，教师要呈现真实的问题、真实的事情、真实的情景，为学生解决问题与探究新知识提供工具与材料，帮助他们搭建新知识的概念体系。

（四）基于课程标准实施教学

长期以来，我国特殊教育学校课程实施的类型主要是基于教师经验的课程实施和基于教科书的课程实施。特殊学校教师凭借自己的经验进行教学，或者将课程等同于教科书，使课程实施变为“教教材”。这两类课程实施在特定的历史阶段具有一定的合理性。由于特殊教育师资培养能力不足，从普通教育学校转岗到特殊教育学校是我国特殊教育师资获取的主要方式，由于职前职后培养的缺失，教师不得不基于普通教育中积累的经验进行教学。但是，在面对与普通学生差异较大的特殊学生时，教师以往的普通教育经验往往难以奏效，常常陷入“不知道教什么”“不知道怎么教”的课程实施困境。将课程标准进行弹性转化以及开展基于课程标准的教学，成为特殊学校执行并落实新课标的现实诉求。基于课程标准的教学，就是教师根据课程标准规定的学习结果来确定教学目标、设计评价、组织教学内容、实施教学、评价学生学习、改进教学等一系列设计和实施教学的过程①。在特殊教育高质量发展的背景下，我国特殊教育学校要从基于教师自身经验或教科书的课程实施走向基于课程标准的教学，即教学目标源于课程标准、评估设计先于教学设计、指向学生学习结果和基于课程标准的教学设计。希望教师能够“像专家一样”整体地思考课程标准、教材、教学与评价的一致性问题②。

---

① 杨茹．论特殊教育学校基于课程标准的教学［J］．现代特殊教育，2017（20）：77－80．

② 崔允漷．课程实施的新取向：基于课程标准的教学［J］．教育研究，2009（1）：74－79，110．

（五）信息化背景下的教学方式变革

教学方式变革根植于所处的社会文化，受文化形态、教育环境的影响和制约，体现一定的教育价值观。信息技术深刻影响着人类社会的发展，也引起学校教育的深刻变化。教育资源数字化、教学支持网络化和学习方式多元化的发展趋势，呼吁教育教学理念的更新和教学方式的改变①。随着信息技术与科学技术的发展，现代课堂已经实现了从传统的黑板加粉笔到现在的电子书包、互动电子白板的转变，从投影机、多媒体、交互式电子白板，再到四室合一的多媒体互动微格教室，课程设计与高科技产品日益密切结合，数字化教学设备对现代课堂教学的影响越来越大。然而，我国特殊教育信息化发展相对滞后，信息技术在特殊教育教学中的应用十分有限，信息技术并没有激发特殊教育教学实践的深刻变革，未能真正促进以学生为中心、以个性化学习为特征的教学方式落于实处②。有研究发现，我国特殊教育信息资源的应用尚停留于演示层面，还未达到创新层面③。

在特殊教育学校教学中，课程实施应积极通过信息化手段来实现个别化教学，以特别设计的教学促进学生个性化发展。第一，利用语音识别、语义分析、眼动追踪、虚拟现实等多样化信息手段，使学习者与学习内容“面对面”；采用大数据开发精准教学、自适应学习等更加个性化的教学方式④。第二，推广翻转课堂教学模式，提升课堂的参与性、体验性。第三，在学前教育阶段，充分应用电子绘本、虚拟化的游戏等提升残障儿童的能力与兴趣；在义务教育阶段，应用在线学习系统、电子资源库等支持学生的个性化学习，辅之以学习分析、智能诊断等方式优化学业评价；在职业教育和高等教育阶段，开发虚拟仿真式的训练空间，形成更具针对性的职业教育训练模式等。

第三节　融合教育课程与教学

一、融合教育课程概述

（一）融合教育课程的定义与特征

融合教育倡导平等、接纳与包容，每个儿童都能享受平等的教育。融合教育课程是落实融合教育理念的手段和工具，可被定义为为满足所有学生的多样性的学习需求、学习风格、文化背景等多方面的差异而设计的弹性的、相关的和可调整的综合课程体系⑤。与传统课程相比，这一课程在课程开发中渗透着融合教育的基本理念，其核心意义在于将“融

---

① 康淑敏．信息化背景下的教学方式变革研究［J］．教育研究，2015（6）：96－102.

② 邓猛，张玲，张瑶．高质量教育发展背景下我国特殊教育信息化建设的内涵、特征与方向［J］．中国特殊教育，2022（8）：3－10.

③ 尉小荣，吴砥，李昊龙，等．我国中西部地区特殊教育信息化发展水平及其影响因素研究［J］．中国电化教育，2018（11）：24－32.

④ 张亚珍，张宝辉，卜凡帅．我国特殊教育信息技术应用现状分析（2000—2015年）：基于教育技术学的视角［J］．现代远距离教育，2016（1）：52－59.

⑤ 赵勇帅，邓猛．西方融合教育课程设计与实施及对我国的启示［J］．中国特殊教育，2015（3）：9－15.

合”诉诸教育行动，其内涵主要体现在以下四个方面：第一，融合教育课程面向所有学生，无论学生是否在性别、年龄、残疾、信仰、语言等方面存在差异，均不能将学生排除在外，而应最大限度地减少和消除学生进入课程的障碍，实现课程的“零拒绝”。第二，融合教育课程反对课程内容与呈现方式的“主流中心论”，接纳、尊重学生的差异性，课程的设计、实施和评价必须考虑到学生的差异性需求以确保“所有人都能使用”。第三，融合教育课程强调每个学生在学习活动中的充分参与。第四，融合教育课程认为每个学生都可以取得与其能力相符的成就与发展。

融合教育课程以实现优质与公平为目标，改变了传统普通教育学校课程标准化的、封闭式的、不考虑学生异质性特征的课程设计方式。融合课程具备广泛性、相关性、弹性、可调整的特征，必须均等可及，能使所有学生有机会进入并实现平等参与的目标，满足学生个别化的需求（见图 11-4）①。

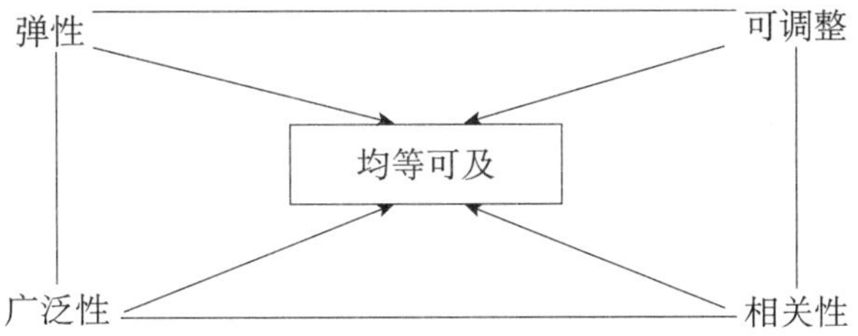

图 11-4　融合教育课程特征

1. 广泛性

融合教育课程建立在满足学生多样性需要、尊重学生平等权利、发挥学生潜能等信念的基础之上，应关注学生知、情、意、行的综合发展。课程的广泛性是实现课程对所有学生平等参与的必然要求，是多样化的、涵盖生命与生活全领域的、宽广而平衡的课程的体现。融合教育课程突破了学科知识领域，以学生一般身心发展规律为基础，不仅注重学生学业的发展，还注重学生人格、社会交往、情感等多方面的发展，以追求教育公平、实现社会公正为终极目标，包括学习者在多种目标的教育计划中的所有体验，在目标、内容、实施等各方面呈现广泛性、多元化的特点②。

2. 相关性

融合教育课程的相关性主要体现在两个方面：首先，增加课程与学生生活与经历的相关性是融合教育课程的必然选择。融合教育课程的目标是实现学生的全面发展，使其最终能够融入社会，因此课程内容只有贴合学生的生活、经验，才能使其通过课程得到适性发展。其次，融合教育课程的相关性还体现在不同教育主体和教育者的相关上。融合教育课程活动往往突破教室这一狭隘的教学环境，在整个学校、家庭甚至社区发生。斯坦巴克（Stainback）指出，针对残疾儿童的功能性课程需要在每天的自然情境中实施，为学生创造生活、工作、社交等机会，并提供相应的指导③。可以看出，融合教育课程涉及多个部

① 韩文娟，邓猛．融合教育课程调整的内涵及实施研究［J］．残疾人研究，2019（2）：70-76.

② 邓猛．关于融合教育学校课程调整的思考［J］．中国特殊教育，2004（3）：1-7.

③ STAINBACK W，OTHERS A. Learning together in inclusive classrooms：what about the curriculum？［J］. Teaching exceptional children，1996（3）：14-19.

门和环境，以及多方人员。普通学校的教师、家长和学生不能置身事外，他们都是全纳计划的利益相关者，以不同方式参与到课程和教学活动中。

3. 弹性

弹性是指事物的可伸缩性和可变化性，是与统一标准相对的概念。融合课程应该具备弹性，对其设计、实施和评价必须考虑到学生的多样化需求，以确保人人皆可用[①]，应该体现学生个体的差异性和学习能力的多样性，并及时对学生的不同特点和学习需求做出回应。弹性意味着课程应具有动态性，应根据学生不同而变化。这意味着融合课程突破了传统“一刀切”的僵化课程，使所有有特殊需要的学生，特别是残疾学生能够像普通学生一样获得知识、技能和学习的热情[②]。但弹性并不意味着毫无约束、信马由缰，而是在国家课程框架下的适应性调整与灵活性处理。

4. 可调整

融合教育课程是可调整的课程。课程与教学调整是特殊需要学生融入普通教育教学的关键，也是当前我国融合教育实践与改革的重点。2017 年，国务院颁布修订后的《残疾人教育条例》，指出在普通学校随班就读的残疾学生的义务教育，可以适用普通义务教育的课程设置方案、课程标准和教材，但是对其学习要求可以有适度弹性。2020 年，教育部颁布的《关于加强残疾儿童少年义务教育阶段随班就读工作的指导意见》特别强调“注重课程教学调适”，要求普通学校要根据国家普通中小学课程方案、课程标准和统一教材要求，充分尊重和遵循残疾学生的身心特点和学习规律，结合每个残疾学生的残疾类别和程度的实际情况，合理调整课程教学内容，科学转化教学方式，不断提高对随班就读残疾学生教育的适宜性和有效性。这些政策文件明确了我国融合教育发展在课程方面的方向，即注重课程调整问题，通过课程调整使普通教育课程能够满足特殊教育需要。

如果说弹性是针对国家课程框架而言的，那么可调整则重点突出学校和教师在融合教育课程实施中的自由和选择。霍恩（Horn）指出调整是基于课程的改变，使课程个性化，目的是促进学生参与和在班级中的有效融合，是融合教育的最佳实践方式之一[③]。教师的融合教学实践需要考虑课程的调整，而调整的决策权也掌握在学校和教师的手中。

上述融合教育课程的四个特征相互联系，其共同目标是实现“机会均等”与“差异化”的原则。机会均等意味着均等可及，所有学生都有相同的机会获得其应得的教育、活动参与机会；课程必须是灵活、相关和可调整的，每个学生都能够从课程中体验到参与感。差异化意味着课程要尊重学生的差异，满足学生的个别化需求，而不是以统一不变的课程要求所有学生。可见，融合教育所追求的教育公平，强调的是所有学生有着无差异的权利和机会，但享受着有差异的教育和服务。

---

① United Nations Educational，Scientific and Cultural Organization. Policy guidelines on inclusion in education [R]. Paris：UNESCO，2009.

② KURTH J A，KEEGAN L. Development and use of curricular adaptations for students receiving special education services [J]. Journal of special education，2012 (3)：191 - 203.

③ HORN E，BANERJEE R. Understanding curriculum modifications and embedded learning opportunities in the context of supporting all children's success [J]. Language speech and hearing services in schools，2009 (4)：406.

（二）融合教育课程的主要内容

课程内容是融合教育理念落实的载体，决定融合教育实施的效果。融合课程是丰富多样的，并依据各地文化特色、学校实际、学生需求而不断变化，呈现出多姿多彩的样貌。从纵向维度来看，融合课程是从国家课程走向地方、校本，最后落实到具体学生身上的个别化课程。从横向角度看，融合课程则是根据学生实际需求提供知情意行、德智体美劳等多方面的课程要素与模块，可以包括：核心课程（往往与文化课程相关）、功能性课程、康复治疗性课程以及职业技能性课程，有的残疾学生可能还需要普通教育的课程或者扩展的课程。在所有这些课程中，不同的学生在不同阶段可能有不同的需求，那么学生在某个阶段最需要的某个课程则被称为优先课程。每个学生对这些不同课程的内容进行分层与组合，则构成针对学生特点的个别化的课程体系（见图 11－5）①。

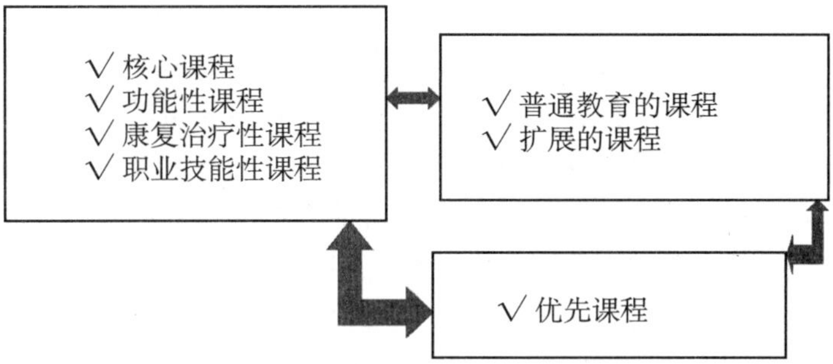

图 11－5 融合教育课程的基本分类

融合教育课程包括学业课程、社会发展课程和补充课程等三类。这三类课程中，既有国家课程规定的目标和内容，也有学校根据自身情况而开发的校本课程目标和内容。三类课程的设置以学生身心协调发展为出发点，平衡互补，不能因为学生的某种特殊需要而过分强调或弱化某类课程。

1. 学业课程

学业课程以学生的学业成就为目标，是融合教育课程的核心内容。学业课程主要表现为具体的学科课程，一般为国家课程标准明确规定的学科科目。例如，英国国家课程标准明确规定整个义务教育阶段都必须开设的有英语、数学和科学课程，7～11 年级必须开设公民课程。学业课程中既有国家规定的部分，也有学校自己开设的部分。例如，在澳大利亚，除了国家课程规定的核心内容之外，很多学校往往要开设双语教育和双重文化方面的课程，以满足当地土著学生的需要②。

不同于传统的学业课程，融合教育中的学业课程强调课程的灵活性与可调整性。根据学生的能力和需要，课程需要做出相应的调整，但并非所有课程都需要调整，一些课程只需要较小的调整，例如，对于低视力学生而言，可以仅将普通课本变为大字课本，或根据学生的视力情况配备适当的助视设备。

---

① 邓猛，景时，李芳．关于培智学校课程改革的思考［J］．中国特殊教育，2014（12）：28－33.

② 郭宁．澳大利亚全纳教育的实践研究［D］. 上海：华东师范大学教育科学学院课程与教学系，2007.

2. 社会发展课程

社会性发展能力是学生建立良好人际关系和融入社会的基础，同时对学生个性、人格的形成有着重要影响，对于有特殊教育需要的学生来说，社会性发展能力对提高他们的独立性、对学校与社区的参与能力以及个人生活体验至关重要。重视学生社会适应与发展能力与融合教育的理念是一致的，在融合教育课程中必须要体现相关内容。社会适应与发展性能力所涉及的范围大，这决定了该领域课程所涉及的内容非常宽泛，一切与人的社会性有关的知识、技能、动机等都与该课程有关。社会发展课程也包含了国家规定的部分与学校自己开设的部分，例如，英国国家课程标准规定，在中等教育阶段，学校必须开设性教育与人际关系课程。社会发展课程的课程呈现方式多样，很多时候课程内容是通过学业课程来体现的，如通过小组学习来体现互助，通过艺术课程学会欣赏他人，通过取得相应成就来培养自信心等。

3. 补充课程

该课程以生活技能和社会转衔任务为主要内容。有特殊需要的儿童往往需要学习普通儿童在校外通过自我探索、模仿、非系统的口耳相传就能获得的一些知识，如基本的卫生习惯、生活自理能力、性别角色等。有特殊需要的儿童到高年级以后，面临社会转衔的问题，学校必须提供相应的过渡课程与服务来支持他们适应以后的成人生活、发展相关的职业能力与独立生活技能。澳大利亚很多学校的校本课程中都有专门开设的针对特殊需要学生的生活技能课程，如劳动技术课程，覆盖日常生活中的基本劳动技能；美国内布拉斯州的拉尔斯顿高中通过合作教学，为高年级的所有学生（包括残疾学生和普通学生）制订了详细的转衔课程计划，包括找工作、生活理财、社会礼仪等内容。补充课程的出发点不是将特殊儿童的个别化特征个别化对待，而是融合教育背景下教育服务多样化的一种体现。

上述三类课程中，既有国家课程规定的目标和内容，也有学校根据自身情况而开发的校本课程目标和内容，三类课程的设置以学生身心协调发展为出发点，平衡互补，不能因为学生的某种特殊需要而过分强调或弱化某类课程。

（三）融合教育课程的设计

1. 融合教育课程调整

融合教育课程是一种可调整的综合课程体系，调整是基于普通教育课程而做出的个性化改变，其目的是促进学生参与课程，实现学生在班级中的有效融合。课程调整，即是对普通课程进行调整，以帮助特殊学生学习并获得进步。康福特（Comfort）将课程调整定义为基于单个学习者或一群学习者的合理需求而对学校正式课程的学习目标或学习活动单元进行的调整，课程调整涉及课程中一系列教学元素，如内容知识、教学方法和学习结果①。课程调整的核心内容包括以下几个方面：

① 孙美丽，申仁洪．美国特殊教育课程融合取向的设计模式及启示［J］．青海民族大学学报（教育科学版），2011（2）：89－94.

首先，课程调整坚持“以学生为中心”的核心理念。学生的个别化需求是课程调整的中心，课程调整要满足个别学生差异的特殊需求。钮文英提出课程调整应遵循七条原则，分别是：选择最能符合学生需要的调整策略、采取最少干预和最大融合的调整策略、在学生的最近发展区内提供支持、了解学生学习问题的根源、采取适龄的调整策略、考虑学生的想法、选择调整策略时需考虑其对教学的影响①。可以看到，这七条原则中每一条都在强调学生及其需求这一中心，只是这些需求应被具体化，贯穿于整个课程调整的始终。

其次，课程调整以课程要素为着力点。维拉等人认为，课程调整是旨在提高学生的学业表现与活动参与的积极性而进行的教学环境、方法、材料方面的任何改变②。康福特则认为，课程调整涉及课程中的一系列教学元素，如内容知识、教学方法和学习结果。课程目标、课程内容、课程实施、课程评价作为课程调整的四个要素，构成课程调整的着力点，教师可以从特殊学生的需要出发，选择调整其中一个要素或者多个要素，也可以同时调整四个要素。而当四个要素都进行了调整时，则可能会形成与普通学生完全不同的替代性课程。

最后，课程调整遵循“最小调整，最大融合”原则。课程调整的方法包括保持不变、增加、减少、替代四种方法。大多数特殊学生可以采用经过很小修改甚至是相同的课程满足需要。只有极少数学生需要单独设计的、完全不同的替代性课程。应该尽量让所有学生都参与同样的课程与教学活动，并尽量让他们独立完成任务，只有在必要的时候才改变课程内容和教学方法③。

2. 学习通用设计

通用（universal）指“普遍的，全体的，通用的，全方位的”，本质是“通达性”（accessibility）的程度，而通用程度与能够使用者的数量成正比。通用设计以“所有人共同使用”为理念，尽最大可能面向所有使用者来设计产品，其突出特点就在于它能满足多样化群体需要，同时还能将这种体现差异的需求视作正常的而不是异常或另类的需求。对于残疾人而言，通用设计产品与辅助产品或设施的根本差别在于，它不像辅助产品或设施那样人为地将残疾人与普通人区别开来，强化和夸大了他们在某些方面的能力不足，突出了他们在某个方面的残疾衰弱，将他们视作整个社会的弱者或者令人同情的对象，这从客观上对他们产生了社会性的歧视④。通用设计满足了包括残疾人在内的所有人的需要，更重要的是它体现了一个让社会充满人文关怀的理念。通用设计产品是通过自身内在的灵活性与可变性来实现使用方面“个人化、多样化”宗旨的，其具体实现方法就是在相同系统内针对不同使用者的不同需求进行“可变化”的设计。

学习通用设计（universal design for learning，UDL）是通用设计理念在课程领域的应用。根据通用设计的理念，美国特殊技术应用中心（Center for Applied Special Technology，CAST）开发了学习通用设计的新模式，并将其定义为：“学习通用设计是一种以研究为基础的课程设计框架，包括教育目标、方法、材料和评估。通过向学生提供丰富的

---

① 钮文英．拥抱个别差异的新典范：融合教育［M］．2版．台北：心理出版社，2015：438.

② 邓猛．融合教育与随班就读：理想与现实之间［M］．武汉：华中师范大学出版社，2009：245.

③ 邓猛，颜廷睿．融合教育理论反思与本土化探索［M］．北京：北京大学出版社，2014：117.

④ 何灿群．通用设计的理念与方法探析［J］．包装工程，2007（2）：119－121.

学习支持和减少学习课程的障碍，它能够使得所有的学生都能获得知识、技能和学习的热情。另外，UDL 对所有的学生设定很高的成就标准。”学习通用设计的核心包括两个方面：（1）增加灵活性，即在课程内容的信息表达方式、学生反应或展示知识和技能的方式以及学生参与课程学习的方式这三个方面灵活多变；（2）减少教学中的障碍，在课程的目标、材料、方法和评估设计中增加灵活性，尽量减少学生学习的障碍。

尽管是承袭通用设计的理念，但学习通用设计有其特殊性，UDL 强调学习环境的特殊目的，它不仅仅传递信息，而且支持和促进我们称之为学习的知识和技能的变化。实施学习通用设计应遵循三个基本原则：

第一，提供多样化的信息呈现方式。没有任何一种知识呈现方式对所有人来说都是最佳的，因此，提供不同的知识呈现方式是必要的。对于相同的学习内容，不同的学习者有着不同的认知和理解方式。通过使用多种形式的知识呈现方式进行学习，有助于学习和学习迁移的产生。例如，在学习汉字“花”时，可以根据学生的能力和需要，呈现汉字、拼音、读音音频、书写动画等多样化的信息（见图 11－6）。

图 11－6 汉字“花”的多样化信息呈现方式

第二，提供多样化的行为和表达方式。对于怎样适应和利用学习环境，并表达自己已经学会了什么，不同的学习者有着不同的方法。一些人可以通过书面文字很好地表情达意，却不擅长口头表达，而有的人则相反。每个人表达的策略和方法不同，不存在任何一种行为或表达方式对所有学习者来说都是最佳的，因此，提供不同形式的行为和表达方式是必要的。

第三，提供多样化的参与方式。一些学习者能非常主动而积极地参与教学活动，而其他人可能不太主动甚至畏惧主动参与。有些学习者可能喜欢独自完成任务，而另一些人可能倾向于与伙伴协作。事实上，没有任何一种学习参与的激励方式对所有人来说都是最佳的，因此，需要根据学生的兴趣匹配相应的互动模式，激发学生学习的动机。

根据这三个原则，CAST 制定了 9 个 UDL 指导原则，它们构成了 UDL 实现的主要基础。UDL 指导原则可用于指导教育者和课程开发人员使用基于证据的方法来处理任何教室通常都会遇到的各种各样的个体差异。

二、融合教育教学概述

（一）融合教育教学的内涵

融合教育教学也称融合教学或全纳教学，是面向包括特殊需要学生在内的所有学生的教学，使全体学生在平等、多元、友好的普通教育教学环境和活动中得到合适、全面的发展。融合教育教学是在融合教育课程意识、课程思想下的教学，是对融合教育课程的运作过程、实施过程。

融合教育教学要求教师在教学中创设融合教育教学环境，精心设计和组织教学活动，注重差异教学与个别指导，合理运用信息技术，提供丰富的教学资源，在必要时建立同伴互助制度，为特殊学生配备助学伙伴或助教等，组织合作学习，适当调整作业量与完成方式，使特殊学生最大限度地融入课堂。融合教育教学主要有以下几个方面的特点：

1. 突出以学生为本的理念

融合教育倡导让所有学生都能够在普通教室中接受高质量的、适合他们独特学习需要的教育[①]。融合教育教学要求教师在教学的过程中承认、了解差异，还要求教师尊重、照顾差异，让所有学生能够平等地参与教学，能够“进得来、留得住、做得好、学得好”。融合教育教学满足的不只是一部分学生的需要，“学生为本”也并不特指特殊需要学生，而是包括特殊需要学生在内的所有学生。

2. 强调个性化

融合教育教学要求采用因材施教的原则和方法，促使每个儿童的潜能得到挖掘、个性得到充分发展。融合教育教学对个性化的强调并不是要求教师放弃集体教学，而是要求教师在普通班级中将集体教学与个别化教学相结合，充分关注特殊学生的需要，使全体学生参与教学。

3. 重视评价与反馈

融合教育教学的起点是对学生及学生差异的了解。科学的教育评估与评价对融合教育教学的开展至关重要。特殊需要学生的生理、心理状态和发展水平与普通学生存在差异，同时，学生的能力和需要也是不断发展和变化的，因此，融合教育教学要求教师对学生进行科学和及时的教学评教，为后续教学决策提供依据。

4. 重视教学调整

融合教育教学反对一刀切的教学方式，而是强调有效的教学调整。教学调整是指教师对一系列教学要素进行调整，如教学目标、教学内容及呈现方式、教学方法、教学环境、教学实施过程、教学评价等。沃克斯曼等人综合其以往研究结果，提出教学调整的八大基本方面，包括：教学应符合学生的能力和需要；学生以不同的学习速度实现教学目标；监控学生的进步情况，并给予持续有效的反馈；鼓励学生参与计划和监控他们的学习；使用广泛的教材和教学策略；鼓励学生相互写作；教授学生自我管理的技能；教师与其他人员合作教学。

（二）融合教育的课堂教学方法

1. 差异教学

多元智能理论与学习风格理论为差异教学的产生提供了重要的理论基础。多元智能理论和学习风格理论强调每个学生都具有自己的智力特点、学习类型和发展方向，只有教师

---

① 赵勇帅，邓猛．西方融合教育课程设计与实施及对我国的启示［J］．中国特殊教育，2015（3）：9－15．

的教学适应了学生的智力特点和学习风格，学生才会产生学习动机和学习欲望，自身才能得到发展。

作为融合教育的有效教学方式，差异教学（differentiated instruction）已经得到了广泛的推广与应用，其理念已拓展到了课程设计、教材开发和教学环境设计等各个领域。汤姆林森（Tomlinson）认为，差异教学是教师针对学习者独特的教育需要所做出的教学反应；在教学中，教师根据学生的准备水平、认知能力、学习兴趣和风格主动设计和实施多种形式的教学内容、教学过程与教学成果[①]。戴安·赫克斯（Diane Heacox）认为，差异教学是教师对学生的学习需要进行思考后，针对学生的需要有目的地设计出来的教学活动，它需要教师改变教学的速度、水平或类型以适应学习者的需要、学习风格或兴趣[②]。华国栋将差异教学定义为在班集体教学中立足学生个性差异，满足学生的不同学习需要，以促进每个学生最大限度发展的教学[③]。尽管上述定义不尽相同，但都体现了差异教学的核心理念：教师要对每个学生的个体差异做出灵活性反应，通过多渠道、多路径的课程与教学调整，来为不同能力层次和不同需要的学生提供有更大参与程度的课程与教学，塑造个性化的学生，最大限度地发展他们的潜力。简而言之，差异教学就是教师所做的关于教学各方面的差异化调整，以适应融合课堂中学生多样化的过程。

融合课堂中差异教学的"差异化"主要体现在以下三个方面[④]：（1）教学内容的差异化。在接受残疾学生的融合课堂中，教学内容的差异化主要是从学生的能力水平、兴趣和学习风格等方面来考虑的。（2）教学过程的差异化。教学过程的差异主要涉及课堂中教师的教学安排以及对教学策略的选择。差异教学吸取了协同教学、小组教学、个别化教学等多种教学策略的宝贵经验，围绕着最大限度满足学生学习需要的宗旨，灵活地选择和运用教学策略，以使教学达到最优化。（3）教学成果的差异化。教师根据学生的能力水平、特征以及适合学生的方式来设计教学成果的评价方式。对能力强的学生提出难度较高的要求，对能力低的学生提出难度较低的要求；不仅考察学生对认知的掌握程度，也注重考察学生在学习过程中的能力和非智力因素的发展水平，如态度、情感、合作精神等[⑤]；此外，还要允许学生选择符合自己基础和能力、兴趣的成果形式，从而使学习的共同目标和个人目标得以实现。

2. 支架式教学

"支架"如建筑工地上的脚手架，从低到高逐步搭建，以此实现作业。支架式教学是指为学习者建构一种知识理解的概念框架。这种框架中的概念是为发展学习者对问题的进一步理解所需要的。为此，教师事先要把复杂的学习任务加以分解，以便于把学习者的理解逐步引向深入。支架式教学思想源于维果茨基的最近发展区理论，实行支架式教学的核

---

① TOMLINSON C A. 差异化教学的学校领导管理［M］. 北京：中国轻工业出版社，2005：3.

② HEACOX D. 差异教学：帮助每个学生获得成功［M］. 北京：中国轻工业出版社，2004：16－18.

③ 华国栋. 差异教学论［M］. 北京：教育科学出版社，2001：24.

④ MINKE K M，BEAR G G，et al. Teachers' experiences with inclusive classroom：implication for special education reform［J］. Journal of special education，1996，30（2）：152－186；HEACOX D. 差异教学：帮助每个学生获得成功［M］. 北京：中国轻工业出版社，2004：16－18.

⑤ 吕耀中. 全纳教育视野下的差异教学［J］. 中国特殊教育，2006（1）：9－13.

心就是找到学生的最近发展区，根据学生现有学习水平来搭建“脚手架”，以此实现教与学的目标。

融合教育教学中，教师首先要对学生的现有水平有充分的了解，然后一步一步地为学生的学习提供适当的、小步子的线索或提示，通过这些支架支持，促进学生“现有水平”向“潜在发展水平”转化，进而完成学习内容，提高学习能力，增强学习信心。

此外，合作教学和合作学习作为特殊教育的最佳实践方式，也是融合教育课堂教学的重要方法，该内容已在本章第二节中论述，在此不做赘述。

第四节　个别化教育计划

20 世纪 80 年代，我国特殊教育学校开始个别化教育计划的尝试探索与实施。个别化教育计划最早出现于培智教育中。1987 年，《全日制弱智学校（班）教学计划（征求意见稿）》规定“由于弱智儿童个别差异较大……在班级内要实行个别教学或分组教学，从教学内容到教学进度都要充分照顾各个学生的不同情况，不要齐步走”。随后，个别化教育计划逐渐成为我国特殊教育的重要部分，出现在我国特殊儿童教育的相关法律法规中。1994 年，国家教委《中度智力残疾学生教育训练纲要》规定“对随班就读的残疾学生应当贯彻因材施教的原则，制订和实施个别教学计划”。2016 年，《培智学校义务教育课程标准（2016 年版）》要求教师应公正地对待学生的差异，通过教育评估，了解学生的学习特点，找到每位学生的学习起点和最近发展区，通过对个案的综合分析，确定教学目标、教学内容和教学重点，选择合适的教学策略与方式，并据此实施个别化教育。2020 年，《关于加强残疾儿童少年义务教育阶段随班就读工作的指导意见》规定，普通学校要针对残疾学生的特性，制订个别化教育教学方案，落实“一人一案”，努力为每名学生提供适合的教育。2021 年《特殊教育专业师范生教师职业能力标准》要求特殊教育教师应掌握制订个别化教育计划和个别化教育活动方案的能力。

一、个别化教育计划的起源

个别化教育计划，最早出现于美国 1975 年颁布的《所有残疾儿童教育法》，该法案规定：凡 3 至 21 岁的残障学生，政府均应提供合适的教育，并依据规范的程序与内容要求，拟定一份具有法律效力的书面契约，为残障学生的差异与不同，量身制作一份可执行的“个别化教育计划”，以保障残障学生的受教育权。1986 年，美国颁布《所有残疾儿童教育法修正案》，这一法案要求教育年限须覆盖 3 至 5 岁学前儿童，同时对 0 至 2 岁残疾婴幼儿实施“个别化家庭服务计划”。该计划要求加大对特殊儿童早期干预的介入，为特殊儿童、父母及其他家庭成员提供必要的家庭服务和教育支持。1990 年，美国颁布了《障碍者教育促进法案》，该法案增加了针对 16 至 21 岁残障青年的个别化转衔计划。个别化家庭服务计划和个别化转衔计划都是个别化服务计划的具体化。至此，美国形成特殊需要儿童终身发展的个别化教育体系。在 1997 年和 1999 年的《障碍者教育促进法案》修正案中，个别化教育计划的实用性和教育效果得以强调，同时，也强调了个别化教育计划与融合教育的连接，更加注重学生学业成就的提高，鼓励通过家长和教育人员的合作，来促进特殊学生的发展。2004 年的《障碍者教育促进法案》对个别化教育计划的目标撰写、个别化教育计划会议、评估与调整、转衔等内容做出了更为细致的规定，如要求对特殊儿童制定可测量的年度目标。

二、个别化教育计划的定义与内容

个别化教育计划是指运用团队合作的方式，针对特殊儿童个别特性所制订的特殊教育及相关服务计划。个别化教育计划既是特殊儿童教育和身心全面发展的一个总体构想，又是对他们进行教育教学工作的指导性文件。个别化教育计划的制订要求由地方教育部门的代表、医生、心理学家、教育学家、教师、学校负责人、社会工作者、学生家长或监护人和学生本人共同组成小组，为每个鉴定有残疾的学生制订一份书面教育计划，作为教育学生的工作依据，但必须征得其家长或监护人的同意才能实施，制订时亦要听取学生的意见。从本质上看，个别化教育计划追求“以儿童为中心”的民主教育，承认儿童是独立自主的个体，强调儿童的权利，体现了近代特殊教育追求的平等、多元的社会文化价值观，以及参与与合作协同的教育理念。

个别化教育计划的主要内容包括：学生受教育的现状，学生应达到的短期阶段性目标和年终目标，为学生提供的专门服务设施，学生可参与普通教育计划的程度说明，实施本计划的预定日期和期限，衡量本计划目标实现与否的标准和评估手段。此外，根据学生的实际情况，可按周、月、学期、学年等不同期限制订，实施过程中亦可按制订程序予以修订。

三、个别化教育计划的制订与实施

特殊学校校本课程与教学的实施离不开个别化教育计划的制订。校本课程在制定时要考虑学生能力的分层和个体间的差异，对各类水平特殊儿童需要达到的目标进行区分；教学活动的设计应根据学生的具体发展需求合理选择课程资源，灵活组织课堂教学。而个别化教育计划正是依据课程标准和学生的实际情况，为每个特殊儿童量身打造的合适的教学计划，教师在各领域教学目标的拟定需要参考每位学生的个别化教育计划之年度与学期目标，以便进行分组或多层次课程与教学安排。

个别化教育计划的实施主要包括三个主要方面：了解儿童现状、确定教学目标、选择教学策略。在实践中，个别化教育计划的制订应遵照一定的流程，从而保障特殊教育教学与服务的具体程序与步骤，实现特殊教育理念与目标（见图 11－7）。世界各国和地区，对个别化教育计划的标准、程序进行了明确规定，包括：发现与解决学生问题、家长及相关人员访谈、残疾诊断与鉴定、各方人员参加个别化教育计划制订会议、服务与安置分析、个别化教育计划制订与实施、个别化教育计划的评估等。这些内容与步骤通过立法的方式得以确定，成为特殊教育组织与实施的广为遵循的标准化操作程序。

在制订个别化教育计划时，教师应注意的事项如下：

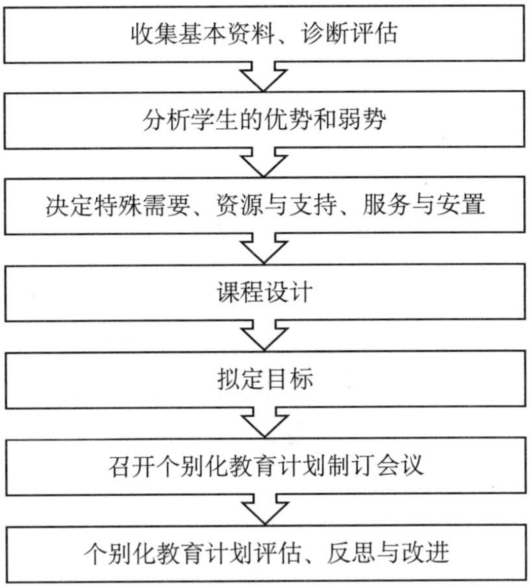

图 11－7　个别化教育计划的一般制订流程

（一）保证家长充分、平等的参与

无论是参与评估和个别化教育计划制订会议，还是实施个别化教育计划，家长都扮演着重要的角色。在儿童的诊断与评估过程中，家长介绍儿童的真实情况，就儿童的教育教学问题提出自己的看法和见解，这些信息有助于评估的准确性和全面性，对保障诊断与评估的有效性具有重要的作用。同时，家长的参与有利于充分保障儿童的权利。个别化教育计划为学校和家庭提供了一个沟通的平台，个别化教育计划的制订有利于家长维护特殊儿童的权利，有利于对学校和专业人员的工作进行监督。不可否认，家长在特殊教育中的作用是非常重要的，但与此同时，我们还应意识到家长毕竟是非专业人员，对于特殊儿童的认识存在一定的局限性。因此，个别化教育计划的制订，应由参加个别化教育计划制订会议的全体人员来决定。

（二）充分了解学生当前的行为表现水平、需要以及特征

客观真实的特殊儿童身心发展资料对个别化教育计划的制订非常重要。在个别化教育计划的制订过程中，首先要对特殊儿童进行科学有效的评估。如果对儿童的能力和需要的评估不准确，则会让个别化教育计划的内容与儿童不相符，这也将导致个别化教育计划的实施成为空话。

（三）增加个别化教育计划的灵活性

个别化教育计划目标确定的主观性和随意性是一个不可避免的问题。个别化教育计划制订依据的假设是教育者预测学生应该学习的内容，能够以什么样的进度学习，最终达到什么样的水平。但是，由于评估诊断技术的局限性，以及特殊儿童生理、认知、情绪、社交等方面的复杂性和发展性，要实现精准的预测，几乎是不可能的。同时，教育教学的环境因素是多变的，而这种客观条件的动态变化，同样也会影响个别化教育计划的落实，最

终影响其目标能否达成。因此，个别化教育计划的灵活性应得到增加，包括其内容中的灵活性以及实施过程中的灵活性。

（四）尽量简化个别化教育计划

研究人员发现，虽然法律法规对个别化教育计划的要求非常专业、规范，但要达到法律的要求，教师需要做很多烦琐的工作，教师要将大量的时间和精力花费在制订个别化教育计划上。个别化教育计划内容繁多冗杂，有些文本甚至达到一本书的厚度，如果一个班级有十多名学生，教师的工作量将是巨大的。在我国目前情况下，可以考虑两种解决办法，一是尽量简化个别化教育计划的内容，可有可无的内容取消，保留个别化教育计划最主要的、最核心的内容就可以了；二是个别化教育计划数字化，形成软件管理电子版的个别化教育计划，有些数据甚至还可以自动生成。目前许多学校已利用软件或数据库制订和管理学生的个别化教育计划，各地学校可根据自己的情况设计这样的软件或表格。

本章思考题

1. 主要的特殊教育课程范式有哪些？
2. 主要的特殊教育教学的最佳实践方式有哪些？
3. 融合教育课程调整与学习通用设计的原则有哪些？
4. 什么是个别化教育计划？

第十二章　特殊教育教师的教育与培养

学习目标：

1. 明确特殊教育教师的概念及分类；
2. 了解我国及特殊教育发达国家特殊教育教师教育与培养的概况；
3. 理解并掌握特殊教育教师专业素养的相关内容及要求；
4. 了解特殊教育教师专业发展的路径。

杨琼是乐山市特殊教育学校的一名教师，从一线教师成长为教研组组长、教科室主任的她在不同的岗位书写了特教人奋发有为的故事。杨琼意识到特殊教育事业是一份爱的事业，坚信只要为孩子们付出，就能让他们收获精彩的人生。她说："成为一名特教教师，就要抛开少女的羞怯，干起'母亲'的活。"在教学中，她坚守"特教特情"，用特殊的情感，不同寻常的爱心，践行特校老师爱岗敬业的崇高师德；她坚持"特教特位"，以特校教师准确的定位，明晰工作目标和途径，用扎实的专业素养奉献特殊教育，培养阳光、乐观、健康的残疾儿童；她坚持"特事特办"，尊重残疾儿童身心特点，遵循特殊教育教学基本规律，在课堂上、活动中实现"教学的有效性"，提升残疾学生的文化知识水平和社会适应能力。作为学校内涵发展的引领者，杨琼不仅主持研究多项课题，还带领教师们申报课题、参加比赛、开发教材，提高教师的专业水平。此外，杨琼还在多类特殊教育教师培训中承担专题讲座主讲。曾被评为"市优秀教师""市十佳女教师""优秀少先队辅导员"等，被教育导报新媒体平台"庆祝第38个教师节·四川优秀教师典型代表风采"栏目推荐。

发展特教，师资先行。我国《"十四五"特殊教育发展提升行动计划》提出了推动特殊教育高质量发展的时代要求及使命。《新时代基础教育强师计划》提出"高质量教师是高质量教育发展的中坚力量"。特殊教育事业的发展离不开一支数量足、质量高的特殊教育教师队伍，重视特殊教育教师的教育与培养是特殊教育事业发展的关键。像杨琼老师一样扎根在特殊教育一线默默耕耘的老师还有很多，她们是特殊教育教师的优秀典型。本章主要对特殊教育教师的概念与分类、特殊教育教师的专业素养、特殊教育教师的专业发展等进行介绍。

第一节　特殊教育教师概述

我国《教师法》将教师界定为履行教育教学职责、承担教书育人工作的专业人员。特殊教育教师作为我国教师队伍的重要组成部分，是一种独立的教师类别，有其独有的专业性。随着特殊教育的发展，人们对特殊教育对象需求的认知不断深入，对特殊学生类型的划分逐渐细致，加之特殊教育实践工作的复杂性，特殊教育教师呈现出多样的类别。特殊教育发展水平较高的国家都十分重视特殊教育教师的教育与培养，我国也逐渐形成了独特的特殊教育教师的教育及培养体系。

一、特殊教育教师的概念及分类

（一）特殊教育教师的概念

从广义上讲，特殊教育教师不仅包括直接从事特殊学生教育的一线教师，还包括特殊教育科研人员和行政管理人员，他们统称为特殊教育专业人员。我们可将特殊教育专业人员分为三大类：一是特殊教育教师，即从事不同层次特殊教育的教师；二是行政管理人员，即在政府部门或特殊教育机构从事特殊教育管理工作的管理人员；三是特殊教育科研人员，即从事有关特殊教育的科学研究工作的科研专业人员①。在实际工作中，各类特殊教育专业人员是有交叉的，比如一部分的学校管理人员也参加部分教学工作，一部分科研人员也参加管理工作。总体来看，特殊教育教师所占比例最大。

从狭义上讲，特殊教育教师指在各类特殊学校直接从事特殊儿童教育教学和特殊儿童康复训练的教师、在普通学校中承担附设的各类特殊班教育教学工作的教师，以及承担随班就读辅导的教师及相关训练人员②。2015 年 8 月教育部印发的《特殊教育教师专业标准（试行）》将特殊教育教师定义为“在特殊教育学校、普通中小学幼儿园及其他机构中专门对残疾学生履行教育教学职责的专业人员，要经过严格的培养与培训，具有良好的职业道德，掌握系统的专业知识和专业技能”。前一个界定侧重特殊教育教师的不同类别，后一个界定侧重特殊教育教师的专业要求，共同说明了特殊教育教师类别的多样化、职业的专门性。

（二）特殊教育教师的分类

根据不同的标准，可将特殊教育教师划分为不同的类型。

依据教育的对象和学段的不同，可将特殊教育教师划分为小学阶段的特殊教育教师、中学阶段的特殊教育教师。值得强调的是，《“十四五”特殊教育发展提升行动计划》指出，要拓展学段服务，加快健全特殊教育体系，并提出：大力发展非义务教育阶段特殊教育，包括学前特殊教育、以职业教育为主的高中阶段特殊教育；鼓励有条件的地区建立从幼儿园到高中全学段衔接的十五年一贯制特殊教育学校；支持普通高校、开放大学、成人高校等面向残疾人开展继续教育，畅通和完善残疾人终身学习通道。据此，可将特殊教育教师划分为学前特殊教育教师、小学特殊教育教师、中学特殊教育教师、高校特殊教育教师。

---

① 方俊明．特殊教育学［M］．北京：人民教育出版社，2005：456.

② 雷江华，方俊明．特殊教育学［M］．2 版．北京：北京大学出版社，2016：26.

依据特殊教育教师工作场域及工作内容的不同，可将特殊教育教师分为专职特殊教育教师、巡回教师、资源教师、随班就读教师、送教上门教师。专职特殊教育教师在专门的特殊学校任教，如盲校、聋哑学校、辅读学校等；巡回教师巡回于某一学区（校）或几所学校之间，将特殊教育的教学、管理和科研融为一体，负责协调解决所在学校（地区）在特殊教育方面出现的问题；资源教师在普通学校从事特殊教育、教学工作，所在班级一般有不同类型和程度的残疾学生，或主管特殊教育资源教室，协助普通教师解决有关特殊教育的问题。我们要适应特殊教育高质量发展的新要求，要进一步拓展特殊教育师资队伍，逐渐形成以特殊教育学校教师为骨干，以资源教师、随班就读教师为主体，以巡回指导教师、送教上门教师为补充的体系①。

有学者提出，以特殊教育学校为依据，可将特殊教育教师划分为听障教育教师、视障教育教师、培智教师及其他类型教师；从融合教育背景下教师角色转型的角度，可将特殊教育教师划分为教学型教师、资源教师、巡回教师、康复训练师等②。

二、西方特殊教育教师的教育与培养概述

特殊教育最早诞生于西方，正是由于莱佩、阿于伊、伊塔德、谢根、豪·加劳德特等特殊教育先驱的探索与实践，人类针对残疾人系统的特殊教育服务才得以出现并得到迅猛的发展。到 20 世纪 20 年代，特殊教育在西方初步获得独立学科的尊严。随着社会职业的分化及分工的明确，特殊教育教师相应的资格培训与认证制度得以形成。特殊教育正式走进高等学府，确立了系统的课程模块、专业领域以及学历、学位制度③。特殊教育教师先于特殊教育而存在，特殊教育教师的教育与培养随着特殊教育服务的推进而出现、发展。

（一）英国特殊教育教师的教育与培养

英国“特殊教育需求”概念的提出，将特殊教育的对象和范围进一步扩大，一体化教育的推进为特殊儿童进入普通学校学习提供了法律保障。特殊教育的发展对特殊教育教师提出了更大的挑战，也极大地推动了英国特殊教育教师的教育与培养。英国特别重视教师的教育与培养，特别强调所有教师都要具备特殊教育的基础知识。1978 年发布的《沃诺克报告》，建议在普通教师职前培养中加入特殊教育的内容，并将特殊教育的相关课程作为每一个普通教育教师入职前的必修课程。1984 年英国教育部门要求所有希望获得职业资格的教师在入职前都要修读特殊教育课程④。此外，1994 年，英国建立了教师培训署专门负责教师培养，并于 2006 年将其更名为学校培训与发展署（The Traing and Development Agency for Schools）。

---

① 许浙川．政策工具视角下我国特殊教育教师政策体系建设的成就与展望［J］．中国特殊教育，2022（8）：88－96.

② 高利，朱楠，雷江华．中小学与特殊教育教师专业标准的比较及启示［J］．中国特殊教育，2018（6）：23－28.

③ 邓猛．我国特殊教育教师教育的困境与出路初探［J］．现代特殊教育，2009（9）：8－11.

④ 刘嘉秋，昝飞．英国普通教育教师职前特殊教育能力的培养与启示［J］．外国教育研究，2010（37）：81－85.

英国特殊教育教师任职资格采用“普通教师资格+特殊教师资格”的双证制，即教师除了获得普通教师资格证书（certificate of qualified teachers status）外，还必须同时获得特殊教师资格证书（certificate of qualification status for special education need teachers）才能成为特殊教育教师。本科阶段没有设置特殊教育专业，特殊教育教师资格是经过职前培养和在职培训、学习相关课程来获得的①。英国学校培训与发展署不仅重视对特殊教育教师的培养和培训，而且更重视培养普通教育教师的特殊教育能力，职前特殊教育能力培养体系中设立了独立的管理机构，制定了详细的培训要求，制度也在不断完善②。此外，为保证教师能更好地为特殊学生服务，英国实行三类障碍教师准入资格制度。2003 年以法律的形式将教授听觉障碍、视觉障碍或多重感官障碍学生的教师资格确定为准入资格（mandatory qualifications），即特殊教育教师只要教授这三类障碍学生，还必须获得准入资格③。需要强调的是，除了要求参加相应培训外，英国还特别重视教师的实践能力，特殊教育教师资格申请者需要有一定的教学经验，试用期通过后才能获得相应证书。

（二）美国特殊教育教师的教育与培养

美国 1975 年的《所有残疾儿童教育法》对特殊教育教师培养的拨款条件以及特殊教育专业人员职前、在职的各种培训做了明确规定，极大地推动了美国特殊教育教师的教育与培养。美国特殊儿童委员会（The Council for Exceptional Children，CEC）是目前世界范围内最大的特殊教育民间学术团体，对特殊教育专业发展具有极大影响力。法律法规制定、经费支持、专业学术组织等为美国建立高质量特殊教育教师队伍提供了重要保障。

美国大多数大学都设置了特殊教育专业或系所，承担了特殊教育教师教育与培养的主要任务。美国高等教育机构通过各类培养项目不断推进高质量特殊教育教师培养的改革与探索，其中“双证式”培养项目具有较强的普适性和代表性，包含四年制本科层次、五年制硕士层次等多种培养方式④。同时，美国形成了系统的特殊教育教师培养项目专业认证制度，由“教师教育认证委员会”对学院、大学及教师培训计划等进行审查，以保障其专业品质，提升质量⑤。

在特殊教育教师资格制度上，美国实行的是资格准入式，从事特殊教育职业的教师必须通过特殊教育教师职业资格认证⑥。特殊教育教师资格管理与政治体制相一致，实行的是地方分权制。各州在特殊教育教师资格认证上存在差异，由此成立了全国性教师资格认证机构来协调和指导各州的教师资格认证制度。CEC 于 1995 年发布的《每个特殊教育工作者必须知道什么：特殊教育教师准备与资格的国际标准》（What Every Special Educator Must Know：The International Standards for the Preparation and Certification of Special Education Teachers）是美国最权威、最具影响力的特殊教育教师任职资格标准⑦，是美国

---

① 陈云奔，张宝玲．全纳教育理念下英国特殊教育教师培养及其启示［J］．黑龙江高教研究，2017（9）：66-70.

② 刘嘉秋，昝飞．英国普通教育教师职前特殊教育能力的培养与启示［J］．外国教育研究，2010（37）：81-85.

③ 李艳，昝飞．英国特殊教育教师资格准入制度述评［J］．中国特殊教育，2009（7）：18-21.

④ 宫慧娜，雷江华．美国高质量特殊教育教师培养的特点及启示［J］．教育学报，2021（2）：98-108.

⑤ 姚玉香．美国特殊教育教师培养项目专业认证制度的特征及启示［J］．中国特殊教育，2020（12）：7-13.

⑥ 姚璐璐．美国特殊教育教师资格认证制度述评［J］．中国特殊教育，2009（2）：59-63.

⑦ 邓猛，颜廷睿．特殊教育原理［M］．北京：高等教育出版社，2022：238-239.

对特殊教育教师进行考核与评估的重要依据。该标准经过 20 多年的实践，历经 1996 年、1998 年、2000 年、2003 年、2009 年、2016 年 6 次修订。CEC 标准规定了特殊教育教师的准入条件：首先，至少应获得学士学位；其次，应有足够的机会发展教学技能，包括一线教学经验和临床实践经验，即做好知识更新；最后，应具备 CEC 规定的特殊教育教师应掌握的共同核心知识技能，掌握在特定领域（如盲、聋、智力障碍等）或年龄组（如学前、小学、中学等）的系统化的知识技能①。此外，美国终身制的资格证书逐渐取消，特殊教育教师资格证书有效期一般为 5 年，到期后需要符合一定条件才能更换新证书。

为了应对特殊教育教师紧缺，拓宽教师培养的途径，美国还推行选择性教师资格制度。通过招募、筛选拥有学士学位，具备一定工作经验且有意从事教育工作的非教育类专业人才，设计计划，对其进行几个月到两年不等的课程学习，在完成教育实习任务后授予结业证书，丰富特殊教育师资储备②。

三、我国特殊教育教师的教育与培养概述

19 世纪末，外国传教士在我国开办特殊教育学校，我国特殊教育教师的培养也随之开始。最初的特殊教育教师是外国传教士，主要采用个别训练的方式进行教师教育与培养。20 世纪也有过开办师范班的尝试，但学生少，教学效果不理想。1916 年，我国著名实业家、教育家张謇在南通创办聋哑学校，在此之前兴办的盲哑师范讲习所是我国最早的特殊教育师资培训班。这一阶段特殊教育师资培养以传教士的教会学校和热心特殊教育的社会人士举办的私立学校为主，主要以“师傅带徒弟”的方式进行。

1949 年后，特殊教育纳入国民教育体系，特殊教育教师队伍迅速发展。党的十一届三中全会后，特殊教育师资培训发生了质的转变。1981 年，黑龙江肇东师范学校创办特殊教育师范部，开设四年制特师班。1985 年，全国第一所中等特殊教育师范学校，即南京特殊教育师范学校开始招生，设置盲教育、聋教育、弱智教育三个专业，学制为四年。1986 年，北京师范大学特殊教育专业开始招收特殊教育专业本科生。至 1998 年，我国建立了 35 个中等特殊教育师范学校（部、培训中心）、7 个高等特殊教育专业，转向以长期正规的师范院校职前培养为主。此外，《中华人民共和国残疾人保障法》《残疾人教育条例》等法律法规文件相继出台，特殊教育教师教育与培养走上法治化道路，师资培训逐步正规化、体系化。

进入 21 世纪以来，我国特殊教育教师的队伍不断发展壮大，培养培训工作进一步加强。2010 年，《国家中长期教育改革和发展规划纲要（2010—2020 年）》颁布，提出加强特殊教育教师师资队伍建设及其专业化水平，特殊教育教师师资队伍建设进入了快速发展阶段。2012 年，教育部等五部门联合颁布新中国成立以来第一个专门阐述特殊教育教师队伍建设的文件，即《关于加强特殊教育教师队伍建设的意见》，对我国特殊教育教师队伍建设具有重大指导意义。2014 年，教育部颁布《关于实施卓越教师培养计划的意见》，

---

① 李欢，李翔宇．中美加特殊教育教师专业标准比较研究［J］．教师教育研究，2017（6）：114－122.

② 汪蔚兰，昝飞．美国特殊教育选择性教师资格制度的实施及启示［J］．中国特殊教育，2009（11）：61－65.

提出培养一批富有爱心、素质优良、具有复合型知识技能的卓越特殊教育教师。2014 年、2017 年、2021 年，教育部等七部门相继发布了《特殊教育提升计划（2014—2016 年）》、《第二期特殊教育提升计划（2017—2020 年）》和《“十四五”特殊教育发展提升行动计划》，提出特殊教育教师队伍建设的主要措施，并在特殊教育学校教职工编制标准、教师专业水平、教师薪酬待遇、师资培养、职称评定等方面做了相应规定。我国特殊教育师资培养经历了从无到有、从幼稚到成熟的漫长发展历程，经历了新中国成立后的本土化探索时期、改革开放后的体系形成时期、迈向新时代的稳中求进时期①。

特殊教育教师的概念有广义和狭义之分，根据不同标准可将特殊教育教师划分为不同类型。各国关于特殊教育教师的教育与培养各具特点。英国强调所有教师都具备特殊教育的基础知识，采用“普通教师资格＋特殊教师资格”的双证制，实行三类障碍教师准入资格制度。美国重视通过法律法规制定、经费支持、专业学术组织等为其高质量特殊教育教师队伍提供保障；大多数大学都设置特殊教育专业或系所；实行资格准入式，各州在认证上存在差异；重视特殊教育教师资格申请者的学历条件。我国特殊教育教师教育与培养已走上法制化道路，所涉内容包括特殊教育学校教职工编制标准、教师专业水平、教师薪酬待遇、师资培养、职称评定等；师资培训逐步正规化、体系化；特殊教育教师的队伍不断发展壮大。

第二节　特殊教育教师的专业素养

我国关于特殊教育教师专业素养的研究起步虽较晚，但从制定特殊教育教师专业标准的呼吁，到融合教育背景下所有教师均需具备融合教育素养的倡导，特殊教育教师的专业素养一直是学者们探讨的话题。特殊教育教师的专业素养是特殊教育教师教育与培养的重要依据，对特殊教育教师专业素养的理解随着特殊教育事业的发展不断变化、完善。

一、特殊教育教师专业素养的概念及内涵

教师素养是教师具有的素质和修养②。目前，学术界基本将教师素养等同于教师素质。教师素质是教师在教育教学活动中表现出来的，决定其教育教学效果、对学生身心发展有直接而显著影响的心理品质的总和③，这是心理学视角对教师素质的理解。教师素质概念的界定呈现多元化态势。“职业质量说”将教师素质界定为教师所具备的一种职业质量；“基本条件说”将教师素质界定为教师所应达到的一种基本条件；“综合要素说”将教师素质界定为教师所应具备的一组要素或要素结合；“质量含义说”借鉴或吸收了“质量”的某些要素，提出教师素质是群体或社会对扮演教师这一特定角色必须具备的心理和行为品

---

① 赵斌，张燕．新中国七十年特殊教育师资培养：成就、问题与走向［J］．中国特殊教育，2019（11）：3－9．

② 郭少英，朱成科．“教师素养”与“教师专业素养”诸概念辨［J］．河北师范大学学报，2013（10）：67－71．

③ 林崇德，申继亮，辛涛．教师素质的构成及其培养途径［J］．中小学教师培训（中学版），1988（1）：10－14．

质的要求①。教师素养（教师素质）的概念在我国尚未达成共识，对教师素质的不同理解反映了教师素质结构的复杂性、教师素质的重要性及其与教师质量的密切关联性。教师专业素养是教师综合素质的集中表现，是教师成功胜任教育教学工作必备的品质②。教师专业素养被认为是教师质量的集中体现，以承认教师职业是一种专业性的职业为前提，包括教育理念、专业知识和专业能力三个部分③。

特殊教育教师专业素养体现的是特殊教育教师职业内在的规范和要求，是特殊教育教师综合素质的体现。在我国特殊教育领域，教师专业素养常常等同于教师专业素质或教师职业素质。关于特殊教育教师素养的结构，研究者的研究思路和侧重各有不同。一是从特殊教育教师与普通教师的区别出发，如丁勇提出特殊教育教师除了应具备普通教师所应有的共同素质外，还要具备特殊教育应具有的崇高的专业道德和良好的个性品质、较为精深的复合型专业知识结构、娴熟的专业能力和技能④；二是从特殊教育教师职业的专业性出发，如赵巧云提出特殊教育必须具备崇高的专业道德和人道主义服务精神、先进教育理念和正确教育信念、复合型专业知识结构和综合型能力结构、健康心理和良好个性品质、自我专业发展需要和意识等内在素质⑤；三是从社会变化及教师成长出发，如刘扬综述了我国关于特殊教育教师素质结构的理论分析和实证研究，强调特殊教育教师急需加强计算机能力，要关注将已有知识技能应用于实践的能力以及自我更新能力等⑥。综上，研究者对特殊教育教师专业素养虽有不同的认识，但也达成了以下共识：一是多数关于教师专业素养的研究一致认为其结构包括专业理念、专业知识、专业技能三个方面⑦；二是特殊教育教师与普通教育教师的专业素养有共同之处，且特殊教育教师素养有其独特性；三是特殊教育教师的专业素养要求随社会需求发展呈现出不同的关切。关于特殊教育教师素养的研究为制定我国特殊教育教师专业标准提供了重要基础。

二、特殊教育教师的专业标准

特殊教育教师专业标准，指的是在特定教学领域中从合格到优秀的特殊教育教师所应该具备的基本专业标准体系。从事特殊教育的教师必须具有自己的专业标准并且对专业发展有自主权，才能获得较高的社会地位⑧。特殊教育教师因其教育对象具有特殊性，工作职责及内容具有不可替代性，从而具有独特的专业理论和专业技能。在教师专业化思潮的影响下，各国均通过制定专业标准以促进特殊教育教师专业发展。

---

① 赵英．我国教师素质理论研究述评［J］．上海教育科研，2013（4）：18－22.

② 冯雅静．随班就读教师核心专业素养研究［J］．中国特殊教育，2014（1）：4－9.

③ 叶澜．新世纪教师专业素养初探［J］．教育研究与实验，1998（1）：41－46.

④ 丁勇．专业化视野下的特殊教师教育：关于特殊教育教师培养目标和培养模式的研究［J］．中国特殊教育，2006（10）：69－73.

⑤ 赵巧云．我国特教教师专业化发展标准刍议［J］．中国特殊教育，2009（4）：14－18.

⑥ 刘扬．我国特殊教育教师素质研究述评［J］．中国特殊教育，2008（4）：57－64.

⑦ DENG M，WANG，S S，GUAN W J，et al. The development and initial validation of a questionnaire of inclusive teachers' competency for meeting special educational needs in regular classrooms in China［J］. International journal of inclusive education，2017（4）：416－427.

⑧ 陈小饮，申仁洪．特殊教育教师专业化标准及发展模式的研究述评［J］．中国特殊教育，2008（4）：65－69.

（一）我国特殊教育教师专业标准

在多方努力下，2015 年，教育部印发《特殊教育教师专业标准（试行）》（简称《专业标准》）。《专业标准》提出了国家对合格特殊教育教师的基本专业要求，是特殊教育教师实施教育教学行为的基本规范和专业发展的基本准则，为我国特殊教育教师的培养、准入、培训、考核等提供了重要依据。

《专业标准》由基本理念、基本内容和实施建议三部分组成。其中第一部分基本理念包括师德为先、学生为本、能力为重、终身学习四个方面；第二部分基本内容包含维度、领域、基本要求三个层次，从专业理念与师德（包括职业理解与认识、对学生的态度与行为、教育教学的态度与行为、个人修养与行为四个领域）、专业知识（包括学生发展知识、学科知识、教育教学知识、通识性知识四个领域）、专业能力（包括环境创设与利用、教育教学设计、组织与实施、激励与评价、沟通与合作、反思与发展六个领域）三个维度，共 14 个领域提出了特殊教育教师专业标准的 68 条基本要求；第三部分实施建议主要是对各级教育行政部门、开展特殊教育教师教育的院校、实施特殊教育的学校（机构）、特殊教育教师实施标准提出的建议。

通过与《小学教师专业标准（试行）》《中学教师专业标准（试行）》等对比分析发现：《专业标准》的基本理念强调特殊教育教师应具有人道主义精神，富有恒心，公平公正；规定特殊教育教师遵循特殊教育教学规律，为每一位学生提供合适的教育，最大限度地开发潜能、补偿缺陷，为学生更好地适应社会和融入社会奠定基础；强调特殊教育教师的实践能力及对国内外特殊教育改革与发展的经验和做法的了解。

从基本内容看，一是在专业理念与师德方面，强调认同特殊教育教师职业的专业性、独特性和复杂性，具有人道主义精神；理解残疾是人类多样性的一种表现，引导学生正确认识和对待残疾，自尊自信，自强自立，对学生始终抱有积极的期望；将学生的品德养成、知识学习与能力发展相结合，潜能开发与缺陷补偿相结合，提高学生的综合素质，重视学校与家庭、社区的合作，综合利用各种资源。二是在专业知识方面，强调特殊教育教师应是具备学科知识、康复知识、心理学知识和通识性知识的综合性人才，以满足医教结合的需要，了解残疾人事业发展的基本情况，了解所教学科与其他学科及社会生活的联系，掌握在学科教学中整合情感态度、社会交往与生活技能的策略与方法，帮助学生顺利过渡，融入社会。三是在专业能力方面，除常规的课堂教学能力、教育管理能力、现代化教育信息技术使用能力和科研能力外，强调运用合适的评估工具和评估方法综合评估学生的特殊教育需要的能力，根据教育评估结果和课程内容制订学生个别化教育计划的能力，以及与多方沟通的能力。

《专业标准》从专业理念与师德、专业知识、专业能力三方面对特殊教育教师专业素养提出了统一要求，体现了特殊教育工作的重要价值，凸显了特殊教育教师专业素养的独特性。

（二）美国特殊教育教师专业标准

2016 年初 CEC 发布了第 7 版《每个特殊教育者必须知道什么：专业伦理和标准》（What Every Special Educator Must Know：Professional Ethics &Standards）。这是美国

申请特殊教育教师岗位的概括性、指导性标准①。美国将特殊教育教师划分为三级，并对三种不同类型的教师制定了共同标准和分类别标准。其中，初级特殊教育教师主要是指直接对不同类型特殊教育需要学生进行一线教育教学的特殊教育工作者，共11类；高级特殊教育教师指在一线教学基础上，负责测量与评估、教育管理、转衔等方面特殊教育的专家，共11类；专业助手在特殊教育教师的指导下，发挥辅助教学的作用。此外，超常教育专家的标准独立列出，包含初级和高级两套标准。也就是将特殊教育教师划分为3级26类②。CEC标准从教师专业水平、特殊学生障碍类型和特教专业领域多重维度构建教师队伍体系③。

其中，初级特殊教育教师和高级特殊教育教师的专业标准的相应内容，分别见表12-1和表12-2。

表12-1　CEC初级特殊教育教师专业标准

领域	标准
学习者发展和个体学习差异	理解学生的特殊性与其发展和学习的相互作用，并利用该知识为特殊学生提供有意义的、具有挑战性的学习体验。
学习环境	为将特殊学生培养成为积极、有效的学习者，以及为学生情感健康、社会交往和自我决定能力的发展创建安全、包容和文化相容的学习环境。
学科知识	使用通识和专业课程知识为特殊学生提供个别化教学。
评估技能	使用多种评价方法和数据资源做出教育决策。
策略专业学习和伦理实践	选择、调整并使用一系列循证教学策略促进特殊学生的学习，使用特殊教育领域的基本知识、专业伦理规范和实践标准指导教育实践、开展终身学习和促进专业发展。
合作	在尊重他人文化背景的基础上与学生家长、其他教育者、相关服务提供者、特殊学生和社区工作人员合作以满足特殊学生的不同需求。

资料来源：邓猛，颜廷睿．特殊教育原理［M］．北京：高等教育出版社，2022：239-240.

表12-2　CEC高级特殊教育教师专业标准

领域	标准
评估	特殊教育专家使用有效和可靠的评估方法来减少偏见。
课程内容知识	特殊教育专家利用他们对普通课程和专门课程的知识来改进课堂、学校、社区和系统各级的方案、支持和服务。
方案、服务与结果	特殊教育专家推进普通教育和特殊教育项目的持续改进，在教室、学校和系统层面为有特殊需要的个人提供支持和服务。
研究与调查	特殊教育专家指导、评估和使用调查来指导专业实践。
领导与政策	特殊教育专家发挥领导作用，以制定目标，设定和满足高的专业期望，倡导有效的政策和基于证据的实践，并创造积极和富有成效的工作环境。

① 邓猛，颜廷睿．特殊教育原理［M］．北京：高等教育出版社，2022：238-239.

② 李欢，李翔宇．中美加特殊教育教师专业标准比较研究［J］．教师教育研究，2017（6）：114-122.

③ 王雁，冯雅静．美国特殊教育教师专业标准的演进、特征与启示：基于CEC专业标准的分析［J］．教育学报，2021（17）：83-97.

续表

领域	标准
专业与伦理准则	特殊教育专家利用该领域的基础知识、专业道德原则和实践标准来指导特殊教育实践，从事终身学习，促进专业发展，并履行领导责任，以促进专业同事和有特殊需要的个人的成功。
合作	特殊教育专家与利益相关者合作，为有特殊情况的个人及其家庭改善项目、服务和成果。

资料来源：邓猛，颜廷睿．特殊教育原理［M］．北京：高等教育出版社，2022：239－240.

初级特殊教育教师需要掌握的知识与技能包括学习者发展和个体学习差异、学习环境、学科知识、评估技能、策略专业学习和伦理实践、合作等，高级特殊教育教师需要掌握的知识与技能包括评估，课程内容知识，方案、服务与结果，研究与调查，领导与政策，专业与伦理准则，合作等。两者的区分在于：初级特殊教育教师的专业标准突出了特殊教育教师能为学生提供基本的教育教学服务；高级特殊教育教师专业标准突出了特殊教育教师的研究、领导能力，指向的是专家型教师标准。

需要强调的是，CEC 明确提出特殊教育教师的伦理准则，是美国特殊教育教师专业标准的基础和重要内容的组成部分。对特殊教育教师的伦理要求体现了美国特殊教育制度规范的伦理特点。准则共 12 条，具体为：（1）在尊重其人格、文化语言和背景的基础上，为特殊学生设置具有挑战性的目标以促进其取得最佳的学业成就和生活质量；（2）保持高水平的专业能力和道德操守并做出有利于特殊学生及其家庭的专业判断；（3）促进特殊学生融入所在的学校和社区；（4）与为特殊学生提供服务的其他人开展合作；（5）在相互尊重的基础上与特殊学生的家庭建立联系，并积极地让特殊学生及其家人参与与特殊学生相关的教育决策；（6）使用证据、教学数据、相关研究和专业知识指导实践；（7）保护和支持特殊学生的身心健康；（8）不参与、不容忍任何伤害特殊学生的行为；（9）遵守 CEC 道德规范、标准和政策，拥护与专业实践相关的法律法规和政策，为法律法规和政策的完善发声；（10）倡导能够提高特殊学生学习成绩的专业环境和资源；（11）通过积极参与专业组织致力于专业发展；（12）提升和传播专业知识和技能。

分级分类的专业标准体现了美国对特殊教育教师管理的精细化、专业化。具体、明晰的专业伦理标准和专业伦理准则作为评价教师专业素养的重要内容，不仅能规范特殊教育教师的行为，也能引导特殊教育教师的专业发展，保障了特殊教育教师的专业素养以及教学质量。

三、特殊教育教师专业素养的发展方向

《专业标准》对特殊教育教师提出了基本的要求，是提升特殊教育教师专业化水平的重要举措。我国对特殊教育教师专业素养的探讨并未止步于《专业标准》。教师专业素养应与时俱进，符合特殊教育发展对高质量特殊教育教师的现实诉求，以专业化回应现代化之需。在融合教育背景下，人们对教师专业素养的认识也在推进。不同类型特殊教育教师的工作对象、职责任务具有特殊性，所具备的专业素养也有相应区别。实践所困、时代所需，均推动着特殊教育教师专业素养研究的新发展。

（一）高质量背景下特殊教育教师的专业素养

特殊教育从21世纪初的“推进”与“加快”逐渐进入“提升”和“完善”的新时期。特殊教育发展的主要矛盾从较为简单的“增量”转变为“增量”和“提质”并重。建设高质量特殊教育教师队伍是我国特殊教育发展的关键。

高素质专业化教师队伍首先应体现为教师个人的高尚品行以及专业发展的较高水平。特教教师必须具备人道主义精神和现代的残疾人观、残疾学生教育与康复所需要的复合型知识，以及特殊教育需要的评估与鉴别、环境创设与利用、个别化教育教学设计、课程整合、灵活适宜的沟通、辅助技术运用等能力。做到“专业自信”“专业自爱”“专业自主”①。现代特殊教育教师应具有现代意识，终身学习并提升科研能力，实现特殊教育教师素质现代化②。

此外，有学者基于转型期特殊教育学校教师功能转型和教师角色的重新定位，提出特殊教育学校教师转向教学型、康复型、巡回指导型角色的划分。特殊教育教师需要坚持循证实践，肩负促进特殊教育行业发展责任的教育信念，以特殊学生发展及个体学生差异知识为基础，构建复合型知识体系；以基于研究的实践能力为核心，形成科学化、规范化的特殊专业实践能力；以良好的职业心理素质为基础，形成积极的专业态度和动机；保持“自我更新”取向，形成自我专业发展的能力。从不同角色类型来看，教学型教师应以教育教学实践能力为核心，以融入教学的康复/干预能力、学科专业素养为重点；康复型教师应以扎实的循证干预和康复能力为核心，以教育教学实践能力，融合教育知、能与经验为拓展；巡回指导型教师应以丰富的特教和普教经验为核心，以专家型特教教师的发展方向为目标③。

（二）融合教育背景下特殊教育教师专业素养

随着特殊教育事业的发展，以公平、质量等价值理念为追求的融合教育成为全球特殊教育的发展趋势，融合教育理念得到推广，以随班就读为主要形式的融合教育实践逐步展开。融合教育背景下特殊教育教师专业素养的动态主要体现在以下两方面：

一是关注融合教育教师专业素养。融合教育教师被赋予“双师型教师”的身份，被期待成为沟通普通教师与特殊教育教师的桥梁。融合教育教师指向的是教师素质与能力的提升，是能够为所有学生提供高质量教育并满足学生不同需求的高素质教师，无论该班级是否有特殊学生。所以，融合教育教师应是具备融合教育信念、掌握融合教育知识与技能、能够应对学生多样化需求的高素质教师，是集融合教育环境的创设者、融合教育课程的设计者、融合教育教学的实施者、沟通合作的组织者、研究型学习者于一体的复合型教师角色④。此外，融合教育教师不仅需要掌握帮助残疾学生参与到教学活动中的知识和能力，还需要帮助他们找到自信与自尊，促进其成长与发展。因此，融合教育

---

① 王雁，徐知宇．建设一支高素质专业化的特殊教育教师队伍［J］．现代特殊教育，2018（23）：1.

② 顾定倩．特殊教育现代化对教师素质提出新要求［J］．现代特殊教育，2020（17）：1.

③ 朱楠．转型时期特殊教育学校教师专业发展内容再探讨：基于教师角色变革的视角［J］．教育学报，2021（2）：62－73.

④ 谢正立，邓猛．论融合教育教师角色及形成路径［J］．教师教育研究，2018（6）：25－30.

教师专业素养有其独特的内涵：教育关怀是融合教育教师的核心品质；随班就读教师应具备爱心、信心、细心、耐心与恒心，尤其需要关注恒心的重要作用；拥有教育智慧是对融合教育教师素养更高层面的要求；同时强调应在熟练掌握基本专业知识和专业能力的前提下，具备可以将两种或多种专业技能整合并恰当使用的能力①。邓猛等人提出在中国融合教育背景下，融合教育教师应具备“教学能力、沟通与合作、理念与认识、反思与发展”这几个素养②。

二是强调普通教师应具备融合教育素养。研究者提出不需要将特殊教育教师从普通教师中独立出来，不需要将特殊教育和普通教师进行细分，仅需要一种教师即可。强调特殊教育教师具备普通教师基本素养的观点转向了普通教师在一定程度上也要有选择地具备特殊教育教师的一些素养，提倡普特有机融合。融合教育素养不应该是普通教育素养与特殊教育素养双轨发展的简单叠加。应当将普通教师置于融合教育服务体系中对其素养进行综合分析，体现出融合教育教师与普通教师和特殊教育教师的角色差异，实现二者的融合③。有学者从提高教育的质量和效益出发，提出包括普通教师在内的广大教师应具备一定的特殊教育的专业素养和掌握灵活的个别化教育技巧，认为全纳教育教师应具备的素质为全纳教育的态度、价值和期望（真诚接纳所有有特殊需要的学生、合理的教育期望、正确的教育价值观），民主的教育观（民主的教育机会观、民主的教育过程观、民主的发展性的学生评价观），教育特殊儿童的知识、技能和情感基础（特殊教育的基本知识、教育特殊儿童的基本技能、帮助特殊教育需要儿童的良好情感）④。研究者还提倡打破传统的普教与特教之间的分割，突破传统的普教与特教教师专业素质“线性”排序或“面上”并列的局限，创建具有中国特色的全纳教育理念下的教师专业素质结构，提出包含专业理念、专业智能、专业情怀、专业规范的教师专业素质三维立体架构，对教师素质也提出了更高的要求。

特殊教育教师专业素养体现的是特殊教育教师职业内在的规范和要求，是特殊教育教师综合素质的体现。特殊教育教师与普通教育教师的专业素养有共同之处，且特殊教育教师素养有其独特性，多数关于教师专业素养的研究一致认为其结构包括专业理念、专业知识、专业技能三个方面。2015 年，我国教育部印发《特殊教育教师专业标准（试行）》，从专业理念与师德、专业知识、专业能力三方面对特殊教育教师专业素养提出了统一的基本要求，是特殊教育教师实施教育教学行为的基本规范和专业发展的基本准则。CEC 于 1995 年发布的《每个特殊教育工作者必须知道什么：特殊教育教师准备与资格的国际标准》极具影响力，针对不同类型的教师制定共同标准和分类别标准。高质量及融合教育背景下特殊教育教师的专业素养是我国特殊教育教师专业素养的发展方向。

---

① 周丹．美国融合教育教师素养构成及启示［J］．比较教育研究，2017（3）：89－100.

② DENG M，WANG，S S，GUAN W J，et al. The development and initial validation of a questionnaire of inclusive teachers' competency for meeting special educational needs in regular classrooms in China［J］. International journal of inclusive education，2017（4）：416－427.

③ 冯雅静，李爱芬，王雁，等．我国普通师范专业融合教育课程现状的调查研究［J］．中国特殊教育，2016（1）：9－29.

④ 郝振君，兰继军．论全纳教育与教师素质［J］．中国特殊教育，2004（7）：2－5.

第三节　特殊教育教师的专业发展

特殊教育教师是履行特殊教育职责的专业人员，特殊教育教师的专业发展直接关系到特殊教育质量的高低。我国需要建设一支数量充足的高质量的特殊教育教师队伍，特殊教育教师的专业发展是促进我国特殊教育事业发展的重要内容。

一、特殊教育教师专业发展的概念

从心理学角度看，教师专业发展指的就是教师以自身专业素质包括知识、技能和情意等方面的提高与完善为基础的专业成长、成熟过程，是由非专业人员转向专业人员的过程[①]，关注教师个体的成长及发展。从社会学角度看，教师专业发展强调教师的终身学习和终身成长，是职前培养、新任教师培养和在职培训，直至结束教职为止的整个过程[②]，关注专业发展及教育培训的支持。教师专业发展包含教师的“专业发展”和“教师专业”的发展两层含义。

特殊教育教师专业发展也包含特殊教育教师个体的专业发展以及特殊教育教师专业的发展两层含义。一是指特殊教育教师通过自身专业素质的提高，实现专业成长，走向专业成熟的过程；二是指特殊教育教师专业历程中包含法规制度、教育培训在内的整体特殊教育教师专业领域的发展。

二、特殊教育教师专业发展的现状

目前我国在特殊教育教师队伍规划、培养培训、师资管理等方面做出了统一部署和明确规定，已经初步形成了面向特殊教育教师的多部门联动政策供给机制，特殊教育教师队伍建设标准体系得到进一步完善，特殊教育教师的专业化及专业发展得到促进。我国特殊教育师资队伍的数量和质量得到显著提高，特殊教育师资队伍学历基本实现由专科学历为主向本科学历为主的转变。

在职前培养方面，持续加强各类型特殊教育教师培养院校的扩容提级发展和普通师范生的特殊教育课程建设，强化拥有特殊教育背景的高学历、高水平师资供给。2010—2020年，本科以上学历教师占比从45.1%上升到78.8%[③]。持有本科及以上学历的教师日益成为特殊教育教师队伍的主要组成部分[④]。但囿于特殊教育起步晚的历史现实，目前我国特殊教育教师存在专业化不足、整体专业素养不强等问题。有研究者对我国东部、中部、西

---

① 任其平．论教师专业发展的生态化培养模式［J］．教育研究，2010（8）：62－66.

② 艾述华．国内特殊教育教师专业发展研究综述［J］．中国特殊教育，2013（2）：27－30.

③ 许浙川．政策工具视角下我国特殊教育教师政策体系建设的成就与展望［J］．中国特殊教育，2022（8）：88－96.

④ 曲铁华，姜涛．改革开放40年特殊教育师资队伍建设的回顾与反思［J］．河北师范大学学报（教育科学版）2018（6）：41－48.

部三大地区特殊教育学校的教师进行调查，发现我国特殊教育教师队伍中大多数特殊教育教师具有良好的心态，对特殊教育工作有较强的认同感和投入感，愿意奉献于教育事业。但是特殊教师队伍在结构特征上存在明显的性别失衡现象，以中青年教师为主，初始学历水平普遍较低，职业素质总体水平中等偏上，很多教师对特殊教育的基本理论认识不足，对特殊儿童的特点及教育需求了解有所欠缺，在实际教育教学训练中技能表现不足，缺乏教学技巧和策略，普遍存在教科研意识淡薄、能力不足、动力不够的问题①。

三、特殊教育教师的专业发展路径

国内外研究者对教师专业发展的研究主要集中在教师专业素养研究、教师职业发展阶段理论研究、教师教育研究和新手教师和专家教师的比较研究、教师资格证制度和教师职业标准研究等方面。有学者提出需要以特殊教育教师的准入制度和资格制度来保证基层教师队伍的质量，再通过建立教师进修制度和晋级制度，促使特教教师实现可持续的专业化发展②。特殊教育教师的专业发展可通过职前培养、入职培训和职后继续教育实现，从外在来看，有赖于法规制度、教育及培训体系等支持保障，从内在来看，需要教师自身通过学习突破提升。

（一）特殊教育教师法规制度保障

1. 特殊教育教师的政策法规

政策、法规对特殊教育教师专业发展做出顶层设计，是特殊教育教师专业发展的重要依据和基本保障。特殊教育教师政策指的是国家为推进特殊教育教师培养培训、任职资质、薪酬待遇等方面的发展所制定的行动准则。我国已经初步建构了包括教师培养、教师专业发展、薪资报酬等在内的结构完整的特殊教育教师政策体系③。

《国家中长期教育改革和发展规划纲要（2010—2020 年）》提出加强特殊教育教师队伍建设，提高特殊教育教师师资队伍的专业化水平。2012 年《关于加强特殊教育教师队伍建设的意见》、2014 年《特殊教育提升计划（2014—2016 年）》等文件均强调加大特殊教育教师的培训，提高教师专业化水平。此外，《残疾人教育条例》对特殊教育教师的职责和义务做了专门规定，提出从事残疾人教育的教师，应当热爱残疾人教育事业，具有仁爱精神，尊重和关爱残疾学生，并掌握残疾人教育的专业知识和技能。作为特殊教育的专门法规，《残疾人教育条例》为特殊教育教师师资队伍提供了法律层面的保障。

2. 特殊教育教师的任职资格制度

教师资格制度，又称“教师资格证书制度”“教师资格认证制度”，是对教师实行的法定执业许可制度，规定了公民获得教育教学资格的基本条件和要求。教师资格证是从事教师行业所必须具备的执业证书，中国公民在各级各类学校和其他教育机构中专门从事教育

① 张茂林，王辉．国内特殊教育教师职业素质现况调查与分析［J］．中国特殊教育，2015（7）：70-75.

② 陈和申．特殊教育教师专业化标准及发展模式的研究述评［J］．中国特殊教育，2008（4）：65-69.

③ 许浙川．政策工具视角下我国特殊教育教师政策体系建设的成就与展望［J］．中国特殊教育，2022（8）：88-96.

教学工作，都应具备教师资格①。

特殊教育教师资格认证是对从事特殊教育活动人员所必需条件的资格进行认证的制度②。实行特殊教育教师资格认证是保障特殊教育师资质量、把好特殊教育教师“入门关”的关键。许多国家为了保证特殊教育的质量，对特殊教育教师提出了相应的要求和规定，重视建立完善的特殊教育教师资格制度，具体实施包括资格准入、资格分类、资格等级等。

我国对特殊教育教师任职资格的规定主要源于特殊教育领域的政策法规，特殊教育教师资格政策经历了从提倡建立特殊教育教师资格制度到提出特殊教育教师的任职条件的演变（见表 12-3）。2017 年以来，我国要求特殊教育教师获得教师资格证书并符合相关任职条件方可获得从业资格，强调特殊教育教师要接受一定的特殊教育专业教育并考核合格。2020 年开始，我国规定中小学教师资格考试逐步增设“特殊教育”学科。但目前我国尚未对特殊教育教师制定全国性的准入条件，要求特殊教育教师必须要获得教师资格证才能上岗，其准入条件参照普通教育教师准入条件执行，从普通话、课堂教学能力、教育学及心理学相关背景知识进行考核③。当前迫切需要完善具有中国特色的教师资格制度，单独设置特殊教育教师资格证书类别，使特殊教育教师资格认定标准既能适应现实需求又能与我国教师资格制度、教师教育制度相适应，实现特殊教育师资队伍整体质量提高的目的④。

表 12-3　我国特殊教育教师资格的相关文件及内容

时间	文件名称	内容
1994 年	《残疾人教育条例》	国家实行残疾人教育教师资格证书制度，具体办法由国务院教育行政部门会同国务院其他行政部门制定。
	《残疾儿童少年义务教育“九五”实施方案》	面向特殊教育学校（班）中的教师实行特殊教育教师的任职资格制度，建立单独的特殊教育教师资格标准。
1996 年	《残疾儿童少年义务教育“九五”实施方案》	制定特殊教育学校（班）教师资格标准，实施教师任职资格制度。
2001 年	《关于“十五”期间进一步推进特殊教育改革和发展的意见》	探索建立特殊教育专业证书制度。
2012 年	《国务院关于加强教师队伍建设的意见》	根据各级各类教育的特点，出台幼儿园、小学、中学、职业学校、高等学校、特殊教育学校专业标准，作为教师培养、准入、培训、考核等工作的重要依据。

① 高利，朱楠，雷江华．中小学与特殊教育教师专业标准的比较及启示［J］．中国特殊教育，2018（6）：23-28.

② 盛永进．特殊教育学基础［M］．北京：教育科学出版社，2011：164.

③ 李欢，李翔宇．中美加特殊教育教师专业标准比较研究［J］．教师教育研究，2017（6）：114-122.

④ 徐知宇，王雁，顾定倩，等．单独设置特殊教育教师资格证书类别：完善中国特色的教师资格制度［J］．教师教育研究，2022（5）：37.

续表

时间	文件名称	内容
2014 年	《特殊教育提升计划（2014—2016 年）》	加强特殊教育教师队伍建设，提高教师专业水平，研究建立特殊教育教师专业证书制度，逐步实行特殊教育教师持证上岗，制定特殊教育学校教师专业标准。
2015 年	《特殊教育教师专业标准（试行）》	各级教育行政部门要依据该标准制定特殊教育教师专业证书制度和准入标准，严把教师入口关。
2017 年	《第二期特殊教育提升计划（2017—2020 年）》	到 2020 年特殊教育从业者应取得教师资格证，非特殊教育专业毕业的教师还需参与省级教育行政部门组织的特殊教育专业培训并考核合格。
	《残疾人教育条例》（2017 年修订）	特殊教育教师依据《中华人民共和国教师法》的规定取得教师资格。特殊教育专业毕业或经省、自治区、直辖市人民政府教育行政部门组织的特殊教育专业培训并考核合格。从事听力残疾人教育的特殊教育教师应达到国家规定的手语等级标准，从事视力残疾人教育的特殊教育教师应当达到国家规定的盲文等级标准。
2021 年	《“十四五”特殊教育发展提升行动计划》	加强特殊教育教师队伍建设，落实教师资格考试中含有特殊教育相关内容要求等。

资料来源：徐知宇，王雁，顾定倩，等．单独设置特殊教育教师资格证书类别：完善中国特色的教师资格制度[J]．教师教育研究，2022（5）：37.

随着特殊教育教师资格规定的演变，不同地区开展的实践探索和具体政策落实有所不同。如上海市开启了建立“普教教师资格证书＋地方性特殊教育教师资格证书”的“双证书”式资格制度的早期探索，设置盲、聋、弱智和工读四类特殊教育教师资格，要求特殊教育教师需同时获得国家要求的教师资格证书和上海市特殊教育教师资格证书才能上岗。2015 年，《特殊教育教师专业标准（试行）》颁布后，黑龙江省、四川省等地区颁布的地方性政策中也提出要建立特殊教育教师资格制度。

目前，我国大部分地区把“资格证书＋任职条件”作为特殊教育教师的资格准入标准，上海等少数地区沿用之前的“双证书”式地方性特殊教育资格制度。2020 年开始，天津市、陕西省等个别地区开始依据《关于中小学教师资格考试增加“特殊教育”等学科的通知》开展试点工作，尝试在中小学教师资格考试面试中增设特殊教育学科，探索新的特殊教育教师资格制度模式。

知识卡片

美国特殊教育教师任职资格

美国为适应各州特殊教育发展的不同需求，由各州进行特殊教育教师资格认证，特殊教育教师资格证类型呈现出多样化、灵活性的特点。各州对于特殊教育教师的认证制度有很大差异，也体现出特殊教育发展的不同特征和需求。按不同的分类角度，美国特殊教育教师资格证主要有四种类型（见表 12－4）。

表 12-4　美国特殊教育教师资格证类型及获取条件

特殊教育教师资格证类型		获取条件或说明
以课程/学分为基础的特殊教育教师资格证和以能力/标准为基础的特殊教育教师资格证	以课程/学分为基础	按一定的要求选修相应的课程并完成最低学时后来考取。
	以能力/标准为基础	通过表现出一定的能力或达到一定标准（如通过考试、完成教案设计、达到特殊教育教师专业标准）才能获得。
独立的特殊教育教师资格证和附加普通教育的特殊教育教师资格证	独立的	获得学士学位后考取。
	附加普通教育的	考取特殊教育教师资格证前先获得。
分领域的特殊教育教师资格证和通用型特殊教育教师资格证	分领域的	以残疾类别、程度、所教学段等为基础颁发的资格证，具有较强的针对性。
	通用型	不具体细分领域，是特殊教育领域通用的教师资格证。
以年龄/年级为基础的特殊教育教师资格证和综合型特殊教育教师资格证	以年龄/年级为基础	按所教学生的年龄、年级（例如，K-12、P-12）来颁发。
	综合型	不分年龄/年级，获得该资格证后便可从事任何一个学段的特殊教育教学工作。

近年来美国各州的特殊教育教师资格认证趋向于从规定教师需要修习的学分数量，转变为要求教师必须在实际工作中表现出一定的专业能力。各个州通过多种途径设置评价标准来考察和评估特殊教育教师的能力，最后颁发相应的资格证书。

（二）特殊教育教师教育及培训体系建构

1. 职前师范教育

特殊教育教师的职前专业教育主要通过各级各类师范大学和教育学院实施。黑龙江省于 1981 年率先在肇东师范学校创立四年制特师班。早期开设了特殊教育学专业的学校有北京师范大学、华东师范大学、华中师范大学、西南师范大学、陕西师范大学、重庆师范学院等。1997 年，华东师范大学成立学前教育与特殊教育学院，建立了我国第一个特殊教育学博士学位点。我国的特殊教育形成了中师、大专、专升本、学士、硕士、博士等多层次的特殊教育教师培养与培训体系。职前专门教育为提供具有较强的教育学、心理学基本理论知识，具有一定的特殊教育观，能从宏观上较系统地把握特殊教育教学的师资提供了保证，具有十分重要的作用。

在职前专业教育的专业认证及师范生职业能力要求上，2019 年，教育部工作司颁布《特殊教育专业认证标准》，规定了普通高等学校培养特殊教育教师的本、专科特殊教育专业办学的基本要求、合格要求和卓越要求，规定专业制定的毕业要求应涵盖践行师德（师德规范、教育情怀）、学会教学（专业知识、教学能力）、学会育人（综合育人、班级指导）、学会发展（学会反思、沟通合作）四方面，推动了特殊教育师范生队伍建设的标准化进程。2021年，教育部颁布《特殊教育专业师范生教师职业能力标准（试行）》从师德践行能力、教学实践能力、综合育人能力、自主发展能力等方面规定师范生的培养规格。

需要强调的是，随着融合教育的推进，承担特殊教育教师职前教育主要任务的高等师范院校有必要进行改革，建立符合我国特殊教育发展实际的特殊教育教师培养体系。在融合教育背景下，培养融合教育的普及型人才，让普通教师具备特殊教育技能；培养融合教育的专业化人才，让特殊教育教师具备普通教育能力，成为融合教育教师教育的必然选择。培养特殊教育专业化程度较高的骨干人才、能够实施融合教育的复合型专门人才、具备基本特殊教育技能的融合教育普及型人才是我国高等师范院校特殊教育专业改革的重大挑战。高等师范院校需要转变人才培养观念，改变以往特殊教育教师和普通教育教师各行其是的独立培养模式，将特殊教育培养与普通教育培养紧密地结合起来[①]。有条件的高等师范院校应该主动适应融合教育的发展趋势，逐步建立融合教育专业，从而引导国内特殊教育师资培养体系的变革，促进我国特殊教育培养体系的进一步完善[②]。

2. 特殊教育教师的入职教育及在职培训

教师的入职教育也叫入职培训，是由师范生转变为正式教师的一个过渡环节，这个环节对师范生尽快成为一个专业化的教师非常关键。传统的入职教育主要通过入职教育讲座、师徒结对等方式进行。除此之外，基于特殊教育的特殊性，还可以通过组织新入职教师参加以宣誓为主的入职仪式教育、集体观看行业楷模先进事迹报告会或影像等方式，增强新入职教师的责任感和使命感[③]。

2010年起，教育部将特殊教育教师全面纳入国培计划统筹实施。2012年，《关于加强特殊教育教师队伍建设的意见》指出依托国培计划，采取集中培训和远程培训相结合的方式，加大对全国特殊教育学校的教师的培训力度，培训机构要建立专兼结合的特殊教育教师培训队伍，提高培训的专业性、针对性和时效性。2014年，《特殊教育提升计划(2014—2016年)》等文件提出加大国家级教师培训计划中特殊教育教师全员培训和校长、骨干教师培训，并在提高教师专业化水平中，应培养教育-康复的复合型人才。在职后培养方面，我国形成了国培、省培、市培、区培的多层级培训体系。

2010年，1 000名特教骨干教师纳入示范性培训项目，5 000名特教教师纳入中西部培训项目。同年起，教育部与中国残疾人联合会合作，共同委托北京师范大学、华东师范大学举办了多期特殊教育骨干教师、教研员与校长的培训班。2014年，教育部启动“卓越特殊教育教师培养改革项目”，确定了华东师范大学、重庆师范大学、郑州师范学院、泉州师范学院、南京特殊教育师范学院等5所高校为实验学校。2010年到2020年，受过特教专业培训的教师占比从55.6%上升到78.8%[④]。特殊教育教师可通过参加教师进修、

---

① 邓猛，赵梅菊．融合教育背景下我国高等师范院校特殊教育师资培养模式改革的思考［J］．教育学报，2013，9（6）：75－81.

② 关文军，邓猛．我国高等师范院校中开设融合教育专业（本科层次）的思考与建议［J］．黑龙江高教研究，2017（7）：105－109.

③ 曲铁华，姜涛．改革开放40年特殊教育师资队伍建设的回顾与反思［J］．河北师范大学学报（教育科学版），2018（6）：41－48.

④ 许浙川．政策工具视角下我国特殊教育教师政策体系建设的成就与展望［J］．中国特殊教育，2022（8）：88－96.

校本培训、远程培训、短期培训、工作坊等多元化的方式，在职业生涯规划、专业技能、综合能力等方面得到提升。

（三）特殊教育教师的自我提升

教师的专业发展是一个长期、动态的发展过程，对特殊教育教师自身而言，在从不成熟走向成熟，从新手走向专家型的过程中，除了外界因素，教师专业发展的自主意识、专业发展的实践及反思等内部因素也影响教师的专业发展。只有教师的专业发展由外在的制度体系保障转向教师内在的专业成长，才能将特殊教育质量的提升落实到特殊教育对象的服务中。

首先，特殊教育教师需要树立专业自觉意识；其次，要通过持续的专业训练和学习获得特殊教育专业知识，具备特殊教育的专业情怀以及从事特殊教育教学、教育康复实践的专业能力，并在实践中重视思行结合，积极反思；最后，注重自我发展，保持终身学习，促进自我更新，进而实现专业自主。

本章思考题

1. 特殊教育教师有哪些类别？
2. 英国及美国特殊教育教师的教育与培养给我国带来什么启示？
3. 特殊教育教师的专业素养有哪些独特性？
4. 谈谈你准备如何提升自身的专业发展？

图书在版编目（CIP）数据

特殊教育导论 / 邓猛，张玲，王东升主编. -- 北京：中国人民大学出版社，2024.1
新时代马克思主义教育学系列教材
ISBN 978-7-300-32102-8

Ⅰ.①特… Ⅱ.①邓… ②张… ③王… Ⅲ.①特殊教育-高等学校-教材 Ⅳ.①G76

中国国家版本馆 CIP 数据核字（2023）第 162806 号

新时代马克思主义教育学系列教材
总 主 编　顾明远
执行主编　刘复兴

特殊教育导论

邓　猛　张　玲　王东升　主编
Teshu Jiaoyu Daolun

出版发行　中国人民大学出版社
社　　址　北京中关村大街 31 号　　**邮政编码**　100080
电　　话　010－62511242（总编室）　010－62511770（质管部）
010－82501766（邮购部）　010－62514148（门市部）
010－62515195（发行公司）　010－62515275（盗版举报）
网　　址　http://www.crup.com.cn
经　　销　新华书店
印　　刷　北京密兴印刷有限公司
开　　本　787 mm×1092 mm　1/16　　**版　　次**　2024 年 1 月第 1 版
印　　张　19　　**印　　次**　2025 年 6 月第 4 次印刷
字　　数　452 000　　**定　　价**　52.00 元

教学支持说明

（教学课件）

中国人民大学出版社教育学科秉承“出教材学术精品，育人文社科英才”的出版宗旨，多年来，出版了大批高质量的教育学、小学教育、学前教育专业教材和学术著作。

我们为本教材制作了相应的 PPT 教学课件，任何一位采用本书作为授课教材的教师均可免费获得该课件。为了确保该课件仅为授课教师获得，烦请您填写如下材料，并将相关信息通过 E-mail 发送给我们，我们将在收到相关信息后通过 E-mail 给您发送该课件。欢迎您加入我们的 QQ 群（教育新视野交流群，群号为 159813080），或登录我社官方网站（www. crup. com. cn），注册并认证成为教师会员，以获得更好的服务。

我们的联系方式：

地址：（100872）北京市中关村大街甲 59 号文化大厦 1202 室

中国人民大学出版社

电话：（010）62515955　62515383

E-mail：ggglcbfs@vip. 163. com

QQ 群：159813080

兹证明________大学/学院________院/系________专业________学年第________学期开设的________课程，采用中国人民大学出版社出版的________（书名、作者）作为本课程教材。授课教师为________，授课班级共______个、学生______人。授课教师需要与本书配套的教学课件。

联 系 人：________________

通信地址：________________

邮　　编：________________

电　　话：________________

E-mail：________________

系/院主任：________（签字）

（系/院办公室章）

______年____月____日